독학 경매 2

바보라도 따라 할 수 있는
독학 경매 2

초판 1쇄 인쇄 2011년 9월 15일
초판 3쇄 발행 2017년 5월 22일

지은이 박수진 **문제출제** 심은영 **감수** 이순
펴낸이 김선식

경영총괄 김은영
콘텐츠개발1팀장 한보라 **콘텐츠개발1팀** 봉선미, 임보윤, 이주연, 노희선
마케팅본부 이주화, 정명찬, 최혜령, 최하나, 김선욱, 이승민, 이수인, 김은지
경영관리팀 허대우, 권송이, 윤이경, 임해랑, 김재경
전략기획팀 김상윤

펴낸곳 다산북스 **출판등록** 2005년 12월 23일 제313-2005-00277호
주소 경기도 파주시 회동길 357 3층
전화 02-702-1724(기획편집) 02-6217-1726(마케팅) 02-704-1724(경영관리)
팩스 02-703-2219 **이메일** dasanbooks@dasanbooks.com
홈페이지 www.dasanbooks.com **블로그** blog.naver.com/dasan_books
종이 (주)한솔피엔에스 **출력·제본** (주)갑우문화사

ISBN 978-89-6370-498-2 (04320) 2권
　　　 978-89-6370-496-8 (04320) 세트

* 책값은 표지 뒤쪽에 있습니다.
* 파본은 구입하신 서점에서 교환해 드립니다.
* 이 책은 저작권법에 의하여 보호를 받는 저작물이므로 무단 전재와 복제를 금합니다.

바보라도 따라 할 수 있는

독학 경매 2

박수진 지음 | 심은영 문제 | 이순 감수

• 실전편 •
입찰부터 명도까지 실전 경매의 모든 것

달북

차례

제5장 | 경매입찰

1. 경매입찰방법(매각실시)

1 기일입찰방법 20
기일입찰이란? / 기일입찰에서 입찰표 제출방법은? / 기일입찰 시 준비물 / 입찰 전 확인해야 할 사항들 / 입찰표 제출 절차는? / 기일입찰표 기재하는 법 / 매수(신청)보증금 / 입찰표를 제출하고 난 후 변경과 취소는 금지 / 입찰무효에 해당하는 사유 / 입찰마감시각

2 기간입찰방법 35
기간입찰이란? / 기간입찰의 입찰기간은? / 기간입찰의 두 가지 입찰방법 / 기간입찰의 절차 / 기간입찰의 주의사항들 / 기간입찰은 기일입찰의 규정을 준용한다 / 개찰방법

3 매수신청의 자격 40
매수신청은 누구나 할 수 있는가? / 농지취득자격증명이나 어업권이전의 인가 등 관청의 증명이나 허가를 필요로 하는 경우란? / 매수신청에 제한이 있는 자는? / 대리인에 의한 매수신청의 방법은? / 대리입찰의 위임장

4 공동입찰신청방법 43
공동입찰 / 공동입찰신청방법(공동명의로 입찰할 경우) / 공동입찰대리인 자격 / 부부가 공동으로 입찰할 경우

2. 차순위매수신고와 공유자우선매수신고

1 최고가매수신고인과 차순위매수신고인 ········· 47
매각기일 당일 개찰과 함께 즉시 최고가매수신고인이 결정된다 / 차순위매수신고란? / 차순위매수신고를 할 수 있는 요건 / 차순위매수신고인은 어떻게 보증금을 반환받을 수 있을까? / 매각이 불허된 경우

2 공유자우선매수신고 ········· 49
공유자우선매수신고란? / 공유자우선매수신고의 방법 / 채무자의 여러 부동산이 일괄매각이 될 경우 공유자우선매수신고는 허용되지 않는다 / 공유자우선매수신청의 기타 사항들 / 임대주택의 임차인은 우선매수신고를 할 수 있다?

3. 매각결정과 대금납부

1 매각결정 ········· 53
매각결정 이후의 절차는? / 매각결정기일이란? / 매각허가결정의 선고 방법은? / 매각허가결정시 특별매각조건이 있는 경우

2 매각허가에 대한 이의 ········· 55
매각허가에 대한 이의 / 매각허가에 대한 이의신청 사유(민사집행법 제121조) / 선순위 서낭권이 소멸힘으로써 인수할 부담이 생긴 경우 매가불허가사유에 해당하는가? / 법원이 매각허가에 대한 이의가 정당하지 않다고 결정할 경우 / 경매법원이 매각불허가결정을 하는 경우 / 매각불허가결정이 확정된 경우 / 매각허가결정의 취소신청이란? / 매각부동산의 가격이 현저히 하락한 경우에도 매각허가결정의 취소신청을 할 수 있는가? / 매수인이 경락받은 후에야 부동산이 현저히 훼손된 사실을 알게 된 경우 매각허가결정취소신청을 할 수 있는가?

3 항고 ········· 61
매각허가결정에 대한 즉시항고 / 즉시항고를 할 수 있는 항고권자 / 즉시항고의 방법은? / 즉시항고의 효력에는 집행정지의 효력이 없다. / 항고가 기각된 경우

4 대금납부 ········· 64
대금납부 / 납부하여야 할 금액 / 대금납부기한과 통지 / 대금납부 장소 / 대금납부 방법 / 대금지급기한의 변경이 있는 경우

5 소유권이전등기촉탁 하기 ·· 67

소유권 취득의 시기 및 범위 / 촉탁은 언제 하는가? / 소유권이전등기촉탁의 신청방법 / 매수인이 사망한 경우 소유권이전촉탁은 어떻게 하는가? / 매각허가결정 확정 후 제3자의 명의로 소유권이전등기촉탁을 할 수 있는가? / 경매개시결정등기 전에 소유권이전등기를 받은 제3취득자가 매수인이 된 경우 / 경매개시결정등기 후에 소유권이전등기를 받은 제3취득자가 매수인이 된 경우 / 매수인이 인수하지 않는 등기는 말소된다 / 촉탁서에 적어야 할 사항들 / 한 개의 부동산에 대하여 여러 명이 공동으로 매수인이 된 경우 / 등기필증은 어떻게 교부받는가? / 매수인은 법원으로부터 세금계산서를 받을 수 있을까?

제5장 문제 ··· 76

제6장 │ 인도명령신청과 명도

1 부동산인도명령 ··· 108

인도명령이란? / 인도명령을 신청할 수 있는 사람은? / 채무자에 대한 인도명령신청 / 부동산점유자에 대한 인도명령신청 / 재점유자 / 공유지분에 대한 인도명령청구

2 임차인에 대한 인도명령신청 ··································· 113

인도명령 대상이 되는 임차인 / 인도명령 대상이 아닌 임차인 / 대항력이 없는 임차인에게도 심문서를 송달하는 이유

3 인도명령신청의 방법 ··· 115

신청방법 / 인도명령신청을 할 수 있는 시기 / 부동산인도명령신청 서식 / 인도명령신청서 작성을 확실히 하여 시간적·경제적 낭비를 막자 / 인도명령 정본이 송달되어야 인도명령의 효력이 발생한다 / 주소보정

4 인도명령의 재판과 집행 ·· 119

인도명령신청에 대한 집행법원의 심리란? / 점유자가 심문기일에 참석하지 않는다면? / 심문기일통지서가 송달불능이 된 경우 / 인도명령의 집행 / 인도집행 시 다른 사람이 점유하고 있는 경우

5 인도명령에 대한 불복방법 등 ········ 121

인도명령의 신청에 관한 재판에 대한 불복 / 인도명령에 대한 불복사유 / 인도명령이 확정된 경우 불복방법 / 인도명령의 집행에 대한 불복방법 / 인도명령에 대한 즉시항고는 집행정지의 효력이 있는가?

6 점유이전금지가처분신청 ········ 123

점유이전금지가처분이란? / 점유이전금지가처분의 효력 / 점유이전금지가처분 이후 현상 변경된 경우의 조치 / 점유이전금지가처분의 신청방법 / 점유이전금지가처분의 집행절차

7 명도소송 ········ 129

명도소송이란? / 명도소장 접수 시 필요한 서류 / 명도소송 절차

8 점유자 명도 시 알아두어야 할 기타 사항들 ········ 131

명도확인서 / 임차인이 배당금을 수령하기 위해 필요한 서류 / 임차인이 배당금 수령 시 명도확인서가 필요 없는 경우 / 최우선변제권을 행사하는 소액임차인과 전세권자도 명도확인서를 제출할 필요가 있는가? / 부동산을 매수인에게 명도하였음에도 매수인이 명도확인서를 교부하지 않는 경우 / 매수인은 임차인으로 인한 입주지연에 따른 손해배상을 청구할 수 있는가? / 강제집행면탈죄는 어떤 경우에 해당되는가?

9 집합건물의 관리비 ········ 134

집합건물의 경우 매수인은 체납된 관리비를 승계해야 한다. / 연체료의 승계 여부 / 전유부분과 공용부분의 판단시점은? / 매수인은 집합건물의 공용부분 관리비의 3년분 원금에 한하여 승계책임을 진다(민법 제163조 1) / 전대차기간 종료 후 명도 시까지의 관리비는 전대인이 부담하여야 한다(실제 사용·수익하고 있지 않은 경우-) / 집합건물의 관리단 등 관리 주체의 불법적인 사용방해 행위로 인하여 건물의 구분소유자가 그 건물을 사용·수익 하지 못한 경우, 구분소유자가 그 기간 동안 발생한 관리비 채무를 부담하는지 여부 / 상가건물의 관리규약상 관리비 중 일반관리비, 장부기장료, 위탁수수료, 화재보험료, 청소비, 수선유지비 등이 공용부분 관리비에 포함되는가? / 관리비 징수에 관한 유효한 관리단 규약 등이 존재하지 않을 때 집합건물의 소유 및 관리에 관한 법률상 관리단이 공용부분에 대한 관리비를 그 부담의무자인 구분소유자에게 청구할 수 있는지 여부

제6장 문제 ········ 139

제7장 | 배당

1. 배당요구 157
배당분석 시 이해해두어야 할 사항들 / 배당요구의 시기와 조건은? / 배당요구의 방법은? / 배당요구를 반드시 해야 배당받을 수 있는 채권자는? / 배당요구를 하지 않아도 배당에 참여할 수 있는 채권자는? / 배당요구를 한 채권자의 권리는 무엇인가? / 배당요구를 하지 않은 경우의 불이익은 무엇인가? / 동시배당과 이시배당

2. 배당표 162
법원의 배당표 / 배당표의 원안은 확정되어져야 한다 / 배당기일 / 배당표는 언제 열람할 수 있는가?

3. 배당이의 165
배당이의를 할 수 있는 사유에는 어떤 것들이 있는가? / 배당이의가 취하되거나 철회되는 경우는?

4. 경매투자자들이 반드시 알아두어야 할 배당순위

1 집행비용(경매진행에 소요된 집행비용) 167
집행비용이란? / 집행비용에 포함되지 않는 것들 / 선행사건이 취소·취하 되어 후행사건으로 경매가 진행되는 경우 집행비용은?

2 저당물의 제3취득자가 지출한 필요비·유익비 168
필요비와 유익비란? / 매각대금에서 우선적으로 변제받을 수 있는 필요비와 유익비는? / 필요비와 유익비는 유치권의 피담보채권이 될 수 있다

3 주택, 상가 소액임차보증금채권에 대한 최우선변제액, 근로자의 임금채권 170
소액임차인인 경우 / 확정일자까지 갖춘 소액임차인인 경우 / 근로자의 임금채권인 경우 / 근로자의 최종 3개월분의 임금채권의 범위 / 소액보증금채권, 임금의 최종 3개월

분 채권, 최종 3년간의 퇴직금, 재해보상금채권의 상호간의 순위는?

4 경매목적물에 부과된 국세 및 지방세, 즉 당해세 ········· 172

당해세란? / 당해세에 해당하는 조세채권은? / 조세 기타 공과금채권은 순위가 어떻게 되는가? / 압류선착주의란? / 담보물권 없이 당해세와 당해세가 아니 조세만 있는 경우도 당해세 우선의 원칙이 적용된다 / 국세와 지방세 우선이라는 원칙에 대한 예외

5 (근)저당권·전세권에 의한 담보채권, 확정일자가 있는 주택·상가 임차인의 보증금, 기타 국세·지방세 ········· 175

담보물권과 당해세의 순위는? / 당해세가 아닌 조세와 근저당권의 순위는? / 국세와 임차인과의 우선순위 / 건물일부의 전세권자(3층) - 주택임차인의 보증금채권(2층) - 저당권이 있는 경우 / 나머지 조세채권의 순위 / 국세와 가등기와의 우선순위 / 그 외 배당순위

5. 배당의 원칙 ········· 178

채권과 물권을 알아야 배당순위를 이해할 수 있다. / 임차보증금액에 대해서 배당 시 알아두어야 할 사항들 / 배당요구의 종기까지 배당요구를 하지 않은 임차인

제7장 문제 ········· 184

제8장 | 유치권

1 유치권의 대상 ········· 207

유치권이란? / 유치권자에게는 어떤 권리가 있는가? / 유치권은 보통 어떤 이유로 주장하는 것일까? / 신고의무가 없는 유치권 존재 유무를 파악하는 방법은? / 유치권의 성립요건은? / 인도명령 대상의 여부

2 유치권 성립요건의 구체적 사항들 ········· 211

타인의 물건 또는 유가증권 / 점유 / 피담보채권이 존재해야 한다 / 채권변제기의 도래

3 유치권자의 권리 ······ 218

유치권자의 목적물에 대한 유치·사용의 권리 / 유치권자의 경매신청권 / 간이변제충당권 / 과실수취권 / 별제권 / 유치권자의 우선변제권 여부

4 알아두면 유용한 유치권 관련 판례들과 내용들 ······ 220

주택수리에 지출한 금원을 통상의 필요비에 해당하는가? / 통상의 보수 상당 금액을 필요비 또는 유익비로 청구할 수 있는가? / 유치권 행사로 인한 임차건물을 사용 수익한 임차인은 부당이득을 취한 것인가? / 기계수리비 등이 통상의 필요비에 포함되는가? / 타인의 부동산을 돌려주지 않고 유치, 점유하고 있으면 주거침입죄나 횡령죄에 속하는가? / 관리비에 대해서도 유치권 주장이 가능한가? / 유익비는 필요비와 달리 상환기간을 허여한다는 의미는? / 임대인의 동의 없이 지출된 유익비가 인정이 되는지의 여부 / 건물신축공사를 도급받은 수급인이 사회통념상 독립한 건물이 되지 못한 정착물을 토지에 설치한 상태에서 공사가 중단된 경우 / 채무자가 다른 사람을 대신하여 유치권을 주장하는 경우 / 유치권을 주장하는 자가 경매개시결정기입등기 이후에 신고하였다면? / 유치권취득시기가 근저당권 설정 후라면? / 최고가매수신고인이 정해진 후 유치권을 주장하는 자가 나타난다면? / 임차인이 임대차계약의 해제·해지 후에도 건물을 점유하고 있는 그 기간 동안 필요비나 유익비를 지출하였을 경우 유치권을 주장할 수 있는가? / 임대차계약 당시 원상회복의무 등의 약정을 했을 경우 / 점유가 불법행위에 의해서 개시되었다는 것은 누가 입증하여야 하는가? / 건물 신축공사 중 공사도급계약이 도급인의 해제통고로 해제된 경우라면? / 유치권자는 토지소유자에게 대항할 수 있는가? / 유치권을 주장하는 자가 유치물에 거주하는 것이 보존에 필요한 행위에 속한다고 볼 것인가? / 유치권자가 유치물에 대한 필요비를 지출한 때에 소유자에게 그 상환을 청구할 수 있을까? / 집합건물의 관리비는 필요비에 해당한다. 그렇다면 공용부분 관리비에 대한 연체료도 포함이 되는가? / 임차인은 자신의 영업을 위한 인테리어 비용에 대해 유치권을 주장할 수 있는가? / 칸막이공사에 대해 유치권을 행사할 수 있는가? / 국유지정문화재에 대해 유치권을 주장할 수 있는가? / 다세대주택의 창호 등의 공사를 완성한 하수급인이 공사대금채권 잔액을 변제받기 위하여 다세대주택 중 한 세대를 점유하여 유치권을 행사하는 경우, 그 유치권은 한 세대에 대하여 시행한 공사대금만이 아니라 다세대주택 전체에 대하여 시행한 공사대금채권의 잔액 전부를 피담보채권으로 하여 성립한다고 본 사례 / 동시이행의 항변권 또는 유익비상환청구권에 의한 유치권을 행사하여 가옥을 사용·수익한 경우 임료 상당의 금원을 부당이득 한 것으로 보는가? / 아파트공급계약 체결 당시 분양대금이 완납된 세대에 대하여 유치권을 행사하지 않기로 하는 묵시적인 특별 합의가 있는 경우

제8장 문제 237

제9장 | 법정지상권(분묘기지권 포함)

1. 법정지상권과 지상권의 비교 258
법정지상권이란? / 경매투자자들에게 있어 법정지상권이란? / 지상권과 법정지상권의 비교

2. 법정지상권의 구체적 내용 261
건물이 법정지상권을 가지기 위해서는 어떤 요건이 필요한가? / 법정지상권의 효력이 미치는 범위는 어디까지인가? / 법정지상권이 인정되는 건물일지라도 지료를 지급해야 한다 / 지료에 관한 약정을 반드시 등기하여야 하는가? / 지료가 2년 이상 연체된 경우 토지소유자는 법정지상권의 소멸을 청구할 수 있다 / 법정지상권 조사 시 필요한 서류

3. 법정지상권에는 여러 가지 종류가 있다

1 민법 제366조의 법정지상권 266
민법 제366조의 법정지상권의 성립요건 / 법정지상권의 존속기간 / 법정지상권의 성립시기 / 민법 제366조의 법정지상권의 기타 내용들 / 민법 제366조 법정지상권 성립의 여러 가지 경우들

2 관습법상의 법정지상권 277
관습법상의 법정지상권이란? / 관습법상의 법정지상권의 성립요건은? / 관습법상의 법정지상권의 성립시기와 대항력의 판단기준은 언제부터인가? / 관습법상의 법정지상권의 존속기간과 지료

3 민법 제305조 전세권 보호를 위한 법정지상권 280
민법 제305조 전세권 보호를 위한 법정지상권의 성립요건 / 민법 제305조 전세권 보호를 위한 법정지상권의 성립 여부

4 입목에 관한 법률 제6조에 의한 법정지상권 ·········· 281
입목에 관한 법률 제6조 / 입목의 계약 갱신청구권

5 가등기담보권의 실행에 의한 법정지상권 ·········· 282
가등기담보권의 실행에 의한 법정지상권 성립 여부 / 가등기담보권의 실행에 의한 법정지상권의 취득시기

6 분묘기지에 관한 관습상의 법정지상권 ·········· 283
분묘기지권이란? / 경매투자자들에게 있어 분묘기지권이란? / 분묘기지권의 성립요건 / 분묘가 있는 자신의 토지가 타인에게 매도하거나 경매된 경우 / 집단 분묘의 경우 / 분묘기지권의 특징 / 분묘기지권의 범위 / 분묘기지권의 존속기간 / 분묘기지권의 소멸 / 분묘기지권의 지료 / 설치기간이 지난 분묘의 처리방법 / 분묘를 개장하려는 경우 / 공부상 지목은 농지이나 분묘 등이 있어 농지로 볼 수 없다는 뜻이 기재된 면장의 확인서가 첨부된 경우 농지취득자격증명을 제출하여야 하는가?

제9장 문제 ·········· 294

제10장 | 토지경매(농지경매와 임야경매)

1. 토지경매 시 알아두어야 할 사항들

1 지목 ·········· 321
지목이란? / 측량·수로 조사 및 지적에 관한 법률 시행령 제58조의 28개 지목 / 토지 모양

2 용도 ·········· 326
용도지역이란? / 국토의 계획 및 이용에 관한 법률 제6조의 용도지역 / 용도지역의 분류(도시지역/ 관리지역/ 농림지역/ 자연환경보전지역) / 용도지구 / 용도구역 / 정비구역 / 도시계획시설 / 도시개발구역 / 지구단위계획구역 / 수도권정비계획

3 토지이용계획 ·········· 341

토지이용계획확인원 / 토지이용계획확인원에서 기타 주의해야 할 내용

4 기타 사항들 ········· 346
토지대장 / 지적도와 임야도 / 토지등기부 / 국토종합계획 / 도시기본계획 / 건축법

2. 농지경매

1 농지경매 ········· 352
농지 / 농지의 범위 / 농지의 제외

2 농지를 경매로 매수하고자 할 때 유의사항 ········· 354
농지취득자격증명의 발급 여부 / 농지취득 면적 / 도로 / 지형과 지질 / 공부상의 지역 / 농지전용 시 알아두어야 할 농지법의 주요 내용들 / 알아두어야 할 농업진흥지역

3. 임야경매

1 임야와 산림 ········· 362
임야란? / 산림이란? / 임야투자 시 확인해야 할 공부 / 산지관리법에 의한 산지의 정의 / 산지전용제한지역의 행위 제한 / 보전산지에서의 행위제한(산지관리법 제12조)

2 임야경매 ········· 368
공법상 규제 체크하기 / 해당 임야의 경계확인 / 임야가 진입로가 없는 맹지인 경우 / 분묘의 존재 여부 / 입목지상권 성립 여부 / 종중소유의 임야일 경우 / 임야가 지분일 경우 / 산지전용 시 알아두어야 할 산지관리법

제10장 문제 ········· 376

제11장 | 기타

1 대지권미등기 · 대지권 없음 ········ 399
대지권이란? / 대지권에서 알아두어야 할 관련 용어 / 대지권은 어떻게 표시되는가? / 경매신청서에 대지사용권에 대한 표시가 없는 경우는? / 대지권(대지사용권)은 분리처분이 가능한가? / 대지사용권이 있음에도 매각목적물에 포함되지 않은 경우

2 대지권미등기 ········ 402
대지권미등기란? / 대지권미등기의 세 가지 유형 / 대지권미등기건물에 대한 경매 시 대지사용권의 포함 여부 / 대지권미등기의 등기촉탁 여부

3 대지권 없음 ········ 410
대지권 없음이란? / 대지사용권이 없는 구분건물만 경락받은 경우

4 토지별도등기 ········ 411
토지별도등기란? / 토지별도등기가 발생하는 경우는? / 토지별도등기의 인수 여부는? / 토지별도등기에 대한 집행법원의 처리 / 토지별도등기의 말소촉탁 여부 / 토지별도등기가 있는 경우 배당 시 유의해야 할 점

5 제시 외 건물(부합물/종물) ········ 414
제시 외 건물의 종류 / 부합물 / 부합물의 종류 / 종물 / 종물의 종류

6 명의신탁 종중재산 ········ 420
명의신탁이란? / 명의신탁 종중재산 / 명의신탁 종중재산에 대해 경매로 소유권을 취득하는 데 제약이 따르는 이유

7 학교법인 기본재산 ········ 421
학교법인 기본재산이란? / 관할청의 허가 / 처분할 수 없는 학교법인 소유의 유치원이 경매로 나오는 이유 / 사회복지법인 기본재산

8 공장경매 ········ 423
공장경매의 이점 / 공장경매 시 유의해야 할 사항 / 공장저당 / 공장재단저당권, 광업재단저당권의 일괄경매

9 지분경매 **426**

공유지분의 특징 / 공유자의 우선매수청구권이란? / 공유자우선매수권 행사 / 공유지분을 취득한 경우 / 공유지분의 임차인 / 지분경매의 선순위임차인 / 소액임차인의 여부 / 매각대상이 일부 지분인 경우 전체에 대한 선순위 부담의 말소

제11장 문제 **432**

배당연습문제 **452**

참고 문헌 **479**

참고 사이트 **480**

제5장 경매입찰

《독학 경매 1》 제1장에서 제4장까지는 매수희망자가 입찰 전 반드시 알아두어야 할 등기부상의 권리관계, 주택·상가건물 임차인의 권리 그리고 경매진행절차 등에 관한 것이었다. 《독학 경매 2》 제5장부터는 실제 입찰을 하기 위해서 반드시 알아두어야 할 내용과 보다 복잡한 권리관계 및 경매투자 시 알아두어야 할 공법, 농지법 등에 관련된 내용이 포함된다. 먼저 제5장에서는 법원에서의 입찰 절차와 입찰 방법에 대해 투자자 입장에서 상세히 설명하고자 한다.

요약정리

1. 경매입찰방법(매각실시)

1) 기일입찰: 매각기일에 해당 법원의 법정에 직접 또는 대리인이 출석하여 입찰표를 제출하는 방식을 말한다. 입찰표를 제출할 때 입찰표를 정확히 작성하여야 하며 최저매각가격의 10분의 1에 해당하는 매수보증금도 함께 넣어 제출해야 한다. 대리인의 경우 인감도장이 날인된 위임장과 인감증명서를 반드시 제출하여야 한다.

2) 기간입찰: 입찰기간을 정하여 그 기간 내에 직접 또는 우편으로 법원의 집행관에게 입찰표를 제출하는 방식을 말한다. 기간입찰은 기일입찰의 규정을 준용하지만 매수보증금은 법원계좌로 입금한 후 그 입금표를 입찰표에 첨부하여야 한다.

3) 공동입찰: 2인 이상이 하나의 경매물건에 공동으로 입찰하는 방식을 말한다. 입찰표에 각자의 지분을 표시하여야 하며 입찰표 이외에 공동입찰신고서와 공동입찰자 목록을 첨부하여야 한다.

2. 차순위매수신고와 공유자우선매수신고

1) 최고가매수신고인과 차순위매수신고인: 최고의 가격으로 입찰한 자인 최고가매수신고인이 대금납부를 하지 않을 경우를 대비하여 경매에서는 차순위매수신고인에게 매각을 허가하는 제도가 있다. 차순위매수신고는 최고가매수신고액에서 그 보증금을 공제한 금액 이상으로 응찰한 경우에 한해서만 할 수 있다.

2) 공유자우선매수신고: 공유물지분경매에서 공유자는 채무자의 지분을 우선매수 하겠다고 신고를 할 수 있다. 우선매수는 최고가매수신고인과 동일한 가격으로 매수한다는 의미이며 공유자우선매수신고가 있는 경우 최고가매수신고인은 차순위매수인으로 간주하게 된다.

3. 매각결정

1) 매각결정기일: 매각이 실시된 날로부터 1주 이내에 법원은 매각허가를 하게 되는데 이를 매각결정기일이라고 한다.
2) 매각허가에 대한 이의: 이해관계인은 〈민사집행법〉 제121조에 해당하는 사유가 있을 경우 매각허가에 대한 이의를 신청할 수 있다. 이의신청은 매각허가결정의 선고 전까지 해야 한다.
3) 매각허가결정에 대한 항고: 매각허가에 대한 이의신청이 정당하다고 인정될 경우 법원은 매각을 불허하게 된다. 만약 이의신청이 인정되지 않은 경우 이해관계인은 매각허가결정에 대한 즉시항고를 할 수 있다.

4. 대금납부

1) 대금납부 방법: 납부 시 법원보관금 납부명령서를 법원사무관으로부터 교부받아 집행법원의 민사집행과에 납부를 하면 된다.
2) 대금납부기한: 대금납부기한은 보통 매각허가결정이 확정이 된 날로부터 1개월 이내의 날로 정해지는데 매수보증금으로 낸 금액을 공제한 잔액을 지급하면 된다.

5. 소유권이전등기촉탁

1) 소유권 취득의 시기: 최고가매수신고인이 매각대금을 모두 지급한 경우 소유권이전등기 없이도 그 부동산의 소유권을 취득하게 된다.
2) 소유권이전등기촉탁의 신청: 대금을 모두 지급한 매수인은 소유권이전등기에 필요한 서류를 갖추어 법원에 신청하면 법원은 등기소에 소유권이전등기를 촉탁하게 된다.

경매입찰방법(매각실시)

부동산의 경매입찰방법에는 기일입찰, 기간입찰, 호가경매 세 가지가 있다.

1 | 기일입찰방법

경매방법

- **개별매각**: 해당 부동산이 모두 경매가 진행되는데, 이때 각각 물건마다 사건번호와 함께 물건번호를 붙여 개별적으로 경매를 진행하는 것
- **일괄매각**: 해당 부동산의 위치나 이용관계 등을 고려할 때 분할매각 할 경우 해당 부동산의 가치가 상당한 수준 감소하거나, 동일인에게 매각하여야 고가로 매각할 수 있다고 판단될 때 경매신청권자 등 이해관계인의 신청이나 법원의 직권으로 일괄적으로 경매를 진행하는 것
- **새매각**: 유효한 절차로 경매를 진행하였으나 입찰불능, 혹은 매각불허가 등의 이유로 매수인이 결정되지 않은 경우, 새로운 매각기일을 정하여 경매를 진행하는 것
- **재매각**: 해당 부동산이 매각되었으나, 매수인이 매각대금을 납부하지 않고, 차순위매수신고도 없는 경우, 법원의 직권으로 다시 경매를 진행하는 것
- **공동경매**: 2인 이상의 채권자가 동시에 경매신청을 하거나 경매개시결정이

나기 전 다른 채권자가 같은 부동산에 또 경매신청을 한 경우, 앞선 사건과 묶어 하나의 경매개시결정을 하는 것
- **이중경매**: 이미 경매개시결정이 난 부동산에 또 다른 채권자가 중복으로 경매신청을 한 경우
- **1일 2회 경매**: 기일입찰이나 호가경매에서는 (기간입찰 제외) 매각기일에 희망하는 매수자가 없을 때 신속한 절차를 위해서 최저매각가격의 저감 없이 당일에 2회 매각을 실시하기도 한다. 하지만 당일 3회 경매는 하지는 않는다.
- **호가경매**: 호가경매는 매각기일에 매수희망자들이 매수신청액을 서로 올려가며 입찰하는 방식을 말하며 부동산매각을 호가경매로 하는 경우는 거의 없다.

1 기일입찰이란?

❶ 기일입찰은 정해진 매각기일에 해당 법원의 경매법정으로 본인 또는 대리인이 출석하여 직접 입찰표를 제출하는 입찰방식이다. 대리인이 출석할 경우 인감도장이 날인된 위임장과 함께 본인의 인감증명서를 첨부하여야 한다.
❷ 매각장소: 각 해당 법원의 경매법정
❸ 보통 매각물건명세서의 열람을 가능하게 한 후 7일 이내 기일입찰이 진행된다.

매각기일이란?
① 해당 동산이나 부동산이 경매로 매각이 되는 날짜를 말한다.
② 최초 매각기일: 신문공고일로부터 14일 이후, 신문공고의뢰일로부터 20일 이내로 지정되며 법원 게시판에 게시된다.
③ 이날 최고가매수신고인 또는 최고가매수신고인과 차순위매수신고인을 결정하게 된다.
④ 법원의 재량으로 매각기일을 변경할 수 있다.

2 기일입찰에서 입찰표 제출방법은?

❶ 반드시 매각기일에 본인 또는 대리인이 경매법정에 출석하여, 입찰표를 집행관에게 제출하여야 하며 입찰표의 우송 또는 집행관에게 직접 제출 등은 허용되지 않는다. 입찰하기 위해서는 반드시 입찰표를 작성하여야 하며 제출시 입찰표와 함께 매수신청보증도 매수신청보증금 봉투에 넣어 함께 제출해야 한다.

❷ 매각기일에 입찰자는 10시(시각은 경매법원마다 조금 다름)부터 경매법정에 들어갈 수 있으며 집행관은 입찰실시 전에 참가자들에게 입찰사항, 방법 및 주의사항을 고지하여야 한다(재민 2004-3 제31조).

❸ 입찰개시와 입찰마감시각과 개찰시각을 최고하면 입찰표를 작성하여 입찰봉투에 넣어 앞에 비치되어 있는 입찰함에 넣으면 된다.

❹ 보통 입찰마감시간은 집행관이 입찰표의 제출을 최고한 후 1시간 후이다. 집행관이 입찰마감을 선언하면 입찰을 할 수 없다.

최고란? 상대방에게 일정한 행위를 하도록 독촉하는 통지를 의미한다.

3 기일입찰 시 준비물

❶ 본인이 직접 입찰할 경우
신분증, 도장(막도장 또는 인감도장), 매수신청보증금, 입찰표, 매수신청보증금봉투, 입찰봉투(누런색)
❷ 대리인이 입찰할 경우 추가 첨부 서류

본인의 인감증명서, 위임장(본인의 인감도장이 날인된 것), 대리인의 신분증과 도장

4 입찰 전 확인해야 할 사항들

❶ 기일입찰시간 확인: 각 법원에 따라 시간이 다르므로 입찰 전 확인하는 것이 좋다. 확인방법은 대법원 경매 사이트나 경매계로 전화해서 알아보면 된다.

❷ 신분증: 신원 확인을 위한 신분증으로 보통 주민등록증을 사용하게 된다. 주민등록증 이외에 운전면허증, 여권 등도 가능하다.

❸ 매수(신청)보증금은 어떻게?
각 법원에 은행이 있어서 이용할 수 있지만 전날까지 미리 보증금을 준비해두는 것이 당일 당황하지 않고 차분하게 입찰하는 데 도움이 될 것이다. 매수보증금은 최저매각가격의 10%(특별매각조건시 다를 수 있음)이며 현금으로 제출하는 것도 가능하지만 신속한 진행을 위해 법원에선 되도록 수표로 제출할 것을 요구한다. 수표를 제출할 때 사건번호 기재와 함께 이서를 해두는 것이 좋다.

❹ 입찰표는 어디서?
입찰표, 매수신청보증봉투 그리고 입찰봉투는 당일 법정에서 교부받을 수 있지만 입찰표를 미리 작성하고 싶다면 입찰표만 대법원 사이트의 경매서식에서 다운받아 미리 작성해 둘 수도 있다.

❺ 매각기일 당일 경매법정에서 매각물건명세서를 한 번 더 확인하자: 매각물건명세서는 매각기일 7일 전부터 해당 법원 경매계에 방문하여 열람할 수 있다. 매각물건명세서는 입찰 시 중요한 자료가 되므로 미리 열람을 해두는 것이 좋다. 그리고 매각기일 당일에 집행관은 개정 후 경매에 참여한 자로 하여금 매각물건명세서·현황조사보고서 및 평가서의 사본을 열람하게 하는데 입찰자는 입찰표 작성 전에 변경된 내용이 없는지 한 번 더 확인해 보는 것이 좋다.

혹자는 매각물건명세서 자료를 열람하는 인원을 보고 경쟁률을 가늠할 수 있다고 하는데 법원에 현장공부를 하러 온 사람들도 열람해 보는 일이 많으므로 유의해야 한다.

5 입찰표 제출 절차는?

❶ 입찰표 기재대에 입실(경매법정 안)하여 입찰표, 매수신청보증봉투, 입찰봉투(누런색) 3종의 규격용지를 교부받는다.

보통 법원 안에 비치되어 있거나 법원사무관이 직접 나누어 주기도 한다.

❷ 입찰표를 기재하고, 매수신청보증금을 매수신청보증금 봉투에 넣고 1차로 봉한 후, 기재한 입찰표와 매수신청보증금봉투를 다시 큰 입찰봉투에 넣어 봉투의 지정된 위치에 날인한다.

❸ 매수신청보증금봉투의 앞면에 사건번호, 물건번호, 제출자 이름을 기재하고 날인하며, 뒷면에는 표시된 세 곳에 날인한다(법원마다 봉투 서식이 조금씩 다를 수 있음).

❹ 입찰봉투에는 사건번호, 물건번호, 입찰자 이름을 기재한다. 공동입

찰의 경우에는 모두자(冒頭者)의 이름만 기재하고 그 외 인원수를 기재한다.

모두자(冒頭者): 공동입찰자 중 맨 앞에 기재되어 있는 사람

❺ 입찰봉투와 신분증을 집행관에게 제출하여 입찰봉투제출자의 본인 여부를 확인받은 후, 입찰봉투상에 연결번호와 집행관의 간인을 받은 다음 수취증을 떼어내 보관하고, 입찰봉투를 입찰함에 직접 투입한다.

수취증은 보증금을 반환받을 시 제출하여야 하므로 잘 보관하여야 한다.

6 기일입찰표 기재하는 법

❶ 입찰표의 용지: 사건번호별로(물건번호가 여러 개인 개별매각의 경우는 물건번호별로) 별도의 용지를 사용해야 한다. 입찰표는 당일 법원의 경매법정에서 또는 대법원 경매 사이트에서 서식을 다운받아 사용할 수 있다(다음 페이지 참고).

대법원 경매 사이트에서 다운받은 기일입찰표 서식

(앞면)

기 일 입 찰 표

지방법원 집행관 귀하   입찰기일: 년   월   일

사건번호		타 경		호	물건번호	※물건번호가 여러 개 있는 경우에는 꼭 기재
입찰자	본인	성 명		(인)	전화번호	
		주민(사업자)등록번호			법인등록번호	
		주 소				
	대리인	성 명		(인)	본인과의 관계	
		주민등록번호			전화번호	-
		주 소				

| 입찰가격 | 천억 | 백억 | 십억 | 억 | 천만 | 백만 | 십만 | 만 | 천 | 백 | 십 | 일 | 원 | 보증금액 | 백억 | 십억 | 억 | 천만 | 백만 | 십만 | 만 | 천 | 백 | 십 | 일 | 원 |

보증의 제공방법	□ 현금 · 자기앞수표 □ 보증서	보증을 반환 받았습니다. 입찰자 (인)

주의사항.

1. 입찰표는 물건마다 별도의 용지를 사용하십시오. 다만, 일괄입찰 시에는 1매의 용지를 사용하십시오.
2. 한 사건에서 입찰물건이 여러 개 있고 그 물건들이 개별적으로 입찰에 부쳐진 경우에는 사건번호 외에 물건번호를 기재하십시오.
3. 입찰자가 법인인 경우에는 본인의 성명 칸에 법인의 명칭과 대표자의 지위 및 성명을, 주민등록 칸에는 입찰자가 개인인 경우에는 주민등록번호를, 법인인 경우에는 사업자등록번호를 기재하고, 대표자의 자격을 증명하는 서면(법인의 등기부 등 · 초본)을 제출하여야 합니다.
4. 주소는 주민등록상의 주소를, 법인은 등기부상의 본점 소재지를 기재하시고, 신분확인상 필요하오니 주민등록증을 꼭 지참하십시오.
5. 입찰가격은 수정할 수 없으므로, 수정을 요하는 때에는 새 용지를 사용하십시오.
6. 대리인이 입찰하는 때에는 입찰자 칸에 본인과 대리인의 인적사항 및 본인과의 관계 등을 모두 기재하는 외에 본인의 위임장(입찰표 뒷면을 사용)과 인감증명을 제출하십시오.
7. 위임장, 인감증명 및 자격증명서는 이 입찰표에 첨부하십시오.
8. 일단 제출된 입찰표는 취소, 변경이나 교환이 불가능합니다.
9. 공동으로 입찰하는 경우에는 공동입찰신고서를 입찰표와 함께 제출하되, 입찰표의 본인 칸에는 "별첨 공동입찰자 목록 기재와 같음"이라고 기재한 다음, 입찰표와 공동입찰신고서 사이에는 공동입찰자 전원이 간인하십시오.
10. 입찰자 본인 또는 대리인 누구나 보증을 반환받을 수 있습니다.
11. 보증의 제공방법(현금 · 자기앞수표 또는 보증서) 중 하나를 선택하여 V표를 기재하십시오.

(뒷면)

위 임 장

대리인	성 명		직업	
	주민등록번호	-	전화번호	
	주 소			

위 사람을 대리인으로 정하고 다음 사항을 위임함.

- 다 음 -

_____지방법원 _____타경 _____호 부동산

경매사건에 관한 입찰행위 일체

본인 1	성 명		(인감인)	직 업	
	주민등록번호	-		전화번호	
	주 소				
본인 2	성 명		(인감인)	직 업	
	주민등록번호	-		전화번호	
	주 소				
본인 3	성 명		(인감인)	직 업	
	주민등록번호	-		전화번호	
	주 소				

* 본인의 인감증명서 첨부
* 본인이 법인인 경우에는 주민등록번호 칸에 사업자등록번호를 기재

지방법원 귀중

[전산양식 A3360] 기일입찰표(흰색) 용지규격 210mm×297mm(A4용지)

❷ 사건번호: 법원의 모든 사건에는 번호와 내용에 따라 부호가 부여되는데 경매사건의 부호는 '타경'이다. 예를들어 사건번호는 2010타경1234로 표시된다. 일반적으로 2010-1234로도 표시되기도 하지만 입찰표에는 타경으로 표시되어야 한다.

그 외 법원의 사건의 부호들
타채: 압류 및 추심명령 사건부호
카기, 카단, 카합: 보전처분 및 집행 관련 사건부호
가소: 소액 민사사건
가단: 일반 민사 단독사건
고단, 고합: 일반 형사사건
구(1심) 누(2심) 두(대법원): 행정사건
드단, 드합: 가사사건 등
타기: 인도명령 사건

❸ 물건번호: 한 사건의 입찰물건이 여러 개이고 그 물건들이 개별적으로 매각절차가 진행되는 경우 사건번호 외에 '물건번호'를 반드시 기재해야 한다. 물건번호를 적지 않은 경우는 입찰무효가 된다. 사건번호가 다른 물건에 응찰할 때 별개의 용지를 사용하여야 하듯 같은 사건의 물건번호가 다른 경우에도 물건마다 새 용지에 사건번호와 물건번호를 기재하여야 한다.

물건번호의 표시 - (숫자)
예) 사건번호는 2010-1234이고 거기에 세 개의 개별물건이 있다면 2010-1234(1), 2010-1234(2), 2010-1234(3)으로 표시되며 물건번호 (2)번에 입찰한다면 사건번호는 2010타경1234호를 적고 물건번호 칸에 (2) 표시를 하면 된다.

❹ 입찰자의 이름과 주소
• 입찰표에는 입찰자의 이름과 주소를 적어야 하며 소유권이전등기

촉탁을 위해서 주민등록번호나 법인등록번호를 적어야 한다.
- 입찰자가 법인인 경우에는 법인의 이름, 대표자의 지위와 이름, 등기부상의 본점 소재지를 적어야 한다. 법인의 경우 대표자의 이름을 적지 않으면 그 입찰은 무효처리 된다(재민2004-3, 제33조 4항, 별지3, 10번).
- 대리인이 입찰을 하는 경우 입찰자 칸에 본인 및 대리인의 이름과 주소, 대리인의 주민등록번호와 전화번호, 본인과의 관계 등을 적어야 한다.

❺ 입찰가격과 보증금액: 입찰가격은 최저가격 이상이어야 하며 보증금액의 표시는 최저가격의 10%에 해당하는 금액(최저가격의 10분의 1)을 기재하면 된다. 입찰표를 제출한 후 입찰가격을 변경할 수 없으며 입찰가액의 기재가 정정되어 있는 경우에는 정정인 날인 여부를 불문하고 무효로 처리되므로 입찰가격을 정정할 경우는 새 용지를 사용하여야 한다.

민사소송법 사건(2002년 6월 30일까지 접수된 사건)으로 신행뇌는 경우 입찰하고지 히는 가액의 10분의 1에 해당하는 금액을 제공하여야 한다. 제공해야 할 보증금액 이하로 제공하는 경우는 무효처리 된다.

❻ 도장의 날인: 입찰자는 본인의 도장으로 입찰표에 날인하여야 하며 대리인일 경우 대리인 칸에 대리인의 도장으로 날인하고 위임장에 위임한 사람(본인)의 인감도장으로 반드시 날인하여야 한다.

7 매수(신청)보증금

❶ 보증금액

법원은 상당하다고 인정하는 때에는 최저매각가격의 10분의 1로 하는 보증금액을 달리 정할 수도 있다. 매수인이 매각대금을 내지 않아 재매각이 되는 경우 실무에서는 그 보증액을 보통 최저매각가격의 10분의 2로 하고 있다.

❷ 보증금 반환

- 최고가매수신고인과 차순위매수신고인을 제외한 다른 매수신고인은 매각기일 종결의 고지에 따라 즉시 매수신청의 보증을 돌려받을 수 있다.
- 차순위매수신고인은 매수인이 대금을 모두 지급하면 매수신청의 보증을 돌려줄 것을 요구할 수 있다(민집 제142조 6항 참조).
- 재매각절차에서는 전의 매수인은 매수신청의 보증을 돌려줄 것을 요구하지 못한다. 반환받지 못한 금액은 배당할 금액에 편입된다. 하지만 재매각절차가 취소되거나 경매신청이 취하된 경우는 매수신청의 보증을 반환받을 수 있다.

❸ 보증으로 제출할 수 있는 것

- 보증은 금전, 금융기관이 발행한 자기앞수표, 지급보증위탁계약이 체결되었다는 사실을 증명하는 문서 중 하나로 제출할 수 있다(민집규 64조).
- 보증이 현금으로 지급된 경우에는 매수인은 이를 공제한 잔액을 대금으로 지급하면 된다.

- 최고가매수신고인이 보증금을 법원이 요구하는 액수 이상으로 기재하고 현금을 보증금봉투에 넣은 경우에 초과 부분은 반환받는다.

❹ **금융기관이 발행한 자기앞수표 보증의 제공방법**
- 제출된 자기앞수표가 은행을 통해 교환될 때 수수료가 필요한 경우: 수수료 부담과 관계없이 자기앞수표에 의한 보증제공이 인정되며 대금납부 시에 수수료분을 추가로 납부하여야 한다.
- 매각불허가결정과 같은 사유로 보증을 반환하여야 하는 경우 수수료를 공제한 잔액만을 반환해준다.
- 매수인이 대금납부를 하지 않아 보증금이 몰수되는 경우 수표의 액면금에서 수수료를 공제한 금액이 몰수되는 금액이다.

정해진 보증금액 이상의 액면의 수표를 제출한 경우
정해진 보증금액을 넘는 액면의 수표를 제출하는 경우 초과한 금액에 대하여 유효한 보증의 제공으로 취급되며 매수인은 그 잔금만을 지급하면 된다. 하지만 초과금액을 반환해 주는 법원도 있다.

❺ **지급보증위탁계약체결문서**
- 은행 등이 매수신청을 하려는 사람을 위하여 일정액의 금전을 법원의 최고에 따라 지급한다는 취지의 기한의 정함이 없는 지급보증위탁계약이 매수신청을 하려는 사람과 은행 등 사이에 맺어진 사실을 증명하는 문서를 말한다(민집규 제64조).
- 지급보증위탁계약체결문서로 보증이 제공된 경우 최고가매수신고인 또는 차순위매수신고인이 된 때에도 바로 환가되는 것은 아니고, 증명문서가 보관된다.

- 매수인이 대금 전액을 납부한 때에는 증명문서를 반환하는 방법으로 보증을 반환받는다.
- 지급보증위탁계약이 체결된 경우에는 집행법원은 은행 등에 대하여 정하여진 금액의 납부를 최고하는 방법으로 현금화한다(민집규 제80조 5항 참조).
- 은행 등은 그 최고가 있으면 금전을 납부하여야 한다.

❻ 기간입찰에서 매수신청보증의 제공방법

법원의 예금계좌에 입금을 하는 방법과 지급보증위탁계약을 체결하는 방법이 있으며 금전, 자기앞수표를 제출하는 방법은 허용되지 않는다(민집규 제70조).

8 입찰표를 제출하고 난 후 변경과 취소는 금지

기일입찰에서 입찰은 취소, 변경 또는 교환할 수 없으며 입찰표상의 금액의 기재는 그것이 착오에 의한 경우라도 수정할 수 없고, 이러한 경우에는 새 용지를 사용하도록 되어 있다. 입찰가액의 기재가 정정되어 있는 경우에는 정정인 날인 여부를 불문하고 무효로 처리하고 있다.

9 입찰 무효에 해당하는 사유

- 입찰보증금을 제공하지 않았거나 그 미만으로 제공한 경우
- 입찰보증금액 칸을 비워두거나 잘못 기재한 경우
- 인감증명서나 자격증명서를 제출하지 않은 경우
- 물건번호가 있는 사건임에도 물건번호를 기재하지 않은 경우 혹은

- 한 입찰표에 두 개 이상의 사건번호와 물건 번호를 기재한 경우
- 입찰할 자격이 없는 사람(매각부동산의 감정인, 전 매수인, 채무자 등)이 입찰한 경우
- 입찰표의 금액 칸을 수정한 경우
- 한 사람이 한 개의 물건에 두 사람 이상의 대리인이 된 경우

입찰표를 이중으로 제출한 경우

기일입찰에서는 행한 입찰의 취소·변경 또는 교환이 금지됨은 물론이고 이미 행한 입찰은 그대로 둔 채 동일인이 다시 입찰표를 제출하는 것도 허용되지 않는다. 동일인이 2개의 다른 매수신고를 한 경우에는 2개의 입찰 모두 무효로 처리된다.

10 입찰마감시각

입찰마감시각은 입찰표의 제출을 최고한 후 1시간이 지난 후의 시간으로 정해지지만 1시간이 경과되더라도 집행관의 자유로운 판단에 의하여 입찰마감시간을 늦출 수도 있다. 고지된 입찰마감시각이 경과되면 입찰의 마감을 알리는 종을 울린 후 집행관이 이를 선언함으로써 입찰이 마감된다.

단, 입찰표를 제출한 후 1시간 경과 전에 입찰을 마감한 때에는 매각허가에 대한 이의 사유가 된다(민집 121조 7호).

2 | 기간입찰방법

1 기간입찰이란?

기간입찰은 입찰기간을 정하여 그 기간 내에 입찰표를 직접 또는 우편으로 법원의 집행관에게 제출하는 입찰방법이다.

2 기간입찰의 입찰기간은?

입찰기간은 1주 이상 1개월 이내의 범위 안에서 정해지며 개찰은 입찰기간이 끝난 후 1주 안에 하게 된다. 개찰이 끝난 후 매각결정기일은 이날로부터 1주 이내로 정해진다. 입찰기간이 개시된 이후에는 매각기일의 변경, 연기가 허용되지 않는다.

법원은 기간입찰의 방법으로 매각하는 경우에는 입찰기간을 지정하여 공고하고, 이를 이해관계인에게 통지하여야 하며 각 법원의 실정에 맞추어 입찰기간의 만료일과 매각기일과의 간격을 조정할 수 있다.

3 기간입찰의 두 가지 입찰방법

기간입찰에는 집행관에 대한 직접 제출하는 방법과 집행관에게 우편으로 제출하는 방법이 있다.

- 집행관에 대한 직접 제출방법
  - 입찰표를 봉투에 넣고 봉함을 한 후 그 봉투에 매각기일(개찰기일)을 적은 다음 입찰표가 들어 있는 봉투를 집행관에게 직접 제출하는 방법이다. 매수신청의 보증도 함께 제출하여야 한다(민집규 제70조 참조).

- 봉투의 표지에 매각기일을 적어야 한다. 봉투에 매각기일이 기재되어 있으면 사건번호나 물건번호의 표시가 없어도 개봉 후에 입찰표에 의하여 판명할 수 있으므로 개찰에는 아무런 지장이 없다.
- 이 봉투를 집행관에게 제출하는 방법은 입찰을 하려고 하는 사람이 일정한 장소(집행법원이 정하는 장소로, 일반적으로 집행관 사무실이다)에 출석하여 제출할 수 있으며 집행관이 부재중이면 그의 보조자(사무원)에게 제출하여도 된다.
- 입찰표가 봉함되어 있는 봉투는 개찰기일에 참여인의 면전에서 개봉하고 입찰표를 꺼내게 된다.
- 집행관에 대한 제출은 입찰기간 내에 해야 한다. 입찰기간의 개시 전 또는 만료 후에는 제출할 수 없다(《법원실무제요Ⅱ》, 243쪽 참조).

❷ 집행관에게 우편으로 제출하는 방법
- 입찰표와 입금표 또는 지급보증위탁체결증명서를 매각기일을 적은 봉투에 넣고 등기우편으로 보내야 한다. 보통우편에 의한 것은 무효로 처리된다.
- 우편의 수신자는 집행법원이 아니라 집행관이다.
- 우송된 봉투는 집행관에게 직접 제출된 것과 함께 개찰기일까지 보관된다.
- 우편입찰의 경우에도 입찰은 입찰기간 안에 하여야 하며 우편 사정에 의하여 배달이 지체된 결과 입찰기간 만료 후에 도달한 것은 무효로 처리된다. 하지만 입찰기간의 개시 전에 도달된 것에 관하여는 실무에서는 유효한 것으로 처리된다.
- 집행관 앞으로 발송된 우편물이 근무시간 이후나 공휴일 등일 경우

에는 법원당직실 등을 경유하여 집행관에게 도달된 경우에 도달된 시점이 입찰기간 안이면 집행관에게 넘겨진 때가 입찰기간 만료 후 라도 유효한 것으로 처리된다.
- 우편으로 제출한 경우 입찰기간 종료일 24:00시까지 법원(당직근무자 등)에 접수되면 유효하다(재민 2004-3 〈별지 1의 12항〉 참조).

4 기간입찰의 절차

❶ 기간입찰표를 작성한다.
❷ 법원이 정한 최저매각가격의 10분의 1에 해당하는 금액을 계좌에 입금한다(보증금액은 모든 입찰자에게 동일함).
❸ 입금한 입금표를 입찰표에 첨부하게 하거나 또는 지급보증위탁계약 체결증명서를 첨부한다.
❹ 정해진 기간 내에 입찰표를 직접 또는 (등기)우편으로 법원의 집행관에게 제출한다.
❺ 입찰기간 종료 후 일정한 날짜 안에 별도로 정한 매각기일(개찰기일)에 개찰을 실시하여 최고가매수신고인, 차순위매수신고인을 정한다.
❻ 매각결정기일에 매각허가 또는 불허가 결정을 한다.

5 기간입찰의 주의사항들

❶ 입찰표 기재방법은 기일입찰의 경우를 준용하지만 기일입찰과는 달리 입찰봉투는 봉해야 한다.
❷ 집행관이 없을 경우 사무원에게 제출해도 좋다. 단 근무시간 내에 해야 하며, 입찰기간 개시 전이나 입찰기간 만료 후에 제출한 것은 원칙적으로 무효처리 된다.

근무시간: 입찰기간 중의 평일 오전 9시부터 12시까지. 그리고 오후 1시부터 오후 6시까지이다.

❸ 입찰표가 집행관에게 제출된 경우 변경·취소는 허용되지 않는다. 기일입찰일 경우 입찰표에 적힌 금액이 정정되었거나 또는 정정된 흔적이 있으면 무효처리를 하나 기간입찰일 경우는 동일 도장으로 정정인 날인을 한 것은 유효한 것으로 처리한다.
❹ 입찰봉투에는 매각기일을 적어야 한다.
❺ 입찰표를 우송하는 경우 등기우편으로 보내며 수령인은 법원이 아니라 집행관으로 한다.
❻ 집행관은 우편을 수령하면 기간입찰봉투에 접수인을 날인한다. 그리고 기간입찰접수부에 전산등록을 하고 입찰함에 투입하여 개찰기일까지 보관하게 된다.
❼ 동일인이 2개 이상의 입찰봉투를 제출한 경우 기일입찰에서는 둘다 무효처리하지만 기간입찰의 경우 입찰봉투에 접수인이 날인되므로 첫 번째 접수된 입찰표는 유효한 것으로 간주되고 두 번째 제출된 입찰표는 무효처리된다(재민 2004-3 〈별지4〉 참조).

6 기간입찰은 기일입찰의 규정을 준용한다

기간입찰을 하는 방법에 관하여는 민사집행규칙 제69조에 규정되어 있는 점 이외에는 기일입찰의 규정이 준용된다(민집규 제71조).

> **민사집행규칙 제69조 (기간입찰에서 입찰의 방법)**
> 기간입찰에서 입찰은 입찰표를 넣고 봉함을 한 봉투의 겉면에 매각기일을 적어 집행관에게 제출하거나 그 봉투를 등기우편으로 부치는 방법으로 한다.

기간입찰의 입찰표 양식

(앞면)

기 간 입 찰 표

지방법원 집행관 귀하 입찰기일: 년 월 일

사건번호	타 경		호	물건번호	※물건번호가 여러 개 있는 경우에는 꼭 기재

입찰자	본인	성 명		(인)	전화번호	
		주민(사업자)등록번호		법인등록번호		
		주 소				
	대리인	성 명		(인)	본인과의 관계	
		주민등록번호		전화번호	-	
		주 소				

| 입찰가격 | 천억 | 백억 | 십억 | 억 | 천만 | 백만 | 십만 | 만 | 천 | 백 | 십 | 일 | 원 | 보증금액 | 백억 | 십억 | 억 | 천만 | 백만 | 십만 | 만 | 천 | 백 | 십 | 일 | 원 |

보증의 제공방법	☐ 입금증명서 ☐ 보증서	보증을 반환 받았습니다. ☐ 보증서를 반환 받았습니다. 입찰자

주의사항.
1. 입찰표는 물건마다 별도의 용지를 사용하십시오, 다만, 일괄입찰 시에는 1매의 용지를 사용하십시오.
2. 한 사건에서 입찰물건이 여러 개 있고 그 물건들이 개별적으로 입찰에 부쳐진 경우에는 사건번호 외에 물건번호를 기재하십시오.
3. 입찰자가 법인인 경우에는 본인의 성명 칸에 법인의 명칭과 대표자의 지위 및 성명을, 주민등록 칸에는 입찰자가 개인인 경우에는 주민등록번호를, 법인인 경우에는 사업자등록번호를 기재하고, 대표자의 자격을 증명하는 서면(법인의 등기부 등·초본)을 제출하여야 합니다.
4. 주소는 주민등록상의 주소를, 법인은 등기부상의 본점 소재지를 기재하시고, 신분확인상 필요하오니 주민등록등본이나 법인등기부등본을 동봉하십시오.
5. 입찰가격은 수정할 수 없으므로, 수정을 요하는 때에는 새 용지를 사용하십시오.
6. 대리인이 입찰하는 때에는 입찰자 칸에 본인과 대리인의 인적사항 및 본인과의 관계 등을 모두 기재하는 외에 본인의 위임장(입찰표 뒷면을 사용)과 인감증명을 제출하십시오.
7. 위임장, 인감증명 및 자격증명서는 이 입찰표에 첨부하십시오.
8. 입찰함에 투입된 후에는 입찰표의 취소, 변경이나 교환이 불가능합니다.
9. 공동으로 입찰하는 경우에는 공동입찰신고서를 입찰표와 함께 제출하되, 입찰표의 본인 칸에는"별첨 공동입찰자 목록 기재와 같음"이라고 기재한 다음, 입찰표와 공동입찰신고서 사이에는 공동입찰자 전원이 간인하십시오.
10. 입찰자 본인 또는 대리인 누구나 보증을 반환받을 수 있습니다(입금증명서에 의한 보증은 예금계좌로 반환됩니다).
11. 보증의 제공방법(입금증명서 또는 보증서)중 하나를 선택하여 V표를 기재하십시오.

(뒷면)

위 임 장

대리인	성 명			직 업	
	주민등록번호		-	전화번호	
	주 소				

위 사람을 대리인으로 정하고 다음 사항을 위임함.

- 다 음 -

<u>　　　　　지방법원　　　　타경　　　　호 부동산　　　　</u>

경매사건에 관한 입찰행위 일체

본인 1	성 명		(인감인)	직 업	
	주민등록번호		-	전화번호	
	주 소				
본인 2	성 명		(인감인)	직 업	
	주민등록번호		-	전화번호	
	주 소				
본인 3	성 명		(인감인)	직 업	
	주민등록번호		-	전화번호	
	주 소				

* 본인의 인감증명서 첨부
* 본인이 법인인 경우에는 주민등록번호 칸에 사업자등록번호를 기재

지방법원 귀중

[전산양식 A3392] 기간입찰표(연두색) 용지규격 210mm×297mm(A4용지)

7 개찰방법

기일입찰에서는 입찰을 마감하게 되면 곧이어 개찰에 들어가게 되고 기간입찰에서는 개찰기일(매각기일)에 개찰하게 되는데, 개찰의 공정성을 담보하기 위하여 집행관은 입찰표를 개봉하는 때에 입찰을 한 사람을 참여시켜야 한다(민집규 제65조 2항 전문).

개찰기일에 입찰한 사람이 반드시 참여해야 하나요?
실무에선 개찰 시 반드시 입찰한 사람이 참여해야 하는 것이 아니고 집행관의 재량에 맡겨져 있는데 보통 법원사무관 등이 참여하는 것으로 한다.

3 매수신청의 자격

1 매수신청은 누구나 할 수 있는가?

❶ 자격이 되는 일반인(자연인)도 매수신청이 가능하다.

집행관은 매수신청인의 주민등록증 그 밖의 신분을 증명하는 서면을 제출하게 하여 매수신청인의 본인 여부 및 행위능력의 유무를 확인하게 된다.

❷ 채권자, 경매신청채권자의 대리인, 담보권자, 제3취득자 및 임의경매에 있어서 물상보증인도 매수신청을 할 수 있다.

❸ 법인은 대표자의 자격을 증명하는 문서(상업등기부등본 또는 법인등기부등본)를 집행관에게 제출하여야 한다.

❹ 법인이 아닌 사단이나 재단이라도 대표자나 관리인이 있으면 입찰에 응할 수 있다(민소 제52조, 부등법 제26조).

❺ 종중, 사찰, 교회 등 법인이 아닌 사단이나 재단 명의로 입찰할 경우:

정관 그 밖의 규약, 대표자 또는 관리인임을 증명하는 서면, 사원총회의 결의서, 대표자 또는 관리인의 주민등록표등본 등의 서류를 제출하여야 한다(부등규칙 제56조).
❻ 행위 무능력자는 법정대리인에 의하여서만 매수신청을 할 수 있다(대결 1967.7.12. 67마507).
❼ 외국인이 경매로 토지를 취득하는 경우 별다른 제한이 없다(외국인토지법 제5조).

2 농지취득자격증명이나 어업권이전의 인가 등 관청의 증명이나 허가를 필요로 하는 경우란?

❶ 농지를 취득하고자 하는 경우: 농지를 취득하고자 하는 자는 농지의 소재지를 관할하는 시장·구청장·읍장 또는 면장으로부터 농지취득자격증명을 발급받아야 하고(농지법 제8조 1항), 농지를 취득한 자가 그 소유권에 관한 등기를 신청할 때에는 농지취득자격증명을 붙여야 한다(동조 4항 참조).

지목이 농지이고 농지취득자격증명 제출을 요하는 특별매각조건이 있는 경우 매각허가결정 전까지 농지취득자격증명(농지법 제8조 1항)을 제출하여야 하는데 미제출 시 매각불허가사유가 되고(대결 1999.2.23. 98마2604 참조) 보증금은 몰취될 수 있다. 하지만 매수신청 시 그 증명이나 허가를 증명할 필요는 없다(재민97-1, 제5조).
따라서 농지취득자격증명을 제출하지 못해서 보증금을 반환받을 수 없다면 부득이한 사유가 있었음을 증명하여 보증금을 반환받을 수 있도록 하여야겠다.

❷ 어업권을 취득하고자 하는 경우: 경매에 의하여 어업권이 이전되는 경우에도 시장·군수 등 행정청의 인가가 필요하다(수산업법 제19조 1항 참조).

3 매수신청에 제한이 있는 자는?(민집규 제59조 참조)

❶ 채무자, 매각절차에 관여한 집행관, 매각부동산을 평가한 감정인(감정평가법인이 감정인인 때에는 그 감정평가법인 또는 소속 감정평가사), 집행법원의 법관과 참여 사무관은 매수의 신청을 할 수 없다. 단 다른 사람의 대리인으로서 매수신고를 하는 것은 가능하다. 만약 채무자가 최고가매수신고인이 되었을 경우는 매각불허가사유에 해당된다.

여기에서 말하는 채무자란?
당해 강제경매절차에서 채무자로 취급되는 자만을 말하므로, 경매절차상의 채무자와 동일한 급부의무를 부담하는 실체법상의 연대채무자, 연대보증인 등은 해당되지 않는다. 임의경매의 경우에 채무자 아닌 소유자는 다른 이해관계인을 불리하게 하는 바 없고 특별규정도 없으므로 매수신청인이 될 수 있다(《법원실무제요Ⅱ》, 234쪽 참조).

❷ 재매각절차에서 전의 매수인은 매수신청을 할 수 없다(민집 제138조 4항 참조).
❸ 집행관이 매각장소의 질서유지를 위하여 매수신청을 금지한 자도 매수신청이 제한된다.

4 대리인에 의한 매수신청의 방법은?

❶ 매수신청은 임의대리인에 의해서도 할 수 있으며 대리인은 변호사가 아니더라도 무방하며 법원의 허가를 얻을 필요도 없다.
❷ 임의대리인의 경우에는 위임장을, 법정대리인의 경우에는 가족관계증명서를 입찰표에 첨부하여 제출하여야 한다.
❸ 입찰자는 동일 물건에 대하여 다른 입찰자의 대리인이 될 수 없다. 동일인이 공동입찰자의 대리인이 된 경우를 제외하고 2인 이상의 다른 입찰자의 대리인이 될 수 없다.

❹ 매각허가결정이 확정된 후에는 매수신청대리권의 흠을 주장할 수 없다.

▆▆ 5 대리입찰의 위임장

❶ 대리입찰을 하면서 입찰표에 위임장을 첨부하지 않았더라도 최고가매수신고인이 결정되기 전까지는 현장에서 직접 제출한 경우라도 유효한 것으로 처리된다.

❷ 위임장에는 사건번호, 대리인의 이름, 주소, 위임내용과 위임자의 이름·주소를 기재하고 반드시 본인(위임자)의 인감도장을 날인하여야 한다.

인감증명서가 첨부되지 않은 경우

인감증명서가 첨부되지 않으면 입찰은 무효로 처리된다. 다만 임의대리의 경우 위임장이 첨부되어 있으나, 첨부된 위임장이 사문서로서 인감증명서가 첨부되어 있지 아니하거나 위임장과 인감증명서의 인영이 틀린 경우, 최고가매수신고인 결정 전까지 인감증명서를 제출하거나 그 밖의 이에 준하여 확실한 방법으로 위임장의 진정 성립을 증명한 때에는 당해 매수신청인을 최고가매수신고인(차순위매수신고인)으로 결정할 수 있다 (재민2004-3 제33조 1항, 별지3 18항 참조).

4 | 공동입찰신청방법

▆▆ 1 공동입찰

민사집행법 이후부터는 누구나 공동입찰을 할 수 있게 되었다. 하지만 민사소송법에선 "원칙적으로 친자, 부부 등의 친족관계에 있는 자, 입찰목적물의 공동점유자·사용자, 1필지의 대지 위에 수개의 건물이 있는 경우의 각 건물소유자, 1동 건물의 수인의 임차인 등과 같이 공동입찰을 허가제로 한 취지에 맞게 담합의 의심이 없는 자들"에 대하여만 허가하였다(재민93-2 제9조 1항 참조).

공동입찰을 이용한 담합행위를 한 경우: 매수신청이 제한될 수 있으며 매각불허가사유에 해당된다(민집 제123조 2항, 제121조 4호).

2 공동입찰신청방법(공동명의로 입찰할 경우)

❶ 2인 이상이 하나의 경매물건에 공동으로 입찰하는 방식을 말하며 공동으로 입찰하는 때에는 입찰표에 각자의 지분을 분명하게 표시하여야 한다(민집규 제62조 5항 참조). 입찰표에 각자의 지분을 표시하지 아니한 경우에는 평등한 비율로 취득하는 것으로 본다(입찰을 무효로 처리한다는 견해도 있음).

❷ 필요한 서류: 입찰표 이외에 공동입찰신고서와 공동입찰자 목록
(서류 사이에는 공동입찰자 전원이 간인해야 한다.)

공동입찰자 목록에는 각 입찰자의 성명과 주소, 주민등록번호, 전화번호 그리고 합의가 된 각자의 지분을 표시해야 한다. 지분표시는 각 ㅇ분의 ㅇ지분

3 공동입찰대리인 자격

❶ 공동입찰자이면서 다른 공동입찰자의 대리인이 될 수도 있고, 공동입찰자 아닌 자가 2인 이상의 공동입찰자(또는 공동입찰자 전원)의 대리인이 될 수도 있다.

❷ 만약 공동입찰자 중 일부에 매각불허 사유에 해당되면 공동입찰자 전원에 대해 매각을 불허하게 되며 일부 매각대금이 지급되지 않았더라도 해당 부동산 전부에 대하여 재입찰이 이루어지게 된다.

❸ 대리인의 준비물: 위임장 또는 위임자의 인감도장이 날인된 것)과 인감증명서

4 부부가 공동으로 입찰할 경우

❶ 종합소득세와 양도세에 대한 감면혜택 등을 받을 수 있는 부부공동입찰은 입찰 시부터 부부공동명의로 입찰하여야 한다.
❷ 방식은 공동입찰대리와 동일한 방식을 따른다.
❸ 매각기일에 부부 한쪽이 참석할 수 없는 경우 참석하는 사람이 참석할 수 없는 배우자의 인감증명서, 위임장을 제출하여야 한다.

부부공동명의로 부동산을 취득 시 세금혜택에 있어서 한쪽 배우자가 부동산을 취득한 후 증여를 한 경우와 비교하여 어느 쪽이 유리한지 알아보고 입찰하는 것이 좋다. 세금 관련 부분은 시기별로 지속적으로 바뀌므로 입찰시기와 맞추어 세무사와 상담하여 준비하는 것이 가장 좋은 방법이다.

공동입찰신고서와 공동입찰자 목록(지분표시는 각 ○분의 ○지분)

공 동 입 찰 신 고 서

○○법원 집행관　　　귀하

사건번호　20　타경　　　호
물건번호
공동입찰자　별지 목록과 같음

위 사건에 관하여 공동입찰을 신고합니다.

20　년　　월　　일

신청인　　　　외　　인(별지 목록 기재와 같음)

※ 1. 공동입찰을 하는 때에는 입찰표에 각자의 지분을 분명하게 표시하여야 합니다.
　　2. 별지 공동입찰자 목록과 사이에 공동입찰자 전원이 간인하십시오.

공 동 입 찰 자 목 록			
번호	성 명	주 소		지분
		주민등록번호	전화번호	
1	(인)	-		각 ○분의 ○지분
2	(인)	-		각 ○분의 ○지분
3..				

46

2. 차순위매수신고와 공유자우선매수신고

1 | 최고가매수신고인과 차순위매수신고인

1 매각기일 당일 개찰과 함께 즉시 최고가매수신고인이 결정된다

❶ 최고의 금액으로 입찰한 사람이 최고가매수신고인으로 정해진다. 최고가 금액이 같은 사람이 둘 이상일 경우에는 그들만을 상대로 추가입찰을 실시하게 된다. 추가입찰자는 종전 입찰가격보다 낮은 가격으로 입찰할 수 없다. 단 동일한 금액으로 입찰하는 것은 가능하다. 집행관이 최고가매수신고인의 이름과 그 가격을 호창한다.

❷ 최고가매수신고인 및 차순위매수신고인 외의 입찰자는 입찰절차 종료 즉시 매수신청보증을 반환받을 수 있으며 이때 입찰자용 수취증과 신분증을 제시하여야 한다.

❸ 공유자는 집행관이 매각기일을 종결한다는 고지를 하기 전까지 매수신청의 보증을 제공하고 우선매수신고를 할 수 있으며, 우선매수신

고에 따라 차순위매수신고인으로 간주되는 최고가매수신고인은 매각기일이 종결되기 전까지 그 지위를 포기할 수 있다.

최고가매수신고인이 외국에 주소를 두고 있는 경우라면?
최고가매수신고인과 차순위매수신고인은 국내에 주소·거소와 사무소가 없는 때에는 국내에 송달이나 통지를 받을 장소와 영수인을 정하여 법원에 신고하여야 한다. 신고가 없는 경우 법원은 대금지급기한의 통지 등을 생략할 수 있다.

2 차순위매수신고란?

❶ 차순위매수신고의 제도는 최고가매수신고인이 대금납부를 하지 않을 경우를 대비하여 재매각을 실시하지 않고 차순위매수신고인에게 매각을 허가하는 제도이다.
❷ 이는 재매각으로 인한 절차지연과 비용낭비를 방지하기 위함이다.
❸ 차순위매수신고를 하고자 하는 사람은 최고가매수신고인이 대금지급기한까지 대금납부를 하지 않을 경우 자기의 매수신고에 대하여 매각허가를 받으려는 사람이다.

3 차순위매수신고를 할 수 있는 요건

❶ 차순위매수신고를 하려면 최고가매수신고액에서 그 보증금을 공제한 금액을 넘는 금액으로 응찰한 자여야 한다.
❷ 차순위매수신고를 한 사람이 둘 이상인 때에는 신고한 매수가격이 높은 사람을 차순위매수신고인으로 정한다. 단 신고는 매각기일 종결 전에 해야만 한다.

집행관은 최고가매수신고인을 정한 뒤 매각기일을 종결하기 전에 반드시 차순위매수신고를 최고하여야 한다(법 제115조 1항 참조).

차순위입찰자: 입찰가격이 두 번째로 고액인 자를 말한다.

4 차순위매수신고인은 어떻게 보증금을 반환받을 수 있을까?

❶ 일단 차순위매수신고인으로 신고하면 임의로 철회하지 못하고 최고가매수인이 대금납부를 하면 그때 자신의 보증금을 돌려받을 수 있다.
❷ 최고가매수인이 대금납부를 하지 않아 바로 차순위매수신고인에게 매각허가결정을 하였음에도 차순위매수신고인도 대금납부를 하지 않는다면 재매각을 실시한다.
❸❷의 경우 재매각기일 3일 전까지 최고가매수신고인과 차순위매수신고인 중 먼저 매각대금을 납부한 신고인이 소유권을 얻게 된다.

5 매각이 불허된 경우

❶ 최고가매수신고인에 대한 매각불허가 결정이 내려지면 차순위매수신고인에게도 매각허가결정을 내리지 않고 새매각을 실시한다.
❷ 경매신청을 취하하고자 하는 자가 신고인의 동의가 필요한 경우 최고가매수신고인뿐만 아니라 차순위매수신고인에게도 동의를 얻어야 한다.

2 공유자우선매수신고

1 공유자우선매수신고란?

❶ 공유물지분경매에서 공유자는 채무자의 지분을 우선매수 하겠다는 신고를 할 수 있는데 이를 공유자우선매수신고라 한다.
❷ 공유자가 우선매수신고를 한다는 것은 최고가매수신고인과 동일한 가격으로 매수하겠다고 하는 것이다(단 우선매수신고를 하였는데 매수신

고인이 아무도 없는 경우는 최저매각가격으로 우선매수를 인정).

❸ 공유자가 공유자우선매수신고를 한 경우 최고가매수신고인은 차순위매수신고인으로 간주된다.

❹ 차순위매수신고가 된 최고가매수신고인은 매각기일의 종결 고지 전까지 차순위매수신고인의 지위를 포기하고 입찰보증금을 돌려받을 수 있다.

공유자우선매수신고제도가 있는 이유

민사집행법 140조에 규정된 공유자의 우선매수권 제도는 우리나라에 특유한 것으로서, 공유물 전체를 이용관리하는 데 있어서 다른 공유자와 협의하여야 하고(민법 265조), 그 밖에 다른 공유자와 인적인 유대관계를 유지할 필요가 있기 때문에, 공유지분의 매각으로 인하여 새로운 사람이 공유자로 되는 것보다는 기존의 공유자에게 우선권을 부여하여 그 공유지분을 매수할 수 있는 기회를 주는 것이 타당하다는 데 그 입법 취지가 있다(《법원실무제요Ⅱ》, 273쪽 참조).

2 공유자우선매수신고의 방법

❶ 공유자가 우선매수신고를 하려면 매각기일까지 매수신청의 보증(매수신청의 10%)을 제공하여야 한다.

❷ 신고는 집행관이 매각기일을 종결한다는 고지를 하기 전까지 해야 하며 신고와 즉시 보증을 제공해야 한다.

❸ 공유자는 매각기일 이전에도 미리 우선매수신고를 할 수 있으나 반드시 매각기일 종결을 고지하기 전까지 매수신청의 보증을 제공해야 한다.

매각기일 전에 공유자우선매수신고가 있으면 집행법원은 경매기록 표지에 공유자우선매수신고의 취지를 적어두게 된다.

❹ 여러 명의 공유자가 우선매수신고를 하였는데 특별한 합의가 없었

다면 공유지분의 비율로 지분매수 하는 것으로 본다.

3 채무자의 여러 부동산이 일괄매각이 될 경우 공유자의 우선매수신고는 허용되지 않는다

❶ 채무자의 여러 부동산이 일괄매각 될 경우 일부에 대한 공유자의 우선매수신고는 허용되지 않는다. 예를 들어, 토지와 건물이 일괄매각 되는데 토지만 공유지분으로 되어 있는 경우, 토지의 공유자는 우선매수권을 행사할 수 없다.

❷ 공유지분 전체가 일괄매각 될 때 한 사람의 공유지분을 경매개시결정등기 이후에 취득한 제3자는 공유자우선매수권을 행사할 수 없지만 공유지분에 대한 매각이 개별적으로 진행된다면 그 제3자는 다른 지분에 대한 경매에서 공유자우선매수권을 행사할 수 있다. 또한 토지만 개별적으로 매각이 진행되는 경우도 우선매수권이 허용된다.

4 공유자우선매수신고의 기타 사항들

❶ 기타 공유물분할판결에 의한 경매일 경우 공유자는 우선매수권을 행사할 수 없다.

❷ 공유자가 우선매수신고를 하였으나 다른 매수신고인이 없는 경우 최저매각가격을 우선매수금액으로 보게 된다.

5 임대주택의 임차인은 우선매수신고를 할 수 있다?

❶ 일반 임차인은 해당 부동산에 대하여 우선매수신고 할 권한이 없다.

❷ 건설임대주택의 임차인과 부도공공건설 임대주택의 임차인에게는 우선매수신고 권한이 있다.

❸ 부도공공건설 임대주택의 임차인 등이 매입을 요청한 경우 주택매입사업시행자는 보증의 제공 없이도 우선매수권 행사를 할 수 있다(〈부도공공건설임대주택 임차인 보호를 위한 특별법〉 제12조 참조).

3. 매각결정과 대금납부

1. 매각결정

1. 매각결정 이후의 절차는?

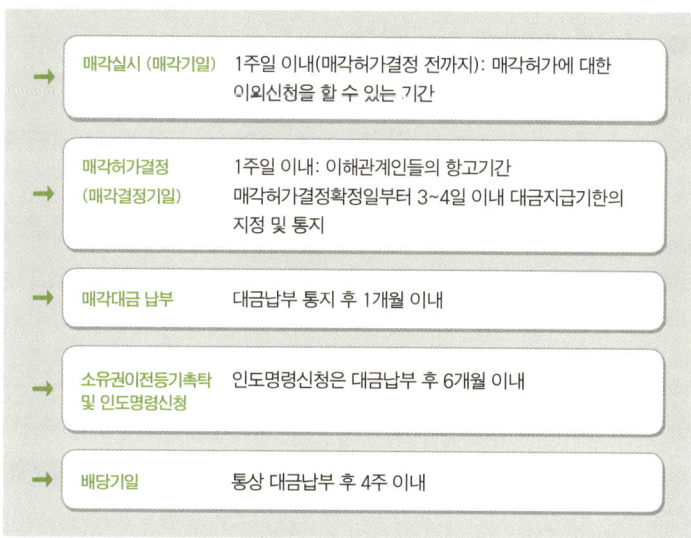

2 매각결정기일이란?

❶ 매각기일로부터 1주일 이내에 매각허가를 하게 되는데, 이를 매각결정기일이라고 한다. 매각결정기일은 매각기일과 함께 공고한다.
❷ 법원은 매각기일과 매각결정기일이 정해지면 이해관계인에게 통지한다.
❸ 매각결정기일이 변경이 되는 경우 이해관계인에게 통지한다. 이해관계인에는 최고가매수신고인 및 차순위매수신고인도 포함된다.
❺ 매각불허사유에 대해 심문하는 시간이 필요한 경우 매각결정기일이 변경되기도 한다. 농지취득자격증명의 제출연기신청이 있는 경우도 매각결정기일이 변경된다.

농지취득자격증명을 발급받는데 시간이 많이 걸린다면?
농지취득자격증명을 발급받는데 시간이 다소 소요된다면 매각결정기일 하루 전까지 매각결정기일변경신청서 또는 매각결정기일연기신청서를 제출하는 것이 좋다.

3 매각허가결정의 선고방법은?

매각허가결정의 선고는 매각결정기일에 이해관계인의 의견을 들은 후 매각허가결정을 하고 이날 법원 경매 홈페이지와 경매계 게시판에 공고하는 방식으로 한다.

매각허가결정의 선고
매각허가결정은 매각결정기일에 법정에서 반드시 선고하여야 하며(민집 제126조 1항) 이해관계인들의 출석 여부에 관계없이 선고에 의하여 매각허부결정 고지의 효력이 생긴다. 매각허가결정 정본을 이해관계인에게 송달하지 않으며 공고는 법원게시판 게시, 관보·공보 또는 신문 게재, 전자통신매체를 이용한 공고 중 어느 하나의 방법으로 하게 된다(민집규 제11조 1항 참조).

4 매각허가결정시 특별매각조건이 있는 경우

법원은 이해관계인의 합의에 의해 채권자에 우선하는 저당권을 매수인이 인수하는 경우 등의 특별매각조건이 있을 때는 매각허가결정서에 기재하여야 한다.

2 | 매각허가에 대한 이의

1 매각허가에 대한 이의

❶ 이해관계인은 민사집행법 제121조에 해당하는 사유가 있을 경우에만 매각허가에 대한 이의신청을 할 수 있다. 이의는 구두나 서면으로 할 수 있다.
❷ 이의신청은 매각허가결정의 선고 전까지 해야 한다.
❸ 법원은 이의신청이 정당하다고 인정한 때에는 매각을 허가하지 아니한다(민집 제123조 1항 참조).

경매개시결정에 대한 이의신청은 매각대금이 모두 지급될 때까지 할 수 있다(민집 제86조 1항 참조).

2 매각허가에 대한 이의신청 사유 (민사집행법 제121조)

매각허가에 관한 이의는 다음 각 호 가운데 어느 하나에 해당하는 이유가 있어야 신청할 수 있다.

❶ 강제집행을 허가할 수 없거나 집행을 계속 진행할 수 없을 때
❷ 최고가매수신고인이 부동산을 매수할 능력이나 자격이 없는 때

❸ 부동산을 매수할 자격이 없는 사람이 최고가매수신고인을 내세워 매수신고를 한 때
❹ 최고가매수신고인, 그 대리인 또는 최고가매수신고인을 내세워 매수신고를 한 사람이 민사집행법 제108조 각 호 가운데 어느 하나에 해당되는 때

> **민사집행법 제108조에 해당하는 자**
> ① 다른 사람의 매수신청을 방해한 사람
> ② 부당하게 다른 사람과 담합하거나 그 밖에 매각의 적정한 실시를 방해한 사람
> ③ 제1호 또는 제2호의 행위를 교사한 사람
> ④ 민사집행절차에서의 매각에 관하여 형법 제136조·제137조·제140조·제140조의 2·제142조·제315조 및 제323조 내지 제327조에 규정된 죄로 유죄판결을 받고 그 판결 확정일부터 2년이 지나지 아니한 사람

❺ 최저매각가격의 결정, 일괄매각의 결정 또는 매각물건명세서의 작성에 중대한 흠이 있는 때
❻ 천재지변, 그 밖에 자기가 책임을 질 수 없는 사유로 부동산이 현저하게 훼손된 사실 또는 부동산에 관한 중대한 권리관계가 변동된 사실이 경매절차의 진행중에 밝혀진 때
❼ 경매절차에 그 밖의 중대한 잘못이 있는 때

3 선순위저당권이 소멸함으로써 인수할 부담이 생긴 경우 매각불허가사유에 해당하는가?

선순위저당권이 언제 소멸하였느냐에 따라 매수인의 매각불허신청이나 매각취소신청의 여부가 달라진다. 원래 매각으로 선순위저당권이 소멸하면 후순위의 권리(예외적인 권리는 제외)와 후순위의 임차권도

대항력이 상실되지만 매각대금이 지급되기 전에 다른 사유로 선순위 저당권이 소멸되어 원래 인수하지 않아도 되는 권리나 대항력 있는 임차인이 발생한다면 매수인은 아래와 같은 조치를 취할 수 있다.

❶ 매각허가결정확정 전인 경우
최고가매수신고인 또는 매수인은 민사집행법 제121조 6호의 사유를 들어 매각허가에 대한 이의신청을 하거나 매각허가결정에 대한 즉시항고를 할 수 있다.

❷ 매각허가결정 확정 후 대금납부 전인 경우
선순위근저당권의 존재로 후순위 임차권의 대항력이 소멸하는 것으로 알고 부동산을 매수하였으나, 그 이후 선순위 근저당권의 소멸로 인하여 임차권의 대항력이 존속하는 것으로 변경됨으로써 매각부동산의 부담이 현저히 증가하는 경우에는, 매수인은 매각허가결정의 취소신청을 할 수 있다(대결 1998.8.24. 98마1031 참조).

❸ 이미 대금납부 후인 경우
배당이 실시되기 전이라면 대금의 반환청구를 할 수 있다. 배당이 실시된 이후라면 매도인의 담보책임 등을 유추적용하여 채무자에게 계약해제 또는 대금감액을 청구할 수 있고, 채무자가 무자력인 경우에는 배당을 받을 채권자 등에게 대금반환의 청구를 할 수 있을 것이다(대결1997.11.11. 자96그64 참조).

4 법원이 매각허가에 대한 이의가 정당하지 않다고 결정할 경우

❶ 법원은 이의신청에 응답하지 않고 매각허가결정을 선고하게 된다.
❷ 이의신청 한 이해관계인은 별도로 매각허가에 대한 즉시항고를 할 수 있을 뿐 불복항고를 할 수 없다.
❸ 부동산매각허가결정에 대한 즉시항고는 이해관계인, 매수인 및 매수신고인만이 제기할 수 있다.

부동산매각허가결정에 대한 즉시항고를 제기할 수 있는 이해관계인의 범위
민사집행법 제90조 각 호에서 규정하는 압류채권자와 집행력 있는 정본에 의하여 배당을 요구한 채권자, 채무자 및 소유자, 등기부에 기입된 부동산 위의 권리자, 부동산 위의 권리자로서 그 권리를 증명한 자를 말하고, 경매절차에 관하여 사실상의 이해관계를 가진 자라 하더라도 위에서 열거한 자에 해당하지 아니한 경우에는 경매절차에 있어서의 이해관계인이라고 할 수 없다(대결 2005.5.19. 자2005마59 참조).

5 경매법원이 매각불허가결정을 하는 경우

❶ 이해관계인의 이의가 정당하다고 인정할 때: 이해관계인의 이의가 정당하다고 인정되는 경우 법원은 매각을 허가하지 않는다.
❷ 직권으로 매각불허가 할 사유가 있을 때: 매각결정기일에 이해관계인의 매각허가에 대한 이의가 없더라도 법원이 직권조사의 결과 민사집행법 제121조에 열거된 이의사유가 있다고 인정되는 때에는 직권으로 매각을 허가하지 아니한다(민집 제123조 2항 참조).
❸ 과잉매각인 경우: 여러 개의 부동산을 매각하는 경우에 한 개 부동산의 매각대금으로 모든 채권자의 채권액과 강제집행비용을 변제하기에 충분하면 다른 부동산의 매각을 허가하여서는 아니된다(민집 제124조 1항 참조).

과잉매각이 된 경우(과잉매각의 금지위반의 효과)

과잉매각의 금지에 위반하여 매각허가결정을 한 경우에는 이 결정에 의하여 불이익을 입는 이해관계인은 즉시항고를 할 수 있다(민집 제129조 1항, 제121조 7호).

❹ 집행정지결정 정본이 제출된 경우: 매각허가결정선고 전에 집행법원에 집행정지결정 정본이 제출된 경우 매각불허가결정이 내려진다. 만약 매각허가결정선고가 난 후 서류가 제출된 경우라면 매수인은 매각대금납부 전까지 매각허가결정의 취소신청을 할 수 있다.

❺ 무잉여경매인 경우: 우선채권을 넘는 가격으로 매수하는 자가 없을 경우 압류채권자가 스스로 7일 기간동안 충분한 보증금의 제공과 함께 매수신고를 하지 않는다면 그 경매절차는 취소된다.

6 매각불허가결정이 확정된 경우

❶ 매각불허가결정은 매각결정기일에 선고된다. 매각불허가결정이 확정된 경우 최고가매수신고인은 매수신청보증금 환급신청을 하여 보증금을 돌려받을 수 있다.

경매계에선 매수신청보증금의 환급계좌번호로 보증금을 환급하여 준다.

❷ 차순위매수신고인이 있는 경우 최고가매수신고인에 대한 매각불허가결정이 내려지면 차순위매수신고인에게도 매각허가를 하지 않고 재입찰을 실시하게 된다.

❸ 부동산의 현저한 훼손이나 중대한 권리관계의 변동에 의하여 매각불허가결정을 하고 새매각기일을 열게 된 경우 법원은 최저매각가격 결정을 새로이 하게 된다. 하지만 부동산이 현저히 훼손되었거나 멸실된 경우 매각절차는 취소되고 경매개시결정등기 또한 말소된다.

7 매각허가결정의 취소신청이란?

매각허가결정단계에서 부동산의 현저한 훼손이나 중대한 권리관계의 변동을 간과하여 매각허가결정이 나고도 매수인이 이를 모르고 즉시항고를 제기하지 않아 매각허가결정이 확정된 경우 민사집행법 제127조 1항에 의하여 매각허가결정의 취소신청을 할 수 있다(《법원실무제요Ⅱ》, 299쪽 참조).

> **제127조(매각허가결정의 취소신청)**
> ① 제121조 6호에서 규정한 사실이 매각허가결정의 확정 뒤에 밝혀진 경우에는 매수인은 대금을 낼 때까지 매각허가결정의 취소신청을 할 수 있다.
> ② 매각허가결정의 취소신청에 대한 결정에 대하여는 즉시항고 할 수 있다.

8 매각부동산의 가격이 현저히 하락한 경우에도 매각허가결정의 취소신청을 할 수 있는가?

매각절차가 정지되어 이로 인하여 매각결정기일과 대금납부기한 사이에 오랜 기간이 경과되었고 그 사이에 매각부동산의 가격이 현저히 하락한 경우 매수인은 매각허가결정의 취소를 구할 수도 있다.

실무에서 받아들여지는 경우는 많지 않다.

9 매수인이 경락받은 후에야 부동산이 현저히 훼손된 사실을 알게 된 경우 매각허가결정취소신청을 할 수 있는가?

목적물의 훼손이나 중대한 권리관계의 변동이 있는 경우 최고가매수인은 매각허가결정 전이라면 매각허가에 대한 이의신청을, 매각허가결정 후 대금을 납부하기 전이라면 매각허가결정에 대한 취소신청을, 이외에 대금 납부 후 배당 전인 경우에는 집행법원에 대하여 매각허가결정에 의한 매매를 해제하여 납부한 대금의 반환을 청구할 수 있다(대결 1997.11.11. 96그64 참조). 법원은 목적물의 멸실이나 매각 등으로 권리이전을 할 수 없는 사정이 명백한 경우 매각절차를 취소한다(민집 제96조 1항 참조).

매매해제를 하지 않고 대금의 감액만을 청구할 경우
대금납부 시까지는 집행법원에 대하여 대금의 감액 주장을 할 수 있을 것이며, 대금납부 후 배당실시 전인 때에는 감액분의 대금의 반환을 청구할 수 있다(대결 1973.12.12. 73마912, 대결 1979.7.24. 78마 248 참조). (《법원실무제요 II》, 302쪽 참조)

3 | 항고

1 매각허가결정에 대한 즉시항고

❶ 경매법원은 매각허가에 대한 이의신청이 정당하다고 인정하면 매각 불허를 한다. 이의신청을 인정하지 않는 경우 이해관계인은 매각허가결정에 대한 즉시항고를 할 수 있다.

❷ 즉시항고는 매각결정기일로부터 1주일 내에 경매법원에 제기해야 한다. 매각허가결정에 대하여는 즉시항고만이 인정되고 다른 방법으로는 이의를 할 수 없다.

2 즉시항고를 할 수 있는 항고권자

❶ 매각허가결정 또는 불허가결정에 의하여 손해를 받을 가능성이 있는 이해관계인이 항고권자가 된다.

경매개시결정등기 이후에 소유권을 취득한 자나 가압류권자, 가처분권자 등은 이해관계인에 해당되지 않는다.

❷ 최고가매수신고인 및 경매개시결정기입등기 이후에 전입신고를 한 임차인도 배당요구의 종기까지 배당요구를 하면 항고인이 될 수 있다.
❸ 최고가매수신고인 즉 매수신고인은 그가 신고한 가격 이하로 매각허가 할 것을 주장할 수 없다.

> **민사집행법 제129조(이해관계인 등의 즉시항고)**
> ① 이해관계인은 매각허가 여부의 결정에 따라 손해를 볼 경우에만 그 결정에 대하여 즉시항고를 할 수 있다.
> ② 매각허가에 정당한 이유가 없거나 결정에 적은 것 외의 조건으로 허가하여야 한다고 주장하는 매수인 또는 매각허가를 주장하는 매수신고인도 즉시항고를 할 수 있다.
> ③ 1항 및 2항의 경우에 매각허가를 주장하는 매수신고인은 그 신청한 가격에 대하여 구속을 받는다.

3 즉시항고의 방법은?

❶ 매각허가 여부 결정을 한 집행법원에 1주 이내에 항고장을 제출하여야 한다. 항고인은 매각대금의 10분의 1에 해당되는 현금이나 법원이 인정한 유가증권을 공탁하여야 한다.
❷ 항고장에 항고이유를 적지 않은 경우: 항고인은 항고장을 제출한 날로부터 10일 이내에 항고이유서를 제출하여야 한다. 이유서를 제출하지 않으면 즉시항고는 각하된다.
❸ 경매신청이 취하되거나 매각절차가 취소된 경우: 항고가 기각된 경우라도 항고인은 보증금을 반환받을 수 있다.

4 즉시항고의 효력에는 집행정지의 효력이 없다

즉시항고에는 집행정지의 효력은 없지만 항고된 경우 매각허가결정이 확정되지 않으므로 그 이후의 절차들 즉 대금납부 및 배당기일을 지정·실시 할 수 없게 된다. 항고심의 재판에 불복하거나 손해를 받는 이해관계인에게는 재항고권이 있다(민소법 제442조, 법 제23조 1항 참조).

5 항고가 기각된 경우

항고가 기각되거나 취하되면 항고보증금은 몰수된다. 채무자 또는 소유자의 경우는 보증금을 전액 몰수하게 되며 그 이외 사람의 경우는 항고한 날로부터 항고기각결정이 확정된 날까지의 매각대금에 대한 연 2할의 비율에 의한 금액을 몰수하고 나머지 금액만 반환받을 수 있다.

이자산출 방법: 매각금액×20% 항고심기간÷365

> **민사집행법 제130조 6, 7항**
> ⑥ 채무자 및 소유자가 한 제3항의 항고가 기각된 때에는 항고인은 보증으로 제공한 금전이나, 유가증권을 돌려줄 것을 요구하지 못한다.
> ⑦ 채무자 및 소유자 외의 사람이 한 제3항의 항고가 기각된 때에는 항고인은 보증으로 제공한 금전이나, 유가증권을 현금화한 금액 가운데 항고를 한 날부터 항고기각결정이 확정된 날까지의 매각대금에 대한 대법원 규칙이 정하는 이율에 의한 금액(보증으로 제공한 금전이나, 유가증권을 현금화한 금액을 한도로 한다)에 대하여는 돌려줄 것을 요구할 수 없다. 다만, 보증으로 제공한 유가증권을 현금화하기 전에 위의 금액을 항고인이 지급한 때에는 그 유가증권을 돌려줄 것을 요구할 수 있다.

4 | 대금납부

■1 대금납부

❶ 최고가매수신고인이 대금납부를 하게 되면 소유권이전등기와 관계없이 매각부동산의 소유권을 취득하게 된다. 단 소유권등기 없이는 처분할 수 없다.

❷ 매수인이 대금납부를 하게 되면 이해관계인은 경매신청의 취하신청과 경매개시결정에 대한 이의신청을 할 수 없다.

❸ 최고가매수신고인이 대금납부기한 내에 대금납부를 하지 않으면 차순위매수신고인이 있을 경우, 차순위매수신고인에게 매각을 허가하고 대금납부를 하게 한다. 차순위매수신고인도 대금납부를 하지 않을 경우 재매각이 실시된다. 하지만 재매각 3일 전까지 대금을 먼저 납부하는 사람이 소유권을 취득하게 된다.

재매각: 보증금은 최저매각가격의 10분의 2가 되며(법원마다 달리 정할 수 있음) 전의 매각절차에서의 최저매각가격과 그 밖의 매각조건이 재매각절차에 그대로 적용된다 (단 이해관계인 간에 합의가 있는 경우 최저매각가격의 변경 가능).

새매각: 매각허가취소 등의 사유로 다시 매각이 실시될 경우 새매각으로 진행되며 이때 보증금은 전 매각기일의 보증금액 그대로 적용된다.

■2 납부하여야 할 금액

❶ 매수인은 매각허가결정서에 적힌 매각대금을 대금납부기한 내에 지급하여야 한다.

❷ 매수신청시 지급된 매수보증금은 매각대금에 포함된다. 그러므로 매각대금에서 매수보증금을 공제한 잔액을 지급하면 된다.

3 대금납부기한과 통지

❶ 대금지급기한은 매각허가결정이 확정된 날로부터 1개월 안의 날로 정해지며 그 안에 대금을 납부하면 된다.

2002. 7.1일 이전 민사소송법사건에서는 대금지급기일에만 대금을 납부할 수 있었다. 단 집행법원이 대금지급기한을 정한 시점에 매수인이 소유권을 취득한다(민사집행의 실무, 윤경, 998p~1003p).

❷ 법원은 매수인과 차순위매수신고인에게 대금납부기한을 통지하지만 이해관계인이나 배당을 요구한 채권자에게는 별도로 통지하지 않는다.
❸ 공동매수의 경우 전원에 대하여 대금지급기한의 통지를 한다.
❹ 통지는 매수신청서에 적힌 매수인의 주소로 송달된다. 송달이 안된 경우 전화나 팩스로 통지를 하고 이와 같은 방법으로 송달이 안되면 공시송달을 하게 된다.

4 대금납부 장소

매수인은 납부명령서를 가지고 각 법원별 취급점(보통 각 법원의 청사 내에 있는 금융기관의 지점)에 비치되어 있는 법원보관금납부서를 작성하여 취급점에 납부하여야 한다.

5 대금납부 방법

대금납부는 현금(금융기관이 발행한 자기앞수표도 포함)으로 납부하여야 하며 납부 시 매수인은 법원보관금납부명령서가 있어야 한다. 납부명령서는 법원사무관으로부터 교부받을 수 있다. 그리고 현금납부 이외에도 경우에 따라 채무인수와 차액지급(상계신청) 방법으로도 납부할 수 있다.

❶ 채무인수의 방법
채권자의 동의하에 채무자가 부담하고 있던 채무를 인수할 수 있다. 매수인은 그 채무을 인수하는 대신에 매각대금 중에 그 만큼을 공제하고 매각대금을 납부하면 된다.

채무인수는 일부 채권자의 채무인수도 가능하며 채무인수의 신청은 대금지급기한 전에 법원에 신고하여야 한다.

❷ 배당액과 차액지급(상계신청)
- 차액지급신고인: 배당받을 채권자가 해당 부동산을 매수한 경우에는 법원에 매각결정기일까지 차액지급신고서를 제출할 수 있다.
- 상계신청이 받아들여지면 배당받아야 할 금액만큼 대금지급 효력이 생기고 채권에 대해서는 배당지급 효과가 있다.
- 매수인은 자신이 배당받을 금액과 상계되고 남은 부분을 배당기일에 대금으로 납부하면 된다.

6 대금지급기한의 변경이 있는 경우

대금지급기한의 변경신청은 매수인의 신청에 의한 경우와 법원의 직권에 의해 변경이 있는 경우가 있다. 대금지급기한의 변경이 있는 경우 법원은 매수인이나 차순위매수신고인에게 통지해야 한다(《법원실무제요Ⅱ》, 363쪽 참조).

실무에서는 매수인이 변경신청을 하여 받아들여지는 경우는 거의 없다.

❶ 매수인의 대금지급기한의 변경신청이 있는 경우

여러 부동산이 한꺼번에 매각이 진행되고 그 중 일부가 먼저 매각되고 나머지는 상당한 기간이 지난 후 매각될 것으로 예상되지만 매각된 부동산의 매각대금만으로 일부 배당절차를 실시하는 것이 적당하지 않은 경우가 있다. 이때 먼저 매각된 부동산에 임차인들이 있고 그 임차인들이 배당을 받기 전에 인도명령이 발령될 가능성이 있거나 또는 매수인이 인도받지 못할 사유가 있는데, 매수인이 그 부동산을 대체주거로 매수하였고 그 매수비용이 주로 종전 주거의 처분비용인 경우에는 이를 받아들여 주기도 한다.

❷ 법원의 직권에 의한 변경이 있는 경우

매각물건명세서에 적힌 매각조건에 변경이 있는 것으로 밝혀진 때, 매수인이 매각허가결정의 확정 후 천재지변, 그 밖에 매수인이 책임질 수 없는 사유로 부동산이 현저하게 훼손되었거나 또는 부동산에 관한 중대한 권리관계가 변동되어 매각허가결정취소신청을 한 경우 그 진위에 대한 조사가 상당한 시간이 필요하다고 판단되면 법원은 직권으로 대금지급기한을 변경할 수도 있다.

5 | 소유권이전등기촉탁 하기

1 소유권 취득의 시기 및 범위

❶ 소유권 취득의 시기: 매수인은 소유권이전 등기 여부와 관계 없이 매각대금을 다 낸 때에 매각의 목적인 권리를 취득한다(민집 제135조).

경매에 의한 소유권 취득은 승계취득이다(대판 1991.8.27 91다3703 참조).

❷ 매수인이 취득하는 부동산소유권의 범위: 매각허가결정서에 적힌 부동산과 동일성이 인정되는 범위이다.

매각대상 부동산의 구성부분, 종물 및 종된 권리는 매각허가결정서에 기재되어 있지 않더라도 매수인이 소유권을 취득하는 범위에 포함된다.

❸ 매각대상이 아닌 부동산이 매각부동산 목록에 포함된 경우: 매각허가결정의 효력이 그 부동산에 미치지 않으며 소유권도 취득할 수 없다.

2 촉탁은 언제 하는가?

매수인이 대금을 지급하면 법원사무관(경매계장)은 매각허가결정의 등본을 첨부하여 매수인 앞으로 소유권을 이전하는 등기, 매수인이 인수하지 않는 부동산의 부담에 관한 기입을 말소하는 등기, 경매개시결정등기를 말소하는 등기를 등기관에게 촉탁하게 된다(민집 제144조 1항 참조).

촉탁서 첨부 서류: 주민등록 등(초)본, 등록세영수필통지서 및 영수필확인서, 국민주택채권매입필증 등

3 소유권이전등기촉탁의 신청방법

❶ 최고가매수신고인은 매각대금을 납부한 후에 법원에 소유권이전등기에 필요한 서류를 갖추어 신청하면 법원사무관이 등기소에 소유권이전등기를 촉탁하게 된다.

❷ 등기촉탁은 촉탁신청서류가 제출되면 서류제출일로부터 3일 안에

하여야 한다.

❸ 국내 거주 외국인이 매수자인 경우: 외국인등록표등본으로도 촉탁이 가능하다.

❹ 국외 거주자가 매수인인 경우: 주소를 증명하는 서면을 제출하여야 하는데 주민등록번호가 없는 경우 재외국민부동산등기용등록번호증명서를 제출하여야 한다. 이 증명서는 대법원소재지 관할등기소(현재 서울중앙지방법원 등기과)에서 발급받을 수 있다.

4 매수인이 사망한 경우 소유권이전촉탁은 어떻게 하는가?

❶ 매각허가결정 전에 최고가매수신고인이 사망한 경우: 법원이 상속사실을 모르고 사망한 사람을 매수인으로 표시하여 매각허가결정을 하였더라도 상속인으로부터 대금지급이 있으면 상속인을 매수인으로 하여 이전등기의 촉탁을 하게 된다.

❷ 매각허가결정의 선고 후 확정 전에 매수인이 사망한 경우: 위 ❶ 항과 마찬가지로 처리한다.

❸ 매각허가결정 확정 후 대금지급 전에 매수인이 사망한 경우: 상속인이 매수인의 지위를 승계하여 매각대금을 지급한 경우에는 사망한 매수인 앞으로 소유권이전등기촉탁이 되는 것이 아니라 직접 상속인 명의로 소유권이전등기를 촉탁하게 된다.

❹ 매수인이 대금지급 후에 사망한 경우: 매각허가결정등본 외에 상속을 증명하는 제적등본, 호적등본을 첨부하여 직접 상속인명의로의 이전등기촉탁을 하게 된다.

5 매각허가결정 확정 후 제3자의 명의로 소유권이전등기촉탁을 할 수 있는가?

매수인이 그 매수인의 지위를 제3자에게 양도하고 그 제3자가 매각대금을 지급한 경우라 하더라도 제3자를 등기권리자로 하여 이전등기촉탁을 하는 것은 허용되지 않는다.

6 경매개시결정기입등기 전에 소유권이전등기를 받은 제3취득자가 매수인이 된 경우

경매개시결정기입등기 전에 소유권이전등기를 받은 제3취득자가 매수인이 된 경우에는, 경매개시결정등기의 말소촉탁 및 매수인이 인수하지 않는 부담기입의 말소촉탁 외에 소유권이전등기촉탁은 하지 않는다(등기예규 1020호 참조).

7 경매개시결정등기 후에 소유권이전등기를 받은 제3취득자가 매수인이 된 경우

경매개시결정등기와 제3취득자 명의의 소유권등기의 말소촉탁과 동시에 매각을 원인으로 한 소유권이전등기촉탁을 하여야 한다(등기예규 1020호 참조).

8 매수인이 인수하지 않는 등기는 직권으로 말소된다

매수인이 매각대금을 지급하게 되면 법원사무관 등은 매수인이 인수하지 않게 되는 매각으로 소멸하는 모든 권리의 등기를 직권으로 말소하는 등기를 촉탁하게 된다. 말소촉탁의 대상이 되는 등기는 다음과 같다.

- 저당권, 담보가등기
- 매각으로 소멸되는 용익물권인 지상권, 지역권, 전세권: 최선순위전세권은 배당요구를 한 경우에만 말소촉탁이 된다. 단 민사소송법 사건으로 진행되는 경우는 최선순위전세권자가 6개월 이상의 기간을 남겨두고 배당요구를 하지 않았다면 말소대상이 아니다.
- 임차권등기: 임차권등기는 매각으로 소멸된다. 대항력 있는 임차권등기권자인 경우는 자신의 보증금액을 전부 배당받아가는 경우에만 말소대상이 된다. 만약 일부만 배당받는 경우는 변제받지 못하는 금액에 대해 변경등기촉탁을 하여야 한다.
- 말소기준등기보다 늦는 소유권이전청구권가등기
- 가압류등기: 전 소유자의 선순위가압류채권자를 배당절차에서 배제한 경우는 말소대상이 아니다.
- 말소기준등기보다 늦는 가처분: 토지소유자의 건물철거 및 토지인도청구권 보전을 위한 가처분등기는 말소기준등기보다 늦어도 말소대상이 아니다.
- 국세체납처분에 의한 압류등기
- 저당권말소등기의 예고등기
- 화의법 · 회사정리법 · 파산법상의 등기
- 경매개시결정등기 등

9 촉탁서에 적어야 할 사항들

◐ 부동산의 표시
- 촉탁할 등기의 목적이 되는 매각부동산은 등기부의 표시와 일치하여야 한다.

- 경매개시결정등기 후 매각부동산에 관하여 행정구역변경, 환지, 증축 등으로 등기부상에 번지, 지적, 구조 등의 변경이 있는 사실이 매수인이 제출한 새로운 등기부등본 등에 의하여 확인되면 그 표시변경등기일자가 매각허가결정 전이면 매각허가결정을 경정한 다음 촉탁서에 변경된 표시를 적어야 하며 매각허가결정 후이면 변경 전의 부동산의 표시를 하고 그 밑에 변경된 현재의 등기부의 내용대로 표시하여 촉탁한다.
- 경매개시결정등기 후 목적토지에 관하여 합필·분필의 등기, 목적건물에 관하여 분할, 합병, 구분의 등기가 된 경우에도 위와 같은 요령으로 처리한다.
- 매각부동산이 여럿인 경우에는 별지 목록에 의하여 부동산을 표시한다.

❷ 등기권리자
- 매수인이 등기권리자이다.
- 매수인이 일반인(자연인)인 경우: 그 주소와 이름, 주민등록번호를 적는다.
- 법인인 경우: 소재지와 이름, 부동산등기용 등록번호를 적는다. 법인의 경우에 대표자를 적을 필요는 없다.
- 상속인이 여럿인 경우: 상속인이 여럿인 경우 그 지분도 표시하여야 한다. 여럿이 공동으로 매수한 경우에는 공동매수인을 모두 표시한다. 이 경우 매각허가결정에 지분이 표시되어 있으면 촉탁서에도 그 지분을 표시하여야 한다.

❸ 등기의무자: 경매절차상 소유자로 인정된 자

❹ 등기원인과 그 연월일
- 등기원인: 강제경매(임의경매)로 인한 매각으로 표시한다.
- 등기원인인 일자: 매각대금지급일을 표시한다.

❺ 등기목적
촉탁에 의하여 기입될 이전등기나 말소할 등기를 구체적으로 표시한다. 소유권이전등기의 경우에는 단순히 '소유권이전등기'라고 표시하고 부담등기 및 경매개시결정등기의 말소의 경우에는 말소할 각 등기를 특정할 수 있을 정도로 접수일자와 접수번호도 표시한다. 말소할 등기가 여러 건일 경우에는 따로 별지 목록을 작성하여 첨부한다.

등기표시의 예: 저당권설정등기의 경우 '2000. ○. ○. 접수 제○○○호 저당권설정등기의 말소 또는 저당권설정등기 말소(199○. ○○. ○○. 접수 제○○○호)'로 표시

❻ 과세표준
소유권이전등기의 등록세의 과세표준이 될 액, 즉 매각대금액을 말한다. 다만 매각가격 중 미등기 부동산이나 기계기구의 가격이 포함된 경우에 그 구분이 명백한 때에는 그 금액은 등록세과세표준액에서 제외된다(등기 예규 548호).

❼ 등록세액: 촉탁서에는 등록세액을 적어야 한다.
- 소유권이전등기 시: 등록세와 지방교육세를 납부하여야 한다.
- 말소등기 시: 매 1건당 등록세와 지방교육세를 납부하여야 한다.

실무에서는 매수인이 국고수납은행에 등록세를 납부하고 그 영수필통지서와 영수필확인서를 법원에 제출하여야 한다. 등기촉탁서에는 소유권이전등기와 말소등기별로 위 등록세와 지방교육세의 합산액을 표시한다. 예컨대 '이전등기 금 ○○○원(지방교육세포함)', '말소등기 금 ○○○원(지방교육세포함)'이라고 적는다.

❽ 첨부 서류: 촉탁서의 첨부 서류 칸에는 촉탁서에 실제로 첨부한 서류를 표시하면 된다.

등록세 영수필통지서와 영수필확인서는 첨부 서류 칸에 적을 필요가 없다.

> **촉탁서에 첨부할 서류**
> ① 매각허가결정등본
> ② 등기권리자의 주소를 증명하는 서면: 매수인이 일반인(자연인)인 경우에는 주민등록 등·초본, 법인인 경우에는 법인등기부 등·초본, 법인 아닌 사단 재단인 경우에는 주소를 증명하는 서면 외에 대표자 또는 관리인의 주민등록등본을 첨부한다.
> ③ 국민주택채권매입필증: 국민주택채권의 매입금액은 촉탁 당시의 과세시가 표준액에 〈주택법 시행령 제95조 1항〉에 정한 매입률을 곱하여 산출한다.
> ④ 토지대장등본·건축물대장등본: 국민주택채권 매입의무의 유무 판단 매입액의 산출을 위하여 토지대장등본, 건축물대장등본, 토지가격확인원이 필요하므로 등기촉탁일로부터 3개월 이내에 발행된 대장등본을 촉탁서에 첨부하여야 한다.
> ⑤ 등록세영수필통지서·영수필확인서: 매수인은 이전등기와 말소등기에 필요한 등록세를 납부하고 등록세 영수필통지서와 영수필확인서를 받아 이를 법원사무관 등에게 제출하여야 한다.
> ⑥ 농지취득자격증명의 첨부여부: 소유권이전등기를 촉탁할 때는 농지취득자격증명을 첨부할 필요가 없다.

10 한 개의 부동산에 대하여 여러 명이 공동으로 매수인이 된 경우

한 개의 부동산에 대하여 여러 명이 공동으로 매수인이 된 경우에도 1통의 촉탁서로 촉탁하게 된다. 다만 공유부동산의 지분의 전부 또는 일부에 대하여 공동으로 매수인이 된 경우에는 등기촉탁서에 등기의무자들의 각 지분 중 각 ○분의 ○지분이 등기권리자(매수인) 중 1인에게 이전되었는지를 기재하고 촉탁서는 등기권리자별로 작성하거나 또는 등기의무자 1인의 지분이 등기권리자들에게 각 ○분의 ○지분씩 이전되었는지를 기재하고 등기의무자별로 촉탁서를 작성하여야 한다(《법원실무제요 Ⅱ》, 398쪽 참조).

11 등기필증은 어떻게 교부받는가?

매수인이 송달료를 지급하면 등기필증을 송부받은 법원사무관으로부터 우편으로 받을 수 있으며 직접 법원사무관으로부터 영수증을 지급하고 교부받을 수 있다(공동매수인 경우 영수증에 공동인 전원이 연서하여야 한다).

일반적으로 법무사에게 등기업무를 대행하게 한 경우 (금융권으로부터 잔금대출을 받은 경우 포함) 법무사사무실에서 매수인에게 등기로 보내준다.

12 매수인은 법원으로부터 세금계산서를 받을 수 있을까?

매각물건에 대한 감정평가액에 부가가치세가 명백히 포함되어 있지 아니한 이상 집행법원은 세금계산서를 발급하지 않는다(재민 2001-6 참조). 따라서 매각물건에 대한 감정평가액에 세액이 별도로 표시되지 않으므로 세금계산서를 발급받을 수 없다.

제5장 — 알쏭달쏭 OX문제

01 최고가매수인의 대금납부는 정해진 기일에만 할 수 있다. (   )

02 해당 동산이나 부동산이 경매로 매각이 되는 날짜를 매각결정기일이라고 한다. (   )

03 집행법원이 대금지급기한을 지정하지 않았더라도 매수인이 임의로 대금을 완납하였다면 이는 적법한 대금지급으로 인정된다. (   )

04 부부는 공동입찰이 불가능하다. (   )

05 공유자가 우선매수신고를 하려면 매각기일까지 매수신청의 보증을 제공하여야 한다. (   )

06 최고가매수신고인에 대해 매각불허가 결정된 경우 차순위매수신고인에게 매각허가결정을 한다. (   )

정답 및 해설

01 X 민사집행법상 최고가매수인은 대금납부기한내 언제든 납부가 가능하다.
02 X 해당 동산이나 부동산이 경매로 매각이 되는 날짜를 매각기일이라고 하며, 매각기일로부터 1주 이내에 매각허부결정을 하게 되는데, 이를 매각결정기일이라고 한다.
03 X 집행법원이 대금지급기한을 지정하지도 않았는데 매수인이 임의로 대금을 지급하였다면 이는 적법한 대금지급이라고 볼 수 없다.
04 X 부부도 공동입찰을 할 수 있다.
05 O
06 X 최고가매수신고인에 대해 매각불허 결정이 내려지면 새매각을 실시한다.

제5장 — 주관식 문제

01 부동산 경매입찰 방법 세 가지를 쓰시오.

02 기일입찰 시 본인이 직접 입찰할 경우 필요한 서류를 쓰시오.

03 대리인이 입찰표를 제출할 경우 위임장과 더불어 꼭 제출해야 하는 서류는 무엇인가?

04 최고가 매수신고인이 부동산의 소유권을 취득하는 시기는 언제부터인가?

05 대금납부기일에 대금이 미납되면 재매각이 이루어진다. 재매각이 이루어지기 전에 최고가매수인(차순위매수신고인이 있을 경우 차순위매수신고인 포함)이 매각대금 및 연체이자 등을 납부하면 소유권을 취득하고 재매각은 취소되는데, 이 경우 언제까지 대금을 납부할 수 있는가?

06 2인 이상이 공동으로 응찰하는 공동입찰인 경우, 입찰표 이외에 제출해야 할 서류 두 가지를 적으시오.

정답 및 해설

01 기일입찰, 기간입찰, 호가경매(호가경매는 기일에 매수희망자들이 매수신고액을 서로 올려가며 입찰하는 방식인데 부동산매각을 호가경매로 하는 경우는 거의 없다. 매수신청가격은 최저매각가격 이상으로 입찰하여야 한다.)
02 본인이 직접 입찰할 경우 ① 신분증 ② 도장(막도장, 인감도장) ③ 매수신청보증금 ④ 입찰표 ⑤ 매수신청보증봉투 ⑥ 입찰봉투(누런색)가 필요하다.
03 입찰자 본인의 인감증명서(대리인이 입찰할 경우 ① 본인의 인감증명서 ② 본인의 인감도장이 찍힌 위임장 ③ 대리인의 신분증과 도장이 필요하다.)
04 대금을 완납한 때
05 재매각기일 3일 전(차순위매수신고인도 대금을 납부하지 않은 경우 재매각이 실시되며 재매각기일 3일 전까지 최고가매수신고인과 차순위매수신고인 중 대금을 먼저 납부한 자가 소유권을 취득한다.)
06 공동입찰신고서, 공동입찰자 목록

제5장 — 객관식 문제

01 아래에서 설명하는 경매입찰방법은 무엇인가?

> 정해진 매각기일에 본인 또는 대리인이 해당 법원의 경매법정에 출석하여 직접 입찰표를 제출하는 입찰방식이다.

① 기간입찰 ② 기일입찰

정답 ▶ ② 기일입찰에 대한 설명이다.

02 아래에서 설명하는 경매입찰방법은 무엇인가?

> 부동산경매에서 입찰기간을 정하여 그 기간 내에 입찰표를 직접 전달하거나 또는 우편을 통해 법원의 집행관에게 제출하는 입찰방식이다.

① 기간입찰 ② 기일입찰

정답 ▶ ① 기간입찰에 대한 설명이다.

03 다음의 설명은 무엇에 대한 설명인가요?

> 해당 동산이나 부동산이 경매로 매각이 되는 날짜를 말한다.
> 이날 최고가매수신고인, 차순위매수신고인 등을 결정하게 된다.

① 매각기일 ② 매각결정기일

정답 ▶ ① 기일입찰의 경우, 입찰일과 매각기일이 같고, 기간입찰의 경우 입찰기간이 지나고 1주일 안에 매각기일이 정해지면 매각기일에 개찰을 하게 된다. 그래서 기간입찰의 매각기일을 개찰기일이라고도 한다. 기일입찰 시 매각기일에 입찰자는 보통 10시부터 경매법정에 참여할 수 있으며 입찰마감시각은 입찰표의 제출을 최고한 후 1시간 후이다(경매법정마다 조금씩 다르다.). 기간입찰 시 개찰기일엔 개찰의 공정성을 위하여 집행관은 입찰표를 개봉하는 때에 입찰을 한 사람을 참여시켜야 하지만, 실무에선 개찰 시 반드시 입찰한 사람이 참여하는 것은 아니고 집행관의 재량에 맡겨져 있는데 보통 법원사무관 등이 참여하는 것으로 한다.

04 입찰 시 입찰표에 반드시 적어야 할 기재사항이 아닌 것은?

① 해당 부동산의 사건번호와 물건번호
② 입찰가격
③ 입찰자의 이름
④ 해당 부동산의 정확한 주소
⑤ 입찰자의 주소

정답 ▶ ④ 사건번호에 따라 경매목적 부동산의 범위도 한정되므로, 경매목적 부동산의 표시는 매수하고자 하는 목적물을 특정할 수 있을 정도로만 표시하면 된다.

05 다음 중 매각허가 결정에 대한 즉시항고를 할 수 있는 이해관계인은?

① 경락받지 못한 입찰자
② 가압류권자
③ 배당요구한 근저당권자
④ 가처분권자

정답 ▶ ③ 가압류권자, 가처분권자는 이해관계인이 될 수 없어 즉시항고를 할 수 없다.

이해관계인이란 민사집행법 제90조 각 호에서 규정하는 압류채권자와 집행력 있는 정본에 의하여 배당을 요구한 채권자, 채무자 및 소유자, 등기부에 기입된 부동산 위의 권리자, 부동산 위의 권리자로서 그 권리를 증명한 자를 말하고, 경매절차에 관하여 사실상의 이해관계를 가진 자라 하더라도 위에서 열거한 자에 해당하지 아니한 경우에는 경매절차에 있어서의 이해관계인이라고 할 수 없다(대결 2005.5.19.자 2005마59 참조).

06 공유물지분경매에서 공유자가 채무자의 지분을 우선매수 하겠다고 신고하는 것을 무엇이라고 하는가?

① 공유물분할청구 ② 공유물분할경매
③ 공유자우선매수신고 ④ 차순위매수신고

정답 ▶ ③ 공유자우선매수신고

07 기간입찰에 대한 설명 중 옳지 않은 것은?

① 집행관 부재 시 보조사무원에게 제출해도 무방하다.
② 집행관에게 배달된 후 변경, 취소는 허용되지 않는다.
③ 우편으로 보낼 경우 등기우편으로 해야 하며, 수신은 집행법원으로 한다.
④ 입찰기간 전이나 입찰기간 후에 제출된 것은 무효처리 된다.

정답 ▶ ③ 우편으로 보낼 경우 수신은 집행법원이 아니라 집행관으로 한다.

08 홍길동이 난생처음으로 입찰을 하기 위해 매각기일에 해당 법원에 갔다. 그런데 입찰표를 쓰다가 너무 긴장한 나머지 입찰가격 칸에 입찰가격을 쓰다가 자릿수를 밀려 적어버렸다. 홍길동은 어떻게 해야 할까?

① 빨간색 줄을 두 줄로 긋고 다시 적으면 된다.
② 깨끗하게 수정한 후 본인의 인감도장을 찍으면 된다.
③ 반드시 새 용지를 가져와 다시 적어야 한다.
④ 틀린 숫자만 고치면 된다.

정답 ▶ ③ 기일입찰의 경우, 입찰가액 칸의 기재를 수정할 필요가 있는 때에는 새 용지를 사용하여야 하고, 만일 입찰가액의 기재가 정정되어 있는 경우에는 정정인 날인 여부를 불문하고 무효로 처리된다.

여기서 잠깐! 기일입찰일 경우 입찰표에 적힌 금액이 정정되었거나 또는 정정된 흔적이 있으면 무효처리를 하나, 기간입찰일 경우는 동일 도장으로 정정인 날인을 한 것은 유효한 것으로 처리한다.

09 아래 상황을 보고 대리입찰이 가능한 경우를 모두 고르시오.

> 입찰일 2010. 8. 10.
> 사건번호 2007 타경 1234
> 입찰경쟁률 3 (A, B, C) : 1
>
> A. 홍길동 입찰
> B. 꽃분이, 점분이 공동입찰
> C. 갑돌이 입찰

① 홍길동이 꽃분이의 대리인이 되는 경우
② 제3자인 순돌이가 갑돌이와 홍길동 각각의 대리인이 되는 경우
③ 꽃분이가 점분이의 대리인이 되는 경우
④ 꽃분이가 홍길동의 대리인이 되는 경우
⑤ 제3자인 순돌이가 꽃분이, 점분이 두 명의 대리인이 되는 경우

정답 ▶ ③, ⑤
입찰자는 동일 물건에 관하여 다른 입찰자의 대리인이 될 수 없고, 동일인이 2인 이상의 다른 입찰자의 대리인이 될 수 없다. 다만 공동입찰의 경우는 공동입찰자이면서 다른 공동입찰자의 대리인이 될 수도 있고, 제3자가 2인 이상의 공동입찰자(또는 공동입찰자 전원)의 대리인이 될 수도 있다.

10 민사집행법시행 이후 누구나 공동입찰을 할 수 있게 되었다. 다음 중 공동명의로 입찰을 할 경우에 대한 설명이 옳지 않은 것은?

① 공동입찰자 중 일부에 매각불허가사유가 있으면 입찰자 전원에 대해 매각이 불허된다.
② 공동입찰자 중 한 명이 일부 매각대금을 지급하지 않았더라도, 자기 지분의 매각대금을 전부 지급한 다른 공동입찰자는 그 지분만큼의 소유권을 행사할 수 있다.
③ 공동입찰을 이용한 담합행위를 한 경우 매수신청이 제한될 수 있으며, 매각불허가사유에 해당된다.

④ 입찰표 이외에 공동입찰신고서와 공동입찰자 목록을 제출해야 한다.
⑤ 공동입찰자 목록에 각 입찰자의 성명과 주소, 주민등록번호, 전화번호, 지분에 대한 합의가 된 경우 각자의 지분을 명확하게 표시해야 한다.

정답 ▶ ② 일부 매각대금이 지급되지 않았다면, 본인 지분의 매각대금을 전부 지급하였다 하더라도 매각대금 전부에 대하여는 일부지급에 불과하므로 해당 부동산 전부에 대하여 대금 지급의 효과가 없다고 본다.

11 다음은 입찰표 작성 시 유의사항이다. 그 설명이 바르지 않은 것은?

① 입찰자가 법인인 경우에는 법인의 이름, 대표자의 지위와 이름, 등기부상의 본점 소재지를 적어야 한다.
② 법인의 경우 대표자의 이름을 적지 않으면 그 입찰은 무효 처리된다.
③ 매각대금의 지급에 따른 소유권이전등기를 촉탁하기 위해서는 주민등록번호나 법인등록번호가 필요하므로 주민등록번호 또는 법인등록번호를 입찰표에 적어야 한다.
④ 대리인이 입찰을 하는 때에는 입찰자 칸에 본인 및 대리인의 이름과 주소, 대리인의 주민등록번호와 전화번호, 본인과의 관계 등을 적어야 한다.
⑤ 개별매각의 경우 같은 사건의 물건번호가 다른 두 물건에 응찰하는 경우 한 개의 입찰표 사건번호 옆에 두 개의 물건번호를 적으면 된다.

정답 ▶ ⑤ 같은 사건이라도 물건번호가 다른 두 개 이상의 물건에 입찰할 경우 각 물건번호마다 별개의 입찰표를 작성하여야 한다.

(12~13) 다음은 매각실시 이후의 절차이다.

〈가〉   〈나〉   〈다〉   〈라〉   〈마〉
매각기일 → 매각결정기일 → 대금납부 → 배당기일

12 소유권이전등기촉탁 및 인도명령신청을 할 수 있는 단계는?

① 〈가〉　　② 〈나〉　　③ 〈다〉　　④ 〈라〉　　⑤ 〈마〉

정답 ▶ ④

13 매각불허가신청을 할 수 있는 단계는?

① 〈가〉　　② 〈나〉　　③ 〈다〉　　④ 〈라〉　　⑤ 〈마〉

정답 ▶ ② 매각기일 후 1주일 이내가 매각불허가신청을 할 수 있는 기간이다.

14 부부인 홍길동과 꽃분이가 마음에 드는 아파트가 경매로 나와 입찰준비를 하던 중 여러 가지를 따져보니 세금혜택 면에서 공동입찰 하는 것이 유리하다고 판단되어 공동입찰을 하기로 하였다. 그런데 홍길동이 해외출장 때문에 매각기일에 참석할 수 없게 되었다. 꽃분이는 어떻게 하는 것이 가장 바람직할까?

① 입찰 시 부부임을 증명하는 가족관계증명서를 제출한다.
② 공동입찰의 대리와 마찬가지로 공동입찰신고서, 공동입찰자 목록, 홍길동의 인감증명서와 위임장을 제출한다.
③ 꽃분이는 홍길동의 대리인이 될 수 없으므로 제3자의 대리인과 함께 공동입찰을 하면 된다.
④ 꽃분이가 경락을 받은 후 바로 공동명의로 바꾸면 된다.
⑤ 부부인 경우는 공동입찰신고서를 따로 쓰지 않아도 된다.

정답 ▶ ②
부부가 공동으로 입찰할 경우, 매각기일에 부부 한쪽이 참석할 수 없는 경우 참석하는 사람이 공동입찰대리와 동일한 방식으로 배우자의 인감증명서, 위임장을 제출하여야 한다. 종합소득세와 양도세에 대한 감면혜택 등을 받을 수 있는 부부공동입찰은 입찰 시부터 부부공동명의로 입찰하여야 한다. 부부공동명의로 부동산을 취득 시 세금혜택에 있어서 한쪽 배우자가 부동산을 취득한 후 증여를 한 경우와 비교하여 어느 쪽이 유리한지 알아보고 입찰하는 것이 좋다. 세금 관련 부분은 정책이나 상황에 따라 다르므로 입찰 전 세무사에게 문의하여 준비하는 것이 가장 좋은 방법이다.

15 입찰자(본인)가 매각기일에 참여할 수 없을 경우, 대리인을 통해 대리입찰을 할 수 있다. 다음 중 그 설명이 바르지 않은 것은?

① 입찰표를 제출할 때 위임장을 첨부하지 않았더라도 현장에서 즉시 제출하면 유효한 입찰로 본다.
② 임의대리인의 경우에는 위임장을, 법정대리인의 경우에는 가족관계증명서를 제출해야 한다.
③ 위임장에는 사건번호, 대리인의 이름, 주소, 위임내용과 위임자의 이름, 주소를 기재하고 인감도장의 날인을 하여야 한다.
④ 매각허가결정 확정 전에는 매수신청대리권의 흠을 주장할 수 있다.
⑤ 위임장에 인감증명서를 첨부하였다면 위임장의 도장날인 인감도장이 아니어도 된다. 입찰자 본인의 도장이면 족하다.

정답 ▶ ⑤
위임장에 반드시 인감도장의 날인을 하여야 하며, 인감증명서가 첨부되지 않으면 입찰은 무효로 처리된다. 다만 임의대리의 경우 위임장이 첨부되어 있으나, 첨부된 위임장이 사문서로서 인감증명서가 첨부되어 있지 아니하거나 위임장과 인감증명서의 인영이 다른 경우, 최고가매수신고인 결정 전까지 인감증명서를 제출하거나 그 밖의 이에 준하여 확실한 방법으로 위임장의 진정성립을 증명한 때에는 당해 매수신청인을 최고가매수신고인(차순위매수신고인)으로 결정할 수 있다(재민 2004-3 제33조 4항, 별지3, 18항)

16 홍길동이 입찰을 하였는데 무효처리 되었다. 그 원인이 될 수 없는 것은?

① 매수신청보증금으로 수표를 제출할 때 사건번호 기재와 이서를 하지 않았다.
② 하나의 사건에 서로 다른 입찰가격으로 두 개의 입찰표를 제출하였다.
③ 한 입찰표에 두 개 이상의 사건번호와 물건번호를 기재하였다.
④ 물건번호가 있는 사건에 물건번호를 기재하지 않았다.
⑤ 홍길동이 해당 부동산을 감정한 감정평가사였다.

정답 ▶ ①
매수신청보증금을 수표로 제출 시 사건번호 기재와 이서를 하는 것이 바람직하나 하지 않았다고 해서 이것이 입찰무효 사유가 되지는 않는다.

입찰무효에 해당하는 사유들
① 입찰보증금을 제공하지 않았거나 그 미만의 금액을 제공한 경우
② 입찰보증금액 칸을 비워두거나 잘못 기재한 경우
③ 인감증명서나 자격증명서를 제출하지 않은 경우
④ 물건번호가 있는 사건임에도 물건번호를 기재하지 않은 경우 혹은 한 입찰표에 두 개 이상의 사건번호와 물건번호를 기재한 경우
⑤ 입찰할 자격이 없는 사람이 입찰한 경우(매각부동산의 감정인, 전 매수인, 채무자 등)
⑥ 입찰표의 금액 칸을 수정한 경우
⑦ 한 개의 물건에 한 사람이 두 사람 이상의 대리인이 된 경우

17 경매입찰 시 매수신청보증금에 대한 설명으로 옳지 않은 것은?

① 기일입찰의 경우는 최저매각가격의 10분의 1에 해당하는 금액이 보증금액이다.
② 기간입찰의 경우 매수신청보증금은 모든 입찰자가 동일하다.
③ 기일입찰의 경우 매수신청의 보증으로 현금과 수표 모두 가능하다.
④ 기간입찰의 경우 현금 또는 수표를 봉투에 넣고 봉한 뒤 기간 내에 집행관에게 등기로 보내면 된다.
⑤ 지급보증위탁계약체결문서도 매수신청의 보증으로 인정된다.

정답 ▶ ④
기간입찰의 경우는 법원의 예금계좌에 입금을 하는 방법과 지급보증위탁계약을 체결하는 방법이 있다. 봉투에 입찰표 등과 함께 입금표, 혹은 지급보증위탁계약체결증명서를 첨부해야 하며, 금전 혹은 자기앞수표를 직접 넣어 제출하는 방법은 허용되지 않는다.

지급보증위탁계약체결증명서란?
입찰을 하려는 사람을 위하여 일정액의 금전을 은행 등이 법원의 최고에 따라 지급한다는 취지의 기한의 정함이 없는 지급보증위탁계약체결문서를 말한다.
① 지급보증위탁계약체결문서로 보증이 제공된 경우 최고가매수신고인 또는 차순위매수신고인이 된 때에 바로 환가되는 것은 아니고 증명문서가 보관된다. 보증이 현금으로 지급된 경우에는 매수인은 이를 공제한 잔액만을 대금으로 지급하면 된다(민집 제142조 3항 참조).
② 매수인이 대금 전액을 납부한 때에는 증명문서를 반환하는 방법으로 보증을 반환받는다.
③ 지급보증위탁계약이 제출된 경우에는 집행법원은 은행 등에 대하여 정하여진 금액의 납부를 최고하는 방법으로 현금화한다(민집규 제80조 5항 참조).
④ 은행 등은 그 최고가 있으면 금전을 납부하여야 한다.

18 매각대금 납부의 효력으로 볼 수 없는 것은?
① 이해관계인은 경매신청 취하나 경매개시결정에 대한 이의신청을 할 수 있다.
② 매수인은 매각대금 납부와 동시에 소유권이전등기와 관계없이 소유권을 취득한다.
③ 차순위매수신고인이 있는 경우에 최고가매수신고인이 대금납부를 하게 되면 차순위매수신고인은 대금납부의 의무가 없어지므로 자신의 매수신청보증금의 반환을 청구할 수 있다. .
④ 매수인은 매각대금을 납부함과 동시에 소유권이전등기와 관계없이 소유권은 취득하지만 소유권이전등기를 하지 않고 부동산을 처분할 수는 없다.
⑤ 매수인은 대금납부 후 6개월 이내까지 소유자 등을 상대로 인도명령을 신청할 수 있다.

정답 ▶ ① 매각대금이 완납된 이후에는 이해관계인은 경매신청 취하나 경매개시결정에 대한 이의신청을 할 수 없게 된다.

19 다음 중 매수신청의 제한이 있는 사람을 모두 고르시오.

> 가. 채권자 또는 경매신청채권자의 대리인
> 나. 담보권자
> 다. 채무자
> 라. 매각절차에 관여한 집행관
> 마. 집행법원의 참여 사무관
> 바. 임의경매에 있어서 채무자 아닌 소유자
> 사. 재매각절차에서 전의 매수인
> 아. 임의경매에 있어서 물상보증인
> 자. 매각부동산을 평가한 감정인

① 가, 다, 라, 마, 자　　　　② 나, 다, 라, 마, 바, 자
③ 다, 라, 마, 바, 사, 자　　　④ 다, 라, 마, 사, 자

정답 ▶ ④
매수신청이 가능한 자: 채권자, 경매신청채권자의 대리인, 담보권자, 제3취득자 및 임의경매에 있어서 물상보증인, 임의경매에서 채무자 아닌 소유자 등
매수신청의 제한이 있는 자: 채무자(강제경매절차에서 채무자로 취급되는 자로 경매절차상의 채무자와 동일한 급부의무를 부담하는 실체법상의 연대채무자, 연대보증인 등은 해당되지 않음), 매각절차에 관여한 집행관, 매각부동산을 평가한 감정인(감정평가법인이 감정인인 때에는 그 감정평가법인 또는 소속 감정평가사), 집행법원의 법관과 참여 사무관(단, 다른 사람의 대리인으로서 매수신고를 하는 것은 가능), 재매각절차에서 전의 매수인, 집행관이 매각장소의 질서유지를 위하여 매수의 신청을 금지한 자 등

20 다음 기일입찰에 대한 설명 중 옳지 않은 것은?

① 수취증은 잘 보관하고 있다가 탈락 시 매수신청보증금봉투가 들어 있는 입찰봉투와 교환한다. 수취증을 분실하면 보증금을 바로 돌려받지 못할 수도 있다.
② 입찰표상에 금액을 잘못 기재한 경우라면 수정할 수 없고 반드시 새 용지를 사용해야 한다.
③ 2개 이상의 사건에 동시입찰은 금지되어 있다.
④ 매수신청인은 이미 행한 입찰에 대하여 취소, 변경 또는 교환할 수 없다.
⑤ 매각기일 당일 개찰과 동시에 바로 최고가매수신고인이 결정된다.

정답 ▶ ③ 2개 이상의 사건에 동시입찰을 할 경우 모두 개별별로 입찰에 참여하면 된다.

여기서 잠깐! 기일입찰 시 두 사람 이상이 최고가가격을 똑같이 적어냈다면 어떻게 될까?
매각기일 당일 개찰과 함께 즉시 최고가매수신고인이 결정되는데, 두 사람 이상일 경우에는 그들만을 상대로 추가입찰을 실시하게 된다. 추가입찰자는 종전 입찰가격보다 낮은 가격으로 입찰할 수 없다. 단 전의 입찰가격과 같은 금액으로 입찰하는 것은 가능하다.

21 기일입찰 시 경매법정에서의 입찰하는 순서를 바르게 나열하시오.

> 가. 입찰표, 매수신청보증금봉투, 입찰봉투 수령 후 각각 기재
> 나. 집행관의 입찰자 신원확인 후 수취증 뜯어 봉투와 함께 돌려받음
> 다. 돌려받은 봉투를 입찰함에 넣고 수취증 보관
> 라. 매수신청보증금봉투에 입찰보증금 넣고 봉하기
> 마. 입찰표와 매수신청금봉투를 입찰봉투에 넣고 집행관에게 제출

① 가-나-다-라-마
② 가-라-나-마-라
③ 가-라-마-나-다
④ 가-라-나-다-마

정답 ▶ ③

기일입찰의 입찰 순서

> 1. 입찰표 기재대에 입실(법정 안): 집행관은 입찰표 기재대에 입실하는 사람에게 입찰표, 매수신청보증금봉투, 입찰봉투 등 3종의 규격용지를 교부한다.
> 2. 입찰표를 기재하고, 매수신청보증을 매수신청보증금봉투에 넣고 1차로 봉한 후, 기재한 입찰표와 매수신청보증금봉투를 다시 큰 입찰봉투에 넣어 스테이플러로 찍어 봉하고 봉투의 지정된 위치에 날인한 다음 기재대에서 나온다.
> 3. 매수신청보증금봉투의 앞면에 사건번호, 물건번호, 제출자 이름을 기재하고 날인하며, 뒷면에는 표시된 세 곳에 날인한다.
> 4. 입찰봉투에는 사건번호, 물건번호, 입찰자 이름을 기재하나 날인은 하지 않는다. 공동입찰의 경우에는 모두자(冒頭者)의 이름만 기재하고 그 외 인원수를 기재한다.
> 5. 입찰봉투의 입찰함 투입: 입찰봉투와 주민등록증을 집행관에게 제출하여 입찰봉투 제출자의 본인 여부를 확인받은 후, 입찰봉투상에 연결번호와 집행관의 간인을 받은 다음 수취증을 떼어내 보관하고, 입찰봉투를 입찰함에 투입한다. 수취증은 나중에 입찰에서 떨어졌을 때 그것과 상환하여 보증금을 반환받으므로 잘 보관하여야 한다.

22 매수신청(입찰)에 관한 설명으로 바른 것을 고르시오.
① 일반인의 매수신청은 입찰표 확인만 할 뿐 신분확인은 따로 하지 않는다.
② 법인은 대표자의 자격을 증명하는 문서(상업등기부등본 또는 법인등기부등본)를 집행관에게 제출하여야 한다.
③ 행위무능력자도 임의대리인에 의하여 매수신청을 할 수 있다.
④ 사단이나 재단의 대표자나 관리인은 입찰에 응할 수 없다.
⑤ 종중, 사찰, 교회 등은 재단 명의로 입찰할 수 없다.

정답 ▶ ②
① 집행관은 입찰표 제출 시 매수신청인의 주민등록증 그 밖의 신분을 증명하는 서면을 제출하게 하여 매수신청인이 본인인지의 여부 및 행위능력 유무를 확인한다.
③ 행위무능력자는 법정대리인에 의해서만 매수신청을 할 수 있다(대결 1967.7.12, 67마507 참조).
④ 법인이 아닌 사단이나 재단이라도 대표자나 관리인이 있으면 입찰에 응할 수 있다.
⑤ 종중, 사찰, 교회 등 법인 아닌 사단이나 재단 명의로 입찰할 경우 정관 그 밖의 규약, 대표자 또는 관리인임을 증명하는 서면, 사원총회의 결의서, 대표자 또는 관리인의 주민등록표등본 등의 서류를 제출하여야 한다(부등규칙 제56조).

23 기간입찰의 입찰기간에 대한 설명으로 옳지 않은 것은?
① 법원은 기간입찰의 방법으로 매각하는 경우 입찰기간을 지정한 후 공고하고 이를 이해관계인에게 통지한다.
② 입찰기간은 보통 1주 이상 1개월 이내의 범위 내에서 정해진다.
③ 매각기일(개찰기일)은 보통 입찰기간이 끝난 후 1주 안의 날로 정하여진다.
④ 각 법원의 사정에 따라 입찰기간의 만료일과 매각기일과의 간격이 조정될 수 있다.
⑤ 입찰기간이 개시된 이후에도 매각기일을 변경 또는 연기할 수 있다.

정답 ▶ ⑤ 입찰기간이 개시된 이후에는 매각기일의 변경, 연기는 허용되지 않는다.

24 매각기일에 관한 설명이 바르지 않은 것은?

① 해당 동산이나 부동산이 경매로 매각이 되는 날짜를 말한다.
② 최초 매각기일은 신문공고일로부터 14일 이후, 신문공고의뢰일로부터 20일 이내로 지정하여 법원게시판에 게시된다.
③ 최고가매수신고인 또는 최고가매수신고인과 차순위매수신고인의 결정을 하게 된다.
④ 법원은 매각기일이 정해지면 이해관계인에게 통지한다.
⑤ 법원은 공고된 매각사건(물건) 중 매각기일 전에 취하·정지·변경된 경우 별도의 공고를 해야 한다.

정답 ▶ ⑤ 별도의 공고 없이 매각에서 제외되므로 매각기일 당일 경매법정 입구에 게시된 경매사건목록을 보고 확인해야 한다.

25 다음은 무엇에 관한 설명일까?

> 매수신고인은 본인의 신고액이 최고가매수신고액에서 그 보증금을 뺀 금액을 넘는 때에 한해서 매각기일을 마칠 때까지 집행관에게 최고가매수신고인이 대금지급기한까지 그 의무를 이행하지 않으면 자기의 매수신고에 대하여 매각을 허가하여 달라는 취지의 신고를 할 수 있다. 이는 최고가매수신고인이 대금납부를 하지 않을 경우를 대비하여 재매각을 실시하지 않고 재매각으로 인한 절차지연과 비용낭비를 방지하는 효과도 있다.

① 최고가매수신고제도   ② 차순위입찰신고제도
③ 차순위매수신고제도   ④ 공유자우선신고제도

정답 ▶ ③

> **민사집행법 제114조 (차순위매수신고)**
> ① 최고가매수신고인 외의 매수신고인은 매각기일을 마칠 때까지 집행관에게 최고가매수신고인이 대금지급기한까지 그 의무를 이행하지 아니하면 자기의 매수신고에 대하여 매각을 허가하여 달라는 취지의 신고를 할 수 있다.
> ② 차순위매수신고는 그 신고액이 최고가매수신고액에서 그 보증액을 뺀 금액을 넘는 때에만 할 수 있다.

26 기간입찰의 경매절차에 대한 설명 중 바르지 않은 것은?

① 입찰표 기재방법은 기일입찰의 경우를 준용하지만 입찰봉투는 봉해야 한다.
② 최저매각가격의 10분의 1에 해당하는 금액을 법원 계좌에 입금하고 납입한 입금표나 지급보증위탁계약체결증명서를 입찰표에 첨부한다.
③ 입찰봉투에는 매각기일을 적어야 한다.
④ 개찰기일에 입찰표 개봉시 입찰자는 반드시 참석해야 한다.
⑤ 입찰기간 종료 후 일정한 날짜 안에 별도로 정한 매각기일(개찰기일)에 개찰을 실시하여 최고가매수신고인, 차순위매수신고인을 정하게 된다.

정답 ▶ ④ 개찰일에 입찰자가 반드시 참여해야 하는 것은 아니다.

27 차순위매수신고에 대한 설명이 옳은 것은?

① 최고가매수인신고액에서 보증금액을 뺀 금액을 넘는 금액으로 입찰한 경우에만 가능하다.
② 최고가매수인과 협의하여 지분을 2분의 1로 나눈다는 신고이다.
③ 차순위매수신고는 매각결정기일 전까지 하면 된다.
④ 차순위매수신고인은 입찰 후 보증금을 돌려받았다가 최고가매수신고인이 대금납부를 하지 않을 경우에 보증금을 내고 권리를 주장한다.
⑤ 차순위매수신고는 차순위입찰자일 경우에만 그 자격이 주어진다.

정답 ▶ ①

③ 차순위매수신고는 매각기일 종결 전까지 할 수 있다.
④ 차순위매수신고인은 보증금을 맡기고 최고가매수신고인이 잔금을 치를 때까지 돌려받지 못한다.
⑤ 차순위매수신고를 할 수 있는 사람은 차순위입찰자에 국한되지 않고, 최고가매수인의 입찰가액에서 보증금액을 뺀 금액이 넘는 경우 누구나 차순위매수신고를 할 수 있다.

여기서 잠깐! **차순위매수신고인? 차순위입찰자?**
차순위매수신고인이란 최고가매수신고액에서 그 보증금을 공제한 금액을 넘는 금액으로 응찰한 자로서 차순위매수신고를 한 자를 말하며, 차순위입찰자는 입찰가격이 두 번째로 고액인 자를 말한다. 차순위입찰자라도 차순위매수신고를 하지 않으면 차순위매수신고인이 될 수 없다.

28 다음 중 공유자가 우선매수권을 행사할 수 없는 경우를 모두 고르시오.

> 가. 토지와 건물의 일괄매각에 토지만 공유지분으로 되어 있는 경우, 토지의 공유자
> 나. 공유지분 전체가 일괄매각 될 때 한 사람의 공유지분을 경매개시결정등기 이후에 취득한 제3자
> 다. 공유물분할판결에 의한 공유물의 분할경매인 경우
> 라. 건물과 토지 중 토지가 공유지분으로 있는 경우, 토지만 매각이 진행될 때 토지의 공유자
> 마. 공유지분에 대한 매각이 개별적으로 될 때 그중 하나의 공유지분을 경매개시결정등기 이후에 미리 취득한 제3자

① 가, 나, 다 ② 가, 다, 마 ③ 나, 다, 라 ④ 다, 라, 마

정답 ▶ ①

> **여기서 잠깐!** 공유물분할판결에 의한 공유물분할경매에 있어서는 공유자우선매수권이 인정되지 않는다.

> **민법 제268조 (공유물의 분할청구)**
> ① 공유자는 공유물의 분할을 청구할 수 있다. 그러나 5년 내의 기간으로 분할하지 아니할 것을 약정할 수 있다.
> ② 전 항의 계약을 갱신한 때에는 그 기간은 갱신한 날로부터 5년을 넘지 못한다.
> ③ 전 2항의 규정은 제215조, 제239조의 공유물에는 적용하지 아니한다.
>
> **민법 제269조 (분할의 방법)**
> ① 분할의 방법에 관하여 협의가 성립되지 아니한 때에는 공유자는 법원에 그 분할을 청구할 수 있다.
> ② 현물로 분할할 수 없거나 분할로 인하여 현저히 그 가액이 감손될 염려가 있는 때에는 법원은 물건의 경매를 명할 수 있다.

29. 임차인의 우선매수신고에 관한 내용이 바르지 않은 것은?

① 건설임대주택의 임차인은 우선매수신고 권한이 있다.
② 부도공공건설 임대주택의 임차인으로부터 우선매수권을 양도받은 주택매입사업시행자는 보증의 제공 없이 우선매수권의 행사를 할 수 있다.
③ 우선매수신고는 매각기일 종결고지 전까지 해야 한다.
④ 본인이 임차하고 있는 부동산에 한하여 일반 임차인에게 우선매수신고 할 권한이 주어진다.
⑤ 건설임대주택을 민사집행법에 따라 경매하는 경우, 우선 분양전환 받을 수 있는 임차인은 채무자인 임대사업자의 임대주택에 대하여 우선매수 신고를 할 수 있다.

정답 ▶ ④ 일반 임차인은 해당 부동산에 대하여 우선매수신고 할 권한이 없다.

30 매각결정기일에 대한 설명으로 바르지 않은 것은?

① 매각기일로부터 1주 이내에 매각허부결정을 하게 되는데, 이를 매각결정기일이라고 하며 매각기일과 함께 공고한다.
② 이해관계인 등은 매각결정기일에 반드시 법원에 직접 방문해야 한다.
③ 매각결정기일에 이해관계인의 의견을 들은 후 매각허부결정을 하고 이날 법원 경매 홈페이지와 경매계 게시판에 공고한다.
④ 매각결정기일이 변경이 되는 경우 이해관계인에게 통지한다. 이해관계인에는 최고가매수신고인 및 차순위매수신고인도 포함된다.
⑤ 매각불허가사유에 대해 심문하는 시간이 필요한 경우나 농지취득자격증명서의 제출연기신청이 있는 경우 매각결정기일이 변경될 수 있다.

정답 ▶ ② 이해관계인 등은 매각결정기일에 법원에 직접 방문하거나 법원 홈페이지에서 확인 또는 경매계에 전화 등으로 매각허가결정 여부를 확인할 수 있다.

31 매각허가결정에 대한 설명으로 바르지 않은 것은?

① 보통 매각기일로부터 1주일 이내에 하게 된다.
② 매각불허가사유가 없으면 매각결정기일에 매각허가결정을 한다.
③ 매각허부결정은 선고한 때에 고지의 효력이 발생한다.
④ 법원에서는 매수인에 대한 이해관계인의 진술 등을 듣고 매각허부결정에 대한 검토를 한 후, 매각불허가사유에 해당된다면 매각불허가를 선고한다.
⑤ 매각허부결정은 이해관계인 등에게 직접 송달한다.

정답 ▶ ⑤ 선고한 때 고지의 효력이 있으므로 직접 송달하지 않고 법원 게시판 등에 게시한다.

32 다음 중 즉시항고를 할 수 없는 사람은?

① 경매개시결정기입등기 이후에 전입신고를 한 임차인
② 임차권등기를 한 임차권자
③ 최고가매수신고인
④ 배당요구 한 전세권자
⑤ 경매개시결정기입등기 이후에 소유권을 취득한 자

정답 ▶ ⑤ 경매개시결정기입등기 이후에 소유권을 취득한 자는 즉시항고 할 수 없다.

33 매각허가에 대한 이의신청사유에 해당하지 않는 것은?

① 최고가매수신고인이 부동산을 매수할 능력과 자격이 없는 때
② 최고가매수인, 대리인 등이 경매장소 질서문란자일 때
③ 강제집행의 요건이 흠결된 경우
④ 천재지변, 그 밖의 사유로 부동산이 현저히 훼손된 사실이 경매절차진행 중에 밝혀진 때
⑤ 최고가매수인이 법원 직원의 친척일 때

정답 ▶ ⑤

> **민사집행법 제121조 (매각허가에 대한 이의신청사유)**
> 매각허가에 관한 이의는 다음 각 호 가운데 어느 하나에 해당하는 이유가 있어야 신청할 수 있다.
> 1. 강제집행을 허가할 수 없거나 집행을 계속 진행할 수 없을 때
> 2. 최고가매수신고인이 부동산을 매수할 능력이나 자격이 없는 때
> 3. 부동산을 매수할 자격이 없는 사람이 최고가매수신고인을 내세워 매수신고를 한 때
> 4. 최고가매수신고인, 그 대리인 또는 최고가매수신고인을 내세워 매수신고를 한 사람이 제108조 각호 가운데 어느 하나에 해당되는 때
> 5. 최저매각가격의 결정, 일괄매각의 결정 또는 매각물건명세서의 작성에 중대한 흠이 있는 때
> 6. 천재지변, 그 밖에 자기가 책임을 질 수 없는 사유로 부동산이 현저하게 훼손된 사실 또는 부동산에 관한 중대한 권리관계가 변동된 사실이 경매절차의 진행 중에 밝혀진 때
> 7. 경매절차에 그 밖의 중대한 잘못이 있는 때

34 차순위매수신고인에 대한 설명이 옳지 않은 것은?

① 차순위매수신고를 한 사람이 둘 이상인 때에는 신고한 매수가격이 높은 사람을 차순위매수인으로 정한다.
② 만약 차순위매수신고를 두 사람이 똑같은 매수가격으로 신고하였다면 추첨으로 차순위매수신고인을 정한다.
③ 한 번 차순위매수신고인으로 신고되면 임의로 철회할 수 없고, 최고가매수신고인이 대금납부를 하면 보증금을 돌려받을 수 있다.
④ 경매신청의 취하동의를 구하는 경우는 최고가매수신고인에게만 동의를 얻으면 된다.
⑤ 매각허가가 불허가 된 경우라면 차순위매수신고인에게도 매각허가결정을 내리지 않고 새매각을 실시한다.

정답 ▶ ④ 경매신청의 취하동의를 구하는 경우 차순위매수신고인에게도 동의를 얻어야 한다.

35 공유자우선매수신고의 방법에 관하여 잘못 설명하고 있는 것은?

① 공유자가 우선매수신고를 하려면 매각기일까지 매수신청의 보증을 제공하여야 한다.
② 공유자의 우선매수신고가 있는 경우 최고가매수신고인은 차순위매수신고인이 된다.
③ 공유자우선매수신고는 매각결정기일까지 신고하면 된다.
④ 공유자는 최고매수신고가격과 같은 가격으로 채무자의 지분을 우선매수 할 수 있다.
⑤ 여러 명의 공유자가 우선매수신고를 하였는데 특별한 합의가 없었다면 공유지분의 비율로 지분을 매수하게 된다.

정답 ▶ ③ 공유자우선매수신고는 집행관이 매각기일을 종결한다는 고지 전까지 할 수 있다.

> **민사집행법 제140조 (공유자의 우선매수권)**
> ① 공유자는 매각기일까지 제113조에 따른 보증을 제공하고 최고매수신고가격과 같은 가격으로 채무자의 지분을 우선매수 하겠다는 신고를 할 수 있다.
> ② 제1항의 경우에 법원은 최고가매수신고가 있더라도 그 공유자에게 매각을 허가하여야 한다.
> ③ 여러 사람의 공유자가 우선매수 하겠다는 신고를 하고 제2항의 절차를 마친 때에는 특별한 협의가 없으면 공유지분의 비율에 따라 채무자의 지분을 매수하게 한다.
> ④ 제1항의 규정에 따라 공유자가 우선매수신고를 한 경우에는 최고가매수신고인을 제114조의 차순위매수신고인으로 본다.

36 매각허가에 대한 이의사유로 볼 수 없는 경우를 모두 고르시오.

> 가. 주택임차인이 그 권리신고를 하기 전에 임차목적물에 대한 경매절차의 진행 사실에 관한 통지를 받지 못한 경우
> 나. 경제적 능력이 없는 미성년자가 최고가매수인인 경우
> 다. 입찰절차에서 기일통지를 받지 못한 이해관계인이 입찰기일과 매각기일을 스스로 알고 그 절차에 참여한 경우
> 라. 이해관계인에 대한 매각기일 통지가 누락된 경우
> 마. 과잉매각이 된 경우

① 가, 다 ② 나, 다
③ 다, 라 ④ 다, 마

정답 ▶ ①

가: 주택임대차보호법상의 대항요건을 갖춘 임차인이라 하더라도 매각허가결정이 있을 때까지 경매법원에 스스로 그 권리를 증명하여 신고하여야만 경매절차에 있어서 이해관계인으로 되는 것이고, 대법원 예규에 의한 경매절차 진행사실의 주택임차인에 대한 통지는 법률상 규정된 의무가 아니라 당사자의 편의를 위하여 주택임차인에게 임차목적물에 대하여 경매절차가 진행 중인 사실과 소액임차권자나 확정일자부임차권자라도 배당요구를 하여야 우선변제를 받을 수 있다는 내용을 안내하여 주는 것일 뿐이므로, 임차인이 그 권리신고를 하기 전에 임차목적물에 대한 경매절차의 진행사실에 관한 통지를 받지 못하였다고 하더라도 이는 매각허가결정에 대한 불복사유가 될 수 없다(대결 2000.1.31. 자 99마7663 참조).

다: 이해관계인이 스스로 알고 기일에 출석하여 입찰에 참가하였음은 물론 낙찰기일에 이르러서는 낙찰에 대한 이의신청까지 한 경우, 입찰기일 및 낙찰기일의 통지를 받지 못하였다 하더라도 그 통지의 누락은 민사소송법 제633조 제1호 소정의 이의사유인 집행을 속행할 수 없는 때에 해당하지 아니한다(대결 2000.1.31.자 99마7663 참조).

37

홍길동이 채무를 갚지 못해 자신의 부동산이 경매로 넘어가 1억 원에 매각되고, 법원의 매각허가결정이 떨어졌다. 이에 홍길동이 법원의 매각허가결정에 이의를 제기하려고 한다. 다음 중 홍길동이 잘못 생각한 것은?

① 매각허가결정을 한 집행법원에 항고장을 제출하면 될 것이다.
② 항고보증금으로 천만 원을 공탁하면 될 것이다.
③ 항고장을 일단 제출한 후 10일 안에 항고이유서를 잘 작성하여 제출하면 될 것이다.
④ 만약 항고가 기각된다 하더라도 보증금을 반환받으면 될 것이다.
⑤ 매각결정기일로부터 1주일 내에 경매법원에 제기할 것이다.

정답 ▶ ④ 항고가 기각되면 채무자 또는 소유자의 경우는 보증금을 전액 몰수한다. 그 이외 사람의 경우는 항고한 날로부터 항고기각결정이 확정된 날까지의 매각대금에 대한 연 2할 5푼의 비율에 의한 금액을 몰수하고 나머지 금액만 반환해 준다.

38

다음 중 즉시항고에 대한 설명으로 바르지 않은 것은?

① 매각허부결정에 대하여는 즉시항고만이 인정되고 다른 방법으로는 이의를 할 수 없다.
② 경매신청의 취하나 매각절차가 취소된 경우는 항고가 기각되더라도 보증금을 반환받을 수 있다.
③ 2인이상이 항고하는 경우 항고보증금은 항고인별로 각각 공탁하여야 한다.
④ 항고보증금으로 매수가액의 10분의 1에 해당하는 현금이나 법원이 인정한 유가증권을 법원에 공탁하여야 한다.
⑤ 매각불허가결정에 대한 항고가 기각될 경우 보증금은 몰수된다.

정답 ▶ ⑤ 매각불허가결정에 대한 항고시에는 보증의 제공을 요하지 않는다.

39 다음 중 즉시항고의 효력이라고 볼 수 없는 것은?

① 즉시항고에는 집행정지의 효력은 없다.
② 즉시항고가 제기되면 집행법원은 대금지급기한을 지정·실시할 수 없다.
③ 항고심의 재판에 불복하거나 손해를 받는 이해관계인에게는 재항고권이 있다.
④ 항고법원이 집행법원의 매각결정을 취소하는 경우, 항고법원은 바로 매각불허가결정을 한다.
⑤ 배당기일을 지정하거나 배당을 실시할 수 없다.

정답 ▶ ④ 항고법원이 집행법원의 결정을 취소하는 경우에 그 매각허가 여부의 결정은 집행법원이 한다(민사집행법 제132조 항고법원의 재판과 매각허가 여부 결정).

여기서 잠깐! 즉시항고에는 집행정지의 효력은 없지만 항고된 경우 매각허가결정이 확정되지 않으므로 그 이후의 절차들, 즉 대금납부 및 배당기일을 지정·실시 할 수 없게 된다. 즉 매각허가결정이 확정될 때까지 경매절차를 진행할 수 없다.

40 다음 중 매각대금 납부에 대한 설명으로 바르지 않은 것은?

① 매수인이 지급하여야 할 매각대금은 매각허가결정서에 적힌 매각대금이다.
② 매수보증금이 금융기관 발행의 자기앞수표가 제공된 경우에는 보증금과 별도로 매각대금 전부를 현금으로 납부하여야 한다.
③ 특별한 납부방법을 제외하고 대금납부는 보통 현금으로 납부하여야 한다.
④ 대금납부 시 법원보관금납부명령서가 있어야 한다.
⑤ 2002년 7월 1일 이전 사건으로 진행된 경우 대금지급기일에만 대금을 납부할 수 있었다.

정답 ▶ ② 매수보증금이 현금이나 금융기관 발행의 자기앞수표가 제공된 경우에는 매각대금에서 이를 공제한 잔액만을 실제로 지급하면 된다.

41 매각대금의 특별한 지급방법으로 채무인수에 관한 설명으로 옳지 않은 것을 고르시오.

① 매수인이 채권자의 채권을 인수하는 대신에 매각대금액에서 채권금액만큼 공제하고 매각대금을 납부하는 제도이다.
② 채무인수의 경우 매수인이 인수한 채무나 배당받아야 할 금액에 대하여 이의가 제기된 때에는 매수인은 배당기일이 끝날 때까지 이에 해당하는 대금을 내야 한다.
③ 채무인수는 일부채권자의 채무인수도 가능하다.
④ 채권금액이 매각대금의 한도 이내라면 채권자의사와 상관없이 채무인수신청이 가능하다.
⑤ 채무인수의 신청은 대금지급기한 전까지 법원에 신고하면 된다.

정답 ▶ ④ 매수인은 매각조건에 따라 부동산의 부담을 인수하는 외에 배당표의 실시에 관하여 매각대금의 한도에서 관계채권자의 승낙이 있으면 대금의 지급에 갈음하여 채무를 인수할 수 있다(민사집행법 제143조 1항 참조).

42 채권자가 매수인인 경우 본인이 교부받을 배당액과 매각대금을 배당액에서 상계할 수 있다. 이러한 차액지급신고(상계신청)에 대한 설명 중 옳지 않은 것은?

① 상계를 하면 그 한도 내에서 대금지급의 효력이 생긴다.
② 자신의 채권액과 상계하고 남은 부분의 대금을 납부하면 된다.
③ 자신의 채권에 대한 배당액 교부의 효과가 생긴다.
④ 상계신청이 있으면 대금지급기일이 먼저 지정된 후 대금이 납부되면 배당기일을 지정하게 된다.
⑤ 경매신청채권자나 배당요구채권자가 매수인일 경우에 해당된다.

정답 ▶ ④ 경매신청채권자나 배당요구채권자가 매수인일 경우, 보통 상계할 기회를 주기 위해서 대금지급기일과 배당기일을 같은 날짜로 지정한다.

43. 경매절차 중 매각대금 납부와 그 통지에 대한 설명 중 가장 바른 것을 고르시오.

① 대금납부기한은 매각허가결정이 확정이 된 날로부터 1주일 이내의 날로 정해진다.
② 법원은 매수인에게 대금납부기한을 통지하며, 차순위매수신고인에게는 대금납부기한을 통지할 의무는 없다.
③ 이해관계인이나 배당을 요구한 채권자에게도 대금납부기한을 통지하여야 한다.
④ 공동매수의 경우에 공동매수인 전원에 대하여 대금지급기한의 통지를 하여야 한다.
⑤ 대금지급기한의 통지는 개별송달로만 이루어지며 공시송달은 하지 않는다.

정답 ▶ ④

① 민사집행법 제142조 1항에 따른 대금지급기한은 매각허가결정이 확정된 날부터 1개월 안의 날로 정하여야 한다. 다만, 경매사건기록이 상소법원에 있는 때에는 그 기록을 송부받은 날부터 1월 안의 날로 정하여야 한다(민사집행 규칙 제78조).
② 매각허가결정이 확정되면 법원은 대금의 지급기한을 정하고, 이를 매수인과 차순위매수신고인에게 통지하여야 한다(민사집행법 제142조 1항 참조).
③ 이해관계인이나 배당을 요구한 채권자에게도 대금납부기한을 통지할 필요가 없다.
⑤ 대금지급기한의 통지는 송달로 이루어진다. 만약 송달불능일 경우 전화번호나 팩스번호 등으로 통지한다. 이외의 경우로도 송달이 불능일 경우는 공시송달을 하게 된다.

44 다음 중 소유권이전 촉탁등기시 양식에 적어야 할 사항을 모두 고르시오.

> 가. 부동산의 표시 나. 등기권리자
> 다. 등기의무자 라. 등기원인과 그 연월일
> 마. 등기목적 바. 과세표준
> 사. 등록세액

① 가, 나, 다
② 가, 나, 다, 라
③ 가, 나, 다, 라, 마
④ 가, 나, 다, 라, 마, 바
⑤ 가, 나, 다, 라, 마, 바, 사

정답 ▶ ⑤ 등기촉탁 시 촉탁서에 모두 적어야 할 사항이다.

45 경매절차에 있어서 소유권 취득에 대한 설명 중 바르지 않은 것은?
① 매수인은 매각대금을 다 낸 때에 소유권을 취득한다.
② 경매에 의한 소유권 취득은 승계 취득이다.
③ 대금을 분할하여 지급할 경우 지급한 대금에 비례하여 지분을 취득하게 된다.
④ 소유권의 효력의 범위는 매각허가결정서에 적힌 부동산과 동일성이 인정되는 범위 내에서 그 소유권의 효력이 미치는 범위와 같다.
⑤ 매각대상 부동산의 구성부분, 종물 및 종된 권리(건물을 위한 지상권, 요역지를 위한 지역권 등)는 매각허가결정서에 기재되어 있지 않더라도 매수인이 소유권을 취득하는 범위에 포함된다.

정답 ▶ ③ 매수인이 대금을 분할하여 지급하거나 또는 민사집행법 제142조 4항에 의하여 보증을 현금화하여 매각대금 및 이에 대한 지연이자에 충당하고, 모자라는 금액이 있어서 다시 대금지급기한을 정하여 매수인으로 하여금 내게 한 때에는 그 나머지 금액을 모두 낸 때에 소유권을 취득하고, 지급한 대금에 비례하여 지분을 취득하는 것이 아니다.

46 매각대상이 아닌 부동산이 매각부동산 목록에 포함된 경우에는 어떻게 될까? 그 설명이 바른 것을 모두 고르시오.

① 매수인이 대금납부를 하였다면 소유권을 취득할 수 있다.
② 이미 매각허가결정이 내려졌다면, 매각부동산에 포함시켜 준다.
③ 법원의 착오였다 하더라도 매각허가결정의 효력은 있다.
④ 법원이 매각허가결정을 하면서 착오로 부동산 목록에 매각대상이 아닌 부동산을 포함시킨 경우 매각허가결정의 효력이 그 부동산에 미치지 않는다.
⑤ 경매신청이 되지 않고 경매개시결정을 받은 바도 없는 부동산이 경매신청 된 다른 부동산과 함께 경매되어 매각허가결정이 확정된 경우 경매신청 되지 않은 부동산에 대한 매각허가결정은 무효이다.

정답 ▶ ④, ⑤
법원이 매각허가결정을 하면서 착오로 부동산 목록에 매각대상이 아닌 부동산을 포함시킨 경우, 이는 명백한 오기로서 결정의 경정사유가 될 뿐 매각허가결정의 효력이 그 부동산에 미치지 아니한다(대결 1993.7.6. 93마720).
경매신청이 되지 아니하였고 경매개시결정을 받은 바도 없는 부동산이 경매신청 된 다른 부동산과 함께 경매되어 매각허가결정이 확정된 경우, 그 경매신청 되지 아니한 부동산에 대한 매각허가결정은 당연 무효이므로 매수인은 그 부동산에 대한 소유권을 취득할 수 없다(대판 1991.12.10. 91다20722 참조).

47 공유자우선매수신고에 관한 설명이 바르지 않은 것은?

① 입찰자가 없이 우선매수신고를 한 경우는 다음 재매각 시에 다시 참여하게 된다.
② 공유자는 매각기일 전이라도 공유자우선매수신고를 할 수 있다.
③ 우선매수신고한 공유자는 반드시 매각기일 종결을 고지하기 전까지 보증을 제공하여야 한다.
④ 공유자가 우선매수신고를 하고 입찰에도 참여한 경우라도 공유자우선매수권을 행사할 수 있다.
⑤ 공유자 우선매수신고로 차순위매수신고가 된 최고가매수신고인은 매각기일이 종결되기 전까지 차순위매수신고인의 지위를 포기하면 입찰보증금을 돌려받을 수 있다.

정답 ▶ ① 입찰자가 없이 우선매수신고를 한 경우 최저매각가격을 우선매수금액으로 보게 된다.

48 소유권이전등기촉탁에 대한 설명이 바르지 않은 것은?

① 최고가매수신고인은 매각대금을 납부한 후에 법원에 소유권이전등기에 필요한 서류를 갖추어 신청하면 경매법원이 등기소에 소유권이전등기를 촉탁하게 된다.
② 국내 거주 외국인이 매수인인 경우는 촉탁이 불가능하다.
③ 국외 거주자가 매수인인 경우는 주소를 증명하는 서면을 제출하여야 하는데, 외국인 또는 주민등록번호가 없는 재외국민의 경우 부동산등기용등록번호증명서를 제출하여야 한다.
④ ③의 경우, 부동산등기용등록번호증명서는 관할등기소에서 발급받을 수 있다.
⑤ 등기촉탁은 촉탁신청서류를 제출하면 서류제출일로부터 3일 안에 하여야 한다.

정답 ▶ ② 국내 거주 외국인이 매수인인 경우는 외국인등록표등본으로도 촉탁이 가능하다.

제6장
인도명령신청과 명도

경매투자는 원하는 물건을 경락받는 것으로 끝나지 않는다. 점유자로부터 목적물을 인도받은 후에야 적법하게 사용·수익 할 수 있기 때문이다. 하지만 목적물을 인도받는 것은 매수인의 몫이므로 여러 가지 애로사항이 많다. 이러한 이유로 법원은 매수인이 직접 매각부동산을 인도받지 못할 경우 "매각부동산을 매수인에게 인도하라."는 내용의 인도명령을 신청하게 하고 그 명령에 따라 부동산을 인도받을 수 있도록 하였다. 제6장에서는 경락 후 무엇보다 중요한 이 인도명령신청방법과 절차 그리고 유의사항 등에 대해 알아보고자 한다.

요약정리

1. 부동산인도명령

① 부동산인도명령신청

매수인은 매각대금을 납부한 후 채무자, 소유자 또는 부동산점유자로부터 해당 부동산을 인도받아야 하는데 매수인이 원활하게 인도받지 못할 경우 법원에 인도명령신청을 할 수 있다. 인도명령신청을 하려면 매수인은 대금납부 후 6개월 이내에 해야 하며 인도명령신청서를 법원에 제출하여야 한다. 법원은 인도명령신청이 적법하다고 소명되면 부동산을 점유하고 있는 자에게 부동산을 매수인에게 인도하라는 인도명령을 발할 수 있다.

② 임차인에 대한 인도명령

매수인에게 대항력을 행사할 수 없는 후순위임차인은 인도명령 대상이지만 보증금액 전부를 변제받지 못하는 대항력 있는 임차인은 인도명령 대상이 아니다.

③ 인도명령의 집행

인도명령 상대방이 인도명령에 따르지 않는 경우 매수인은 집행관에게 집행을 위임하여 집행관으로 하여금 인도집행을 하도록 할 수 있다.

④ 점유이전금지가처분신청

부동산을 인도받는 데에 다소 시일이 걸리므로 그 사이 점유자가 변경될 경우를 대비하여 부동산을 현상 그대로 유지하기 위해 점유이전금지가처분을 해둘 수 있다. 점유이전금지가처분이 되면 인도명령 대상인 점유자가 바뀌어도 본안판결의 승계집행문을 부여받아 집행을 할 수 있게 된다.

2. 명도소송

① 명도소송이란?

인도명령 대상이 아닌 자 또는 인도명령 대상이었지만 인도명령신청기간이 지난 자를 대상으로 해당 부동산을 인도받기 위해 하는 소송을 말한다.

② 점유자명도 시 유의사항

매수인은 매각대금을 납부하고 소유권을 취득하였더라도 해당 부동산의 점유자의 동의 없이 출입하거나 사용할 수 없으며 점유자가 짐을 모두 비우지 않는한 실질적인 소유권 행사를 할 수 없으므로 법적 절차를 거쳐 합법적으로 해당 부동산을 인도받아야 한다.

점유자가 매각대금에서 배당받을 수 있는 임차인이라면 그 임차인은 배당금 수령 시 매수인의 인감증명서와 명도확인서를 법원에 제출하여야 한다.

부동산인도명령

1. 부동산인도명령

1 인도명령이란?

❶ 매수인이 매각대금을 내고 6개월 이내에 인도명령신청을 하면 법원은 채무자, 소유자 또는 부동산점유자(채무자, 소유자의 일반 승계인도 포함)에 대하여 부동산을 매수인에게 인도하도록 명할 수 있다(민집 제136조 1항 참조). 이를 인도명령이라고 한다.

❷ 인도명령은 즉시항고로서만 불복할 수 있는 재판으로 민사집행법 제56조 1호에 해당하는 집행권원이다.

❸ 집행법원은 인도명령의 사유가 소명되면 인도명령을 발하게 된다.

❹ 제3자를 인도명령 상대방으로 하는 경우에는 그 자가 점유하고 있는 사실만 소명되면 인도명령을 할 수 있다.

❺ 상대방이 매수인에게 대항할 수 있는 권원에 의하여 점유하고 있음

이 기록에 의하여 명백하거나 상대방이 이 사실을 주장하고 소명한 때에는 인도명령신청이 기각된다.

❻ 매수인이 대금을 낸 뒤에 채무자로부터 민사집행법 제49조의 집행정지서면이 제출되더라도 매수인의 권리에 영향을 주지 못하므로 인도명령신청이 있으면 인도명령을 발하게 된다.

민사집행법 제56조 (그 밖의 집행권원)
강제집행은 다음 가운데 어느 하나에 기초하여서도 실시할 수 있다.
1. 항고로만 불복할 수 있는 재판
2. 가집행의 선고가 내려진 재판
3. 확정된 지급명령
4. 공증인이 일정한 금액의 지급이나 대체물 또는 유가증권의 일정한 수량의 급여를 목적으로 하는 청구에 관하여 작성한 공정증서로서 채무자가 강제집행을 승낙한 취지가 적혀 있는 것
5. 소송상 화해, 청구의 인낙 등 그 밖에 확정판결과 같은 효력을 가지는 것

민사집행법 제49조 (집행의 필수적 정지·제한)
강제집행은 다음 각 호 가운데 어느 하나에 해당하는 서류를 제출한 경우에 정지하거나 제한하여야 한다.
1. 집행할 판결 또는 그 가집행을 취소하는 취지나 강제집행을 허가하지 아니하거나 그 정지를 명하는 취지 또는 집행처분의 취지를 명한 취지를 적은 집행력 있는 재판의 정본
2. 강제집행의 일시정지를 명한 취지를 적은 재판의 정본
3. 집행을 면하기 위하여 담보를 제공한 증명서류
4. 집행할 판결이 있은 뒤에 채권자가 변제를 받았거나, 의무이행을 미루도록 승낙한 취지를 적은 증서
5. 집행할 판결, 그 밖의 재판이 소의 취하 등의 사유로 효력을 잃었다는 것을 증명하는 조서등본 또는 법원사무관 등이 작성한 증서
6. 강제집행을 하지 아니한다거나 강제집행의 신청이나 위임을 취하한다는 취지를 적은 화해조서의 정본 또는 공정증서의 정본

2 인도명령을 신청할 수 있는 사람은?

인도명령신청은 매수인 또는 매수인이 사망하였을 경우 상속인에 한해서만 할 수 있으며 반드시 매각대금을 모두 지급하여야 한다. 하지만 소유권이전등기가 경료되었음을 요하지는 않는다.

❶ 일반 승계인의 경우
- 매수인의 지위를 승계한 일반 승계인은 그 일반승계 사실을 증명하여 인도명령을 신청할 수 있다.
- 이미 인도명령이 발하여진 후의 일반 승계인은 승계집행문의 부여를 받아 인도명령의 집행을 할 수 있다.
- 공동매수인이거나 상속자가 여러명인 경우 공동매수인 또는 상속인 전원이 공동으로 인도명령을 신청할 수 있으며 각자가 단독으로도 인도명령을 신청할 수 있다.

❷ 매수인이 제3자에게 부동산을 매도한 경우
- 인도명령신청권은 매각대금을 모두 지급한 매수인에게만 그 권리가 있다.
- 인도명령을 구할 수 있는 권리도 매수인에게만 있다.
- 매각부동산의 양수인인 제3자는 인도명령신청을 할 권리가 없다. 매수인을 대위하여 인도명령을 신청하는 것도 허용되지 않는다.

3 채무자에 대한 인도명령신청

❶ 인도명령의 상대방이 채무자(경매개시결정에 표시된 채무자)인 경우에 그 인도명령의 집행력은 당해 채무자는 물론 채무자와 한 세대를

구성하며 독립된 생계를 영위하지 아니하는 가족과 같이 그 채무자와 동일시되는 자에게도 미친다(대판 1998.4.24. 96다30786 참조).

점유보조자: 채무자와 함께 거주하고 있는 가족이나 동거인 또는 고용인 등은 채무자의 점유보조자로서 채무자와 별개의 독립한 점유를 가지고 있는 것으로 인정되는 특별한 사정이 없는 한 채무자와 함께 인도명령을 발하게 된다.

❷ 인도명령이 발하여진 뒤에 승계관계가 발생하였을 경우 승계집행문을 부여받아 집행할 수 있다.

❸ 상속인이 여럿인 경우 각 공동상속인마다 개별적으로 인도명령의 상대방이 된다.

❹ 채무자의 직접·간접 점유는 인도명령신청 요건이 아니다(소유자도 포함). 하지만 채무자가 부동산을 직접점유 하고 있지 않은 경우에는 인도집행을 할 수 없다. 다만 채무자가 직접 점유자에 대하여 인도청구권을 가지고 있을 때에는 인도청구권을 넘겨받는 방법으로 집행할 수 있다.

❺ 토지만 매각되고 채무자의 건물이 법정지상권이 성립하는 경우에는 채무자는 인도명령의 대상이 될 수 없다. 또한 그 토지의 인도만을 구할 수 있을 뿐이고 지상건물의 철거 및 인도를 구할 수는 없다.

❻ 채무자가 임차인의 지위를 겸하고 있는 경우에는 매수인에게 대항할 수 있는지 여부를 따져 인도명령을 결정하게 된다.

4 부동산점유자에 대한 인도명령신청

❶ 점유를 시작한 때가 압류의 효력발생 전·후와 관계없이 매수인에게 대항할 수 있는 권원에 의한 점유가 아니라면 인도명령의 대상이

된다. 매수인이 대금납부를 한 후 점유한 자도 이에 해당된다는 견해도 있다(민사집행의 실무, 윤경 1114쪽 참조). 따라서 본 책은 인도명령신청 대상에 이와 같은 점유자도 해당하는 것으로 본다.

매수인에게 대항할 수 있는 권원이란?
점유자의 채무자에 대한 점유권원으로서 매각에 의하여 효력을 잃지 않고 매수인에게 대항할 수 있는 권원을 말한다.
1. 매수인에게 인수되는 권리, 즉 매각으로 인하여 소멸하는 저당권·압류·가압류 등에 우선하는 대항력 있는 용익권(임차권, 지상권)혹은 유치권 등
2. 매각 후 매수인과의 사이에 새로이 성립한 점유권원, 즉 법정지상권, 매수인과 점유자의 합의에 이하어 새로 성립힌 용익권 등 《법원실무제요Ⅱ》, 411쪽 참조)

구 민사소송법과 민사집행법의 인도명령에 대한 차이점
구 민사소송법에서는 채무자, 소유자 이외의 자로 압류의 효력이 발생한 후에 점유를 시작한 부동산점유자만 인도명령의 상대방으로 한정하였으나, 현행법인 민사집행법은 단순히 부동산점유자로 그 상대방을 규정하고 있으므로 압류의 효력이 발생하기 전에 점유를 시작한 점유자도 인도명령 대상이 된다.

❷ 직접점유자만이 인도명령의 대상이 되며 간접점유자는 대상이 될 수 없다.

5 재점유자

❶ 매수인이 일단 부동산을 인도받은 후에는 제3자가 불법으로 이를 점유하여도 그 제3자를 상대방으로 더 이상 인도명령을 신청할 수 없게 된다.
미리 점유이전금지가처분을 해둔다면 이런 문제를 사전에 방지 할 수 있다.

❷ 인도명령을 신청한 적이 없는 점유자에 대하여 잠시 인도를 유예해

준 경우에는 인도명령신청권을 상실하지 아니하므로 유예기간이 지난 뒤에 인도명령신청권을 행사할 수 있다.

6 공유지분에 대한 인도명령청구

❶ 공유지분의 점유자가 채무자인 경우 그를 대상으로 인도명령청구를 할 수 있다.

단 그 목적물에 대한 용익권에 기한 점유인 경우는 다른 공유자가 점유하고 있는 경우에 준하여 처리하여야 한다(민사집행의 실무, 윤경, 1150쪽 참조).

❷ 채무자가 아닌 다른 공유자가 점유하고 있는 경우 매수인이 취득한 공유지분이 과반수에 달하면 점유자를 상대로 인도명령신청을 할 수 있다. 하지만 과반수에 미달하면 신청할 수 없다(1994. 3. 22 선고 93다9392, 9408 참조).

취득한 공유지분에 따른 공유물인도청구 여부
① 소수 지분권자는 공유물을 점유하고 있는 다른 소수 지분권자에 대하여 인도를 청구할 수 있다. 1/2 지분권자도 다른 1/2 지분권자에 대한 공유물인도청구가 가능하다.
② 다수 지분권자는 다른 소수 지분권자에 대한 공유물인도청구를 할 수 있다.
③ 소수 지분권자는 다수 지분권자에 대한 공유물인도청구를 할 수 없다.

2 임차인에 대한 인도명령신청

1 인도명령 대상이 되는 임차인

❶ 말소기준권리보다 후순위의 임차인
❷ 대항력과 우선변제권을 겸유하고 있는 임차인이 배당요구를 하여

배당기일에 임차보증금액에 대해 전액 배당받을 수 있고 그 배당표가 확정된 경우

대항력이 있는 임차인의 배당표가 전액으로 확정된 경우 배당금의 수령 여부와 관계없이 인도명령신청대상이 될 수 있다.

❸ 전출 등으로 대항력을 상실한 임차인

2 인도명령 대상이 아닌 임차인

❶ 간접점유자: 임차한 주택을 전대해준 임차인

직접점유자: 임차인으로부터 전차하여 살고 있는 임차인

❷ 확정일자를 갖추지 않아서 우선변제권이 없거나 우선변제권이 있어도 배당요구를 하지 않은 대항력 있는 임차인

❸ 임차보증금의 일부만 배당받는 대항력 있는 임차인: 인도명령 대상이 아닌 대항력 있는 임차인은 배당받지 못한 임차보증금으로 매수인에게 대항할 수 있다. 즉 이런 임차인은 임차보증금을 매수인으로부터 반환받을 때까지 임대차관계의 존속을 주장할 수 있다.

❹ 임차보증금 전부에 대해 배당을 받을 수 있어도 배당이의 등으로 배당표가 확정되지 않은 대항력 있는 임차인

❺ 유치권을 행사를 하고 있는 임차인: 해당 부동산을 임차하던 중 발생한 유익비나 필요비에 대해 유치권을 행사할 수 있는 임차인은 유치권에 해당하는 채권에 대해 반환받을 때까지 임차목적물을 점유할 수 있다.

❻ 임차를 지속적으로 하길 원하는 부도임대주택의 임차인: 부도공공건설임대주택을 매수한 자가 주택매입사업시행자에 해당하지 않는

경우 임차인에게 3년의 범위 이내에서 대통령령이 정하는 기간 동안 임대를 하여야 하므로 임차인이 계속 임차를 하고 싶다면 3년간 임대를 해주어야 하는 의무가 있으므로 이런 임차인에 대해서는 인도명령신청을 할 수 없다.

단 매수인과 임차인의 입장 차이(임차보증금 등 임대조건에 대해 합의가 되지 않는 경우)로 사실상 임대차계약을 할 수 없는 확실한 사정이 있는 경우라면 인도명령신청을 할 수 있다.

3 대항력이 없는 임차인에게도 심문서를 송달하는 이유

채무자 및 소유자를 상대로 인도명령신청이 있으면 인도명령을 발하지만 그 외 점유자에 대해서는 법원은 심문서를 보내게 된다. 특히 실무에서는 매수인에게 대항할 수 없는 임차인에 대해서도 인도명령을 곧바로 발하지 않고 심문서를 보내게 되는데 그 이유는 배당금을 받기 전에 부동산을 인도해주어야 하는 임차인을 위해 배당기일에 배당금을 받고 부동산을 비워주도록 하기 위함이다.

3 | 인도명령신청의 방법

1 신청방법

● 집행법원에 서면 또는 구두로 할 수 있으며 일반적으로 서면으로 신청한다.

인도명령을 발할 수 있는 요건이 충족되어도 매수인의 신청이 없는 한 집행법원이 직권으로 인도명령을 발하지는 않는다.

❷ 인도명령신청시 기록상 명백한 점유자일 경우 특별한 증빙서류를 제출할 필요는 없다. 하지만 채무자 또는 소유자의 일반 승계인일 경우 가족관계증명서 또는 상업등기부등본을 제출하여야 한다.
❸ 기록상 드러나지 않는 점유자일 경우 그 점유사실과 점유개시시기를 증명할 수 있는 서면을 제출하여야 한다.

만약 기록상 드러나지 않는 점유자가 있을 경우 법원은 먼저 심문서를 송달한 후 그 심문서가 점유자에 의해 수령되었다는 송달보고서가 도달하면 위의 서면이 없이도 인도명령을 발할 수 있다.

점유개시 시기를 증명할 수 있는 서면: 집행관이 작성한 집행불능조서등본 혹은 주민등록등본 등

❹ 상대방이 특정 부분만을 점유하고 있는 경우 매수인은 감정인의 감정서나 집행관의 현황조사보고서에 첨부된 도면을 이용하여 특정할 수 있으며 집행법원은 그 점유 부분을 특정하여 인도명령을 발하게 된다.

2 인도명령신청을 할 수 있는 시기

인도명령은 매각대금을 낸 뒤 6개월 이내에 신청해야 한다. 6개월이 지난 뒤에는 점유자를 상대방으로 하여 소유권에 기한 인도 또는 명도소송을 제기하여야 한다.

일반적으로 집행법원이 인도명령을 발하는 시기
① 소유자·채무자: 인도명령신청일로부터 3일 이내
② 배당받는 임차인: 배당기일 종결 후 3일 이내
③ 유치권자: 심문기일의 심문 후 결정
④ 기타 점유자: 심문기일을 정하거나 심문서를 발송하여 답변을 들은 후 결정

3 부동산인도명령신청 서식

부동산인도명령신청

사건번호
신청인(매수인)
피신청인(임차인)

위 사건에 관하여 매수인은 ○○○에 낙찰대금을 완납한 후 채무자(소유자, 부동산점유자)에게 별지 매수부동산의 인도를 청구하였으나 채무자가 불응하고 있으므로, 귀원 소속 집행관으로 하여금 채무자의 위 부동산에 대한 점유를 풀고 이를 매수인에게 인도하도록 하는 명령을 발령하여 주시기 바랍니다.

년   월   일

매 수 인   (인)
연락처(☎)

지방법원   귀중

〈유의사항〉
1) 낙찰인은 대금완납 후 6개월 내에 채무자, 소유자 또는 부동산점유자에 대하여 부동산을 매수인에게 인도할 것을 법원에 신청할 수 있습니다.
2) 신청서에는 1,000원의 인지를 붙이고 1통을 집행법원에 제출하며 인도명령정본 송달료(2회분)를 납부하셔야 합니다.

4 인도명령신청서 작성을 확실히 하여 시간적·경제적 낭비를 막자

인도명령신청 상대방이 서류상으로 인도명령 대상이 확실한 경우 인도명령신청서만을 작성하여 제출하여도 무방하나 유치권을 주장하지만 사실은 유치권으로서 인정받을 수 없는 허위유치권신고자나 대항력을 주장하지만 사실은 임대차가 없는 가장임차인 등일 경우 법원이 납득할 수 있는 확실한 증거자료들을 함께 제출하는 것이 좋다. 인도명령이 한번 기각되면 다시 인도명령신청을 하더라도 받아들여지는 경우가 거의 없고(예외적인 경우도 있음), 인도명령 대상임에도 협상이 이루어지지 않으면 명도소송을 통해 부동산을 인도받아야 하는 어려움이 생기기 때문이다. 허위유치권신고자나 가장임차인인 경우 인도명령 대상이지만 그 진위 여부를 밝히는 것은 법원이 아니라 매수자 자신의 몫이다. 하지만 매수인이 인도명령신청 시 여러 가지 확실한 근거자료를 제출한 경우(그 점유자가 매수인에게 대항할 수 있는 권원에 의하여 점유하고 있지 아니함이 명백한 때)라면 법원은 인도명령을 발하기도 한다. 다만 그 진위 여부를 파악하기 위해 법원은 심문기일을 정하여 점유자에게 진술의 기회를 주기도 한다.

5 인도명령정본이 송달되어야 인도명령의 효력이 발생한다

❶ 인도명령은 집행을 받을 자에게 집행권원이 송달되어야 하며 신청인 및 상대방에게 인도명령 정본이 송달되어야 하는 것은 집행개시요건이다.

송달이 안 되는 경우 특별송달 또는 공시송달을 해야 한다.

❷ 상대방에게 송달할 정본을 신청인에게 교부하여 집행관으로 하여금 집행 시에 상대방에게 송달하게 하여도 무방한 것으로 본다.

❸ 인도명령은 송달만으로 즉시 효력(집행력)이 생기며 즉시항고가 제기되더라도 집행정지의 효력이 생기지 않는다(민집 제15조 6항 참조).

6 주소보정

송달불능의 사유로 송달이 되지 않을 경우 통상 주소보정명령을 받은 날로부터 7일 이내에 조치를 취하지 않으면 신청이 각하될 수 있다.

상대방 또는 증인의 주민등록등본의 발급방법
주소보정명령등본이나 소장접수증명원 등을 관할 주민자치센터에 제출하면 상대방 또는 증인의 주민등록등본을 발급받을 수 있다.

4 인도명령의 재판과 집행

1 인도명령신청에 대한 집행법원의 심리란?

❶ 인도명령신청이 있으면 법원은 서면심리만으로 인도명령의 허부를 결정할 수도 있고 또 필요하다고 인정되면 상대방을 심문하거나 변론을 열 수도 있다(민소 제134조).

❷ 법원이 채무자 및 소유자 외의 점유자에 대하여 인도명령을 발하려면 그 점유자를 심문하여야 한다.

❸ 점유자가 매수인에게 대항할 수 있는 권원에 의하여 점유하고 있지 않음이 명백하거나 이미 그 점유자를 심문한 때에는 심문하지 않는다(민집 제136조 4항 참조).

> **민사집행법 제136조 (부동산의 인도명령 등)**
> ① 법원은 매수인이 대금을 낸 뒤 6월 이내에 신청하면 채무자·소유자 또는 부동산점유자에 대하여 부동산을 매수인에게 인도하도록 명할 수 있다. 다만, 점유자가 매수인에게 대항할 수 있는 권원에 의하여 점유하고 있는 것으로 인정되는 경우에는 그러하지 아니하다.
> ② 법원은 매수인 또는 채권자가 신청하면 매각허가가 결정된 뒤 인도할 때까지 관리인에게 부동산을 관리하게 할 것을 명할 수 있다.
> ③ 제2항의 경우 부동산의 관리를 위하여 필요하면 법원은 매수인 또는 채권자의 신청에 따라 담보를 제공하게 하거나 제공하게 하지 아니하고 제1항의 규정에 준하는 명령을 할 수 있다.
> ④ 법원이 채무자 및 소유자 외의 점유자에 대하여 제1항 또는 제3항의 규정에 따른 인도명령을 하려면 그 점유자를 심문하여야 한다. 다만, 그 점유자가 매수인에게 대항할 수 있는 권원에 의하여 점유하고 있지 아니함이 명백한 때 또는 이미 그 점유자를 심문한 때에는 그러하지 아니하다.
> ⑤ 제1항 내지 제3항의 신청에 관한 결정에 대하여는 즉시항고를 할 수 있다.
> ⑥ 채무자·소유자 또는 점유자가 제1항과 제3항의 인도명령에 따르지 아니할 때에는 매수인 또는 채권자는 집행관에게 그 집행을 위임할 수 있다.

2 점유자가 심문기일에 참석하지 않는다면?

심문기일을 정하여 진술할 기회를 주었음에도 그 점유자가 심문에 응하지 않은 경우 법원은 점유자의 진술없이도 인도명령을 발할 수 있다.

3 심문기일통지서가 송달불능이 된 경우

심문기일통지서가 송달불능이 된 경우에는 바로 인도명령을 발할 수 없고 주소보정을 명하거나 공시송달 등 적법한 통지절차를 거쳐야 한다.

4 인도명령의 집행

상대방이 인도명령에 따르지 않을 때에는 신청인은 집행관에게 그 집행을 위임하여 집행관으로 하여금 민사집행법 제258조에 의하여 인도집행을 하도록 한다(민집 제136조 6항 참조).

인도명령의 집행은 인도명령결정 정본과 집행법원의 송달증명서를 첨부한 신청서를 집행관 사무소에 접수하여 인도집행을 위임하게 된다.

5 인도집행 시 다른 사람이 점유하고 있는 경우

현장에서 실제적인 점유관계 사실을 확인하는데 있어서 점유자의 구술에 의해 인도명령 대상만 점유한다면 집행을 실시할 수 있으나, 본인(가족 포함) 이외의 사람들이 점유를 하고 있다고 진술한다면(예를 들어 조사되지 않은 다른 임차인, 친척 등) 그 부분에 대하여 집행을 하지 못한다. 다만 허위 또는 거짓진술을 할 경우 즉석에서 사실관계를 확인한 후 소명자료를 제출하지 못한 경우 바로 인도집행을 하기도 한다.

실무에서는 확인되지 않은 점유자가 있는 경우 집행관은 집행을 중단하게 되는데 매수인은 그 점유자의 신원확인, 진위여부 등을 확인해 줄 것을 적극적으로 집행관에게 요청해 보는 것도 한 방법이 될 수 있겠다.

5 | 인도명령에 대한 불복방법 등

1 인도명령의 신청에 관한 재판에 대한 불복

❶ 인도명령의 신청에 관한 결정에 대하여는 즉시항고 할 수 있다(민집 제136조 5항 참조).

❷ 상대방은 재판을 고지받은 날부터 1주의 불변기간 이내에 항고장을 원심법원에 제출하여야 한다(민집 제15조 2항 참조).

❸ 항고장에 항고이유를 적지 않았을 경우 항고장을 제출한 날부터 10일 내에 항고이유서를 원심법원에 제출하여야 한다.

항고인이 항고이유서를 제출하지 않거나 항고이유가 규정에 위반한 때 또는 항고가 부적법하고 이를 보정할 수 없음이 분명한 때에는 원심법원은 결정으로 그 즉시항고를 각하할 수 있다. 항고이유는 대법원규칙이 정하는 바에 따라 적어야 한다(민집 15조 4항 참조).

❹ 인도명령에 대한 즉시항고가 있었으나 그 사이 인도명령에 기한 집행이 종료되었다면 즉시항고의 효력은 상실된다.

2 인도명령에 대한 불복사유

❶ 신청인의 자격, 상대방의 범위 및 신청기한 등에 관한 절차적, 실체적 하자
❷ 인도명령 심리절차의 하자
❸ 인도명령 자체의 형식적 하자
❹ 매수인이 상대방에게 부동산을 양도하였거나 임대한 경우 등

3 인도명령이 확정된 경우 불복방법

인도명령의 상대방은 청구에 관한 이의의 소를, 인도명령의 상대방이 아닌 제3자가 인도집행을 받게 되는 때에는 제3자 이의의 소를 제기하여야 한다.

4 인도명령의 집행에 대한 불복방법

인도명령 집행 자체의 위법에 대해서는 집행에 관한 이의를 제기하여야 한다.

5 인도명령에 대한 즉시항고는 집행정지의 효력이 있는가?

인도명령에 대한 즉시항고는 집행정지의 효력이 없다. 따라서 집행정지명령을 받아 이를 집행관에게 제출하여 그 집행을 정지할 수 있고, 청구에 관한 이의의 소나 제3자 이의의 소를 제기한 경우에는 민사집행법 제46조의 잠정처분을 받아 이를 집행관에게 제출하여 그 집행을 정지할 수 있다(《법원실무제요Ⅱ》, 418쪽 참조).

6 | 점유이전금지가처분신청

1 점유이전금지가처분이란?

❶ 부동산에 대한 인도·명도청구권을 보전하기 위한 다툼이 있는 물건에 관한 가처분의 일종이다.

❷ 가처분 집행 당시의 목적물을 현상 그대로 유지하기 위해 신청하게 된다.

❸ 점유이전금지가처분은 등기를 요하는 것이 아니므로 미등기 부동산도 그 대상이 될 수 있다.

보통 매수자가 부동산을 인도받기 전에 점유자의 점유이전이나 현상변경을 막기 위한 목적으로 인도명령집행 전이나 명도소송 전에 이 점유이전금지가처분신청을 하게 된다.

2 점유이전금지가처분의 효력

❶ 점유이전금지가처분은 채무자 부동산의 주관적(인적), 객관적(물적) 현상변경을 허용하지 않는다.

주관적 현상변경
가처분이 집행된 뒤에 채무자가 임대 혹은 전대·임차권 양도·사용대차·매도·증여 등으로 제3자에게 목적물의 전부 또는 일부의 점유를 이전하거나 제3자가 채무자의 의사와는 상관없이 점유하게 된 것(《가압류·가처분 실무총람》, 828쪽 참조)

❷ 객관적 현상변경의 결과 목적물의 동일성이 상실된 경우에는 본안 소송에서 청구취지를 새로운 목적물로 변경할 수밖에 없고 이를 게을리 하면 본집행이 불능될 수도 있다.

❸ 소송 중 점유가 이전되면 새로이 제3자에 대해 소송을 제기해야 하지만 점유이전금지가처분을 받아두게 되면 점유를 이전받은 자가 가처분채권자에게 대항할 수 없게 된다.

❹ 가처분의 피보전권리는 채무자에게 대항할 수 있는 한 물권이든 채권(임차권 등)이든 상관이 없다.

❺ 점유이전금지가처분은 점유이전과 현상변경을 금지하는 것에 불과하기 때문에 가처분의 공시 후 점유가 이전된 경우 채무자는 채권자와의 관계에서 여전히 점유자의 지위에 있는 것일 뿐이어서 소유자가 목적물을 처분하는 것을 금지하거나 제한할 수 없다.

3 점유이전금지가처분 이후 현상변경된 경우의 조치

❶ 점유이전금지가처분 이후 점유가 이전된 경우: 점유이전금지가처분 이후 점유가 이전되었더라도 가처분채권자는 본안 소송을 계속할 수

있다. 하지만 가처분 자체의 효력으로 직접 퇴거를 강제 할 수는 없다 (대판 1999.3.23. 98다59118 참조).

❷ 채무자가 가처분에 위반하여 목적물의 현상을 개관적으로 변경한 경우 집행관이 원상회복을 경고하는 것은 가능하다.

❸ 객관적 현상변경에 대한 경고에 채무자가 따르지 않는다면 민법 제389조 3항에 기한 수권결정을 얻어 원상회복의 강제집행을 할 수 있다.

수권결정: 일정한 자격, 권한, 권리 따위를 특정인에게 부여하는 결정

민법 제389조(강제이행)
① 채무자가 임의로 채무를 이행하지 아니한 때에는 채권자는 그 강제이행을 법원에 청구할 수 있다. 그러나 채무의 성질이 강제이행을 하지 못할 것인 때에는 그러하지 아니하다.
② 전 항의 채무가 법률행위를 목적으로 한 때에는 채무자의 의사표시에 가름 할 재판을 청구할 수 있고 채무자의 일신에 전속하지 아니한 작위를 목적으로 한 때에는 채무자의 비용으로 제삼자에게 이를 하게 할 것을 법원에 청구할 수 있다.
③ 그 채무가 부작위를 목적으로 한 경우에 채무자가 이에 위반한 때에는 채무자의 비용으로써 그 위반한 것을 제각하고 장래에 대한 적당한 처분을 법원에 청구할 수 있다.
④ 전3항의 규정은 손해배상의 청구에 영향을 미치지 아니한다.

---

4 점유이전금지가처분의 신청방법

❶ 부동산점유이전금지가처분신청서 제출법원: 본안의 관할 법원 또는 목적부동산이 위치하는 곳의 관할 지방법원

❷ 가처분의 담보공탁금: 목적물의 가액을 기준으로 결정한다(과세대장

등본 등의 목적물 가액을 계산할 수 있는 자료를 첨부하여야 한다).

통상 목적물 값의 1/20 로 정한다.

❸ 부동산의 특정: 가처분신청을 하기 위해서는 목적부동산을 명백히 특정하여야 한다. 부동산 일부에 가처분신청을 할 경우 도면, 사진 등을 첨부하여 특정하여야 한다. 하지만 특정의 정도는 가처분의 범위를 정할 수 있는 정도면 된다.

❹ 신청서 제출 부수와 비용: 신청서 1부(부동산 목록 5부 첨부), 인지액과 송달료

부동산점유이전금지가처분신청서 서식

부동산점유이전금지가처분신청서

채권자 ○○○
　○○시 ○○구 ○○동 ○○(우편번호 ○○○-○○○)
　전화·휴대폰 번호:
　팩스번호, 전자우편(e-mail)주소:

채무자 ◇◇◇
　○○시 ○○구 ○○동 ○○(우편번호 ○○○-○○○)
　전화·휴대폰번호:
　팩스번호, 전자우편(e-mail) 주소:

목적물의 표시: 별지 기재와 같습니다.
목적물의 가격: 금 ○○○원
피보전권리의 내용: 건물명도청구권의 집행보전

신청취지
1. 채무자는 별지 목록 기재 부동산에 대한 점유를 풀고 채권자가 위임하는 집행관에게 인도하여야 한다.
2. 위 집행관은 현상을 변경하지 아니하는 것을 조건으로 하여 채무자에게 이를 사용하게 하여야 한다.
3. 채무자는 그 점유를 타인에게 이전하거나 또는 점유명의를 변경하여서는 아니 된다.
4. 집행관은 위 명령의 취지를 적당한 방법으로 공시하여야 한다.
라는 재판을 구합니다.

신청이유

소명방법 및 첨부 서류

　　　　　　　　　　　　20○○. ○. ○.
　　　　　　　　　　　　위 채권자 ○○○ (서명 또는 날인)

○○지방법원 귀중

5 점유이전금지가처분의 집행절차

```
채권자의 점유이전금지가처분신청서 제출 (법원 민원실)
            ↓ 2~3일 후
담보제공명령서 수령(공탁명령)
            ↓ 5일 이내
보증보험사와 지급보증위탁계약 체결
준비물: 가처분신청서 사본, 주민등록등본, 담보제공명령서, 도장
            ↓
보험증권을 법원신청과에 제출 (민원실)
            ↓ 약 1주일 후
결정문 수령
            ↓
집행관 사무실 방문(결정문 지참)
해야 할 일 ① 집행신청서 작성: 목적물 부동산 약도 지참 ② 집행예납비 납부
            ↓
집행일시 지정
            ↓
집행: 집행시 절차
1. 집행장소에 도착하여 채무자에게 결정문 전달: 두 명의 증인과 열쇠수리업체 직원이 필요하며 당일 집행장소에는 집행관보다 먼저 도착해 있는 것이 좋으며 사진기도 지참해가는 것이 좋다.
2. 집행관 공시서 부착: 집행관은 채권자, 채무자 또는 그 대리인의 참여하에 목적물이 집행관의 보관에 있다는 것을 알리는 공시를 적당한 곳에 붙이고 채무자에게 가처분의 취지를 고지하게 된다.
3. 집행관 집행조서 작성
```

7 | 명도소송

■1 명도소송이란?

❶ 명도소송은 인도명령 대상이 아니거나 혹은 인도명령 대상이었지만 인도명령신청기간이 지난 대상인 점유자가 매수인에게 점유를 이전해주지 않을 경우 하게 되는 소송이다.

❷ 명도소송은 시일이 많이 소요되므로 보통 소송 전에 점유이전금지 가처분신청을 하게 된다.

■2 명도소장 접수 시 필요한 서류

❶ 매각허가결정 정본
❷ 매각대금납부증명서
❸ 부동산등기부등본
❹ 도면(부동산 일부가 목적물인 경우)
❺ 권리신고 및 부동산현황조사서 사본
❻ 상대방(피고) 주민등록등본
❼ 소장

3 명도소송절차

소장 제출
↓
변론기일(사건에 따라 변론 횟수가 추가될 수 있음)
↓
판결 선고
↓ 2주 이내
원·피고에게 판결 정본 송달
↓ 2주 이내 (항소할 수 있는 기간)
판결 확정(항소가 없는 경우)
↓
판결문에 대한 집행문 및 송달증명을 발부받아 강제인도집행 신청
(관할 법원 집행관 사무실)

8 | 점유자 명도 시 알아두어야 할 기타 사항들

1 명도확인서

임차인이 집행법원으로부터 임차보증금에 대한 배당금을 지급받기 위해선 매수인으로부터 명도확인서를 받아 제출해야 한다. 명도확인서에는 매수인의 인감을 날인하고 인감증명서를 첨부하여야 한다.

임대차계약이 종료된 경우 임대차보증금 반환채무와 임차목적물 인도채무는 동시이행 관계에 있다.

2 임차인이 배당금을 수령하기 위해 필요한 서류

❶ 임대차계약서 원본 ❷ 주택임차인의 주민등록등본(상가건물임차인일 경우 등록사항 등의 현황서 등본) ❸ 명도확인서 ❹ 매수인의 인감증명서

명도확인서 서식

명 도 확 인 서

사건번호:
이 름:
주 소:

위 사건에서 위 임차인은 임차보증금에 따른 배당금을 받기 위해 매수인에게 목적 부동산을 명도하였음을 확인합니다.
첨부 서류: 매수인 명도확인용 인감증명서 1통

년   월   일

매 수 인   (인)
연락처(☎)

지방법원 귀중

〈유의사항〉
1) 주소는 경매기록에 기재된 주소와 같아야 하며, 이는 주민등록상 주소이어야 합니다.
2) 임차인이 배당금을 찾기 전에 이사를 하기 어려운 실정이므로, 매수인과 임차인 간에 이사날짜를 미리 정하고 이를 신뢰할 수 있다면 임차인이 이사하기 전에 매수인은 명도확인서를 해줄 수도 있습니다.

매수자가 임차인에게 명도확인서를 작성하여 줄 경우 반드시 임차인이 주택이나 상가 건물의 짐을 모두 비웠는지 확인하고 주어야 한다. 그리고 건물을 인도받는 즉시 자물통 또는 도어락(비밀번호)을 교체해두는 것이 좋다.

3 임차인이 배당금 수령 시 명도확인서가 필요하지 않은 경우

❶ 대항력과 확정일자를 갖추어 우선변제권도 겸유하고 있는 임차인이 배당요구를 하였으나 임차보증금액 중 일부만 배당받는 경우
❷ 매수인으로부터 명도확인서를 받지 못했지만 이미 목적물을 인도했음을 증명할 수 있는 경우
❸ 대지만 매각이 되어 그 대지의 매각대금으로부터 배당받는 임차인인 경우
❹ 부도임대주택의 임차인이 매수인과 새로이 임대차계약을 체결한 경우

4 최우선변제권을 행사하는 소액임차인과 전세권자도 명도확인서를 제출할 필요가 있는가?

소액임차인과 전세권자도 배당금을 수령하기 위해서는 매수인의 명도확인서가 필요하다.

전세권자는 명도확인서기 필요없다는 견해도 있다

5 부동산을 매수인에게 명도하였음에도 매수인이 명도확인서를 교부하지 않은 경우

매수인의 명도확인서를 받지 못하였다면 통·반장의 확인서, 관리소장의 명도입증서 등을 제출하거나 집행법원에 사실조회신청을 하여 명도 하였음을 확인받을 수 있다(《민사집행의 실무》, 윤경, 1139쪽 참조).

6 매수인은 임차인으로 인한 입주 지연에 따른 손해배상을 청구할 수 있는가?

잔금 납부 후 임차인으로 인한 입주 지연에 따른 손해배상청구를 할 수 있다. 배당받는 임차인일 경우 배당표가 확정된 이후의 사용·수익에 의해 발생한 손해이며 임차인의 명도저항으로 명도소송을 해야 할 경우 소송비용은 임차인이 부담하여야 한다.

7 강제집행면탈죄는 어떤 경우에 해당되는가?

형법 제327조의 강제집행면탈죄는 위태범으로서, 현실적으로 민사소송법에 의한 강제집행 또는 가압류·가처분의 집행을 받을 우려가 있는 객관적인 상태에서, 즉 채권자가 본안 또는 보전소송을 제기하거나 제기할 태세를 보이고 있는 상태에서 주관적으로 강제집행을 면탈하려는 목적으로 재산을 은닉, 손괴, 허위양도하거나 허위의 채무를 부담하여 채권자를 해할 위험이 있으면 성립하는 것이고, 반드시 채권자를 해하는 결과가 야기되거나 행위자가 어떤 이득을 취하여야 범죄가 성립하는 것은 아니다(대결 2009.5.28. 2009도875 참조).

9 | 집합건물의 관리비

1 집합건물의 경우 매수인은 체납된 관리비를 승계해야 한다

하지만 간혹 과도한 관리비를 청구하는 경우도 있으므로 관리비 내역서를 꼼꼼히 확인해 보는 것이 좋다.

체납관리비의 승계범위

집합건물의 공용부분은 전체 공유자의 이익에 공여하는 것이어서 공동으로 유지·관리해야 하고 그에 대한 적정한 유지·관리를 도모하기 위해서 소요되는 경비에 대한 공유자 간의 채권은 이를 특히 보장할 필요가 있어 공유자의 특별 승계인에게 그 승계의사의 유무에 관계없이 청구할 수 있도록 집합건물법 제18조에서 특별규정을 두고 있는바, 위 관리규약 중 공용부분 관리비에 관한 부분은 위 규정에 터 잡은 것으로서 유효하다고 할 것이므로, 집합건물의 특별 승계인은 전 입주자의 체납관리비 중 공용부분에 관하여는 이를 승계하여야 한다고 봄이 타당하다(대판 2007.2.22. 2005다65821 참조).

2 연체료의 승계 여부

관리비 납부를 연체할 경우 부과되는 연체료는 위약벌의 일종이고 집합건물의 특별 승계인이 전 입주자가 체납한 공용부분 관리비를 승계한다고 하여 전 입주자가 관리비 납부를 연체함으로 인해 이미 발생하게 된 법률효과까지 그대로 승계하는 것은 아니므로, 공용부분 관리비에 대한 연체료는 집합건물의 특별 승계인에게 승계되는 공용부분 관리비에 포함되지 않는다(대판 2006.6.29. 2004다3598, 3604 참조).

3 전유부분과 공용부분의 판단시점은?

건물 전체가 완성되어 건물에 관한 건축물대장에 구분건물로 등록된 시점을 기준으로 판단하여야 하고 그 후의 건물개조나 이용상황의 변화 등은 전유부분인지 공용부분인지 여부에 영향을 미칠 수 없다(대결 1992.4.10. 91다46151 참조).

4 매수인은 집합건물의 공용부분 관리비의 3년분 원금에 한하여 승계책임을 진다(민법 제163조)

집합건물의 관리비채권은 3년의 단기소멸시효에 걸리는 '1년 이내의 기간으로 정한 채권'에 속하므로 3년분의 원금에 한하여 승계책임을 지게 되는 것이다(대판 2007.2.22. 2005다65821 참조).

관리단: 구분소유자들로 구성되는 인적 결합단체로서 건물에 대하여 구분소유관계가 성립되면, 구분소유자는 전원으로서 건물 및 그 대지와 부속시설의 관리에 관한 사업의 시행을 목적으로 한 관리단을 당연 설립한다.

관리인: 대내적으로 건물관리를 총괄하고 대외적으로 관리단을 대표하는 자를 말하며 구분소유자가 10인 이상인 경우 관리인 선임은 의무이며 관리인은 관리단 집회의 결의에 의해 선임되거나 해임된다.

5 전대차기간 종료 후 명도 시까지의 관리비는 전대인이 부담하여야 한다(실제 사용·수익 하지 않을 경우)

전대차기간 종료 후 보증금이 미반환된 상태에서 전차인이 전대차목적물을 사용·수익 하지 않고 점유만을 계속하고 있는 경우라면, 비록 전대차계약상 관리비를 전차인이 부담하기로 한 특약이 있더라도 전차인이 실제로 사용·수익 하지 않은 이상 경비지급의무를 부담한다고 보기 어려우므로 전대차기간 종료 후 명도 시까지의 관리비는 전대인이 부담하여야 한다(대판 2005.4.29. 2005다1711 참조).

6 집합건물의 관리단 등 관리 주체의 불법적인 사용방해 행위로 인하여 건물의 구분소유자가 그 건물을 사용·수익 하지 못한 경우, 구분소유자가 그 기간 동안 발생한 관리비 채무를 부담하는지 여부

집합건물의 관리단 등 관리 주체의 위법한 단전·단수 및 엘리베이터 운행정지 조치 등 불법적인 사용방해 행위로 인하여 건물의 구분소유자가 그 건물을 사용·수익 하지 못하였다면, 그 구분소유자로서는 관리단에 대해 그 기간 동안 발생한 관리비 채무를 부담하지 않는다고 보아야 한다(대판 2006.6.29. 2004다3598, 3604 참조).

7 상가건물의 관리규약상 관리비 중 일반관리비, 장부기장료, 위탁수수료, 화재보험료, 청소비, 수선유지비 등이 공용부분 관리비에 포함되는가?

상가건물의 관리규약상 관리비 중 일반관리비, 장부기장료, 위탁수수료, 화재보험료, 청소비, 수선유지비 등은 모두 입주자 전체의 공동의 이익을 위하여 집합건물을 통일적으로 유지·관리 해야 할 필요에 의해 일률적으로 지출되지 않으면 안 되는 성격의 비용에 해당하는 것으로 인정되고, 그것이 입주자 각자의 개별적인 이익을 위하여 현실적·구체적으로 귀속되는 부분에 사용되는 비용으로 명확히 구분될 수 있는 것이 아닌 이상, 전 구분소유자의 특별 승계인에게 승계되는 공용부분 관리비로 보아야 한다(대판 2006.6.29. 2004다3598, 3604 참조).

8 관리비 징수에 관한 유효한 관리단 규약 등이 존재하지 않을 때 집합건물의 소유 및 관리에 관한 법률상 관리단이 공용부분에 대한 관리비를 그 부담의무자인 구분소유자에게 청구할 수 있는지 여부

집합건물의 소유 및 관리에 관한 법률 제17조는 "각 공유자는 규약에 달리 정함이 없는 한 그 지분의 비율에 따라 공용부분의 관리비용 기타 의무를 부담한다.", 제25조 제1항은 "관리인은 공용부분의 보존·

관리 및 변경을 위한 행위와 관리단의 사무의 집행을 위한 분담금액 및 비용을 각 구분소유자에게 청구·수령 하는 행위 및 그 금원을 관리하는 행위를 할 권한과 의무를 가진다."라고 규정하고 있으므로 관리비 징수에 관한 유효한 관리단 규약 등이 존재하지 않더라도, 공용부분에 대한 관리비는 이를 그 부담의무자인 구분소유자에 대하여 청구할 수 있다고 볼 수 있다(대판 2009.7.9. 2009다22266, 22273 참조).

집합건물의소유및관리에관한법률 제17조(공용부분의 부담·수익)
각 공유자는 규약에 달리 정한 바가 없으면 그 지분의 비율에 따라 공용부분의 관리비용과 그 밖의 의무를 부담하며 공용부분에서 생기는 이익을 취득한다.

집합건물의소유및관리에관한법률 제25조(관리인의 권한과 의무)
① 관리인은 다음 각 호의 행위를 할 권한과 의무를 가진다.
  1. 공용부분의 보존·관리 및 변경을 위한 행위
  2. 관리단의 사무집행을 위한 분담금액과 비용을 각 구분소유자에게 청구·수령하는 행위 및 그 금원을 관리하는 행위
  3. 관리단의 사업시행과 관련하여 관리단을 대표하여 하는 재판상 또는 재판 외의 행위
  4. 그 밖에 규약에 정하여진 행위
② 관리인의 대표권은 제한할 수 있다. 다만 이로써 선의의 제3자에게 대항할 수 없다.

제6장 — 알쏭달쏭 OX문제

01 인도명령은 즉시항고로서만 불복할 수 있는 재판이다. ( )

02 인도명령신청은 집행법원에 구두로서 신청할 수도 있다. ( )

03 매수인이 일단 부동산을 인도받은 후에는 제3자가 불법으로 이를 점유한다면 그 자를 상대방으로 인도명령을 신청할 수 있다. ( )

04 심문기일통지서가 송달불능이 된 경우에는 바로 인도명령을 발할 수 없다. ( )

05 임차인의 명도저항으로 명도소송을 하였을 경우 소송비용은 매수인이 부담하여야 한다. ( )

06 보증금의 일부를 배당받지 못한 대항력 있는 임차인도 인도명령대상이다. ( )

정답 및 해설

01 O
02 O
03 X. 매수인이 일단 부동산을 인도받은 후에는 제3자가 불법으로 이를 점유하여도 그 자를 상대방으로 하여 더 이상 인도명령신청을 할 수 없다.
04 O
05 X. 임차인이 부담하여야 한다.
06 X. 보증금액 전부를 변제받지 못한 대항력 있는 임차인은 인도명령대상이 아니다.

제6장 — 주관식 문제

01 인도명령신청 시 인도명령신청서에 첨부하는 서류 중 부동산 목록 이외에 반드시 첨부되어야 할 서류는 무엇인가?

02 인도명령의 집행개시요건으로 인도명령의 효력이 발생하는 때는?

03 임차인이 집행법원으로부터 배당금(임차보증금에 대한)을 지급받기 위해서 매수인으로부터 받아서 제출해야 할 서류는 무엇인가?

04 부동산에 대한 인도·명도청구권을 보전하기 위한 다툼이 있는 물건에 관한 가처분의 일종으로 보통 매수인이 부동산을 인도받기 전에 점유자가 점유이전이나 현상변경을 방지하기 위한 목적으로 인도명령집행이나 명도소송 전에 신청하는 것은?

05 집합건물의 체납된 관리비 중 매수인이 인수하여야 할 관리비는 무엇인가?

정답 및 해설

01 매각대금완납증명 사본
02 신청인 및 상대방에게 인도명령정본의 송달 즉시
03 매수인의 인감이 날인된 명도확인서와 인감증명서
04 점유이전금지가처분
05 집합건물의 체납된 관리비중 공용부분에 대해서는 매수인이 인수해야 한다.

제6장 — 객관식 문제

01 다음 중 인도명령에 관한 내용 중 바르지 않은 것을 고르시오.

① 매수인이 대금을 낸 뒤 6개월 이내에 신청해야 한다.
② 인도명령은 즉시항고로서만 불복할 수 있는 재판이다.
③ 인도명령을 신청할 수 있는 자는 매수인과 매수인의 상속인 등 일반 승계인에 한한다.
④ 매수인이 매각대금을 지급하였지만, 매수인명의의 소유권이전등기를 하지 않았다면 인도명령을 신청할 수 없다.
⑤ 매수인이 매각부동산을 제3자에게 양도하였더라도 매수인은 인도명령신청권을 상실하지 않는다.

정답 ▶ ④ 인도명령신청은 매각대금지급을 하였다면 소유권이전등기 전이라도 할 수 있다.

02 다음 중 인도명령신청을 할 수 있는 사람을 모두 고르시오.

> 가. 매각부동산을 제3자에게 양도한 매수인
> 나. 상속으로 매수인의 지위를 승계한 일반 승계인
> 다. 매수인으로부터 매각부동산을 양수한 특별 승계인
> 라. 매각대금 완납 전인 매수인

① 가　　　　　　　　　　② 나, 다
③ 가, 나　　　　　　　　④ 다, 라

정답 ▶ ③
다. 매수인으로부터 매각부동산을 양수한 양수인(특별 승계인)은 매수인의 집행법상의 권리까지 승계하는 것은 아니기 때문에 그 양수인은 인도명령을 신청할 권리를 가지지 아니하며(대결 1966.9.10. 66마713), 매수인을 대위하여 인도명령을 신청하는 것도 허용되지 아니한다.
라. 인도명령신청권은 매각대금을 모두 지불한 매수인이 가지는 권리이다.

03 다음 중 인도집행의 대상으로 볼 수 없는 자는?

① 채무자
② 공유지분의 점유자인 채무자
③ 채무자와 함께 거주하는 가족
④ 채무자의 상속인
⑤ 직접점유하고 있지 않은 채무자

정답 ▶ ⑤ 채무자가 해당 부동산을 직접 점유하고 있지 않은 경우에는 인도집행을 할 수 없고 채무자가 직접점유자에 대한 인도청구권을 가지고 있는 경우 인도청구권을 넘겨받는 방법으로 집행할 수 있다.

04 홍길동은 경매로 단독주택을 경락받고 매각대금을 지급한 후, 점유자가 있는 상태로 김대감에게 해당 부동산을 팔았다. 김대감은 소유권이전등기를 마친 후 이사를 가려고 하는데 점유자인 꽃분이가 집을 비워주지 않겠다고 하자 고민에 빠졌다. 다음 중 김대감이 취할 수 있는 것을 모두 고르시오.

> 가. 법원에 홍길동을 대신하여 인도명령신청을 한다.
> 나. 홍길동이 이미 인도명령을 신청한 상태라면, 승계집행문을 받아 집행관으로 하여금 인도명령집행을 하게 한다.
> 다. 홍길동이 인도명령신청 전이며 매각 후 6개월이 지나지 않았다면 홍길동에게 법원에 인도명령신청을 해달라고 부탁한다.

① 가
② 나
③ 가, 나
④ 나, 다

정답 ▶ ④ 매수인으로부터 매각부동산을 양수한 양수인(특별 승계인)은 매수인의 집행법상의 권리까지 승계하는 것은 아니기 때문에 김대감은 인도명령을 신청할 권리를 가지지 아니하며, 홍길동을 대위하여 인도명령을 신청하는 것도 허용되지 아니한다.

05 다음 중 인도명령에 대한 설명으로 옳지 않은 것은?
① 매각대금 납부 후 6개월 이내까지 인도명령신청을 신청할 수 있다.
② 직접점유자만이 인도명령의 대상이 되며 간접점유자는 대상이 될 수 없다.
③ 매수인에게 대항할 수 있는 권원에 의한 점유가 아니더라도 점유개시가 압류의 효력발생의 전이라면 인도명령의 대상이 될 수 없다.
④ 실무에서는 상대방이 부동산의 특정 부분만을 점유하고 있는 때에는 점유 부분을 특정하여 인도명령을 발하는 것이 일반적이다.
⑤ 매수인이 부동산을 인도받은 후에는 해당 부동산을 불법으로 점유한 제3자에 대하여는 더 이상 인도명령을 신청할 수 없게 된다.

정답 ▶ ③ 매수인에게 대항할 수 있는 권원에 의한 점유가 아니라면 점유개시가 압류의 효력 발생의 전후와 관계없이 인도명령의 대상이 된다.

구 민사소송법에서는 압류의 효력이 발생한 후에 점유를 시작한 부동산점유자 중 채무자, 소유자 이외의 자만을 인도명령의 상대방으로 한정하였으나 현행법인 민사집행법은 단순히 부동산점유자로 그 상대방을 규정하고 있으므로 압류의 효력이 발생하기 전에 점유를 시작한 점유자도 인도명령 대상이 된다.

06 나음 중 짐유이전금지기처분신청서 제출 후 부증보험사와 지급보증위탁계약 체결 시 필요한 준비물이 아닌 것은?
① 가처분신청서 사본   ② 담보제공명령서
③ 도장   ④ 해당 부동산 등기부등본

정답 ▶ ④ 해당 부동산 등기부등본은 필요하지 않다.

07 다음 중 명도소송 접수 시 필요한 서류를 모두 고르시오.

> 가. 매각허가결정 정본
> 나. 매각대금납부증명서
> 다. 부동산등기부등본
> 라. 건물도면
> 마. 권리신고 및 부동산 현황조사서 사본
> 바. 제출된 대상자의 주민등록등본
> 사. 소장

① 가, 나, 다
② 가, 나, 다, 라
③ 가, 나, 다, 라, 마
④ 가, 나, 다, 라, 마, 바
⑤ 가, 나, 다, 라, 마, 바, 사

정답 ▶ ⑤ 명도소송 접수 시 모두 필요한 서류들이다.

08 다음 중 인도명령의 상대방이 될 수 있는 임차인을 모두 고르시오.

> 가. 후순위임차인
> 나. 후순위임차인(전대인)의 전차인
> 다. 유치권을 행사중인 임차인(유치권이 인정되는 경우)
> 라. 배당표상 임차보증금의 전액이 배당확정된 대항력 있는 임차인
> 마. 배당요구하지 않은 대항력 있는 임차인
> 바. 임차보증금의 일부만 배당받는 대항력 있는 임차인

① 가, 나, 다   ② 가, 나, 라   ③ 나, 다, 마   ④ 가, 다, 라

정답 ▶ ②
인도명령 대상이 되는 임차인 - 선순위의 저당권 등이 있는 부동산의 후순위임차인, 대항력과 우선변제권을 겸유하고 있는 임차인이 배당요구를 하여 배당기일에 임차보증금액에 대해 전액 배당받을 수 있고 그 배당표가 확정된 경우, 전출 등으로 대항력을 상실한 임차인 등이 있다.

09 다음 중 인도명령신청의 방법으로 옳지 않은 것은?

① 집행법원에 서면 또는 구두로 할 수 있다.
② 채무자의 일반 승계인을 상대로 인도명령신청을 하는 경우에는 가족관계증명서 또는 상업등기부등본을 제출하여야 한다.
③ 기록상 드러나지 않는 점유자를 상대방으로 하는 경우에는 그 점유사실과 점유개시의 시기를 증명할 수 있는 서면을 제출하여야 한다.
④ 허위유치권자나 가장임차인으로 의심될 경우 집행법원에서는 그 진위여부를 밝히기 위해 조사관으로 하여금 직권으로 조사를 실시한다.
⑤ 공동매수인인 경우 전원이 공동으로 인도명령을 신청할 수도 있고, 각자가 단독으로 인도명령을 신청할 수도 있다.

정답 ▶ ④ 허위유치권자나 가장임차인인 경우 인도명령 대상이지만 그 진위 여부를 밝히는 것은 법원이 아니라 매수인의 몫이기 때문에 인도명령신청서 작성시에 법원에서 납득할 수 있는 확실한 증거자료들을 함께 제출하는 것이 좋다.

여기서 잠깐! 그 점유사실과 점유개시의 시기를 증명할 수 있는 서면이란?
채무자에 대한 인도명령에 기하여 인도의 집행을 실시하였으나 제3자의 점유로 집행불능이 되었다는 집행관이 작성한 집행조서(집행불능조서)등본 또는 주민등록표등본 등

10 다음 중 임차인의 배당금수령 시 매수인의 명도확인서가 없어도 되는 경우가 아닌 것은?

① 대항력과 확정일자를 갖추어 우선변제권도 겸유하고 있는 배당요구한 임차인이 보증금액 중 일부만 배당받는 경우
② 임차인이 미리 목적물을 인도하고 매수인으로부터 명도확인서를 받지 못했지만 목적물을 인도했음을 증명할 수 있는 경우
③ 대지만 매각이 되어 그 대지의 매각대금으로부터 배당받는 임차인일 경우
④ 부도임대주택의 임차인이 매수인과 새로 임대차계약을 체결한 경우
⑤ 최우선변제권을 행사하는 소액임차인인 경우

정답 ▶ ⑤ 소액임차인과 전세권자도 배당금을 수령하기 위해서는 매수인의 명도확인서가 필요하다.

11 전대차기간 종료 후 보증금 반환을 받지 못한 전차인이 전대차목적물을 사용·수익 하지 않고 점유만 하고 있는 경우라면 전대차기간 종료 후 명도 시까지의 관리비는 누가 부담해야 할까?

① 전대인 ② 전차인

정답 ▶ ① 전대차기간 종료 후 보증금이 미반환된 상태에서 전차인이 전대차목적물을 사용·수익 하지 않고 점유만을 계속하고 있는 경우라면, 비록 전대차계약상 관리비를 전차인이 부담하기로 한 특약이 있더라도 전차인이 실제로 사용·수익 하지 않은 이상 경비지급의무를 부담한다고 보기 어려운 점 등 제반 사정에 비추어, 전대차기간 종료 후 명도 시까지의 관리비는 전대인이 부담하여야 한다(대판 2005.4.29. 2005다1711 참조).

12 다음 중 매수인이 부담하여야 될 관리비를 모두 고르면?

> 가. 상가건물의 수선유지비
> 나. 아파트 전유부분의 난방비
> 다. 전유부분 관리비의 연체료
> 라. 상가건물의 화재보험료
> 마. 집합건물의 청소용역비
> 바. 공용부분 일반관리비의 연체료

① 가, 마 ② 가, 라, 마
③ 나, 라, 마, 바 ④ 가, 나, 라, 마, 바

정답 ▶ ② 매수인은 집합건물의 공용부분관리비의 3년분 원금에 한하여 승계의 책임을 지며(민법 제163조) 연체료는 포함되지 않는다.

13 다음 중 인도명령의 재판에 관한 내용으로 옳지 않은 것을 고르시오.

① 인도명령을 발할 수 있는 요건의 구비가 기록상 명백하더라도 그 신청이 없으면 집행법원은 직권으로 인도명령을 발하지는 않는다.
② 법원은 서면심리만으로 인도명령의 허부를 결정할 수도 있고 또 필요하다고 인정되면 상대방을 심문하거나 변론을 열 수도 있다.
③ 일단 심문기일을 정하여 진술할 기회를 주었음에도 그 점유자가 심문에 응하지 않았을 때에는 점유자의 진술없이 인도명령을 발할 수 있다.
④ 심문기일통지서가 송달불능이 된 경우에는 바로 인도명령을 발하게 된다.
⑤ 인도명령의 신청을 기각 또는 각하하는 경우에는 심문을 요하지 않는다.

정답 ▶ ④ 심문기일통지서가 송달불능이 된 경우에는 바로 인도명령을 발할 수 없고 주소보정을 명하거나 공시송달 등의 적법한 통지절차를 거쳐야 한다.

14 인도명령의 효력은 인도명령정본이 송달되어야 발생한다. 다음 중 그 설명이 옳지 않은 것은?

① 신청인 및 상대방에게 인도명령정본이 송달되어야 하는 것은 집행개시요건이다.
② 송달이 안 되는 경우 특별송달 또는 공시송달을 해야 한다.
③ 상대방에게 송달할 정본을 신청인이 교부받아 집행관이 집행할 때 상대방에게 송달하게 할 수도 있다.
④ 송달불능의 사유로 송달이 되지 않을 경우 통상 주소보정명령을 받은 날로부터 한달 이내에 조치를 취하지 않으면 신청이 각하될 수 있다.
⑤ 송달만으로 즉시 집행력이 생긴다.

정답 ▶ ④ 송달불능의 사유로 송달이 되지 않을 경우 통상 주소보정명령을 받은 날로부터 7일 이내에 조치를 취하지 않으면 신청이 각하될 수 있다.

15 법원의 인도명령 집행에 관한 내용 중 바르지 않은 것은?

① 인도명령의 집행을 위해서는 송달증명과 함께 집행문이 필요하다.
② 인도명령의 발령을 받았다면 매수인은 바로 인도명령집행을 할 수 있다.
③ 인도명령 집행 자체의 위법에 대해서는 집행에 관한 이의를 제기하여야 한다.
④ 인도명령의 집행은 인도명령결정 정본과 집행법원의 송달증명서를 첨부한 신청서를 집행관 사무소에 접수하여 인도집행을 위임하게 된다.
⑤ 집행 시 기록상 확인되지 않은 제3자가 점유하고 있는 경우 집행관은 집행을 중단한다.

정답 ▶ ② 인도명령 대상자가 인도명령결정서를 받고도 자진하여 인도명령에 응하지 않을 경우 신청인이 인도명령집행을 신청할 수 있다. 인도명령의 발령은 법원경매계에서 받고 인도명령집행 신청은 따로 집행관사무실에 해야한다.

16 일반적으로 집행법원이 인도명령을 발하는 시기가 잘못된 것은?

① 소유자 - 인도명령신청일 당일
② 배당받는 임차인 - 배당기일 종결 후 3일 이내
③ 유치권자 - 심문기일의 심문 후 결정
④ 기타 점유자 - 심문기일을 정하거나 심문서를 발송하여 답변을 들은 후 결정
⑤ 채무자 - 인도명령신청일로부터 3일 이내

정답 ▶ ① 소유자 - 인도명령신청일로부터 3일 이내

17 홍길동이 다세대빌라 한 호수를 경락받았다. 잔금을 모두 치르고, 해당 부동산에 점유하고 있고 배당 받아가는 임차인 김대감을 명도하기 위해 인도명령신청을 하였다. 다음 중 옳지 않은 것은?

① 홍길동은 잔금납부 후, 김대감에게 입주지연에 따른 손해배상청구를 할 수 있다.
② ①의 경우 배당표가 확정된 이후부터 발생한 손해에 해당한다.
③ 김대감이 부동산을 인도해 준 후 다시 재점유를 하였다면 그를 상대로 다시 인도명령신청을 할 수 없다.
④ 만약 명도소송을 해야 할 경우라면 소송비용은 홍길동이 부담하게 된다.
⑤ 김대감이 강제집행을 면할 목적으로 재산을 은닉하거나 훼손시키거나 허위양도 또는 위장채무를 만들어 채권자로 하여금 강제집행을 할 수 없도록 한다면 김대감은 3년 이하의 징역에 처할 수도 있다.

정답 ▶ ④ 임차인일 경우 배당표가 확정된 이후부터의 손해발생이며 임차인이 지속적인 명도저항으로 명도소송을 하였을 경우 소송비용은 임차인이 부담하여야 한다.

18 다음 중 점유이전금지가처분 집행절차가 올바른 것은?

가. 집행신정서 삭성
나. 집행예납비용 납부
다. 보증보험사와 지급보증위탁계약 체결
라. 집행장소에 도착하여 채무자에게 결정문 전달
마. 결정문 수령
바. 채권자의 점유이전금지가처분신청서 제출
사. 담보제공명령서 수령
아. 집행일시 지정
자. 보험증권을 법원신청과에 제출
차. 집행관 공시서 부착

① 가-바-사-다-마-자-나-아-라-차
② 바-사-다-자-마-가-나-아-라-차
③ 가-나-다-라-마-바-사-아-자-차
④ 차-라-아-나-가-마-자-다-사-바

정답 ▶ ②

19 경매로 집합건물을 경락받았을 경우 매수인은 밀린 관리비 때문에 난처한 경우가 있다. 다음 중 그 설명이 바르지 않은 것은?
① 매수인은 공용부분 관리비에 대한 연체료에 대하여는 승계하지 않아도 된다.
② 집합건물의 관리단의 위법한 단전·단수 및 엘리베이터 운행정지 조치 등 불법적인 사용방해 행위로 인하여 그 건물을 사용·수익 하지 못한 구분소유자는 관리단에 대해 그 기간 동안 발생한 관리비를 부담하지 않아도 된다.
③ 매수인은 집합건물의 공용부분 관리비의 1년분 원금에 한하여 승계책임을 진다.
④ 집합건물의 매수인은 전 입주자의 체납관리비 중 공용부분에 관하여는 이를 승계하여야 한다.
⑤ 매수인이 전유부분에 대한 관리비까지 모두 부담하였다면 관리단을 상대로 부담한 전유부분의 관리비에 대하여 부당이득을 이유로 반환을 청구할 수있다.

정답 ▶ ③ 집합건물의 관리비채권은 3년의 단기소멸시효에 걸리는 '1년 이내의 기간으로 정한 채권'에 속하므로 3년분의 원금에 한하여 승계책임을 진다.

20 다음의 명도소송절차를 바른 순서대로 나열한 것은?

> 가. 원·피고에게 판결 정본 송달
> 나. 소장제출
> 다. 변론기일
> 라. 판결선고
> 마. 판결확정(항소가 없는 경우)
> 바. 판결문에 대한 집행문 및 송달증명을 발부받아 강제인도집행신청

① 가-나-다-라-마-바 ② 나-다-라-가-마-바
③ 나-다-가-마-바-라 ④ 다-나-라-가-바-마

정답 ▶ ②

21 점유이전금지가처분신청에 대한 설명으로 바르지 않은 것은?

① 부동산에 대한 인도·명도청구권을 보전하기 위한 다툼이 있는 물건에 관한 가처분의 일종이다.
② 가처분 집행 당시의 목적물을 현상 그대로 유지하기 위해 신청하는 가처분이다.
③ 미등기 부동산은 점유이전금지가처분의 목적물이 될 수 없다.
④ 가처분신청을 하기 위해서는 목적부동산을 명백히 특정하여야 한다.
⑤ 부동산 일부에 가처분신청을 할 경우 도면, 사진 등을 첨부하여 특정하여야 한다.

정답 ▶ ③ 점유이전금지가처분은 등기를 요하는 것이 아니므로 미등기부동산도 목적물이 될 수 있다.

22 다음 중 점유이전금지가처분에 대한 설명으로 옳지 않은 것은?

① 점유이전금지가처분이 되었으면 채무자는 목적물의 인적, 물적 현상변경이 허용되지 않는다.
② 가처분의 피보전권리가 되는 인도·명도청구권은 채무자에게 대항할 수 있는 한 물권이든 채권이든 상관이 없다.
③ 가처분의 공시에도 불구하고 점유가 이전된 경우는 소유자의 목적물 처분을 금지하거나 제한할 수 있다.
④ 소송 중 목적물의 점유가 이전되면 새로 제3자에 대해 소송을 제기해야 하지만 점유이전금지가처분을 받아두면 점유를 이전받은 자는 가처분채권자에게 대항할 수 없게 된다.
⑤ 집행관은 채권자, 채무자 또는 그 대리인의 참여하에 목적물이 집행관의 보관에 있다는 것을 알리는 공시를 적당한 곳에 붙이고 채무자에게 가처분의 취지를 고지한다.

정답 ▶ ③ 점유이전금지가처분은 점유이전과 현상변경을 금지하는 것에 불과하므로 소유자의 목적물 처분을 금지하거나 제한할 수 있는 것은 아니다.

23 다음 중 인도명령에 대한 불복사유가 될 수 없는 것은?

① 신청인의 자격, 상대방의 범위 및 신청기한 등의 하자
② 인도명령 심리절차의 하자
③ 인도목적물의 불특정, 상대방의 불특정
④ 매수인이 상대방에게 부동산을 양도하였거나 임대한 경우
⑤ 매각절차 자체에 존재하는 하자

정답 ▶ ⑤ 매각절차 자체에 존재하는 하자는 매수자의 대금지급 전에 매각허가결정에 대한 이의, 매각허가결정에 대한 즉시항고 등의 불복방법으로 해야 한다.

24 점유이전금지가처분 이후 현상변경 된 경우의 조치로 바르지 않은 것은?

① 점유이전금지가처분 이후 점유가 이전되어도 가처분채무자는 가처분 채권자에 대한 관계에서 여전히 점유자의 지위에 있는 것으로 본다.
② 점유이전금지가처분 이후 점유가 이전된 경우, 가처분 자체의 효력으로 직접 퇴거를 할 수 있다.
③ 채무자가 가처분에 위반하여 목적물의 현상을 객관적으로 변경한 경우 집행관이 원상회복을 경고할 수 있다.
④ 객관적 현상변경의 결과 목적물과의 동일성이 상실된 경우에는 본안소송에서 청구취지를 새로운 목적물로 변경해야 되거나 본집행이 불능이 될 수도 있다.
⑤ 점유이전금지가처분 이후 점유가 이전된 경우에도 가처분채무자를 피고로 한 채로 본안소송을 계속할 수 있다.

정답 ▶ ② 가처분 자체의 효력으로 직접 퇴거를 할 수는 없고 본안판결에 승계집행문을 부여받아 제3자의 점유를 배제하여야 한다(대판 1999.3.23. 98다59118 참조).

25 부동산점유이전금지가처분의 신청방법에 대한 설명 중 옳지 않은 것은?

① 부동산의 점유이전금지가처분신청서는 목적부동산의 관할지방법원에 제출하면 된다.
② 신청서 1부와 부동산 목록 5부와 함께 인지액과 송달료를 내야 한다.
③ 점유이전금지가처분의 신청 후 채권자는 가처분결정 정본을 채무자에게 바로 전달할 수 있다.
④ 가처분의 담보공탁금은 목적물의 가액을 기준으로 결정한다
⑤ 채권자는 점유이전금지가처분신청서를 제출한 2~3일 후 담보제공명령서를 수령하게 된다.

정답 ▶ ③ 점유이전금지가처분의 신청 후 채권자는 법원으로부터 가처분결정의 정본을 받아 이를 집행관에게 제출하여 집행을 위임한다.

26 다음 명도소송에 관한 설명으로 바르지 않은 것은?

① 인도명령 대상이었지만 인도명령신청기간이 지난 후 점유자가 매수자에게 점유를 이전해주지 않을 경우 할 수 있는 소송이다.
② 보통 소송 전에 점유이전금지가처분신청을 한다.
③ 항소할 수 있는 기간은 원·피고에게 판결 정본 송달 후 2주 이내이다.
④ 명도소송은 인도명령 대상이 아닌 점유자에게만 할 수 있다.
⑤ 명도소송은 소요기간이 4~6개월, 길게는 1년까지 시일이 걸릴 수 있다.

정답 ▶ ④ 인도명령 대상인데 6개월이 지났음에도 해당 부동산을 비워주지 않는 경우도 해당된다.

27 다음 중 옳지 않은 것은?

① 실질적인 집합건물의 관리단이 조직되지 않은 상태에서 그 건물을 불법으로 점유한자가 체납관리비를 요구한다면 매수인은 전 소유자의 체납관리비를 인수하지 않아도 된다.
② 실질적인 관리단이 구성되어 있다하더라도 집합건물에 관리비 징수에 관한 유효한 관리단 규약 등이 존재하지 않으면 매수인은 공용부분관리비에 대하여 부담하지 않아도 된다.
③ 건물의 전유부분과 공용부분의 여부는 실제 사용에 따라 구분되는 것이 아니고 건축물대장상의 구분된 부분에 따른다.
④ 구분소유관계가 성립되면 관리단은 구분소유자 사이에서 특별한 설립절차 없이 성립된다
⑤ 전유부분과 공용부분의 판단시점은 건물 전체가 완성되어 건물에 관한 건축물대장에 구분건물로 등록된 시점을 기준으로 판단하여야 한다.

정답 ▶ ② 관리단은 관리비 징수에 관한 유효한 관리단 규약 등이 존재하지 않더라도 적어도 공용부분에 대한 관리비는 이를 그 부담의무자인 구분소유자에 대하여 청구할 수 있다(대판 2009.7.9. 2009다22266, 22273 참조).

제1장
배당

매수자가 매각대금을 완납하면 집행비용을 공제하고 채권별로 순위에 따라 배당을 하게 된다. 이 배당에 따라 임차인의 임차보증금을 인수하게 되는 금액이 발생할 수도 있으므로 배당절차에 대해 숙지하고 있어야 한다. 보통 유료 사이트에서 배당순위를 알아 볼 수 있는데 작성된 배당표에 오류가 있거나 배당을 받아가는 채권자에 대한 모든 내용이 포함되어 계산된 것이 아닐 수도 있으므로 유의해야 한다. 그러므로 입찰을 하고자 하는 사람은 해당 물건이 매각된 후 어떻게 배당절차가 이루어지는지 미리 숙지해두는 것이 좋다.

요약정리

1. 배당요구
매각대금에서 배당요구를 하여야만 배당받을 수 있는 채권자는 반드시 배당요구의 종기까지 배당요구를 하여야 한다.

2. 배당표
법원은 배당기일 3일 전에 채권자에게 배당할 배당액 등을 적은 배당표 원안을 작성하여 비치한다. 이 배당표의 원안은 확정이 되어야 배당이 이루어지며 이해관계인은 배당기일에 배당표에 대한 이의를 제기할 수 있다.

3. 배당순위
- 1순위: 집행비용
- 2순위: 저당물의 제3취득자가 지출한 필요비·유익비
- 3순위: 최우선변제(소액임차인, 임금채권)

임금채권자의 경우에는 최종 3개월분의 임금과 최종 3년간의 퇴직금 및 재해보상금

- 4순위: 당해세(국세 중 상속세·증여세·종합부동산세, 지방세 중 재산세·자동차세·도시계획세·공동시설세, 지방교육세 등)
- 5순위: 전세권, (근)저당권, 담보가등기 등 담보물권과 대항력과 확정일자 있는 임차인, 당해세 이외의 조세들 간 기간의 선후 비교
- 6순위: 일반 임금채권

최종 3개월분의 임금과 최종 3년간의 퇴직금을 제외한 나머지 임금채권

- 7순위: 법정기일이 담보물권보다 늦은 조세채권
- 8순위: 의료보험법, 산업재해보상보험법 및 국민연금법에 의한 보험료 등의 각종 공과금
- 9순위: 일반 채권

1 배당요구

1 배당분석 시 이해해두어야 할 사항들
❶ 주택·상가임대차 보호법에 따른 임차인들의 권리
❷ 등기부상의 권리들
❸ 물권과 채권의 배당순위
❹ 조세채권, 당해세채권, 임금채권·재해보상금 채권, 퇴직금채권, 보험료채권 등

2 배당요구의 시기와 조건은?
❶ 배당요구의 시기: 매각대금에서 배당요구를 해야 배당을 받아가는 채권자는 반드시 배당요구의 종기까지 배당요구를 해야 한다.

❷ 배당요구의 조건
  • 배당요구를 할 수 있는 채권자라도 채권이 이행기에 도래해야 한다 (단 가압류채권자는 예외).

- 배당요구를 할 수 있는 채권은 경매대상 부동산의 채무자에 대한 채권이어야 하고 전 소유자의 채권에 대해서는 배당요구를 할 수 없다.
- 매각절차 중에 소유자가 제3자에게 소유권을 이전한 경우 그 제3자에 대한 채권으로 배당요구 할 수 없다.

3 배당요구의 방법은?

배당요구는 서면으로 신청하여야 하고 구두신청은 허용되지 않는다. 배당요구신청서에 배당요구의 원인과 배당요구금액 등을 기재하여 첨부 서류와 함께 제출하면 된다.

배당요구 / 권리신고 / 채권신고

권리신고는 배당요구와 달리 부동산 위의 권리자가 집행법원에 신고를 하고 그 권리를 증명하는 것이며, 권리신고를 함으로써 이해관계인이 되지만(민집 제90조 4호), 권리신고를 한 것만으로 당연히 배당을 받게 되는 것은 아니며 별도로 배당요구를 하여야 한다(민집 제148조 참조). 채권신고는 채권자와 조세 및 그 밖의 공과금을 주관하는 공공기관 등은 배당요구의 종기까지 법원에 채권의 유무, 그 원인 및 액수 등을 적은 채권신고서를 제출해야 한다.

신청 첨부 서류

> (근)저당권자- 등기부등본, 설정계약서, 채권원인증서 사본
> 가압류권자- 등기부등본, 집행력 있는 정본 사본
> 일반채권자- 채권원인증서 사본
> 주택임차인- 주민등록등본, 임대차계약서
> 상가임차인- 사업자등록증이나 신청서면 사본, 임대차계약서
> 임금채권자- 임금채권에 관한 법원의 확정판결이나 고용노동부 지방사무소의 체불임금확인서 중 하나와 그 외 원천징수영수증 등 재민 97-11에서 정한 서면 중 하나

배당요구신청서 서식

배 당 요 구 신 청

사건번호
채 권 자
채 무 자
배당요구채권자
○시 ○구 ○동 ○번지
배당요구 채권
1. 금 원정
○ ○ 법원 가단(합) ○ ○호 ○ ○청구사건의 집행력 있는 판결 정본에 기한 채권 금원의 변제금

1. 위 원금에 대한 년 ○ 월 ○ 일 이후 완제일까지 연 ○ 푼의 지연손해금

신 청 원 인

위 채권자 채무자 간의 귀원 타경 ○ ○ 호 부동산강제경매사건에 관하여 채권자는 채무자에 대하여 전기 집행력 있는 정본에 기한 채권을 가지고 있으므로 위 매각대금에 관하여 배당요구를 합니다.

년   월   일

위 배당요구채권자   (인)
연락처(☎)

지방법원 귀중

〈유의사항〉
실체법상 우선변제청구권이 있는 채권자, 집행력 있는 정본을 가진 채권자 및 경매신청의 등기 후 가압류한 채권자는 배당요구종기일까지 배당요구 할 수 있으며, 배당요구는 채권의 원인과 수액을 기재한 서면으로 하여야 합니다.

4 배당요구를 반드시 해야 배당받을 수 있는 채권자는?

선순위전세권자, 임차인, 집행력 있는 정본을 가진 채권자, 등기가 되어 있지 않아 채권의 여부를 알 수 없는 채권자, 경매개시결정기입등기 이후에 등기된 (근)저당권자·가압류채권자·전세권자·임차권등기권자, 경매개시결정기입등기 이후에 체납처분에 의한 압류등기채권자·담보가등기권자 등이다.

집행력 있는 정본을 가진 채권자는?
채무자의 재산에 강제경매신청을 할 수가 있으며, 다른 채권자의 경매신청으로 진행되는 매각절차의 배당에 참여할 수 있다.

5 배당요구를 하지 않아도 배당에 참여할 수 있는 채권자는?

경매신청 한 채권자, 첫 경매개시결정기입등기 전에 등기된 가압류채권자, 배당요구의 종기까지 경매신청을 한 이중경매신청채권자, 대위변제자, 경매로 소멸되는 후순위전세권자, 담보가등기권자, (근)저당권자, 경매개시결정기입등기전에 등기한 임차권등기권자 등이다.

6 배당요구를 한 채권자의 권리는 무엇인가?

❶ 배당을 받을 권리, ❷ 배당기일에 대해 통지받을 권리, ❸ 배당표에 대한 이의를 제기할 수 있는 권리가 있다.

배당요구를 한 채권자는 배당요구의 철회도 가능하다. 다만 배당요구의 철회로 매수인이 인수해야 하는 부담이 바뀐다면 배당요구의 종기 이후에는 철회할 수 없다(예: 선순위임차인, 선순위전세권자).

7 배당요구를 하지 않은 경우의 불이익은 무엇인가?

❶ 배당요구의 종기까지 배당요구를 하지 않은 경우: 선순위채권자라도 경매절차에서 배당을 받을 수 없을 뿐 아니라 이미 배당받은 후순위채권자를 상대로 부당이득금반환청구 소송도 할 수 없다.

❷ 임금채권의 경우: 임금채권자도 배당요구를 하여야만 배당절차에 참여할 수 있다. 배당요구를 하지 않은 경우 부당이득금반환청구를 할 수 없다.

❸ 임차보증금반환채권의 경우: 우선변제권이 있는 주택임차인은 배당요구를 한 경우에만 배당받을 수 있다. 배당받을 수 있는 임차인이 배당요구를 하지 않아 본인대신 후순위채권자에게 배당되었다 할지라도 이에 대해 이의를 제기할 수 없다.

8 동시배당과 이시배당

민법 제368조(공동저당과 대가의 배당, 차순위자의 대위)

❶ 동일한 채권의 담보로 여러 개의 부동산에 저당권을 설정한 경우에 그 부동산의 대가를 동시에 배당하는 때에는 각 부동산의 경매대가에 비례하여 그 채권의 분담을 정한다.

❷ 전 항의 저당부동산 중 일부의 경매대가를 먼저 배당하는 경우에는 그 대가에서 그 채권 전부를 변제받을 수 있다. 이 경우에 그 경매한 부동산의 차순위저당권자는 선순위저당권자가 전 항의 규정에 의하여 다른 부동산의 경매대가에서 변제받을 수 있는 금액의 한도에서 선순위자를 대위하여 저당권을 행사할 수 있다.

2 배당표

1 법원의 배당표

❶ 법원은 채권계산서 제출의 최고기간이 끝난 뒤에 각 채권자가 제출한 계산서와 기록을 기초로 하여 각 채권자에게 배당할 배당액 등을 적은 배당표를 작성하게 된다.

배당기일 3일 전에 배당표 원안을 작성하고 비치

❷ 이 배당표에 의하여 배당이 이루어지게 되며 배당받는 채권자는 경매계로부터 배당금출급명령서를 교부받아 법원 내 은행에서 배당금을 출급받을 수 있다.

배당표에 표시되는 내용: 매각대금, 채권원금, 지연이자, 항고보증금, 집행비용, 배당순위, 배당비율 등이 표시된다.

2 배당표의 원안은 확정되어져야 한다

❶ 법원에서 작성한 배당표 원안은 확정된 것이 아니다.
❷ 배당기일에 채권자들의 합의가 성립되거나 이의가 없을 경우 확정된다.

채무자는 배당기일이 끝날때까지 서면으로도 이의를 할 수 있지만 그 외의 이해관계인은 반드시 배당기일에 출석하여 이의를 제기하여야 한다.

❸ 배당기일에 합의가 이루어지지 않고 배당이의신청이 있으면 이의신청이 없는 부분만 우선배당을 하게 된다(이의에 관계된 채권자가 이의를 정당하다고 인정하면 법원은 배당표를 경정하고 배당을 실시한다. 민집 152조 참조).
❹ 배당기일에 배당표에 대해 이의를 제기할 경우 배당기일로부터 1주일 이내에 반드시 배당이의의 소를 제기하여야 한다. 그렇지 않으면 배당이의의 효력은 상실된다.
❺ 법원은 배당이의 부분에 대해 유보하였다가 배당이의의 소를 제기한 증명원이 제출되면 배당금은 공탁된다.

3 배당기일

❶ 매수인이 매각대금을 납부하면 3일 이내에 배당기일이 정해진다.
❷ 보통 대금납부 후 4주 정도이다.
❸ 법원은 배당기일이 정해지면 이해관계인에게 통지하게 된다.

법원은 이해관계인들과 배당요구를 한 채권자들에게 배당기일통지서를 송달한다.

❹ 배당기일에 출석하지 않은 채권자는 배당표와 동일하게 배당을 실시하는 것에 동의한 것으로 간주한다.

배당기일에 불출석하여 이의신청을 하지 않은 이해관계인은 사실상 이의사유가 있더라도 이의가 없는 것으로 간주되어 배당된다. 또한 출석하지 않고 서면으로만 이의를 한 것도 인정받지 못한다.

❺ 배당기일에 출석한 이해관계인은 배당순위 및 배당금액에 대해 서면 또는 구두로 이의신청을 할 수 있다.

4 배당표는 언제 열람할 수 있는가?

❶ 배당표는 늦어도 배당기일 3일 전까지 채권자와 채무자가 열람할 수 있도록 법원에 비치되어야 한다.

❷ 배당표를 비치하지 않거나 기간을 지키지 않았다고 하여 배당절차의 무효나 취소사유가 되는 것은 아니다. 다만 배당기일 연기신청의 사유는 될 수 있다.

3 배당이의

1 배당이의를 할 수 있는 사유에는 어떤 것들이 있는가?

❶ 배당요구가 있어야 배당되는 채권자가 배당요구를 하지 않았음에도 배당된 경우
❷ 배당금액에 포함되어야 할 매각대금, 지연이자, 흡수된 보증금 등이 배당금에 포함되지 않은 경우
❸ 배당요건을 구비한 채권자가 배당표에서 누락된 경우
❹ 배당표의 가감승제가 잘못된 경우
❺ 다른 채권자의 배당 때문에 배당금이 감소한 채권자가 다른 채권자에 대한 채권의 존부·금액·순서에 대하여 이의가 있는 경우
❻ 매각허가결정이 취소되었음에도 배당기일을 지정하여 배당표를 작성한 경우
❼ 배당기일통지를 받지 못한 경우
❽ 배당표 열람기간이 준수되지 않은 경우 등

2 배당이의가 취하되거나 철회되는 경우는?

❶ 배당이의를 신청한 경우 그것의 가부가 결정되지 않는다면 배당기일로부터 1주일 이내에 배당이의의 소를 제기하여 증명하여야 한다. 이를 증명하지 않았다면 배당이의의 취하로 간주하게 된다.

❷ 배당이의를 철회하고 싶다면 배당기일 종료 전이나 혹은 후에도 서면 또는 구두로 철회할 수 있다.

4 경매투자자들이 반드시 알아두어야 할 배당순위

1 | 집행비용 (경매진행에 소요된 집행비용)

1 집행비용이란?

❶ 집행비용이란 집행채권자가 지출한 비용을 말하며 압류채권자가 강제집행의 신청과 그 준비를 위하여 지출한 필요비용과 절차의 진행을 위하여 압류채권자가 예납한 금액 중 실제로 사용된 비용을 말한다.

집행비용에 포함되는 것들: 서류의 송달 또는 송부비용, 공고비용, 현황조사수수료, 감정료, 매각수수료 등

❷ 강제집행에 필요한 비용은 채무자가 부담하고 그 집행에 의하여 우선적으로 변상을 받는다(민집 제53조 1항 참조).

실제 배당할 금액: 실제 각 채권자에게 배당할 금액으로서 집행비용을 공제한 금액

■2 집행비용에 포함되지 않는 것들

배당요구를 하기 위해 지출한 비용, 매수인에 대한 소유권이전등기나 부담기입의 말소등기를 위한 등록세 등과 같은 비용은 집행비용에 포함되지 않는다.

■3 선행사건이 취소·취하 되어 후행사건으로 경매가 진행되는 경우 집행비용은?

선행사건이 취소·취하 되어 후행사건으로 경매가 진행되는 경우 선행사건의 집행비용인 감정평가비용, 현황조사비용 등은 선행사건 경매신청채권자에게 우선변제하게 된다.

2 | 저당물의 제3취득자가 지출한 필요비·유익비

■1 필요비와 유익비란?

❶ 필요비: 점유자(임차인도 포함)가 점유물을 보존하기 위하여 지출한 금액을 말하며 일반적으로 건물의 소규모 수선비, 집합건물의 관리비 등이 여기에 포함된다.

❷ 유익비: 유익비는 건물의 객관적 가치를 증진시키는 데 소요된 비용을 말한다. 건물의 증·개축, 개답(논을 만듦) 등 대지조성비, 내부시설 공사가 마무리되지 않은 상태에서 바닥, 천장, 벽체 등의 마무리공사 등을 한 경우 등이 유익비에 해당된다.

> **점유자의 상환청구권** (민법 제203조)
> ① 점유자가 점유물을 반환할 때에는 회복자에 대하여 점유물을 보존하기 위하여 지출한 금액 및 기타 필요비의 상환을 청구할 수 있다. 그러나 점유자가 과실을 취득한 경우에는 통상의 필요비는 청구하지 못한다.
> ② 점유자가 점유물을 개량하기 위하여 지출한 금액 및 기타 유익비에 관하여는 그 가액의 증가가 현존한 경우에 한하여 회복자의 선택에 좇아 그 지출금액이나 증가액의 상환을 청구할 수 있다.

2 매각대금에서 우선적으로 변제받을 수 있는 필요비와 유익비는?

저당권설정등기 후에 목적부동산의 제3취득자가 그 부동산의 보존, 개량을 위하여 필요비 또는 유익비를 지출한 때에는 저당물의 경매대금에서 우선상환을 받을 수 있다(민법 제367조 참조). 본 조는 저당권자의 실행으로 인한 경매절차에서만 적용되는 것이 아니고 다른 채권자에 의해 진행된 절차에도 적용된다.

제3취득자가 저당부동산에 관하여 지출한 필요비, 유익비는 그 부동산의 가치의 유지, 증가를 위하여 지출된 일종의 공익비용이므로 이는 저당부동산의 환가대금에서 부담하여야 할 성질의 비용이고 더욱이 제3취득자는 경매의 결과 그 권리를 상실하게 되므로 특별히 우선적으로 상환을 받을 수 있다(서울고법 2004. 6. 8. 선고 2003나82343 판결 참조).

제3취득자: 저당목적물에 대한 소유권·지상권·전세권·대항력 있는 임차권을 취득한 자. 저당물에 관한 지상권, 전세권을 취득한 자만이 아니고 소유권을 취득한 자도 제3취득자에 해당한다고 본다(대결2004.10.15. 2004다36604 참조).

3 필요비와 유익비는 유치권의 피담보채권이 될 수 있다

저당권설정등기 후 목적부동산의 제3취득자가 그 부동산의 보존, 개량을 위하여 필요비 또는 유익비를 지출한 경우 배당에 참여할 수도 있고 유치권자의 필요비, 유익비, 공사대금채권처럼 유치권을 행사할 수도 있다(단 제3취득자가 소유자인 경우는 제외).

혹은 적법하게 배당요구를 하였음에도 배당을 받지 못한다면 그 금액에 관하여 배당받은 채권자에 대해 부당이득반환청구를 할 수 있다 (《법원실무제요Ⅱ》, 507쪽 참조).

(자세한 내용은 제8장 유치권에서)

3 | 주택·상가 소액임차보증금채권에 대한 최우선변제액, 근로자의 임금채권

1 소액임차인인 경우

소액보증금 중 일정액을 다른 담보물권자나 국세, 지방세보다 우선하여 변제받는다. 주택임차인은 매각가액의 2분의 1 내에서, 상가임차인인 경우는 매각가액의 3분의 1 내에서 소액임차인으로 일정액을 우선변제 받을 수 있다(2014년 1월 1일부터 2분의 1 내에서).

여기서 매각가액은? 실제배당할 금액(매각대금+배당기일까지의 이자+몰수된 매수보증금 등-집행비용)을 말한다(민사집행의 실무, 윤경, 1432쪽 참조).

2 확정일자를 갖춘 소액임차인인 경우

소액임차인으로서 먼저 일정액을 배당받고 난 후 남은 보증금액에 대한 부분은 확정일자 임차인으로서 순위에 따라 배당을 받을 수 있다.

3 근로자의 임금채권인 경우

근로기준법에 규정된 임금은 사업주의 총재산에 대하여 저당권에 의하여 담보된 채권, 조세 등에 우선하여 변제받을 수 있다.

사업주의 여러 개의 부동산이 동시에 경매되어 매각대금을 동시에 배당하게 되면 각 부동산의 매각대금에 비례하여 배당받을 수 있다. 임금채권자가 경매개시 전에 목적부동산에 가압류를 하고 배당요구의 종기까지 임금채권임을 입증한 경우, 임금채권으로 우선변제 받을 수 있으며 사업주가 목적부동산의 소유권을 취득하기 전에 설정된 담보권에 대해서는 임금채권에 대한 우선변제권을 행사할 수 없다.

4 근로자의 최종 3개월분의 임금채권의 범위

퇴직의 시기를 따지지 않고 지급받지 못한 최종 3개월분의 임금에 대하여 우선변제권을 가진다. 지연손해금은 포함되지 않으며, 그 금액에 대해서는 일반채권자와 안분배당받게 된다.

5 소액보증금채권, 임금의 최종 3개월분 채권, 최종 3년간의 퇴직금, 재해보상금 채권의 상호간의 순위는?

소액보증금채권, 임금의 최종 3개월분 채권, 최종 3년간의 퇴직금, 재해보상금채권은 배당순위에서 집행비용과 저당물의 제3취득자가 지출한 필요비와 유익비 다음으로 우선적으로 변제받을 수 있는 최선순위의 채권들이다. 이들 상호간의 순서는 동순위로 안분배당을 하게 된다.

2010.6.10에 개정된 근로기준법 제38조에 의하면 다른 채권에 우선하여 변제되는 임금채권 중 최종 3개월분의 임금과 재해보상금은 포함되지만 최종 3년간의 퇴직금은 포함되지 않는다(시행일 2012.6.11.).

4 | 경매목적물에 부과된 국세 및 지방세, 즉 당해세

1 당해세란?

당해세는 매각부동산 자체에 대하여 부과된 조세와 가산금을 말하며 최우선순위의 임금채권과 소액임차인의 일정 보증금 다음으로 어떠한 채권에 대하여도 우선한다. 또한 당해세는 조세 상호간에 있어서도 우선한다.

2 당해세에 해당하는 조세채권은?

국세 중 당해세- 상속세, 증여세, 종합부동산세

지방세 중 당해세- 재산세, 자동차세, 도시계획세, 공동시설세 및 지방교육세

지방세 중 당해세는 1996년 1월 1일부터 시행된 지방세법에 의하여 우선적 효력이 있으며 이 법률이 제정되기 전에 설정된 저당권 등에 대해서는 우선적 효력을 가지지 못한다. 이전 국세 중 재평가세는 당해세에 해당되었지만 2003년 12월 30일에 삭제되었으며 지방세 중 종합토지세는 2005년 1월 5일 제정된 종합부동산세법에 의하여 국세인 종합부동산세가 신설되면서 삭제되었다.

3 조세 기타 공과금채권은 순위가 어떻게 되는가?

조세 기타 체납처분의 예에 따라 징수할 수 있는 공과금채권에는 징수순위가 일반 채권보다 앞서는 것과 그렇지 않은 것이 있다. 이들 징수금이 미납된 경우 배당요구의 종기까지 압류·참가압류 또는 교부청구를 하여야만 배당받을 수 있다.

공과금채권: 조세·가산금 및 체납처분비 이외의 채권이면서 국세징수법상의 체납처분의 예에 의하여 징수할 수 있는 채권을 공과금채권이라고 한다. 국민연금보험료, 국민건강보험료, 고용보험료 및 산업재해보상보험료 등이 있다.

4 압류선착주의란?

조세는 교부청구의 선후에 관계없이 동순위이지만 한 부동산에 대해 체납처분의 목적으로 압류가 행해진 경우 그 압류에 관계되는 조세는 국세나 지방세를 막론하고 교부청구 한 다른 조세보다 우선하게 된다. 이것을 압류선착주의라고 한다(민사집행의 실무, 윤경 1250쪽 참조).

1순위 압류, 2순위 압류, 3순위 압류가 있는 경우 1순위 압류의 효력의 소멸 없이는 2, 3순위 압류는 참가압류로서 교부청구의 효력만 가지게 된다. 배당순위는 1순위 압류권자가 우선권을 가지고 2순위와 3순위 압류권자는 동순위로 안분배당 받게 된다.

5 담보물권 없이 당해세와 당해세가 아닌 조세만 있는 경우도 당해세 우선의 원칙이 적용된다

담보물권이 없이 당해세와 당해세가 아닌 조세만 있는 경우 당해세가 아닌 조세가 우선권을 가진다는 견해가 있지만 판례에서는 압류선착주의원칙은 당해세에 대하여는 적용되지 않는다고 하여 당해세 우선의 원칙을 받아들이고 있다.

6 국세와 지방세 우선이라는 원칙에 대한 예외

국세와 지방세보다 우선하는 피담보채권으로 인정되는 것은 법정기일 전에 설정된 전세권, 질권, 저당권에 의하여 담보된 채권 등이다.

국세기본법 제35조 (국세의 우선)

① 국세·가산금 또는 체납처분비는 다른 공과금이나 그 밖의 채권에 우선하여 징수한다. 다만, 다음 각 호의 어느 하나에 해당하는 공과금이나 그 밖의 채권에 대해서는 그러하지 아니하다. 〈개정 2010.12.27〉

1. 지방세나 공과금의 체납처분을 할 때 그 체납처분금액 중에서 국세·가산금 또는 체납처분비를 징수하는 경우의 그 지방세나 공과금의 가산금 또는 체납처분비
2. 강제집행·경매 또는 파산절차에 따라 재산을 매각할 때 그 매각금액 중에서 국세·가산금 또는 체납처분비를 징수하는 경우의 그 강제집행, 경매 또는 파산절차에 든 비용
3. 다음 각 목의 어느 하나에 해당하는 기일(이하 "법정기일"이라 한다) 전에 전세권, 질권 또는 저당권 설정을 등기하거나 등록한 사실이 대통령령으로 정하는 바에 따라 증명되는 재산을 매각할 때 그 매각금액 중에서 국세 또는 가산금(그 재산에 대하여 부과된 국세와 가산금은 제외한다)을 징수하는 경우의 그 전세권, 질권 또는 저당권에 의하여 담보된 채권

　가. 과세표준과 세액의 신고에 따라 납세의무가 확정되는 국세(중간예납 하는 법인세와 예정신고납부 하는 부가가치세를 포함한다)의 경우 신고한 해당 세액에 대해서는 그 신고일
　나. 과세표준과 세액을 정부가 결정·경정 또는 수시부과 결정을 하는 경우 고지한 해당 세액에 대해서는 그 납세고지서의 발송일
　다. 원천징수의무자나 납세조합으로부터 징수하는 국세와 인지세의 경우에는 가목 및 나목에도 불구하고 그 납세의무의 확정일
　라. 제2차 납세의무자(보증인을 포함한다)의 재산에서 국세를 징수하는 경우에는 〈국세징수법〉 제12조에 따른 납부통지서의 발송일
　마. 양도담보재산에서 국세를 징수하는 경우에는 〈국세징수법〉 제13조에 따른 납부통지서의 발송일
　바. 〈국세징수법〉 제24조 2항에 따라 납세자의 재산을 압류한 경우에 그 압류와 관련하여 확정된 세액에 대해서는 가목부터 마목까지의 규정에도 불구하고 그 압류등기일 또는 등록일

5 (근)저당권·전세권에 의한 담보채권, 확정일자가 있는 주택·상가 임차인의 보증금, 기타 국세·지방세

1 담보물권과 당해세의 순위는?

당해세가 먼저 우선변제 받는다.

2 당해세가 아닌 조세와 근저당권의 순위는?

당해세가 아닌 조세와 (근)저당권의 순위는 조세의 법정기일과 (근)저당권의 설정등기일의 선후를 따져 순위를 정한다. 확정일자가 있는 임차인이 있는 경우 우선변제권 발생일로 선후를 따진다.

3 국세와 임차인과의 우선순위

❶ 국세·가산금 또는 체납처분비는 다른 공과금 기타의 채권에 우선하고, 국세의 법성기일 선에 설정된 질권, 진세권 또는 지당권에 의히여 담보된 채권은 국세에 우선한다(국세기본법 제35조 1항 참조).

❷ 국세는 법정기일을, 임차인의 임차보증금채권은 대항요건과 확정일자를 모두 갖춘 때를 우선순위의 기준으로 정한다. 하지만 국세에 우선하는 저당권 등에 의해 담보된 채권이라 하더라도 담보물에 부과된 상속세·증여세·종합부동산세에 대해서는 우선하지 못한다.

따라서 전세계약을 할 때는 임대인의 세금체납 여부까지 확인하는 것이 좋다.

4 건물일부의 전세권자(3층) – 주택임차인의 보증금채권(2층) – 저당권이 있는 경우

단독주택건물 일부의 전세권자가 배당요구를 하였다면 전세권은 소멸되지만 여기서 말소기준등기권리는 저당권이 되므로 주택임차인의 보증금채권에 대해 배당받지 못한 금액이 있다면 매수인이 인수해야 한다. 다만 건물일부의 전세권자라 하더라도 배당은 건물전부의 매각대금에 대해서 우선변제권을 행사할 수 있다.

5 나머지 조세채권의 순위

제1순위 압류가 후순위압류채권으로부터 흡수배당 받게 된다.

6 국세와 가등기와의 우선순위

가등기가 되어 있는 재산이 압류된 경우 압류 후에 본등기가 되었다면 가등기의 권리자는 그 재산에 대한 체납처분에 대하여 그 가등기에 기한 권리를 주장할 수 없다. 하지만 국세 또는 가산금의 법정기일 전에 가등기된 재산에 대해서는 주장할 수 있다.

7 그 외 배당순위

- 기타 임금채권(일반 임금채권)
  근로기준법 37조 2항의 임금 등을 제외한 임금, 기타 근로관계로 인한 채권(근로기준법 37조 1항 참조)
- 국세·지방세 및 이에 관한 체납처분비, 가산금 등의 징수금
- 국민건강보험료, 국민연금보험료, 고용보험료 및 산업재해보상보험

료 등과 같은 조세·가산금 및 체납처분비 이외의 채권이면서 국세징수법상 체납처분의 예에 의하여 징수할 수 있는 공과금
• 일반채권자의 채권(재산형·과태료는 일반채권과 동순위)

> **배당순위의 요약**
> • 1순위: 집행비용
> • 2순위: 경매목적물의 제3취득자가 지출한 필요비·유익비
> • 3순위: 최우선변제(소액임차인, 임금채권)
>   임금채권자의 경우에는 최종 3개월분의 임금과 최종 3년간의 퇴직금 및 재해보상금
> • 4순위: 당해세(국세 중 상속세·증여세·종합부동산세, 지방세 중 재산세·자동차세·도시계획세·공동시설세·지방교육세 등)
>   조세 중에서도 집행의 목적물에 대하여 부과되는 조세와 가산금, 즉 당해세는 제3취득자의 비용상환청구권, 소액임차보증금 중 일정액, 임금채권 중 일정액을 제외하고 어떠한 채권보다 최우선하여 배당된다.
> • 5순위: 전세권, 저당권, 담보가등기 등 담보물권과 대항력과 확정일자 있는 임차인, 당해세 이외 조세들 간의 기간 선후 비교
>   (당해세 이외의 국세는 법정기일로, 지방세는 과세기준일로 따진다.)
> • 6순위: 일반 임금채권
>   최종 3개월분의 임금과 최종 3년간의 퇴직금을 제외한 나머지 임금채권
> • 7순위: 법정기일이 담보물권보다 늦은 조세채권
> • 8순위: 의료보험법, 산업재해보상보험법 및 국민연금법에 의한 보험료 등 각종 공과금
> • 9순위: 일반 채권

5 배당의 원칙

1 채권과 물권을 알아야 배당순위를 이해할 수 있다

❶ 물권끼리의 배당순위

배당에서 알아두어야 할 물권에는 저당권, 전세권, 가등기담보권, 확정일자를 부여받은 주택임차권(채권이지만 확정일자를 받으면 물권적 성격을 갖게 되는 채권)이 있다. 이 물권은 등기부등본의 원인 일자로 순위를 따지는 것이 아니라 접수일자로 순서를 따진다. 접수일자가 빠를수록 먼저 배당을 받는다. 접수일자가 같은 경우는 접수번호 순서로, 접수번호로도 동순위인 경우 물권이어도 안분배당하게 된다.

❷ 채권끼리의 배당순위

채권은 날짜로 순위를 따지지 않고 채권끼리는 동등한 순위로 보고 평등배당을 한다. 평등배당은 비율로 따져서 배당한다고 해서 안분배당이라고도 한다. 순위에 상관없이 채권자의 채권액이 많을수록 더 높은 비율의 금액을 배당받게 된다.

> **안분배당 계산법**
>
> $$\frac{해당\ 채권액}{총\ 채권액} \times 매각대금(배당할\ 수\ 있는\ 금액) = 채권자의\ 안분배당액$$

❸ 물권과 채권끼리의 배당순위

물권과 채권 사이에서는 항상 물권이 우선한다. 이를 '물권 우선의 원칙'이라고 한다. 그래서 채권과의 다툼에서 조세와 같이 물권과의 순위를 따지지 않고 먼저 배당받는 경우를 제외하고는 물권은 항상 우선하여 배당받는다.

- 물권이 채권보다 먼저일 경우: 물권이 먼저 배당받는다.
- 채권이 물권보다 먼저일 경우: 안분배당을 하게 된다.

예)
2005. 12. 7. 김대감 가압류 - 3,000만 원
2008. 2. 20. 홍길도 저당권 - 5,000만 원

매각대금   4,000만 원

김대감 가압류권자의 배당금액

$$\frac{3,000만\ 원}{3,000만\ 원 + 5,000만\ 원} \times 4,000만\ 원 = 1,500만\ 원$$

을 저당권자의 배당금액

$$\frac{5,000만\ 원}{3,000만\ 원 + 5,000만\ 원} \times 4,000만\ 원 = 2,500만\ 원$$

- '채권 – 물권 – 채권'의 순서로 되어 있는 경우: 우선 안분배당을 하고 물권은 후순위에 있는 채권자의 배당금액에서 흡수하게 된다. 이것을 흡수배당이라고 한다.

예)
2005. 11. 22. 갑 가압류권자 – 4,000만 원
2006. 3. 21. 을 저당권자 – 3,500만 원
2008. 2. 27. 병 가압류권자 – 2,500만 원

매각대금 – 8,000만 원

갑: 가압류권자의 배당금액

$$\frac{4,000만\ 원}{4,000만\ 원+3,500만\ 원+2,500만\ 원} \times 8,000만\ 원 = 3,200만\ 원$$

을: 저당권자의 배당금액

$$\frac{3,500만\ 원}{4,000만\ 원+3,500만\ 원+2,500만\ 원} \times 8,000만\ 원$$

= 2,800만 원+(병의 배당금액에서 부족분 700만 원 흡수)

병: 가압류권자의 배당금액

$$\frac{2,500만\ 원}{4,000만\ 원+3,500만\ 원+2,500만\ 원} \times 8,000만\ 원$$

= 2,000만 원-(을의 배당금액 700만 원 흡수금)

최종 배당금액: 갑은 3,200만 원을 배당받고 을은 후순위인 병에 대해 자신의 채권액을 만족할 때까지 흡수한다. 자신의 채권액 3,500만 원에서 2,800만 원 우선배당 받고. 그리고 후순위인 병의 700만 원을 모두 흡수하여 3,500만 원 배당을 받게 되는 것이다. 병은 1,300만 원을 배당받는다.

최우선변제권이 인정되는 소액임차인이 있을 경우, 먼저 최우선변제금액을 먼저 배당해주고 남은 금액으로 위와 같은 방법으로 배당을 해준다.

2 임차보증금액에 대해서 배당 시 알아두어야 할 사항들

❶ 저당권설정등기일과 동일한 날짜에 대항력과 확정일자를 갖춘 임차인의 배당순위: 저당권자가 먼저 배당을 받는다. 임차인의 대항력과 우선변제권의 발생일은 전입·점유를 갖춘 그 다음날 0시부터이다.

❷ 저당권설정등기와 같은 날에 확정일자를 갖추고 미리 대항력의 요건을 갖추고 있던 임차인의 배당순위: 미리 대항력을 갖춘 임차인이 저당권설정등기일과 동일한 날짜에 확정일자를 갖추었다면 동순위가 된다. 이 경우 안분배당 하게 된다. 만약 말소기준권리가 되는 저당권보다 먼저 대항력을 갖춘 임차인의 미배당금액분에 대해선 매수인이 인수를 해야 한다.

❸ 임차인이 전입과 점유를 한 다음날 확정일자를 갖추었는데, 그날 저당권설정등기가 된 경우: 저당권과 동순위로 채권액에 비례하여 안분배당 하게 된다. 하지만 임차인이 미처 배당받지 못한 보증금액은 매수인이 인수해야 한다. 그 이유는 임차인의 대항력 발생일은 오전 0시부터이고, 우선변제권 효력은 오전 9시부터이며, 저당권의 우선변제 효력도 9시부터 발생하기 때문이다. 그래서 우선변제권에서 임차인과 저당권이 동순위가 되지만 대항력은 저당권보다 시간적으로 빠르므로 임차인은 대항력을 주장할 수 있다.

❹ 임차인이 전입과 점유 그리고 확정일자를 받은 그 다음 날 저당권이 설정등기 된 경우의 배당순위: 주택임차인이 저당권자보다 우선하여 배당을 받는다.

❺ 임차인의 연체된 차임: 채무자가 매각대금 납부 시까지 연체된 차임에 대하여 배당받을 금액에서 공제하여야 한다고 주장할 경우 임차보증금에서 밀린 임료를 공제한 금액만을 배당하여야 한다는 견해와 경매기입등기 이후의 연체차임에 대해서는 공제 할 수 없다는 견해가 있다. 연체된 차임에 대하여 공제를 할 경우 그 금액은 채무자에게 배당되는 것이 아니라 후순위채권자에게 배당이 된다.

❻ 소액보증금: 임차인은 임차인의 소액보증금에 대해서 우선변제권을 행사할 수 있으며, 대지와 건물이 모두 매각이 될 경우 대지와 건물의 매각대금에서 비례하여 각각 배당받을 수 있다. 하지만 건물이 없던 상태에서 대지에만 저당권이 설정되었다면 대지의 매각대금에서 그 저당권보다 먼저 배당받을 수 없다.

❼ 구분건물의 전유부분에만 전세권등기를 한 임차인: 집합건물인 구분건물의 전유부분에만 전세권설정등기를 했더라도 전세권의 효력은 대지사용권에도 미치며 대지사용권의 분리처분이 가능하도록 하는 특별한 규정이 없는 한 전세권자는 대지사용권의 매각대금에 대해서도 배당받을 수 있다.

❽ 전세권설정 당시 단독건물이었다가 집합건물이 된 경우: 단독건물

의 일부에 전세권을 설정하였는데 이후 집합건물로 변경되었더라도 그 전세권의 효력은 대지권에까지 미친다(대결 2002.6.14. 2001다68389 참조).

3 배당요구의 종기까지 배당요구를 하지 않은 임차인

❶ 선순위저당권보다 앞선 대항력을 갖춘 임차인: 매수인이 임차인의 보증금을 반환해 줄 때까지 부동산을 비워주지 않아도 된다. 그러나 배당요구를 하지 않았으므로 배당에선 제외된다.

❷ 선순위저당권이 임차인보다 앞선 경우: 배당요구의 종기까지 배당요구를 하지 않았으므로 배당에서 제외된다. 그것은 소액임차보증금액의 경우도 마찬가지이다.

제7장 — 알쏭달쏭 OX문제

01 배당요구를 할 수 있는 채권자라면, 채권이 이행기에 도래하지 않아도 배당요구를 할 수 있다. ( )

02 물권끼리는 배당순위를 등기부의 접수일자 순서로 따진다. ( )

03 당해세는 매각부동산 자체에 대하여 부과된 조세와 가산금을 말하며 어떠한 채권에 대하여도 우선한다. ( )

04 집합건물인 구분건물의 전유부분에만 전세권설정등기를 했더라도 전세권자는 대지사용권의 매각대금 중에서도 배당받을 수 있다. ( )

05 매각대금 납부 시까지 임차인의 연체된 차임에 대하여 임차인의 배당금에서 공제할 경우 그 공제한 금액은 채무자에게 배당된다. ( )

정답 및 해설

01 X 배당요구를 할 수 있는 채권자라도 채권이 이행기에 도래해야 한다.
02 O
03 X 최우선순위의 임금채권과 소액임차인의 보증금은 당해세보다 우선순위이다.
04 O
05 X 매각대금 납부 시까지 임차인의 연체된 차임에 대하여 채무자가 임차인이 배당받을 금액에서 공제하여야 한다고 주장하는 경우 임차보증금에서 밀린 임료를 공제한 금액만을 배당하여야 한다는 견해와 경매기입등기 이후의 연체차임에 대해서는 공제 할 수 없다는 견해가 있다. 만약 연체된 차임에 대하여 공제를 할 경우 그 금액은 채무자에게 배당되는 것이 아니라 후순위채권자에게 배당이 된다.

제7장 — 주관식 문제

01 배당요구를 해야 매각대금에서 배당을 받아가는 채권자는 언제까지 배당요구를 해야 배당에 참여할 수 있나?

02 배당기일에 출석하지 아니한 채권자는 어떻게 처리하는가?

03 만약 배당기일에 합의가 이루어지지 않고 배당이의신청이 있으면 배당절차는 어떻게 진행되는가?

04 임차인이 주민등록과 점유, 확정일자를 받은 날과 동일한 날에 근저당권이 설정되었다면 임차인과 근저당권자 중에 누가 선순위배당권자가 되는가?

05 매각목적 부동산 자체에 대하여 부과된 국세, 지방세와 가산금을 무엇이라고 하나?

정답 및 해설

01 배당요구의 종기까지
02 배당표와 동일하게 배당을 실시하는 것에 동의를 한 것으로 간주한다.
03 일주일 이내에 배당이의소제기증명원을 제출하지 않으면 배당표는 확정되고 배당이 이루어진다. 배당이의소제기증명원을 제출한 경우라면 제기된 부분만 제외되고 배당이 이루어진다.
04 대항력과 우선변제적 효력은 점유와 전입일의 다음날 0시부터 발생하므로 근저당권자가 선순위배당권자가 된다.
05 당해세

제7장 — 객관식 문제

01 다음 중 배당요구를 하지 않아도 배당에 참여하는 임차인은?

> 가. 첫 경매개시결정기입등기 전에 임차권등기를 한 임차인
> 나. 후순위전세권자
> 다. 임차인이 강제경매를 신청한 경우
> 라. 선순위전세권자
> 마. 소액임차인

① 가 ② 가, 나
③ 다, 라 ④ 가, 나, 다

정답 ▶ ④ 선순위전세권자와 소액임차인은 배당신청을 하지 않으면 배당에 참여하지 못한다.

02 배당요구을 할 때 배당요구신청서와 함께 제출하는 첨부 서류가 바르지 않은 것은?

① 상가임차인 - 사업자등록증이나 신청서면 사본, 임대차계약서
② 근저당권자 - 등기부등본, 근저당설정계약서
③ 일반채권자 - 채권원인증서 사본
④ 주택임차인 - 인감증명서, 등기부등본
⑤ 가압류권자 - 등기부등본, 가압류결정 정본

정답 ▶ ④ 임차인은 주민등록등본과 임대차계약서를 첨부해야 한다.

03 다음 중 배당요구의 조건과 방법에 대한 설명이 바르지 않은 것은?

① 매각대금에서 배당요구를 해야 배당을 받아가는 채권자는 반드시 배당요구의 종기까지 배당요구를 해야 한다.
② 채권이 이행기에 도래하지 않았을지라도 채권자는 일단 배당요구를 할 수 있다.
③ 배당요구를 할 수 있는 채권은 경매대상 부동산의 채무자에 대한 채권이어야 한다.
④ 전 소유자의 채권에 대해서는 배당요구를 할 수 없다(단, 가압류채권자는 예외).
⑤ 배당요구는 서면으로 신청하여야 하고 구두신청은 허용되지 않는다.

정답 ▶ ② 배당요구를 할 수 있는 채권자라도 채권이 이행기에 도래해야 한다.

04 다음 중 배당요구를 반드시 해야 배당에 참여할 수 있는 사람은?

① 이중경매신청채권자
② 대위변제자
③ 경매개시결정등기 전에 등기된 가압류채권자
④ 선순위전세권사
⑤ 첫 경매개시결정등기 전에 등기된 임차권자

정답 ▶ ④ 선순위의 전세권자는 반드시 배당요구를 해야 배당에 참여할 수 있다.

05 다음 중 배당순위가 옳게 나열된 것은?

> 가. 집행비용
> 나. 일반 채권
> 다. 근로기준법에 따른 최우선변제임금채권
> 라. 확정일자가 있는 주택·상가임차인의 보증금
> 마. 경매목적물에 부과된 국세 및 지방세

① 가-다-마-라-나 ② 나-라-마-다-가
③ 가-다-나-라-마 ④ 나-라-가-다-마

정답 ▶ ①

06 다음 중 배당요구에 대한 설명이 옳은 것을 고르시오.
① 배당요구한 채권자는 배당기일에 대해 통지를 받지 않으므로 미리 법원에 알아보고 참석해야 한다.
② 배당요구는 서면뿐만 아니라 구두신청도 가능하다.
③ 권리신고를 한 이해관계인은 따로 배당요구를 하지 않아도 자동으로 배당된다.
④ 타인의 채권을 대위변제 하였거나 또는 공동저당권자에 대한 이시배당의 결과 차순위채권자가 대위하는 경우 대위할 범위에 관하여 대위권자는 배당요구를 할 수 없다.
⑤ 배당요구를 한 채권자는 배당철회도 가능하지만, 배당요구에 따라 매수인이 인수하여야 할 부담이 바뀌는 경우면 배당요구의 종기 이후에는 철회할 수 없다.

정답 ▶ ⑤
① 배당기일이 정해지면 법원은 이해관계인들과 배당요구를 한 채권자에게 배당기일통지서를 송달한다.
② 배당요구는 서면으로 신청하여야 하고 구두신청은 허용되지 않는다.

③ 권리신고는 배당요구와 달리 부동산 위의 권리자가 집행법원에 신고를 하고 그 권리를 증명하는 것이며, 권리신고를 함으로써 이해관계인이 되지만, 권리신고를 한 것만으로 당연히 배당을 받게 되는 것은 아니며 별도로 배당요구를 하여야 한다.
④ 타인의 채권을 대위변제 하였거나 또는 공동저당권자에 대한 이시배당의 결과 차순위채권자가 대위하는 경우 대위할 범위에 관하여 대위권자가 배당요구를 해도 된다.

07 한 부동산에 대해 체납처분의 목적으로 1순위 압류, 2순위 압류, 3순위 압류가 있는 경우 배당은 어떻게 될까? 그 설명이 바른 것을 모두 고르시오. (다른 권리는 없다.)

① 3개의 압류는 교부청구 선후에 관계없이 안분배당 된다.
② 3개의 압류는 교부청구 순위대로 순차적으로 배당받는다.
③ 1순위 압류권자가 우선권을 가지고 2순위와 3순위 압류는 동순위로 안분배당 된다.
④ 1순위 압류의 효력의 소멸 없이는 2, 3순위 압류는 참가압류로서 교부청구의 효력만 가지게 된다.
⑤ 1순위 압류권자만 배당받고, 2, 3순위 압류권자는 배당에서 제외된다.

정답 ▶ ③, ④
1순위 압류, 2순위 압류, 3순위 압류가 있는 경우 1순위 압류의 효력의 소멸 없이는 2, 3순위 압류는 참가압류로서 교부청구의 효력만 가지게 된다. 배당순위는 1순위 압류권자가 우선권을 가지고 2순위와 3순위 압류권자는 동순위로 안분배당 받게 된다.

압류선착주의: 조세는 교부청구의 선후에 관계없이 동순위이지만 한 부동산에 대해 체납처분의 목적으로 압류가 행해진 경우 그 압류에 관계되는 조세는 국세나 지방세를 막론하고 교부청구 한 다른 조세보다 우선하게 된다. 이것을 압류선착주의라고 한다.

08 다음 중 배당순위를 따질 때의 그 기준일이 옳지 않은 것은?

① 근저당권은 근저당권의 설정등기일 혹은 접수일
② 과세표준과 세액을 정부가 결정, 경정 또는 수시부과 결정하는 경우에 고지한 당해세액에 대하여는 그 납세고지서의 발송일
③ 확정일자가 있는 임차인은 확정일자일

④ 과세표준과 세액의 신고에 의하여 납세의무가 확정되는 국세에 있어서 신고한 해당세액에 대하여는 그 신고일
⑤ 납세자의 재산을 압류한 경우에 그 압류와 관련하여 확정된 세액에 대하여는 그 압류등기일 또는 등록일

정답 ▶ ③ 확정일자가 있는 임차인은 확정일자만을 기준으로 하는 것이 아니라 전입과 점유 날짜를 고려한 우선변제권발생일이라고 해야 옳다.

09 다음 중 집행비용에 포함되지 않는 것을 모두 고르시오.

가. 경매절차의 진행을 위하여 압류채권자가 예납한 금액 중 실제로 사용된 비용
나. 경매개시결정에 대한 이의사건을 위하여 지출한 비용
다. 매수인에 대한 소유권이전등기나 부담기입의 말소등기를 위한 등록세
라. 압류채권자가 강제집행의 신청과 그 준비를 위하여 지출한 필요비용
마. 매각허가결정에 대한 항고사건을 위하여 지출한 비용

① 가, 나, 다　　　　　② 나, 다, 라
③ 나, 다, 마　　　　　④ 다, 라, 마

정답 ▶ ③
나, 마: 집행비용은 경매절차에 있어서 직접 발생한 것에 한한다. 경매개시결정에 대한 이의사건이라든가 매각허가결정에 대한 항고사건을 위하여 지출한 비용은 포함되지 않는다.
다: 매수인에 대한 소유권이전등기나 부담기입의 말소등기를 위한 등록세 등 비용은 매수인이 부담하므로 집행비용에 포함되지 않는다.

10 다음 중 배당표에 대한 설명이 바르지 않은 것은?

① 배당기일 3일 전부터 채권자와 채무자는 배당표 원안을 열람할 수 있다.
② 법원에서 작성한 배당표 원안은 배당기일에 채권자들의 합의가 있거나 이의가 없을 경우 확정된다.
③ 법원은 채권계산서 제출의 최고기간이 끝난 뒤에 각 채권자가 제출한 계산서와 기록을 기초로 하여 배당표를 작성한다.
④ 배당표에는 매각대금, 채권원금, 지연이자, 항고보증금, 집행비용, 배당순위, 배당비율 등이 표시된다.
⑤ 집행법원에서 배당표를 비치하지 않거나 기간을 지키지 않았다면 배당절차의 무효, 혹은 취소사유가 된다.

정답 ▶ ⑤ 배당표를 비치하지 않거나 기간을 지키지 않았다고 하여 배당절차의 무효나 취소사유가 되는 것은 아니다. 다만 배당기일연기신청의 사유는 될 수 있다.

11 매수인이 매각대금을 납부하면 법원에서 2주 이내에 배당기일을 정하게 된다. 배당기일에 대한 설명이 옳지 않은 것은?

① 배당받는 채권자는 경매계로부터 배당금출급명령서를 교부받아 법원 내 은행에서 배당금을 출급받을 수 있다.
② 배당기일에 불출석하여 이의신청을 하지 않았지만 사실상 이의사유가 있는 이해관계인은 1주일 이내 배당이의신청을 하면 된다.
③ 배당기일에 배당표에 대하여 이의제기가 있을 경우, 법원은 배당이의 부분에 대해 유보하였다가 배당이의의 소 제기증명원이 제출되면 그 배당액은 공탁된다.
④ 배당기일에 출석한 이해관계인은 배당순위 및 배당금액에 대해 서면 또는 구두로 이의신청을 할 수 있다.
⑤ 배당기일에 합의가 이루어지지 않고 배당이의신청이 있으면 이의가 없는 부분만 우선배당을 하게 된다.

정답 ▶ ② 배당기일에 출석하지 않아 이의신청을 하지 않은 이해관계인은 사실상 이의사유가 있더라도 이의가 없는 것으로 간주된다.

12 다음 중 배당이의 사유가 될 수 없는 경우는?
① 배당요건을 구비한 채권자가 배당표에서 누락된 경우
② 매각허가결정이 취소되었음에도 배당기일을 지정하여 배당표를 작성한 경우
③ 배당금액에 지연이자 등이 포함되지 않은 경우
④ 다른 채권자의 배당 때문에 배당금이 감소한 채권자가 다른 채권자에 대한 채권의 존부, 금액, 순위에 대하여 이의가 있는 경우
⑤ 배당요구의 종기 이후에 배당신청을 하여 배당표에서 누락된 경우

정답 ▶ ⑤ 법원에서는 배당신청을 배당요구의 종기까지만 받아준다.

13 배당요구를 하지 않은 경우의 불이익에 대한 설명이 바르지 않은 것은?
① 배당요구의 종기까지 배당요구를 하지 않은 경우 선순위채권자라도 경매절차에서 배당을 받을 수 없고 자기보다 후순위채권자로서 배당받은 자를 상대로 부당이득금반환청구도 할 수 없다.
② 첫 경매개시결정등기 전에 가압류등기를 마친 채권자가 이미 본안소송에서 등재된 가압류 금액보다 더 많은 금액에 대하여 승소판결을 받았다면 그 금액에 대해서도 따로 배당요구하지 않아도 된다.
③ 경매신청채권자가 피담보채권의 일부만을 청구하여 나머지 금액에 대해 배당받지 못하였더라도 그 금액을 배당받아 간 다른 채권자를 상대로 부당이득반환을 청구할 수 없다.
④ 임금채권자도 배당요구를 하여야만 배당절차에 참여할 수 있다. 배당요구를 하지 않은 경우 부당이득반환청구를 할 수 없다.
⑤ 배당받을 수 있는 임차인인 경우는 배당요구를 하지 않아 후순위채권자에게 배당되었다해도 이의를 제기할 수 없다.

정답 ▶ ② 첫 경매개시결정등기 전에 가압류등기를 마친 채권자의 경우 이미 본안소송에서 등재된 가압류 금액보다 더 많은 금액에 대하여 승소판결을 받았다면 가압류금액 이상 부분에 관하여는 따로 배당요구를 해야 한다.

14 배당이의가 취하 또는 철회 되는 경우가 아닌 것은?

① 배당이의 신청 후 배당기일로부터 1주일 이내에 배당이의의 소를 제기하여 증명하여야 하는데 이를 증명하지 않았을 경우
② 배당기일에 배당이의의 신청이 있은 후 그것의 가부가 결정되지 않은 경우
③ 배당기일 종료 후 구두로 배당이의 철회를 요구한 경우
④ 배당기일 종료 전 서면으로 배당이의 철회를 요구한 경우

정답 ▶ ② 배당기일에 배당이의의 신청이 있은 후 그것의 가부가 결정되지 않는다면 배당이의의 신청자는 배당기일로부터 7일 이내에 법원에 배당이의 소를 제기할 수 있다.

15 배당순서가 바르게 나열된 것은?

> 가. 저당물의 제3취득자가 지출한 필요비·유익비
> 나. 당해세
> 다. 확정일자를 갖춘 임차인의 보증금채권
> 라. 의료보험법, 산업재해보상보험법 및 국민연금법에 의한 보험료
> 마. 임대차보호법에 의해 보호받는 소액임차인의 일정분의 보증금

① 가-나-다-라-마   ② 가-나-마-라-다
③ 가-마-나-다-라   ④ 나-다-라-마-가

정답 ▶ ③

16 다음 중 배당할 금액에서 제일 먼저 공제하여, 경매비용을 예납한 경매신청채권자에게 돌려주게 되는 경매비용에 속하지 않는 것은?

① 경매신청 서류의 송달료
② 해당 부동산의 감정평가수수료
③ 해당 부동산의 현황조사비용
④ 배당요구를 하기 위해 지출한 비용
⑤ 경매신청채권자가 상속대위등기를 하면서 지출한 비용

정답 ▶ ④ 배당요구를 하기 위해 지출한 비용은 집행비용에 포함되지 않고 그 채권자의 채권금액에 산입하여 배당하며, 민사집행절차와 관련하여 채권자가 상속대위등기를 하면서 지출한 비용은 '집행준비비용'으로 보아 집행비용에 산입하여 주기도 한다.

17 다음은 배당순위이다. 저당권·전세권에 의한 담보채권이 들어갈 곳은?

> 가. 집행비용
> 나. 주택·상가임차보증금채권에 대한 최우선변제액, 근로자의 임금채권(최종 3개월분의 임금, 3년간의 퇴직금과 재해보상금)
> 다. 당해세
> 라. 기타 임금채권
> 마. 국세·지방세 및 지방자치단체의 징수금
> 바. 국민건강보험료, 산업재해보상보험료, 국민연금보험료등과 같은 공과금
> 사. 일반 채권

① 가 다음
② 나 다음
③ 다 다음
④ 라 다음
⑤ 마 다음

정답 ▶ ③

18 저당권설정등기 후에 목적부동산의 제3취득자가 그 부동산의 보존, 개량을 위하여 필요비 또는 유익비를 지출한 때에는 저당물의 경매대금에서 우선상환을 받을 수 있다. 여기서, 제3취득자에 해당되지 않는 자는?

① 목적부동산에 대한 압류권자
② 목적부동산에 대한 전세권자
③ 목적부동산에 대한 대항력 있는 임차권자
④ 목적부동산에 대한 지상권자
⑤ 목적부동산에 대한 소유권자

정답 ▶ ①

여기서 잠깐! 제3취득자란?

저당목적물에 대한 소유권·지상권·전세권·대항력 있는 임차권을 취득한 자. 저당물에 관한 지상권, 전세권을 취득한 자만이 아니고 소유권을 취득한 자도 제3취득자에 해당한다고 본다(대법원 2004. 10. 15. 선고 2004다36604판결 참조).
제3취득자가 저당부동산에 관하여 지출한 필요비, 유익비는 그 부동산의 가치의 유지, 증가를 위하여 지출된 일종의 공익비용이므로 이는 저당부동산의 환가대금에서 부담하여야 할 성질의 비용이고, 더욱이 제3취득자는 경매의 결과 그 권리를 상실하게 되므로 특별히 우선적으로 상환을 받을 수 있다(서울고법 2004. 6. 8. 선고 2003나82343판결).

19 소액임차인의 배당에 관하여 설명한 것 중 바르지 않은 것을 고르시오.

① 소액임차인인 경우 소액보증금 중 일정액을 다른 담보물권자보다 우선하여 변제받는다.
② 주택소액임차인은 소액보증금 중 일정액을 매각가액의 1/2 내에서 소액임차인으로서 최우선변제 받는다.
③ 확정일자를 갖춘 소액임차인인 경우는 소액임차인으로서 먼저 일정액을 배당받은 후 남은 보증금액에 대한 부분은 확정일자 임차인으로서 순위에 따라 배당을 받을 수 있다.
④ 상가소액임차인은 매각가액의 1/3 내에서 소액보증금 중 일정액을 최우선변제 받는다.
⑤ 소액임차인인 경우는 소액보증금 중 일정액을 당해세 다음 순위로 배당받는다.

정답 ▶ ⑤ 소액임차인인 경우는 소액보증금 중 일정액에 대하여 당해세보다 우선하여 변제 받는다.

20 근로자의 임금채권의 배당에 대한 내용 중 옳지 않은 것은?

① 근로기준법에 규정된 임금은 사업주의 여러 개의 부동산이 동시에 경매되어 매각대금을 동시에 배당하게 되면 각 부동산의 매각대금에 비례하여 배당받을 수 있다.
② 퇴직금은 250일분의 평균임금을 넘어서는 우선변제를 받을 수 없다.
③ 근로자의 최종 3개월분의 임금채권의 범위는 퇴직의 시기를 따지지 않고 지급받지 못한 최종 3개월분의 임금은 우선변제권을 가진다. 여기에 지연손해금도 포함된다.
④ 임금채권자가 경매개시 전에 목적부동산에 가압류를 한 경우 배당요구의 종기까지 임금채권임을 입증한 경우 임금채권으로 우선변제 받을 수 있다.
⑤ 사업주가 목적부동산의 소유권을 취득하기 전에 설정된 담보권에 대해서는 임금채권에 대한 우선변제권을 행사할 수 없다.

정답 ▶ ③ 근로자의 최종 3개월분의 임금채권의 범위는 퇴직의 시기를 따지지 않고 지급받지 못한 최종 3개월분의 임금은 우선변제권을 가진다. 여기에 지연손해금은 포함되지 않으며, 그 금액에 대해서는 일반채권자와 안분배당 받는다.

21 다음 중 배당순위가 가장 먼저인 것은?

① 근로자의 최종 3개월분의 임금
② 국민건강보험료
③ 저당물의 제3취득자가 지출한 필요비·유익비
④ 주택·상가 소액임차보증금채권에 대한 최우선변제액
⑤ 전세권에 의한 담보채권

정답 ▶ ③ 저당물의 제3취득자가 지출한 필요비·유익비는 제1순위인 집행비용 다음으로 우선 배당받을 수 있다.

22 다음 중 집행비용에 관한 내용으로 바르지 않은 것은?

① 강제집행에 필요한 비용은 채무자의 부담으로 하고 그 집행에 의하여 집행권원 없이도 각 채권액에 우선적으로 배당받을 수 있다.
② 집행비용계산서는 법원사무관 등에 의해 보통 배당기일 3, 4일 전까지 작성된다.
③ 여러 부동산이 일괄매각 되거나 다른 종류의 재산과 부동산이 일괄매각 되는 경우는 각 재산이 부담하는 집행비용을 특정할 필요가 있다.
④ 실제 각 채권자에게 배당할 금액은 집행비용을 공제한 금액이다.
⑤ 선행사건이 취소·취하 되어 후행사건으로 경매가 진행되는 경우 선행사건의 감정평가비용, 현황조사비용 등 모든 채권자의 이익을 위하여 지출된 비용은 후행사건 경매신청채권자에게 우선변제 된다.

정답 ▶ ⑤ 선행사건이 취소·취하 되어 후행사건으로 경매가 진행되는 경우 선행사건의 집행비용인 감정평가비용, 현황조사비용 등 모든 채권자의 이익을 위하여 지출된 비용은 선행사건 경매신청채권자에게 우선변제 된다.

23 다음 중 당해세에 대한 설명으로 틀린 것을 고르시오.

① 당해세에 해당하는 조세채권으로 국세로는 상속세, 증여세, 종합부동산세가 있다.
② 당해세에 해당하는 조세채권으로 지방세는 재산세, 자동차세, 도시계획세, 공동시설세, 지방교육세 등이 있다.
③ 당해세는 매각부동산 자체에 대하여 부과된 조세와 가산금을 말한다.
④ 당해세는 어떠한 채권에 대하여도 우선한다.
⑤ 당해세는 국세와 지방세를 막론하고 조세 상호간에 있어서도 우선한다.

정답 ▶ ④

24 다음 저당권자와 임차인의 배당관계가 옳지 않은 것은?

① 임차인이 전입한 날에 저당권이 경료되고 그 다음 날 임차인이 확정일자를 갖추었다면 저당권자가 먼저 배당을 받게 된다.
② 대항력을 이미 갖춘 임차인이 후에 저당권설정등기일과 같은 날에 확정일자를 받았다면 그 임차인은 저당권자보다 먼저 배당을 받는다.
③ 임차인이 확정일자와 대항력을 갖춘 날과 근저당권설정등기일이 같다면 저당권자가 임차인보다 선순위배당권자가 된다.
④ 임차인이 전입과 점유, 확정일자를 받은 다음날 저당권이 설정되었다면 배당순위는 임차인이 우선한다.

정답 ▶ ② 동순위이므로 안분배당을 하고 임차인의 미배당금액분에 대해선 매수인이 인수해야 한다.

25 다음 중 배당의 일반적인 원칙으로 바르지 않은 것은?

① 물권은 등기부의 원인날짜로 순위를 따진다.
② 배당에서 알아두어야 할 물권으로는 (근)저당권, 담보가등기(가등기담보권), 전세권, 확정일자를 부여받은 주택임차권 등이 있다.
③ 일반 채권끼리는 날짜로 순위를 따지지 않고, 채권액의 비율로 배당받는 안분배당을 한다.
④ 물권과 채권 사이에서는 일반적으로 물권이 우선한다.

정답 ▶ ① 물권은 등기부의 원인날짜로 순위를 따지는 것이 아니라, 접수일자로 순서를 따진다.

26 다음의 경우 갑과 을의 배당금액은?

> 경매비용을 제한 배당가능금액: 6,000만 원
> 2008. 7. 7. 갑: 가압류 6,000만 원
> 2008. 7. 8. 을: 가압류 3,000만 원

① 갑 3,000만 원, 을 3,000만 원
② 갑 6,000만 원, 을 0원
③ 갑 4,000만 원, 을 2,000만 원
④ 갑 5,000만 원, 을 1,000만 원
⑤ 갑 3,500만 원, 을 2,500만 원

정답 ▶ ③
갑 (6000÷9000)×6000=4,000만 원
을 (3000÷9000)×6000=2,000만 원

27 다음의 경우 갑과 을의 배당금액은?

> 경매비용을 제한 배당가능금액: 7,000만 원
> 2008. 5. 10. 갑: 저당권 6,000만 원
> 2008. 7. 3. 을: 가압류 4,000만 원

① 갑 6,000만 원, 을 1,000만 원
② 갑 5,000만 원, 을 2,000만 원
③ 갑 4,000만 원, 을 3,000만 원
④ 갑 3,500만 원, 을 3,500만 원

정답 ▶ ① 물권인 갑이 먼저 6,000만 원을 배당받고 가압류권자인 을에게는 남은 매각대금인 1,000만 원이 배당된다.

28. 다음의 경우 갑과 을의 배당금액으로 가장 올바른 것은?

> 경매비용을 제한 배당가능금액: 6,000만 원
> 2008. 5. 7. 갑: 가압류 3,000만 원
> 2008. 5. 10. 을: 저당권 6,000만 원

① 갑 3,000만 원, 을 3,000만 원
② 갑 0원, 을 6,000만 원
③ 갑 2,000만 원, 을 4,000만 원
④ 갑 1,000만 원, 을 5,000만 원

정답 ▶ ③
갑: (3000÷9000)×6000=2,000만 원
을: (6000÷9000)×6000=4,000만 원
물권이 우선이라고 하지만 저당권자 을이 먼저 6,000만 원을 배당받는 것이 아니다. 왜냐하면 가압류권자의 가압류가 선순위이기 때문이다. 이런 경우는 안분배당을 하게 된다.

29. 아래와 같은 경우 갑, 을, 병의 올바른 배당금액은?

> 경매비용을 제한 배당가능금액: 9,000만 원
> 2008. 2. 21. 갑: 가압류 4,000만 원
> 2008. 2. 25. 을: 저당권 6,000만 원
> 2008. 2. 27. 병: 가압류 2,000만 원

① 갑 3,000만 원, 을 3,000만 원, 병 3,000만 원
② 갑 4,000만 원, 을 5,000만 원, 병 0원
③ 갑 3,000만 원, 을 4,500만 원, 병 1,500만 원
④ 갑 3,000만 원, 을 6,000만 원, 병 0원
⑤ 갑 1,500만 원, 을 6,000만 원, 병 1,500만 원

정답 ▶ ④ 채권 · 물권 · 채권의 순서로 되어 있는 경우 우선 안분배당을 한 후, 을의 물권이 후순위 병의 배당금액을 흡수할 수 있다.

1. 먼저 안분배당
   갑: (4000÷12000)×9000=3,000만 원
   을: (6000÷12000)×9000=4,500만 원
   병: (2000÷12000)×9000=1,500만 원
2. 을의 물권이 후순위 병의 배당금액인 1,500만 원을 흡수

30 물권의 성격을 갖는 채권이 아닌 것은?

① 국세기본법상 조세채권
② 근로자의 최종 3개월분의 임금채권
③ 소액임차인의 최우선변제금액
④ 담보가등기인 경우
⑤ 임차인이 대항력을 가졌을 경우

정답 ▶ ⑤ 임차인의 보증금채권은 대항력은 물론 확정일자를 갖추어 물권의 성격을 갖는다.

〈31~32〉 다음 보기를 보고 물음에 답하시오.

> 가. 전세권, 저당권, 담보가등기와 같은 담보물권에 의한 채권
> 나. 최우선변제임금채권, 소액임차인
> 다. 경매비용, 저당물에 소요된 필요비와 유익비
> 라. 담보물권보다 늦은 조세채권
> 마. 일반 임금채권

31 위의 권리를 올바른 배당순위로 배열한 것은?

① 다-나-라-가-마 ② 다-라-나-마-라
③ 다-나-가-라-마 ④ 다-나-가-마-라

정답 ▶ ④

32 31번 정답의 배당순서에서 당해세가 위치할 곳은?

① 가와 마 사이 ② 나와 가 사이
③ 마와 라 사이 ④ 라와 가 사이

정답 ▶ ②

33 다음 중 배당순위가 가장 늦은 것은?

① 확정일자를 갖춘 임차인의 보증금
② 국민연금보험료
③ 확정일자가 없는 소액임차인
④ 당해세
⑤ 담보가등기에 의한 채권

정답 ▶ ② 보기를 배당순위대로 나열하면 ③ → ④ → ①, ⑤(시간순서로 선후 결정) → ②

〈34~37〉 다음은 서울의 한 다가구주택의 임차현황 및 등기사항이다. 물음에 답하시오.

임차현황	점유 부분		배당요구의 종기 2009. 3. 8.			
	용도	점유기간	보증금	전입일	확정일자	배당요구일
홍길동	101호		보 35,000,000	1995. 4. 27.	1995. 4. 27.	2009. 2. 11.
	주거용	1995. 4. 27. ~				
이몽룡	주민등록전입자 102호			2007. 2. 11.	·	·
꽃분이	201호		보 32,000,000	2004. 4. 5.	2004. 4. 5.	2009. 2. 16.
	주거용	2004. 3. 10. ~				
이임자	202호		보 32,000,000	1993. 4. 11.	2002. 3. 3.	2009. 3. 17.
	주거용	1993. 4. 10.				
김대감	일부(방2칸)		보 45,000,000	2007. 2. 13.	2000. 3. 27.	2009. 2. 16.
	주거용	2000. 3. 27. ~				

서울 OO동			
	등기접수일	등기목적	권리자	채권액
1	1993. 8. 4.	소유권 보존	박대감	
2	2001. 3. 26.	근저당권	OO은행	100.000.000
3	2006. 4. 6.	가압류	김순돌	250.000.000
4	2006. 8. 16.	근저당권	신용보증재단	50.000.000
5	2008. 12. 19.	강제경매	김순돌/ 청구: 250,000,000	

34 위 사건의 말소기준권리의 기준일은?

① 1993. 8. 4.
② 1995. 4. 28
③ 2001. 3. 26.
④ 2006. 4. 6.

정답 ▶ ③ OO은행의 근저당권이 말소기준권리가 된다.

35 임차인들에 대한 설명이 바르지 않은 것을 모두 고르면?

① 임차인 홍길동은 제1순위 근저당설정일을 기준으로 보았을 때 소액임차인에 해당된다.
② 임차인 이임자는 보증금 전액을 배당받지 못한다면, 미변제보증금에 대하여 매수인이 인수해야 한다.
③ 임차인 이몽룡은 배당절차에서 제외된다.
④ 임차인 이임자의 우선변제권발생시점은 1993. 4. 12. 0시부터이다.
⑤ 배당을 받는 임차인은 2009. 3. 8.까지 점유와 전입의 조건을 유지하고 있어야 순위대로 배당에 참여할 수 있다.

정답 ▶ ①, ④
1995년 10월 19일부터 2001년 9월 14일 사이 서울 및 직할시의 소액임차인은 3,000만 원 이하의 보증금액인 경우이어야 한다. 이임자의 우선변제권 발생시점은 2002년 3월 3일이다. 하지만 배당요구를 배당요구의 종기 이후에 하였으므로 배당에 참여할 수 없다.

36 위의 임차인과 채권자들의 올바른 배당순위와 방법은?

①	②	③	④
1. ○○은행 2. 신용보증재단 3. 홍길동 4. 꽃분이 5. 김순돌과 김대감 안분배당	1. 홍길동 2. ○○은행 3. 꽃분이 4. 김순돌 5. 신용보증재단	1. 홍길동 2. ○○은행 3. 꽃분이 4. 김순돌, 신용보증재단, 김대감 안분배당 5. 신용보증재단의 김대감분 흡수 배당	1. 홍길동 2. ○○은행 3. 이임자 4. 꽃분이 5. 김순돌과 신용보증재단 안분배당

정답 ▶ ③

37 위의 부동산이 3억 원에 매각되었다. 임차인과 채권자들의 배당금액이 옳지 않은 것은? (경매비용은 생략)

① ○○은행: 100,000,000원   ② 김대감: 17,347,826원
③ 꽃분이: 32,000,000원   ④ 김순돌: 96,376,812원
⑤ 신용보증재단: 36,623,188원

정답 ▶ ②
1. 홍길동: 35,000,000원
2. ○○은행: 100,000,000원
3. 꽃분이: 32,000,000원
4. 김순돌: 96,376,812원
5. 신용보증재단: 19,275,362원에 김대감의 배당금액인 17,347,826원을 흡수하여 36,623,188원
6. 김대감: 0원

더 자세한 배당공부는 배당연습문제(452~478쪽)를 참조하여 공부해 보도록 하자.

제8장 유치권

유치권은 등기되지 않는 권리이며 법원에 반드시 신고를 해야 하는 권리도 아니다. 하지만 매수인이 인수해야 하는 권리이다. 인수되는 유치권이 있는 경우 해당 부동산을 점유하고 있는 유치권자의 모든 채권이 변제될 때까지 매수자가 사용·수익 하는 데 제약이 따른다. 그래서 유치권이 있는 경우 매수인은 유치권의 채권을 변제하고도 수익이 남는 경우이거나 혹은 유치권 신고가 허위임을 명백히 밝힐 수 있는 경우가 아니면 입찰에 신중을 기해야 한다.

요약정리

1. 유치권이란?
타인의 물건(유가증권 포함)을 점유한 자가 그 물건에 관하여 생긴 채권을 변제받을 때까지 그 물건을 유치할 수 있는 권리를 말한다. 대표적인 예로 공사대금에 대한 채권을 전액 변제받지 못한 건축업자가 해당 물건을 점유하면서 유치권을 주장하는 경우를 들 수 있다.

2. 유치권의 성립요건
유치권을 주장한다고 해서 모든 유치권이 인정되는 것은 아니다. 유치권이 성립되기 위해서는 다음의 요건이 모두 충족되어야 한다.
① 반드시 타인의 목적물 그 자체로부터 발생한 채권이어야 한다.
② 유치권을 주장하기 위해선 반드시 점유하여야 하고 그 점유는 적법해야 한다.
③ 채권이 변제기에 있어야 한다.
④ 필요비, 유익비, 비용상환청구권을 포기한다는 특약이 없어야 한다.
⑤ 유치권을 주장할 수 있는 요건이 경매개시결정기입등기 전에 성립되어 있어야 한다.

3. 유치권자의 권리
① 목적물의 유치·사용의 권리
② 경매신청권
③ 간이변제충당권
④ 과실수취권
⑤ 별제권

4. 유치권자는 인도명령 대상이 아니다.

1 | 유치권의 대상

1 유치권이란?

❶ 타인의 물건 또는 유가증권을 점유한 자는 그 물건이나 유가증권에 관하여 생긴 채권이 변제기에 있는 경우에는 변제를 받을 때까지 그 물건 또는 유가증권을 유치할 권리를 말한다(민법 제320조 1항 참조).

유가증권이란?
재산권을 나타내는 증서이며 권리를 행사하기 위해서는 증권의 점유를 요한다.

유치(留置): 남의 물건을 맡아둠을 말한다.

❷ 유치권은 담보물권(법정담보물권)이다. 하지만 담보물권의 성격을 지니고 있더라도 경매의 환가대금에서 직접적으로 변제받을 수 있는 것은 아니다. 다만 말소기준권리의 순위와 상관없이 매수인이 인수해야 하는 권리이므로 우선변제적 효력이 있다고 볼 수도 있다.

담보물권으로는 민법상 유치권(留置權), 질권(質權), 저당권(抵當權) 등이 있다. 유치권·법정질권·법정저당권·우선특권 등은 법률의 규정으로 발생하는 법정담보물권이다. (약정담보물권은 당사자의 약정으로 발생하며 질권·저당권, 가등기담보권·양도담보 등이 있다.)

❸ 상사유치권이란?
상인 간의 상행위로 인한 채권이 변제기에 있는 때에는 채권자는 변제받을 때까지 그 채무자에 대한 상행위로 인하여 자기가 점유하고 있는 채무자 소유의 물건 또는 유가증권을 유치할 수 있다. 그러나 당사자 간에 다른 약정이 있으면 그러하지 아니하다(상법 제58조).

2 유치권자에게는 어떤 권리가 있는가?

❶ 유치권자는 자신의 모든 채권에 대해 변제받을 때까지 해당 물건을 유치할 수 있다.
❷ 채권의 일부만 변제되었다면 그 잔액에 대하여 여전히 유치권을 주장할 수 있으며 물건이나 유가증권의 인도를 거절할 수 있다.
❸ 자신의 채권을 변제받기 위하여 유치권자는 경매를 신청할 수도 있고 타인에 의해 경매가 진행되었을 경우에도 채권을 변제받을 때까지 건물을 인도하지 않고 계속 점유할 수 있다.

유치권자의 권리(216쪽 '3. 유치권자의 권리'에서 상세히 설명)
① 목적물 유치·인도거절권(민법 제320조 1항)
② 경매신청권(민법 제322조 1항)
③ 간이변제충당권 (민법 제322조 2항)
④ 유치물사용권(민법 제323조)
⑤ 비용상환청구권(민법 제325조)
⑥ 별제권(채무자 회생 및 파산에 관한 법률 제411조)

3 유치권은 보통 어떤 이유로 주장하는 것일까?

❶ 일반적으로 공사대금을 못 받은 사람 또는 공사업체가 자신의 공사대금을 전부 돌려받을 때까지 해당 목적물을 유치 또는 점유하면서 유치권을 주장하게 되는 경우가 많다. 여기에는 건물공사대금에 대한 유치권뿐만 아니라 토지공사대금에 관한 유치권도 포함된다.
❷ 해당 목적물의 객관적 효용가치를 증대시키기 위해 지출된 비용 즉, 유익비에 대한 금액을 받지 못한 자가 목적물을 유치 또는 점유하면서 유치권을 주장하는 경우가 있다.
❸ 필요비에 대한 유치권을 주장하는 경우이다. 필요비는 유치물(점유

물)을 보존하기 위하여 지출한 금액을 말한다.

> **민법 제626조 (임차인의 상환청구권)**
> ① 임차인이 임차물의 보존에 관한 필요비를 지출한 때에는 임대인에 대하여 그 상환을 청구할 수 있다.
> ② 임차인이 유익비를 지출한 경우에는 임대인은 임대차종료 시에 그 가액의 증가가 현존한 때에 한하여 임차인이 지출한 금액이나 그 증가액을 상환하여야 한다. 이 경우에 법원은 임대인의 청구에 의하여 상당한 상환기간을 허여할 수 있다.
>
> **민법 제626조 소정의 유익비란?**
> 임차인이 임차물의 객관적 가치를 증가시키기 위하여 투입한 비용이고 필요비라 함은 임차인이 임차물의 보존을 위하여 지출한 비용을 말한다.

4 신고의무가 없는 유치권의 존재 유무를 파악하는 방법은?

유치권은 신고하지 않아도 되는 권리이므로 매수희망자는 입찰하고자 하는 경매목적물에 대한 유치권 존재 여부를 스스로 파악할 수밖에 없다. 일반적으로 유치권을 주장하는 자가 있으면 법원의 매가물건명세서, 감정평가서, 부동산현황 및 점유관계조사서 등을 참조하여 파악하게 된다.

유치권 신고는 경매개시결정기입등기 이전뿐만 아니라 이후에 하여도 상관없지만, 현황조사 시 파악이 되지 않은 유치권을 주장하는 자가 매각 후 거액의 유치권을 주장한다면 매각불허가사유가 되기도 한다. 따라서 일반적으로 입찰자는 법원의 서류를 통해 유치권의 존재 여부를 미리 파악하고 입찰을 할 수 있다.

5 유치권의 성립요건은?

유치권을 인정받기 위해선 반드시 아래의 요건을 모두 충족시켜야 한다.

❶ 반드시 타인의 목적물 그 자체로부터 발생한 채권이어야 한다. 자신 소유의 물건에 대해서는 유치권을 주장할 수 없다.
❷ 유치권을 주장하기 위해선 반드시 점유하여야 하고 그 점유는 적법해야 한다. 점유는 직접점유뿐만 아니라 간접점유도 인정이 된다.
❸ 채권이 변제기에 있어야 한다. 변제기에 도래하지 않은 동안은 유치권을 주장할 수 없다.
❹ 필요비, 유익비, 비용상환청구권을 포기한다는 특약이 없어야 한다.
❺ 유치권을 주장할 수 있는 요건이 경매개시결정기입등기 전에 성립되어 있어야 한다. 하지만 유치권을 주장하는 시기에 관한 규정은 없다.

6 인도명령 대상의 여부

❶ 유치권자는 인도명령 대상이 아니며 명도소송 대상이다. 경매법원에서는 유치권 성립 여부를 판단하지 않는다. 다만 유치권이 성립되지 않는 것이 명백할 경우, 인도명령 대상이 되기도 한다.
❷ 유치권이 허위유치권으로 의심되면 채권자는 유치권부존재확인의 소나 유치권배제신청을 할 수 있다. 유치권이 허위로 판명이 될 경우 허위 유치권신고자는 경매방해죄 등 형사처벌 대상이 될 수도 있다.

2 | 유치권 성립요건의 구체적 사항들

■ 1 타인의 물건 또는 유가증권

채무자 또는 소유자는 자신의 물건에 대하여 유치권을 주장할 수는 없다. 유치권을 주장하기 위해선 경매가 진행되는 해당 물건(부동산)이 타인의 물건이어야 하고 그 물건에 소요된 공사대금이나 필요비, 유익비에 대해서 유치권을 주장하게 된다.

❶ 공사대금채권에 대한 유치권
- 공사대금채권에 관한 유치권은 그 잔금채권 뿐만 아니라 지연손해금에 대하여도 유치권을 주장할 수 있다. 또한 공사대금채권에 대한 지연손해금과 채무불이행에 따른 손해배상청구금액도 포함하여 피담보채권으로 유치권을 주장할 수 있다.
- 유치권은 타인의 물건이어야 하므로 소유자나 채무자가 직접 공사한 공사대금에 대해선 유치권을 주장할 수 없다.
- 건물이 완공된 후 소유권이 도급인에게 속한다는 약정이 명시되어 있지 않을 경우 건축을 맡은 수급인에게 소유권이 있다 하여 유치권을 인정받지 못할 수도 있다.
- 일부분만 공사를 마무리하였다 하더라도 경우에 따라 전체 건물에 대하여 유치권 행사를 할 수가 있다.

❷ 필요비로 주장하는 대상들
- 필요비란 보통 임차인들이 건물의 수선이나 관리의 목적으로 소요된 비용을 말하는데 필요비에 대해 주장할 수 있는 경우에 대해 구

체적으로 명시되어 있는 것은 아니다.
- 필요비는 통상의 필요비와 특별한 필요비로 구분된다.

통상의 필요비: 물건 또는 물건 위의 권리를 보존함에 있어서 필요로 하는 비용
특별한 필요비: 천재지변 기타 일반적으로 예측할 수 없는 사정으로 인하여 지출하게 된 비용

- 일반적으로 전기료와 수도세는 필요비로 보지 않으며 주택에 대한 유지보존을 위해 소요된 비용이라 할지라도 그것이 통상의 필요비에 해당되며 과실을 취득한 경우에는 유치권을 주장할 수 없다.
- 점유자가 필요비·유익비 상환청구권을 행사할 수 있는 시기는 점유자가 회복자로부터 점유물의 반환을 청구받거나 회복자에게 점유물을 반환한 때에 비로소 회복자에 대하여 행사할 수 있다.
- 점유자가 점유물을 개량하기 위하여 지출한 금액 기타 유익비에 관하여는 그 가액의 증가가 현존한 경우에 한하여 회복자의 선택에 좇아 그 지출금액이나 증가액의 상환을 청구할 수 있으며 법원은 회복자의 청구에 의하여 상당한 상환기간을 허여할 수 있다(민법 제203조 참조).

❸ 유익비로 주장하는 대상들
- 유익비란 해당 목적물의 객관적 가치를 증진시키기 위하여 소요된 비용을 말한다.
- 객관적으로 그 가치가 현존하여야 인정을 받는다. 유익비는 주관적인 가치증가가 아닌 객관적으로 따져보아야 하며 자신의 영업을 위한 인테리어비용 등은 유익비로 인정받지 못한다.

- 보일러시설이나 수도공사를 한 경우에도 건물의 가치가 증가하였다면 유익비로 인정받는다.
- 임대차계약 시 유익비상환청구권을 포기한다는 약정을 하였다면 유치권을 주장할 수 없다.
- 건물의 내부시설공사인 경우, 내부시설공사가 마무리되지 않은 상태에서 공사를 한 경우는 유익비로 인정받지만 내부시설공사가 마무리된 상태에서 온돌, 주방의 타일공사, 하수도시설 등의 공사를 한 경우는 유익비로 인정받지 못할 수도 있다.
- 분리될 수 있는 간판, 신발장 설치비 등은 유익비로 인정받지 못한다.
- 임차인이 유익비를 지출하여 임대인에게 비용상환청구권을 행사하고 있는 중 임대인이 건물을 매도하여 제3자가 소유권을 취득한 후 임차인이 다시 그 건물에 유익비를 지출하였다면 두 번째 지출한 비용에 대해서는 제3자에게 임차인으로서의 유치권을 주장할 수 없고 첫 번째 비용에 대해서만 유치권을 주장할 수 있다.
- 유익비상환청구권은 점유자가 점유물을 반환할 때에 비로소 청구할 수 있다.

2 점유

❶ 유치권의 성립 필수요건은 점유이다
- 유치권을 주장하기 위해선 점유의 요건을 반드시 갖추어야 한다.
- 점유의 요건을 갖추고 있지 않다면 유치권은 인정되지 않으므로 유치권을 주장하는 자가 점유를 하였는지를 파악하는 것이 가장 중요하다.
- 점유는 소유자의 동의를 얻은 적법한 점유여야 한다.

- 중간에 점유를 상실한 경우에도 유치권을 인정받지 못한다. 다만 적법하게 재점유를 하였을 경우는 유치권을 인정받을 수 있다.

건축업자가 건물을 완공하고 나서 공사대금을 모두 변제받지 못했음에도 건축주에게 그 건물을 인도해 주었다면 다시 공사대금에 대한 유치권을 주장하기 위해 건물을 재점유하여도 건축주에게 건물을 인도해 준 당시 이미 유치권을 포기한 것으로 간주되어 유치권을 인정받지 못할 수도 있다.

❷ 점유의 형태
- 점유의 형태는 다양하다.
- 유치권을 주장하는 자가 직접점유를 한 경우뿐만 아니라 관리인이나 경비업체에 의한 간접점유도 인정이 된다.
- 문을 폐쇄하고 열쇠를 갖고 있는 것도 점유로 본다.
- 해당 물건지에 컨테이너 박스를 두고 유치권을 주장하는 것도 인정을 받는다.
- 흔히 현장에서 많이 보게 되는 점유형태는 임차인에 의한 점유인데, 소유자의 동의하에 유치권자(주장자)가 직접점유 하는 대신 임대를 놓은 것이다. 이것 또한 점유로 본다. 하지만 소유자의 동의 없이 유치권자가 임의로 임대를 한 경우는 유치권을 주장할 수 없다.

간접점유자: 직접점유자는 물건을 직접 지배하거나 또는 점유보조자를 통하여 점유하는 자를 말하는데 간접점유자는 타인의 점유를 통해 점유하는 자를 말한다.
점유보조자: 점유자의 지시에 따라 해당 물건을 점유하고 있는 자를 말한다.

❸ 유치권자의 점유회수의 소
- 유치권자가 점유이전단행가처분에 의해 점유가 제3자에게 이전이 되었거나, 또는 점유를 침탈당하여 점유회수의 소를 제기하여 승소

한 경우는 비록 그 기간 동안 직접점유 한 것이 아니더라도 점유를 한 것으로 보고 있다.
- 점유회수의 소가 제기되고 승소판결이 나지 않은 경우는 유치권자는 점유를 상실한 것으로 보고 유치권 또한 주장할 수 없게 된다.
- 유치권자는 점유회수의 소에 있어서 점유를 침탈당하기 전 점유를 하고 있었다는 것을 증명할 수 있어야 하며 점유를 회수하기 위한 청구권 행사는 1년 내에 행사하여야 한다. 즉 1년의 제척기간이 있다.

제척기간: 어떤권리에 대해 법률이 예정하는 존속기간이다. 권리의 존속기간인 제척기간이 만료하게 되면 그 권리는 소멸한다.

❹ 점유의 시기
- 유치권자가 해당 법원에 유치권 신고를 해야 하는 시기나 의무는 없다.
- 유치권을 인정받기 위해선 점유는 반드시 경매개시결정기입등기 이전에 개시되어야 한다. 그 이유는 경매개시결정기입등기는 압류의 효력이 있으므로 처분금지효력에 저촉된다 하여 이후의 유치권에 의한 점유는 인정하지 않고 있기 때문이다.
- 유치권자가 경매개시결정기입등기가 완료되었다는 사실을 모르고 점유를 개시한 경우라도 유치권을 인정해주지 않고 있다.

❺ 유치권자의 점유 파악하기
유치권자(주장자)가 적법하게 점유를 하고 있었는지에 대한 여부와 경매개시결정기입등기 이전부터 점유를 하고 있었는지를 파악하는 것은 용이한 일이 아니다. 유치권자가 경매개시결정기입등기 이전부터 점유를 하고 있었는지 파악하기 위한 자료로 흔히 참조가 되는 것이 현황조사보고서와 감정평가서에 첨부되는 사진이다. 이런 자료를 꼼꼼히 살펴 그 당시 유치권자(주장자)가 이미 점유를 하고 있었는지 파악해 볼 수 있지만 직접 현장에 가서 증거를 수집하는 것이 무엇보다 중요하다.

3 피담보채권이 존재해야 한다

❶ 피담보채권
- 유치권을 주장하기 위해선 피담보채권이 존재해야 한다.
- 피담보채권은 해당 물건이나 유가증권에 관하여 생긴 것이어야 한다.
- 유치물을 점유하면서 발생된 채권에 대해서도 유치권을 주장할 수 있다.
- 부속물에 대한 채권은 피담보채권으로 보지 않는다.
- 분리가능 한 칸막이 설치나 집기, 그리고 건물공사 중단으로 인한 토지의 정착물에 대한 공사대금 등은 건물 자체로부터 생긴 채권으로 보지 않는다.

❷ 피담보채권의 소멸
- 피담보채권이 소멸되면 유치권도 소멸된다.
- 대물변제에 의해 채권이 변제되면 피담보채권은 소멸되는 것으로 본다.
- 공사대금채권에는 3년의 단기소멸시효가 있다.
- 채권에 대한 소멸시효는 유치권 행사를 하고 있어도 중단되지 않는

다. 소멸시효의 중단을 위한 조치를 취하지 않으면 소멸시효로 인해 유치권이 인정되지 않을 수 있다.

소멸시효의 중단 조치방법
① 공사대금채권에 대해 판결을 받아두면 그 소멸시효는 10년으로 연장된다.
② 소멸시효의 중단 사유에는 가압류, 압류(유치권에 의한 경매신청도 여기에 속함), 채무자의 승인, 최고 등이 있다.

- **가압류**: 채권과 관련하여 가압류를 하게 되면 소멸시효는 중단된다.
- **압류**: 유치권에 의한 경매신청을 한 경우 경매개시가 압류의 효력이 있으므로 소멸시효의 중단으로 본다.
- **채무자의 승인**: 유치권 행사(사용 또는 임대)만 승인하였다면 유치권자의 채권의 행사로 보지 않아 채권의 소멸시효가 중단되지 않는다.
- **최고**: 최고만으론 소멸시효가 중단되지 않고 6개월 이내에 재판상의 청구, 압류, 가압류, 가처분 등의 조치를 취해야 한다.

4 채권변제기의 도래

❶ 유치권을 주장하기 위해선 채권의 변제기가 도래되어야 한다. 변제기에 도래하지 않은 채권으로는 유치권을 주장할 수 없다. 기간의 정함이 없는 채권인 경우 변제기에 상관없이 채권발생으로 인해 유치권을 주장할 수 있다.

❷ 채권의 변제기와 점유가 반드시 동시에 이루어져야 하는 것은 아니다. 채권발생 이후 점유가 개시되었다 하더라도 유치권을 주장할 수 있다.

3 | 유치권자의 권리

1 유치권자의 목적물에 대한 유치·사용의 권리

❶ 유치권자는 자신의 채권을 전액 돌려받을 때까지 유가증권이나 해당 물건을 유치할 수 있으며 보존을 위하여 사용할 수 있다. 소유자의 승낙이 있는 경우 유치물을 사용·대여 또는 담보제공을 할 수 있고, 승낙을 얻지 않더라도 보존이 필요한 범위 내에서 유치물을 사용할 수 있다(민법 제324조 2항 참조).

❷ 유치권자의 보존을 위한 사용으로 인해 발생된 이익은 부당이득으로 채무자에게 반환되어야 하지만 반환 대신 채권의 변제에 충당할 수도 있다.

2 유치권자의 경매신청권

❶ 유치권자에게는 경매신청권이 있다.

❷ 유치권자의 신청에 의한 경매는 형식적 경매이며 절차는 담보권 실행에 의한 경매방식을 따른다. 그렇다고 해도 경매의 환가대금에 대해서 우선변제 받는 것은 아니다.

3 간이변제충당권

❶ 유치권자는 간이변제충당권을 가진다.

❷ 간이변제의 충당을 하기 위해선 유치권자는 우선적 채무자에게 통지를 하고 법원의 허가를 받아야 한다.

❸ 법원의 허가가 있으면 감정가액과 채권과의 차액을 제공하고 소유권을 취득할 수 있다.

간이변제충당권: 유치권자가 일정한 요건 아래 유치물로서 직접 채권의 변제에 충당하는 것을 의미한다.

4 과실수취권

❶ 유치권자는 과실수취권을 가진다.
❷ 유치권자는 유치물의 과실을 수취하여 다른 채권보다 먼저 그 채권의 변제에 충당할 수 있다(민법 제323조).
❸ 과실에는 천연과실과 법정과실이 있는데 대표적인 법정과실은 임료이다.
❹ 소유자의 동의하에 임대를 하여 얻어진 임료는 채권의 변제에 충당할 수 있다.

민사집행법 제323조 (과실수취권)
① 유치권자는 유치물의 과실을 수취하여 다른 채권보다 먼저 그 채권의 변제에 충당할 수 있다. 그러나 과실이 금전이 아닌 때에는 경매하여야 한다.
② 과실은 먼저 채권의 이자에 충당하고 그 잉여가 있으면 원본에 충당한다.

---

5 별제권

❶ 유치권자는 별제권을 가진다.
❷ 파산재단에 속하는 재산상에 존재하는 유치권·질권·저당권 또는 전세권을 가진 자는 그 목적인 재산에 관하여 별제권을 가진다(채무자 회생 및 파산에 관한 법률 제411조).

별제권: 파산재단에 속하는 (특정)재산에 대해 다른 채권자보다 우선하여 변제받을 수 있는 권리를 말한다.

6 유치권자의 우선변제권 여부

❶ 유치권에는 원칙적으로는 우선변제권이 없지만 매수인이 인수해야 하는 권리이기 때문에 우선변제 받는 것으로 간주한다.

❷ 채무자가 파산하여 별제권을 가지는 경우, 유치권자가 유치물을 간이변제에 충당하는 경우, 유치권자가 유치물로부터 생기는 과실을 수취하여 다른 채권자보다 먼저 채권의 변제에 충당하는 경우 민법에서는 예외적으로 우선변제권이 인정된다.

4 알아두면 유용한 유치권 관련 판례들과 내용들

1 주택수리에 지출한 금원은 통상의 필요비에 해당하는가?

건물의 사용대차에서 낡은 출입문을 새로 만들고 마루문, 지붕 및 방 4개를 보수하고 상수도관이 삭아서 새로 바꾸고 정원과 마당을 일부 보수한 것은 주택의 유지보존을 위한 통상의 필요비에 해당되어 차주가 부담할 것이다. (서울고법 1976.7.23. 선고 75나1886판결 참조)

피고는 그가 본건 주택에 입주하기 직전인 1972. 4. 하순경 본건 주택은 붕괴 직전에 있었던 낡은 건물이어서 그로부터 같은 해 5. 20.까지 사이에 목욕실 신설공사, 온돌방 4개 개수공사, 부엌개조 및 타일 부착, 변소개조공사, 출입문 확장 및 창호, 문짝교환공사, 철책 신설 및 전기보수공사, 상수도 파이프 배관공사, 주변 콘크리트 포장 및 하수도공사, 정원 조경공사 등으로 금 930,000원을 지출하였으니 피고는 본건 주택수리에 지출한 위 금원을 유익비로서 위 비용의 상환을 받을 때까지 유치권을 행사한다고 주장하므로 살피건대, 당심증인 소외 1, 2의 각 일부 증언에 의하면, 피고가 본건 주택에 입주하기 직전 또는 입주 도중에 본건 주택에 출입문이 낡아서 새로 만들어 달았고, 마루문을 보수하였으며 지붕의 기와 및 방 4개을 보수하였고, 상수도 파이프가 삭아서 바꾸어 시설하였으며 정원과 마당을 일부 보수한 사실은 각 인정되나 위와 같은 정도의 보수 및 개수공사비용은 본건 주택의 유지보존을 위한 통상의 필요비에 지나지 아니한다 할 것이어서 이는 원·피고 사이에 특단의 약정이 없는 한 본건 주택의 차주인 피고가 부담해야 할 것이므로(민법 제611조 1항) 피고가 본건 주택에 지출한 위 비용이 필요비가 아닌 유익비가 되는 것임을 전제로 한 피고의 위 유치권 항변은 이유 없다 할 것이다.

그렇다면 원고의 본소청구는 이유 있어 인용할 것인바 이와 결론을 같이한 원판결은 정당하고 이에 대한 피고의 항소는 이유 없어 기각하기로 하고, 소송비용의 부담 및 가집행선고에 관하여는 민사소송법 제95조, 제89조, 제199조를 각 적용하여 주문과 같이 판결한다.

2 통상의 보수 상당 금액을 필요비 또는 유익비로 청구할 수 있는가?

직업 또는 영업에 의하여 유상으로 일하는 사람이 그 직업 또는 영업의 범위 내에서 타인의 사무를 관리한 경우, 통상의 보수 상당 금액을 필요비 또는 유익비로 청구할 수 있는지 여부(적극) (대판 2010.1.14. 2007다55477 참조)

그 통상의 보수에 상응하는 금액을 필요비 내지 유익비로 청구할 수 있다고 봄이 타당하고, 이 경우 통상의 보수의 수준이 어느 정도인지는 거래관행과 사회통념에 의하여 결정하되, 관리자의 노력의 정도, 사무관리에 의하여 처리한 업무의 내용, 사무관리 본인이 얻은 이익 등을 종합적으로 고려하여 판단하여야 한다.

다만, 사무관리 제도는 사회생활에서의 상호부조의 이상에 터 잡은 것으로서, 사무관리가 성립하기 위해서는 우선 그 사무가 타인의 사무이고 타인을 위하여 사무를 처리하는 의사, 즉 관리의 사실상의 이익을 타인에게 귀속시키려는 의사가 있어야 함은 물론 그 사무의 처리가 본인에게 불리하거나 본인의 의사에 반한다는 것이 명백하지 아니할 것을 요하는바(대결 1997.10.10.선고 97다26326 참조), 특히 관리자가 본인의 사무를 관리하게 된 주된 의도나 목적이 사무관리에 따른 보수를 지급받아 자신의 경제적 이익을 추구하고자 하는 데 있는 것으로 볼 수 있는 경우에는, 위와 같은 경제적 이익의 추구라고 하는 동기 때문에 관리자가 타인의 생활관계에 지나치게 개입함으로써 사적 자치의 원칙을 훼손시키고 오히려 사회적 상호부조의 이상에도 반할 우려가 있으므로, 이러한 경우 관리자에게 사무관리에 따른 비용청구권이 있는지를 판단함에 있어서는 그 사무의 처리가 본인의 이익과 의사에 부합하는지 여부 등 사무관리 성립요건의 충족 여부에 관하여 보다 엄격하고도 신중한 판단이 이루어져야 할 것이다.

위 법리에 비추어 원심판결의 이유를 이 사건 기록과 대조하여 보면, 유상으로 일하는 관리자의 직업 내지 영업의 범위 내에서 사무관리가 이루어졌다면 관리자는 통상의 보수도 함께 청구할 수 있다고 보고 이 사건 계약에서 정하여진 건설폐기물처리비용 단가에 기초하여 위 초과 건설폐기물의 처리비용을 산출한 원고의 청구를 받아들인 원심의 판단은 수긍할 수 있고, 거기에 상고이유에서 주장하는 바와 같은 사무관리자의 비용상환청구권에 대한 법리오해 또는 심리미진 등 위법이 없다.

3 유치권 행사로 인한 임차건물을 사용·수익 한 임차인은 부당이득을 취한 것인가?

동시이행의 항변권 또는 유익비상환청구권에 의한 유치권을 행사하여 가옥을 사용·수익 한 경우에는 임료상당의 금원을 부당이득한 것으로 본다(대판 1963.7.11. 63다235 참조).

4 기계수리비 등이 통상의 필요비에 포함되는가?

기계의 점유자가 그 기계장치를 계속 사용함에 따라 마모되거나 손상된 부품을 교체하거나 수리하는 데에 소요된 비용은 통상의 필요비에 해당하고, 그러한 통상의 필요비는 점유자가 과실을 취득하면 회복자로부터 그 상환을 구할 수 없다(대판 1996.7.12. 95다41161, 41178 참조).

5 타인의 부동산을 반환하지 않고 유치, 점유하고 있으면 주거침입죄나 횡령죄에 속하는가?

❶ 주거침입죄 여부: 타인의 부동산을 적법하게 점유한 경우는 주거침입죄에 속하지 않지만 불법으로 점유를 하게 된 경우라면 주거침입죄 등으로 고소당할 수 있다.
❷ 공사 중 건물에 대하여 경매가 진행된 경우: 공사업체 사람들이 공사를 위해 점유를 하고 있었다면 이미 소유자의 동의하에 적법하게 점유를 하고 있는 셈이 된다.
❸ 횡령죄 여부: 적법하게 유치물을 유치하고 있으면 반환에 대한 거절을 하더라도 횡령죄로 보지 않는다.

6 관리비에 대해서도 유치권 주장이 가능한가?

❶ 체납된 관리비는 매수인이 인수해야 하지만 전용부분을 제외한 공용부분에 대한 관리비만을 승계하는 것이 원칙이다.
❷ 공용관리비에 대해서 유치권의 피담보채권으로 유치권을 주장할 수 있다.

7 유익비는 필요비와 달리 상환기간을 허여한다는 의미는?

❶ 유익비에 대해 상환기간을 허여한다는 것은 유치권자가 상대방이 자력이 없는 것을 이용하여 고의로 고액의 유익비를 지출하고 상대방의 반환청구권 행사를 방해하는 것을 막기 위하여 법원에서 상대방의 청구로 상환에 대해 일정한 기간을 유예해 주는 것을 의미한다.

❷ 만약 상환청구권이 변제기에 이르지 않았다면 유치권을 행사할 수 없게 된다.

❸ 점유를 인도하고 난 후 상환기간이 지났다면 유치권자는 다시 유치권을 주장할 수 있는 기회를 상실하게 된다.

8 임대인의 동의 없이 지출된 유익비가 인정이 되는지의 여부

임대인의 동의 없이 지출된 유익비라도 건물의 객관적 가치를 증대시킨 경우라면 유익비로 인정받을 수도 있다.

9 건물 신축공사를 도급받은 수급인이 사회통념상 독립한 건물이 되지 못한 정착물을 토지에 설치한 상태에서 공사가 중단된 경우

건물의 신축공사를 한 수급인이 그 건물을 점유하고 있고 또 그 건물에 관하여 생긴 공사금채권이 있다면, 수급인은 그 채권을 변제받을 때까지 건물을 유치할 권리가 있는 것이지만, 건물의 신축공사를 도급받은 수급인이 사회통념상 독립한 건물이라고 볼 수 없는 정착물을 토지에 설치한 상태에서 공사가 중단된 경우에 위 정착물은 토지의 부합물에 불과하여 이러한 정착물에 대하여 유치권을 행사할 수 없는 것이고, 또한 공사중단 시까지 발생한 공사금채권은 토지에 관하여 생긴 것이 아니므로 위 공사금채권에 기하여 토지에 대하여 유치권을 행사할 수도 없는 것이다(대결 2008.5.30. 자2007마98 참조).

단 대지의 콘크리트포장비, 토목설계비, 옹벽공사비 등 토지의 가치를 증가시킨 경우는 유익비로써 토지에 대한 유치권을 주장할 수 있다.

10 채무자가 다른 사람을 대신하여 유치권을 주장하는 경우

채무자 자신이 직접점유 하거나, 유치권자를 대신하여 점유보조자로 점유하는 경우는 유치권을 주장할 수 있는 적법한 점유로 보지 않는다(대판 2008.4.11. 2007다27236 참조).

11 유치권을 주장하는 자가 경매개시결정기입등기 이후에 신고하였다면?

유치권의 요건은 경매개시결정기입등기 전(압류의 효력이 발생하기 전)에 갖추어야 하지만 유치권을 주장하는 시기가 정해져 있는 것은 아니다. 따라서 점유를 경매개시결정기입등기 전에 개시하고 적법하게 유치권 행사를 한다면 경매개시결정기입등기 이후에 신고를 하였다 하더라도 유치권을 주장할 수 있다.

12 유치권 취득시기가 근저당권 설정 후라면?

부동산의 경매절차에서의 매수인은 민사집행법 제91조 5항에 따라 유치권자에게 그 유치권으로 담보하는 채권을 변제할 책임이 있는 것이 원칙이나, 채무자 소유의 건물 등 부동산에 경매개시결정의 기입등기가 경료되어 압류의 효력이 발생한 후에 채무자가 위 부동산에 관한 공사대금채권자에게 그 점유를 이전함으로써 그로 하여금 유치권을 취득하게 한 경우, 그와 같은 점유의 이전은 목적물의 교환가치를 감소시킬 우려가 있는 처분행위에 해당하여 민사집행법 제92조 1항, 제83조 4항에 따른 압류의 처분금지효력에 저촉되므로 점유자로서는 위 유치권을 내세워 그 부동산에 관한 경매절차의 매수인에게 대항할 수 없다. 그러나 이러한 법리는 경매로 인한 압류의 효력이 발생하기 전에 유치권을 취득한 경우에는 적용되지 아니하고, 유치권 취득시기가 근저당권 설정 후라거나 유치권 취득 전에 설정된 근저당권에 기하여 경매절차가 개시되었다고 하여 달리 볼 것은 아니다(대판 2009.1.15. 2008다70763 참조).

13 최고가매수신고인이 정해진 후 유치권을 주장하는 자가 나타난다면?

매각물건명세서나 현황조사서에 나타나지 않는 유치권신고자일지라도 유치권을 주장할 수 있다. 이런 유치권을 주장하는 자가 있는 경우 입찰 전 부동산현황에 대한 조사를 제대로 하지 않은 매수인에게 책임이 있다. 하지만 실무에선 현황조사시 파악되지 않은 유치권자가 있는 경우 매각불허가신청을 받아 주기도 한다(대결 2005.8.8. 자 2005마643 참조).

14 임차인이 임대차계약의 해제·해지 후에도 건물을 점유하고 있는 그 기간 동안 필요비나 유익비를 지출하였을 경우 유치권을 주장할 수 있는가?

❶ 임차인이 임대차종료 후에 그 비용상환청구권을 위하여 목적물을 유치한 때에는 임료상당액을 법정과실에 준하여 채권의 변제에 충당할 수 있다.

❷ 임대차가 존속 중에는 유익비상환청구권의 이행기가 도래하지 않아 유치권은 성립되지 않는다. 따라서 임대차가 종료되었을 때 유치권도 비로소 성립된다.
❸ 법원이 그 상환에 관하여 상당한 유예기간을 허여한 때에는 유치권은 생기지 않는다.

15 임대차계약 당시 원상회복의무 등의 약정을 했을 경우

임차인이 임대차계약 당시 원상회복의무 등의 약정이 있는 경우 유치권을 포기한 것으로 간주한다.

16 점유가 불법행위에 의해서 개시되었다는 것은 누가 입증하여야 하는가?

점유(개시)가 불법임을 주장하는 당사자(예: 매수인, 다른 채권자)가 입증하여야 한다.

17 건물 신축공사 중 공사도급계약이 도급인의 해제통고로 해제된 경우라면?

건물 신축공사 중 공사도급계약이 도급인에 의해 해제된 경우라면 완성된 부분에 대한 소유권은 수급인에게 있어 공사대금청구에 대한 유치권은 주장할 수 없다는 견해가 있다. 하지만 완성된 건축물의 경우 대부분 도급인의 소유로 인정되며 수급인은 유치권을 주장할 수 있게 된다. 다만 도급인이 해제통고를 하였는데 등기할 수 없는 미완성 부분이 있다면 그 부분에 대해서는 수급인이 유치권 주장을 못할 수도 있다.

도급인: 건축주(건물주)
수급인: 건축업자(공사업자)

건물건축의 도급계약에 있어서 건물소유권의 귀속관계

일반적으로 자기의 노력과 재료를 들여 건물을 건축한 사람이 그 건물의 소유권을 원시취득 하는 것이지만, 도급계약에 있어서는 수급인이 자기의 노력과 재료를 들여 건물을 완성하더라도 도급인과 수급인 사이에 도급인 명의로 건축허가를 받아 소유권보존등기를 하기로 하는 등 완성된 건물의 소유권을 도급인에게 귀속시키기로 합의한 것으로 보일 경우에는 그 건물의 소유권은 도급인에게 원시적으로 귀속된다(대판 2003.12.18. 98다43601 참조).

18 유치권자는 토지소유자에게 대항할 수 있는가?

토지만 매각되는 경우 건물에 대한 유치권을 주장하는 자는 새로운 토지소유자에게 유치권을 주장할 수 없다.

19 유치권을 주장하는 자가 유치물에 거주하는 것이 보존에 필요한 행위에 속한다고 볼 것인가?

공사대금채권에 기하여 유치권을 행사하는 자가 스스로 유치물인 주택에 거주하며 사용하는 것이 유치물의 보존에 필요한 사용에 해당하는지 여부(적극) 및 이 경우 차임 상당 이득을 소유자에게 반환할 의무가 있는지 여부(적극) (대판 2009.9.24. 2009다40684 참조)

민법 제324조에 의하면, 유치권자는 선량한 관리자의 주의로 유치물을 점유하여야 하고, 소유자의 승낙 없이 유치물을 보존에 필요한 범위를 넘어 사용하거나 대여 또는 담보제공을 할 수 없으며, 소유자는 유치권자가 위 의무를 위반한 때에는 유치권의 소멸을 청구할 수 있다고 할 것인바, 공사대금채권에 기하여 유치권을 행사하는 자가 스스로 유치물인 주택에 거주하며 사용하는 것은 특별한 사정이 없는 한 유치물인 주택의 보존에 도움이 되는 행위로서 유치물의 보존에 필요한 사용에 해당한다고 할 것이다. 그리고 유치권자가 유치물의 보존에 필요한 사용을 한 경우에도 특별한 사정이 없는 한 차임에 상당한 이득을 소유자에게 반환할 의무가 있다.

20 유치권자가 유치물에 대한 필요비를 지출한 때에 소유자에게 그 상환을 청구할 수 있을까?

❶ 유치권자가 유치물에 관하여 필요비를 지출한 때에는 소유자에게 그 상환을 청구할 수 있다(민법 제325조).

❷ 점유자가 점유물을 반환할 때에는 회복자에 대하여 점유물을 보존하기 위하여 지출한 금액 기타 필요비의 상환을 청구할 수 있지만 점유자가 과실을 취득한 경우에는 통상의 필요비는 청구하지 못한다(민법 제203조).

21 집합건물의 관리비는 필요비에 해당한다. 그렇다면 공용부분 관리비에 대한 연체료도 포함이 되는가?

체납된 공용부분 관리비는 승계되지만 공용부분 관리비에 대한 연체료는 집합건물의 특별 승계인에게 승계되는 공용부분 관리비에 포함되지 않는다(대결 2006.6.29. 2004다3598, 3604 참조).

체납관리비의 승계
집합건물의 체납관리비는 공용부분에 한하여 승계된다. 또한 관리비채권은 3년의 단기소멸시효를 가지므로 집합건물의 공용부분 관리비의 3년분의 원금에 한하여 승계책임이 있다. 관리비가 공용부분에 해당하는지 여부를 따져보는 기준시점은 건축물대장에 구분건물로 등록된 시점이다.

22 임차인은 자신의 영업을 위한 인테리어 비용에 대해 유치권을 주장할 수 있는가?

임차인 자신의 영업을 위한 실내 인테리어 비용은 유익비로 인정되지 않아 유치권 대상이 아니다.

23 칸막이공사에 대해 유치권을 행사할 수 있는가?

부속물 설치에 소요된 공사비채권은 건물에 종속되므로 유치권을 행사할 수 없다.

24 국유지정문화재에 대해 유치권을 주장할 수 있는가?

국유지정문화재는 유치권을 주장할 수 있는 대상이 아니다(광주고법 1967.6.7.선고 66나325 제1민사부판결 참조).

25 다세대주택의 창호 등의 공사를 완성한 하수급인이 공사대금채권 잔액을 변제받기 위하여 다세대주택 중 한 세대를 점유하여 유치권을 행사하는 경우, 그 유치권은 한 세대에 대하여 시행한 공사대금만이 아니라 다세대주택 전체에 대하여 시행한 공사대금채권의 잔액 전부를 피담보채권으로 하여 성립한다고 본 사례

(대판 2007.9.7. 2005다16942 참조)

| 판시사항 |

[1] 민법 제320조 1항에 정한 유치권의 피담보채권인 '그 물건에 관하여 생긴 채권'의 범위 및 민법 제321조에 정한 유치권의 불가분성이 그 목적물이 분할가능하거나 수개의 물건인 경우에도 적용되는지 여부(적극)

[2] 다세대주택의 창호 등의 공사를 완성한 하수급인이 공사대금채권 잔액을 변제받기 위하여 위 다세대주택 중 한 세대를 점유하여 유치권을 행사하는 경우, 그 유치권은 위 한 세대에 대하여 시행한 공사대금만이 아니라 다세대주택 전체에 대하여 시행한 공사대금채권의 잔액 전부를 피담보채권으로 하여 성립한다고 본 사례

| 판결요지 |

[1] 민법 제320조 1항에서 '그 물건에 관하여 생긴 채권'은 유치권제도 본래의 취지인 공평의 원칙에 특별히 반하지 않는 한 채권이 목적물 자체로부터 발생한 경우는 물론이고 채권이 목적물의 반환청구권과 동일한 법률관계나 사실관계로부터 발생한 경우도 포함하고, 한편 민법 제321조는 "유치권자는 채권 전부의 변제를 받을 때까지 유치물 전부에 대하여 그 권리를 행사할 수 있다."고 규정하고 있으므로, 유치물은 그 각 부분으로써 피담보채권의 전부를 담보하며, 이와 같은 유치권의 불가분성은 그 목적물이 분할 가능하거나 수개의 물건인 경우에도 적용된다.

[2] 다세대주택의 창호 등의 공사를 완성한 하수급인이 공사대금채권 잔액을 변제받기 위하여 위 다세대주택 중 한 세대를 점유하여 유치권을 행사하는 경우, 그 유치권은 위 한 세대에 대하여 시행한 공사대금만이 아니라 다세대주택 전체에 대하여 시행한 공사대금채권의 잔액 전부를 피담보채권으로 하여 성립한다고 본 사례.

1. 민법 제320조 제1항은 "타인의 물건 또는 유가증권을 점유한 자는 그 물건이나 유가증권에 관하여 생긴 채권이 변제기에 있는 경우에는 변제를 받을 때까지 그 물건 또는 유가증권을 유치할 권리가 있다."라고 규정하고 있는바, 여기서 '그 물건에 관하여 생긴 채권'이라 함은, 위 유치권제도 본래의 취지인 공평의 원칙에 특별히 반하지 않는 한, 채권이 목적물 자체로부터 발생한 경우는 물론이고 채권이 목적물의 반환청구권과 동일한 법률관계나 사실관계로부터 발생한 경우도 포함한다고 할 것이고, 한편 민법 제321조는 "유치권자는

채권 전부의 변제를 받을 때까지 유치물 전부에 대하여 그 권리를 행사할 수 있다."고 규정하고 있으므로, 유치물은 그 각 부분으로써 피담보채권의 전부를 담보한다고 할 것이며, 이와 같은 유치권의 불가분성은 그 목적물이 분할 가능하거나 수개의 물건인 경우에도 적용된다고 할 것이다.

2. 원심판결 이유에 의하면, 원심은 당사자 사이에 다툼 없는 사실 내지는 그 채용 증거들에 의하여, 서울 은평구 갈현1동(각 지번 생략)의 각 토지소유자들을 대표한 소외 1은 2002. 2. 1. 소외 2에게 위 각 토지상에 7동 총 56세대 규모의 다세대주택을 재건축하는 공사를 도급하였고, 피고는 2002. 7.경 위 소외 2로부터 위 재건축공사 중 창호, 기타 잡철 부분 공사(이하 '이 사건 공사'라 한다)를 하도급 받은 사실, 피고는 2003. 5.경 이 사건 공사를 완료하였는데 위 소외 2가 총 공사대금 267,387,000원 중 110,000,000원만을 지급하고 나머지 157,387,000원을 지급하지 아니하자 그 무렵 원심판결 별지 목록 기재 부동산(신축된 다세대주택 중 구분소유권의 목적인 한 세대이다. 이하 '이 사건 주택'이라 한다)을 점유하기 시작하였고, 2003. 5. 13. 위 소외 1에게 공사대금채권에 기하여 이 사건 주택을 포함한 7세대의 주택에 대하여 유치권을 행사한다는 통지를 하였으며, 원심 변론종결일 현재 나머지 주택에 대한 점유는 상실하고 이 사건 주택만을 점유하고 있는 사실, 이 사건 주택에 대한 공사대금은 합계 3,542,263원인 사실, 한편 원고는 2003. 4. 25. 이 사건 주택에 관하여 소외 3 등과 공유로 소유권보존등기를 마쳤다가 2003. 12. 3. 다른 공유자들의 지분을 모두 이전받아 이를 단독소유하게 된 사실을 인정하였다.

나아가 원심은, 피고는 위 소외 2로부터 하도급 받은 이 사건 공사에 관하여 아직 변제받지 못한 공사대금채권이 남아 있고, 소외 2에 대한 위 공사대금채권은 이 사건 주택에 관하여 생긴 채권에 해당하며, 피담보채권의 채무자 아닌 제3자 소유의 물건이라고 하더라도 피담보채권과 유치물 사이의 견련성이 인정되는 이상, 피고는 소외 2에 대한 이 사건 공사대금채권을 피담보채권으로 하여 이 사건 주택에 대한 유치권을 행사할 수 있다고 판단한 후, 이 사건 주택으로 담보되는 피담보채권액에 관하여는, 유치물의 소유자가 제3자인 경우에는 그 제3자의 희생이 어느 정도 불가피한 점에 비추어, 비록 채권자가 적법한 권원에 기하여 유치권을 행사하고 있다고 하더라도 그 행사범위는 공평의 원칙상 당해 채권과 유치권자가 점유하고 있는 특정한 물건과의 견련성이 인정되는 범위로 엄격히 제한될 필요성이 있는 점, 민법 제320조 규정의 문언 자체의 해석에 의하더라도 타인 소유의 특정한 물건을 점유하고 있는 자는 그 특정한 물건에 관하여 생긴 채권에 대하여만 유치권을 행사할 수 있는 것으로 해석되고, 이 사건 주택은 구분건물로서 다른 55세대의 주택과는 구별되어 독립한 소유권의 객체가 되는 특정한 부동산인 점 등에 비추어, 독립한 특정물로서의 이 사건 주택을 담보로 성립하는 피고의 유치권은 피고가 시행한 이 사건 공사에 대한 나머지 공사대금 전부에 해당하는 157,387,000원이 아니라, 피고가 점유하고 있는 이 사건 주택에 대하여 시행한 공사대금 3,542,263원만을 피담보채권으로 하여 성립한다고 봄이 상당하다고 판단하여, 피고에 대하여 소외 2로부터 위 3,542,263원을 지급받음과 동시에 이 사건 주택을 인도할 것을 명하였다.

3. 그러나 위와 같은 원심의 판단은 다음과 같은 이유로 수긍하기 어렵다.

앞에서 본, 민법상 유치권에 있어서의 채권과 목적물과의 견련관계 및 유치권의 불가분성에 관한 법리에 비추어 보면, 원심의 인정 사실에 의하더라도 이 사건 공사계약은 위 다세대주택에 대한 재건축공사 중 창호와 기타 잡철 부분을 일괄적으로 하도급 한 하나의 공사계약임을 알 수 있고, 또 기록에 의하면, 이 사건 공사계약 당시 공사대금은 구분건물의 각 동·호수 별로 구분하여 지급하기로 한 것이 아니라 이 사건 공사 전부에 대하여 일률적으로 지급하기로 약정되어 있었고, 그 공사에는 각 구분건물에 대한 창호, 방화문 등뿐만 아니라 공유부분인 각 동의 현관, 계단 부분에 대한 공사 등이 포함되어 있으며, 위 소외 2가 피고에게 이 사건 공사대금 중 일부를 지급한 것도 특정 구분건물에 관한 공사대금만을 따로 지급한 것이 아니라 이 사건 공사의 목적물 전체에 관하여 지급하였다는 사정을 엿볼 수 있는바, 이와 같이 이 사건 공사의 공사대금이 각 구분건물에 관한 공사부분별로 개별적으로 정해졌거나 처음부터 각 구분건물이 각각 별개의 공사대금채권을 담보하였던 것으로 볼 수 없는 이상, 피고가 소외 2에 대하여 가지는 이 사건 공사 목적물(7동의 다세대주택) 전체에 관한 공사대금채권은 피고와 소외 2 사이의 하도급계약이라는 하나의 법률관계에 의하여 생긴 것으로서 그 공사대금채권 전부와 공사목적물 전체 사이에는 견련관계가 있다고 할 것이고, 피고가 2003. 5.경 이 사건 공사의 목적물 전체에 대한 공사를 완성하여 이를 점유하다가, 현재 나머지 목적물에 대하여는 점유를 상실하고 이 사건 주택만을 점유하고 있다고 하더라도, 유치물은 그 각 부분으로써 피담보채권의 전부를 담보한다고 하는 유치권의 불가분성에 의하여 이 사건 주택은 이 사건 공사로 인한 공사대금채권 잔액 157,387,000원 전부를 담보하는 것으로 보아야 할 것이고, 그렇게 보는 것이 우리 민법상 공평의 견지에서 채권자의 채권확보를 목적으로 법정담보물권으로서의 유치권제도를 둔 취지에도 부합한다고 할 것이다. .

그럼에도 불구하고, 원심은 그 내세운 사정만으로 피고의 유치권이 피고가 이 사건 주택 한 세대에 대하여 시행한 공사대금 3,542,263원만을 피담보채권으로 하여 성립한다고 판단하고 말았으니, 원심판결에는 민법상 유치권에 있어서의 채권과 목적물 사이의 견련관계 및 유치권의 불가분성 등에 관한 법리를 오해함으로써 판결 결과에 영향을 미친 위법이 있다고 할 것이다. 이 점을 지적하는 상고이유의 주장은 이유 있다.

4. 그러므로 나머지 상고이유에 대하여 판단할 필요 없이 원심판결 중 피고 패소 부분을 파기하고, 그 부분 사건을 다시 심리·판단하게 하기 위하여 원심법원에 환송하기로 하여 관여 법관의 일치된 의견으로 주문과 같이 판결한다.

26 동시이행의 항변권 또는 유익비상환청구권에 의한 유치권을 행사하여 가옥을 사용·수익한 경우 임료 상당의 금원을 부당이득한 것으로 보는가?

동시이행의 항변권 또는 유익비상환청구권에 의한 유치권을 행사하여 가옥을 사용·수익한 경우에는 임료 상당의 금원을 부당이득 한 것으로 본다(대판 1963.7.11. 63다235 참조).

27 아파트공급계약 체결 당시 분양대금이 완납된 세대에 대하여 유치권을 행사하지 않기로 하는 묵시적인 특별 합의가 있는 경우

【서울동부지법 2009.6.26.선고 2008가합13140판결】

[1] 민법 제320조 제1항에서 유치권의 피담보채권으로 규정하는 '그 물건에 관하여 생긴 채권'의 범위 및 유치권의 불가분성이 그 목적물이 분할 가능하거나 수개의 물건인 경우에도 적용되는지 여부(원칙적 적극)

[2] 아파트신축공사를 도급받은 시공사가 공사대금 잔액을 지급받기 위하여 아파트 한 세대를 점유하여 유치권을 행사한 사안에서, 아파트 공급계약 체결 당시 분양대금이 완납된 세대에 대하여 유치권을 행사하지 않기로 하는 묵시적인 특별합의가 있었음이 인정되므로 위 유치권의 피담보채권의 범위는 해당 세대의 미지급 분양대금에 한정된다고 본 사례

| 판결요지 |

[1] 민법 제320조 제1항에서 규정하는 '그 물건에 관하여 생긴 채권'은 유치권 제도 본래의 취지인 공평의 원칙에 특히 반하지 않는 한 채권이 목적물 자체로부터 발생한 경우는 물론이고 채권이 목적물의 반환청구권과 동일한 법률관계나 사실관계로부터 발생한 경우도 포함하고, 민법 제321조는 "유치권자는 채권 전부의 변제를 받을 때까지 유치물 전부에 대하여 그 권리를 행사할 수 있다"고 규정하고 있으므로, 유치물은 그 각 부분으로써 피담보채권의 전부를 담보하며, 이와 같은 유치권의 불가분성은 그 목적물이 분할 가능하거나 수개의 물건인 경우에도 적용됨이 원칙이다. 그러나 한편, 유치권은 당사자 사이의 합의에 의하여 얼마든지 포기할 수 있으므로, 채권 발생이 여러 개의 물건과 사이에 견련관계가 인정된다 하더라도 당사자 사이에 그 물건의 하나에 관하여 직접 관련되어 발생한 채권에 한하여 유치권을 인정하기로 하는 특별한 합의가 있는 경우에는 유치권의 행사는 그 범위로 제한되고, 위와 같은 합의는 명시적인 것은 물론 묵시적인 것으로도 가능하다.

[2] 아파트신축공사를 도급받은 시공사가 공사대금 잔액을 지급받기 위하여 아파트 한 세대를 점유하여 유치권을 행사한 사안에서, 아파트공급계약 체결 당시 시공사가 각 수분양자로부터 해당 세대의 분양대금을 전액 지급받으면 그 세대를 인도하여 주기로 함으로써 다른 세대에 관하여 발생한 공사대금채권을 확보한다는 명목으로 분양대금이 완납된 세대에 대하여 유치권을 행사하지 않기로 하는 묵시적인 특별합의가 있었음이 인정되므로 위 유치권의 피담보채권의 범위는 해당 세대의 미지급 분양대금에 한정된다.

제8장 — 알쏭달쏭 OX문제

01 유치권은 경매의 환가대금에서 직접 변제받을 수 있는 담보물권이다. (　)

02 유치권의 필수요건인 점유는 관리인이나 경비업체에 의한 간접점유도 인정이 된다. (　)

03 유치권자에게는 경매신청권이 있다. (　)

04 유치권신고는 경매개시결정기입등기 전에 갖추어야 한다. (　)

05 유치권자는 명도소송대상이지만 유치권이 허위임을 명백히 밝힐 수 있으면 인도명령대상이 될 수 있다. (　)

정답 및 해설

01 X 유치권은 직접 변제받을 수는 없다. 하지만 대금을 변제받을 때까지 건물을 계속 점유할 수 있어 담보물권적 성격을 지닌 것으로 본다. (법정담보물권)
02 O
03 O
04 X 유치권신고는 기간의 정함도 없고 의무도 아니다. 하지만 경매개시결정기입등기 전까지 유치권의 성립요건을 갖추어야 한다.
05 O

제8장 — 주관식 문제

01 유치권을 인정받기 위해서는 그 성립요건들을 언제까지 갖추어야 하는가?

02 유치권자가 경매개시결정기입등기 전부터 적법하게 점유를 하고 있었는지 파악하기 위한 자료로 흔히 참조가 되는 두 가지 법원서류는 무엇인가?

03 경락 후 갑자기 현장조사서와 같은 서류상에도 나타나지 않은 유치권을 주장하는 자가 나타난다면 매수인이 취할 수 있는 방법은?

04 공사대금채권의 단기소멸시효는 몇 년인가?

05 해당 목적물의 객관적 가치를 증진시키기 위하여 소요된 비용을 무엇이라고 하는가?

정답 및 해설

01 경매개시결정기입등기 전까지 갖추어야 한다.
02 현황조사보고서와 감정평가서
03 매각불허가신청을 한다.
04 3년(공사대금채권에 판결을 받아두면 그 소멸시효는 10년으로 연장된다.)
05 유익비

제8장 — 객관식 문제

01 유치권과 관련이 없는 것은?

① 유치권은 등기되지 않는 권리이다.
② 법원에 반드시 신고해야 하는 권리이다.
③ 말소기준권리의 순위와 상관없이 매수인이 인수해야 한다.
④ 유치권자는 경매를 신청할 수 있는 권한이 있다.
⑤ 유치권은 담보물권적 성격을 지닌다.

정답 ▶ ② 법원에 반드시 신고해야 하는 권리는 아니다.

02 해당 부동산에 유치권이 있는지 알아보는 방법으로 가장 바람직하지 않은 것은?

① 법원의 매각물건명세서, 감정평가서, 부동산현황 및 점유관계조사서 등을 살펴본다.
② 등기부에 유치권이 등기되어 있는지 확인해본다.
③ 현장을 찾아가 점유하고 있는 사람을 만나본다.
④ 감정평가시점의 사진 등을 살펴본다.
⑤ 법원의 문건, 송달내역에 유치권자의 신고서 제출이나 유치권자에 대한 송달 여부를 살펴본다.

정답 ▶ ② 유치권은 등기되지 않는 권리이다.

03 유치권자가 가지는 권리가 아닌 것은?

① 경매신청권   ② 간이변제충당권
③ 저당권   ④ 비용상환청구권
⑤ 인도거절권

정답 ▶ ③

04 다음 중 유치권의 성립요건이 될 수 없는 것은?

① 타인의 목적물 그 자체로부터 발생한 채권이어야 한다.
② 반드시 점유하여야 하고 그 점유는 적법해야 한다.
③ 채권이 변제기에 있어야 한다.
④ 유치권을 주장할 수 있는 요건이 경매개시결정기입등기 전에 성립되어야 한다.
⑤ 필요비, 유익비, 비용상환청구권을 포기한다는 특약이 있어야 한다.

정답 ▶ ⑤ 필요비, 유익비, 비용상환청구권을 포기한다는 특약이 없어야 한다.

05 다음 중 유치권을 주장할 수 없는 것을 모두 고르시오.

> 가. 공사대금채권
> 나. 임차인의 보증금반환청구권
> 다. 권리금반환청구권
> 라. 임차인의 필요비·유익비 상환청구권
> 마. 부속물 매수청구권
> 바. 채무불이행에 의한 손해배상청구권

① 가, 나, 다   ② 나, 다, 라   ③ 다, 라, 마   ④ 라, 마, 바   ⑤ 나, 다, 마

정답 ▶ ⑤

〈06~07〉 아래는 유치권에 대한 민법 제320조 1항이다. 다음 물음에 답하시오.

> 유치권이란,
> ⓐ타인의 물건 또는 유가증권을 ⓑ점유한 자는 그 물건이나 유가증권에 ⓒ관하여 생긴 ⓓ채권이 변제기에 있는 경우에는 변제를 받을 때까지 그 물건 또는 유가증권을 ⓔ유치할 권리가 있다.

06 위에서 ⓒ에 대한 구체적인 설명으로 옳지 않은 것을 고르시오.
① 채권이 물건 자체에 의해 발생한 것이야 한다는 것이다.
② 채권이 물건의 반환청구권과 동일한 법률관계나 사실관계로부터 발생한 경우까지 포함된다.
③ 해당 물건을 점유하고 있는 상태에서 발생한 채권일 경우에만 해당한다.
④ 채권이 해당 물건에 관하여 생긴 채권이라도 신의성실의 원칙에 반할 경우는 유치권이 인정되지 않는다.
⑤ A건물의 공사비에 대한 유치권을 주장하는 자가 A건물 소유자의 다른 건물에 대하여 유치권을 주장할 수는 없다.

정답 ▶ ③

07 위의 ⓒ와 관련하여 유치권을 인정받기 어려운 경우를 모두 고르시오.
① 건물의 부속물 설치에 소요된 공사비채권에 대하여 유치권을 주장하는 경우
② 경매대상 토지 위에 건축물이 없는 상태에서 택지조성공사를 하던 공사업자가 해당 토지에 대해 유치권을 주장하는 경우
③ 건물공사 중단으로 인한 토지의 정착물에 대한 공사대금채권으로 유치권을 주장하는 경우
④ 유치권자가 유치물을 점유하면서 발생된 채권에 대해서 유치권을 주장하는 경우
⑤ 분리가 가능한 칸막이 설치나 집기 등의 설치비용에 대하여 유치권을 주장하는 경우

정답 ▶ ①, ③, ⑤
③ 공사대금채권은 사회통념상 독립된 건물이라고 볼 수 있어야 한다. 따라서 토지의 부합물에 불과한 정착물에 대한 유치권을 행사할 수는 없다. 단, 대지의 콘크리트포장비, 토목설계비, 옹벽공사비 등 토지의 가치를 증가시킨 경우는 유익비로서 토지에 대한 유치권을 주장할 수 있다.
⑤ 분리가능한 칸막이 설치나 집기 등의 설치비용에 대하여 유치권을 주장하는 경우는 유치권을 인정받기 어렵다.

08 다음 중 다른 권리와 비교한 유치권의 성질이 아닌 것은?

① 저당권, 질권은 약정담보물권이고, 유치권은 법정담보물권이다.
② 저당권, 질권은 물상대위의 효력이 있는 반면 유치권은 물상대위의 효력이 없다.
③ 저당권, 질권, 유치권 모두 경매신청권이 있다.
④ 동시이행항변권은 채권으로서 과실수취권과 유치물사용권을 가지며 유치권은 물권으로서 과실수취권과 유치물사용권을 가진다.
⑤ 동시이행항변권은 계약 당사자 사이에서만 행사할 수 있는 반면, 유치권은 제3자에게도 행사할 수 있다.

정답 ▶ ④ 동시이행항변권은 채권으로 과실수취권과 유치물사용권 권한이 없다.

여기서 잠깐!
- **약정담보물권**: 당사자 간의 약정에 의하여 성립하는 담보물권으로 질권, 저당권, 가등기담보권 등이 있다.
- **법정담보물권**: 채권에 대하여 법률적으로 당연히 성립하는 담보물권으로 유치권, 법정저당권, 법정질권 등이 있다.
- **물상대위**: 담보물권의 목적물의 가치가 다른 형태로 바뀌는 경우에 담보권자가 이에 대하여 우선변제권을 행사하는 일

09 다음 중 필요비에 대한 설명으로 바르지 않은 것은?

① 아파트의 공용관리비는 일반적으로 필요비에 해당한다.
② 유치권자가 유치물에 관하여 필요비를 지출한 때에는 소유자에게 그 상환을 청구할 수 있다.
③ 점유자가 물적 과실, 차임 등의 법정 과실을 취득한 경우 통상의 필요비는 청구할 수 없다.
④ 임차인은 필요비에 대하여 임대차종료 시에 청구하여야 한다.
⑤ 임차인은 임차물의 보존에 관한 필요비를 지출한 때에는 임대인에게 상환청구가 가능하다.

정답 ▶ ④ 필요비는 임대차가 종료되지 않아도 청구할 수 있다.

10 다음 중 유치권의 대상이 될 수 없는 것을 모두 고르시오.

> 가. 국유지정문화재
> 나. 유가증권
> 다. 해당 부동산이 가등기에 의한 본등기가 경료된 경우, 가등기 상태
>   에서의 부동산소유자가 지출한 필요비 혹은 유익비
> 라. 양도성을 가진 재산권
> 마. 부합물 , 종물

① 가, 나   ② 나, 다   ③ 다, 라   ④ 다, 마   ⑤ 가, 마

정답 ▶ ⑤ 국유지정문화재는 유치권뿐만 아니라 근저당 설정도 할 수 없으며, 부합물, 종물 부속물은 유치권의 대상이 되지 않는다.

11 다음 중 유익비에 대한 설명으로 옳지 않은 것은?

① 임대차계약 시 유익비상환청구권을 포기한다는 약정을 하였다면 유치권을 주장할 수 없다.
② 주관적인 가치증가가 아닌 객관적으로 그 가치가 현존하여야 인정을 받는다.
③ 보일러시설이나 수도공사를 한 경우 건물의 가치가 증가하였다 하더라도 유익비로 인정받지 못한다.
④ 유익비는 필요비와 달리 상환기간을 허여할 수 있다.
⑤ 자신의 영업을 위한 인테리어비용 등은 유익비로 인정받지 못한다.

정답 ▶ ③ 건물의 가치가 객관적으로 증가하였다면 유익비로 인정받을 수 있다.

12 다음 중 통상적으로 유익비로 인정받지 못하는 것은?
① 주택의 임차인이 도로포장비용을 지출한 경우, 아스팔트공사비
② 밭을 다듬어 잡종지로 조성해서 대지상태로 만들기 위해 지출된 토목설계비, 콘크리트포장비 등
③ 내부시설공사가 완료된 후 공사한 바닥, 천장, 벽 등의 시공비
④ 세면기와 양변기 등의 화장실 시설비
⑤ 소유자와의 합의하에 전세권자가 건물을 개축하면서 들인 공사비

정답 ▶ ③ 일반적으로 내부시설공사가 완료된 후에 공사한 온돌, 주방의 타일공사, 바닥, 천장, 벽 등의 시공비 등은 유익비로 인정받지 못한다.

13 공사대금채권에 대한 유치권의 설명으로 바르지 않은 것은?
① 소유자나 채무자가 직접 공사한 공사대금에 대해선 유치권을 주장할 수 없다.
② 일부분만 공사를 마무리하였다 하더라도 경우에 따라 전체 건물에 유치권 행사를 할 수가 있다.
③ 만약 건물이 마무리되었을 경우 소유권이 도급인에게 속한다는 약정이 명시되어 있지 않을 경우 건축을 맡은 수급인에게 소유권이 있다 하여 유치권을 인정받지 못할 수도 있다.
④ 공사대금채권에 관한 유치권은 그 잔금채권뿐만 아니라 지연손해금에 대하여서도 유치권을 주장할 수 있다.
⑤ 토지소유자가 건물을 짓던 중 토지만 경매에 나오게 된 경우 건물건축업자는 공사대금에 대하여 새로운 토지소유자에게 유치권 행사를 할 수 있다.

정답 ▶ ⑤ 토지소유자가 건물을 짓던 중 토지가 경매에 나오게 된 경우, 건물건축업자는 공사대금에 대하여 새로운 토지소유자에게 유치권 행사를 할 수 없다.

14 유치권의 필수요건인 점유에 관한 설명으로 옳지 않은 것은?

① 점유는 소유자의 동의를 얻은 적법한 점유여야 한다.
② 점유는 지속적으로 유지되어야 한다.
③ 점유를 상실하였다가 다시 재점유를 하였을 경우에도 다시 유치권을 주장할 수 있다.
④ 유치권자는 자신이 점유하고 있다는 것을 확실히 공시해야 한다.
⑤ 점유를 상실하면 유치권도 소멸한다.

정답 ▶ ④ 유치권자에게 공시의무가 있는 것은 아니다.

15 다음 중 점유로 인정되지 않는 경우는?

① 관리인이나 경비업체에 의한 간접점유
② 문을 폐쇄하고 열쇠를 갖고 있는 것
③ 해당 물건지에 컨테이너 박스를 두고 유치권 주장을 하는 것
④ 소유자의 동의하에 유치권자가 직접점유 대신 임대를 놓은 경우
⑤ 소유자의 동의 없이 전대 혹은 임대하여 임차인이 거주하는 경우

정답 ▶ ⑤ 소유자의 동의 없이 전대 혹은 임대한 경우 유치권이 상실되는 것으로 간주된다.

16 다음 중 유치권의 점유에 대한 내용으로 옳지 않은 것은?

① 유치권자가 점유이전단행가처분에 의해 점유가 제3자에게 이전이 되었거나 점유를 침탈당하여 점유회수의 소를 제기하여 승소한 경우는 비록 그 기간 동안 점유하고 있지 않았더라도 점유를 한 것으로 간주된다.
② 점유회수의 소가 제기되고 승소판결이 나지 않은 경우 유치권자는 점유를 상실한 것으로 본다.
③ 유치권자는 점유회수의 소에 있어서 점유를 빼앗기기 전 점유를 하고 있었다는 것을 증명할 수 있어야 하며 점유를 회수하기 위한 청구권 행사는 1년 내에 행사하여야 한다.
④ 경매개시결정기입등기는 압류의 효력이 있으므로 그 이후의 유치권에 의한 점유는 처분금지효력에 저촉된다 하여 인정하지 않는다.
⑤ 유치권자가 경매개시결정기입등기가 완료되었다는 사실을 모르고 점유를 개시한 경우는 유치권을 인정해주고 있다.

정답 ▶ ⑤ 유치권자가 경매개시결정기입등기가 완료되었다는 사실을 모르고 점유를 개시한 경우도 유치권을 인정해주지 않는다.

17 다음 중 옳지 않은 것은?

① 피담보채권이 소멸되면 유치권도 소멸된다.
② 채권에 대한 소멸시효는 유치권 행사를 하고 있어도 중단되지 않는다.
③ 공사대금채권에는 3년 단기소멸시효가 있다.
④ 대물변제에 의해 채권이 변제되면 피담보채권은 소멸되는 것으로 본다.
⑤ 소멸시효의 중단을 위한 조치를 취하지 않더라도 지속적인 점유를 하고 있으면 유치권이 유지되므로 소멸시효는 신경 쓰지 않아도 된다.

정답 ▶ ⑤ 소멸시효의 중단을 위한 조치인 가압류, 압류 등을 하여야 유치권을 계속 주장할 수 있다.

18 다음 중 채권의 소멸시효의 중단에 대한 설명으로 옳지 않는 것은?

① 공사대금에 대한 채권에 대해 판결을 받아두면 소멸시효는 10년으로 연장된다.
② 최고만으론 소멸시효가 중단된 것으로 볼 수 없다.
③ 채권에 대해 가압류를 하게 되면 소멸시효는 중단된다.
④ 유치권에 의한 경매신청을 한 경우 경매개시가 압류의 효력이 있으므로 소멸시효의 중단으로 본다.
⑤ 채무자가 유치권 행사를 승인하였다면 채권의 소멸시효는 중단된다.

정답 ▶ ⑤ 채무자가 유치권 행사만 승인하였다면 유치권자의 채권의 행사로 보지 않아 채권의 소멸시효가 중단되지 않는다.

> **민법 제162조 (채권, 재산권의 소멸시효)**
> ① 채권은 10년간 행사하지 아니하면 소멸시효가 완성한다.
> ② 채권 및 소유권 이외의 재산권은 20년간 행사하지 아니하면 소멸시효가 완성한다.
>
> **민법 제167조 (소멸시효의 소급효)**
> 소멸시효는 그 기산일에 소급하여 효력이 생긴다.
>
> **민법 제168조 (소멸시효의 중단사유)**
> 소멸시효는 다음 각호의 사유로 인하여 중단된다.
> 1. 청구 2. 압류 또는 가압류, 가처분 3. 승인
>
> **민법 제174조 (최고와 시효중단)**
> 최고는 6월 내에 재판상의 청구, 파산 절차참가, 화해를 위한 소환, 임의출석, 압류 또는 가압류, 가처분을 하지 아니하면 시효중단의 효력이 없다.

19 다음 중 옳지 않은 것은?

① 유치권을 주장하기 위해선 채권이 변제기가 되어야 한다.
② 변제기에 도래하지 않은 채권으로 유치권을 주장할 수 없다.
③ 기간의 정함이 없는 채권인 경우 변제기에 상관없이 채권발생으로 인해 유치권을 주장할 수 있다.
④ 채권의 변제기와 점유는 반드시 동시에 이루어져야 한다.
⑤ 유치권자는 채권의 일부만 변제받았다 하더라도 잔액에 대하여 여전

히 유치권을 주장할 수 있다.

정답 ▶ ④ 채권의 변제기와 점유는 반드시 동시에 이루어져야 하는 것은 아니다. 채권발생 이후 점유가 개시되었다 하더라도 유치권을 주장할 수 있다.

20 다음 중 실질적 경매와 형식적 경매에 대한 설명이 바르지 않은 것은?

① 강제경매나 담보권 실행을 위한 경매와 같이 채권자의 채권의 만족을 얻기 위해 실행하는 경매를 실질적 경매라고 한다.
② 재산의 가격보존이나 정리를 위한 경매를 형식적 경매라고 한다.
③ 형식적 경매는 임의경매의 절차에 따른다.
④ 형식적 경매의 종류로 공유물 분할을 위한 경매와 파산재단에 속하는 부동산 등을 현금화하기 위한 경매, 청산을 위한 경매, 단주의 경매, 타인의 권리를 상실시키기 위한 경매 등이 있다.
⑤ 유치권에 의한 경매는 실질적 경매에 속한다.

정답 ▶ ⑤ 유치권에 의한 경매는 형식적 경매에 속한다.

21 유치권자는 경매신청의 권한이 있다. 유치권자의 경매신청으로 경매가 진행될 때의 설명으로 바르지 않은 것은?

① 형식적 경매라고 한다.
② 경매절차는 담보권 실행에 의한 경매방식을 따른다.
③ 유치권자는 경매환가대금에 대하여 우선변제 받을 수 있다.
④ 유치권에 의한 경매절차 진행 중에 해당 부동산에 강제경매 또는 임의경매가 개시된 경우, 법원은 유치권에 의한 경매진행절차를 정지하고 채권자 또는 담보권자를 위한 경매절차를 진행한다.
⑤ 유치권자는 이해관계인이 될 수 있다.

정답 ▶ ③ 경매환가대금에 대하여 우선변제 받을 수 없다. (단 저당물의 제3 취득자의 필요비와 유익비는 예외)

22 유치권자가 가지는 권리 중 간이변제충당권에 대한 설명으로 옳지 않은 것은?

① 유치권자는 법원에 유치물로 직접 변제에 충당할 것을 청구하고 허가를 받아야 한다.
② 유치권자는 법원에 청구하기 전에 채무자에게 미리 통지하여야 한다.
③ 유치물의 환가는 감정인의 평가에 의한다.
④ 유치권자는 물건가격과 피담보채무액의 차액을 채무자에게 반환해야 한다.
⑤ 간이변제충당의 허가결정 후 등기를 해야 소유권을 취득할 수 있다.

정답 ▶ ⑤ 간이변제충당권에 의한 소유권 취득은 등기를 요하지 않는다.

23 유치권자가 가지는 권리 중 과실수취권에 대한 설명으로 옳지 않은 것은?

① 유치물의 과실을 수취하여 다른 채권보다 먼저 그 채권의 변제에 충당할 수 있다
② 소유자의 동의하에 임대를 하여 얻어진 임료와 같은 법정과실도 포함된다.
③ 과실이 금전인 경우 바로 채권변제에 충당하고, 금전 이외의 과실은 담보권 실행을 위한 경매로 환가한다.
④ 과실은 먼저 원본에 충당한 다음 남는 것은 이자에 충당한다.
⑤ 유치권자가 소유자의 승낙을 얻어서 혹은 보존행위로서 유치물을 사용하는 경우, 그 차임의 상당액을 채권변제에 충당할 수 있다.

정답 ▶ ④ 과실은 먼저 채권의 이자에 충당하고 그 잉여가 있으면 원본에 충당한다.
-민법 제323조 (과실수취권②)

> **여기서 잠깐!** 천연과실, 법정과실이란?

> **민법 제101조 (천연과실, 법정과실)**
> ① 물건의 용법에 의하여 수취하는 산출물은 천연과실이다.
> ② 물건의 사용대가로 받는 금전 기타의 물건은 법정과실로 한다.
>
> **민법 제102조 (과실의 취득)**
> ① 천연과실은 그 원물로부터 분리하는 때에 이를 수취할 권리자에게 속한다.
> ② 법정과실은 수취할 권리의 존속기간 일수의 비율로 취득한다.
>
> **민법 제323조 (과실수취권)**
> ① 유치권자는 유치물의 과실을 수취하여 다른 채권보다 먼저 그 채권의 변제에 충당할 수 있다. 그러나 과실이 금전이 아닌 때에는 경매하여야 한다.
> ② 과실은 먼저 채권의 이자에 충당하고 그 잉여가 있으면 원본에 충당한다.

24 다음 중 유치권의 소멸사유가 아닌 것은?

① 유치권의 소멸시효완성   ② 부동산의 멸실
③ 토지수용   ④ 피담보채권의 소멸
⑤ 점유의 상실

정답 ▶ ① 유치권에는 소멸시효가 없다. 피담보채권에 소멸시효가 있는 것이다.

25 유치권의 소멸과 관련하여 다음 중 옳지 않은 설명은?

① 유치권만 행사하면 공사대금채권이 소멸하는 3년 후에는 유치권이 소멸하게 된다.
② 유치권자가 그의 선관주의의무에 위반하는 경우 채무자는 유치권소멸청구를 할 수 있다.
③ 유치권자가 유치권의 포기의사가 없다는 뜻을 미리 표시하는 경우가 아닌 이상 유치권의 존재를 알면서 반환한 경우에는 유치권의 포기로 해석하여 유치권을 인정받지 못할 수도 있다.
④ 유치권자가 유치권의 존재를 알지 못하고 반환한 경우 다시 새로이 유

치권을 취득하는 것은 가능하며 이 경우 새로운 유치권 취득에 있어서 유치권 성립에 관한 다른 요건을 충족해야 한다.
⑤ 점유를 상실하였다가 다시 재점유를 한다고 해서 소멸된 유치권이 다시 살아나지 않는다.

정답 ▶ ⑤ 재점유를 한 경우, 그것이 적법한 방법이었다면 상실된 유치권을 다시 주장할 수 있다.

26 다음 중 유치권배제신청에 대한 설명이 바르지 않은 것을 고르시오.

① 일단 유치권배제신청이 받아들여지면 유치권은 인정되지 않는다.
② 유치권이 신고되면 이에 반대되는 이해관계를 가진 자들이 유치권에 대해 문제를 제기하면서 내는 서류이다.
③ 법원은 이 유치권배제신청에 대해 참고만 한다.
④ 법원은 유치권이 허위이거나 채권이 과다하다는 의심이 있을 때 유치권신고자에게 유치권을 뒷받침하는 피담보채권이나 점유개시시기 등에 대한 소명을 촉구할 수 있다.
⑤ 유치권신고인에 대한 소명자료 촉구의 기회를 얻을 수 있어 주로 해당 부동산에 대출을 많이 해준 은행권에서 주로 신청한다.

정답 ▶ ① 해당 부동산에 대출을 해준 금융권에서 유치권배제신청을 하는 경우가 많은데 법원에서는 신청은 받아주지만 유치권을 부정하는 것은 아니다.

27 유치권이 허위이거나 과장일 경우 대응할 수 있는 방법으로 바람직하지 않은 것은?

① 이해관계인은 침해금지가처분을 할 수 있다.
② 매각 후에 유치권이 신고된 경우라면 매수인은 예상하지 못한 유치권자의 출현을 이유로 매각불허가신청을 할 수 있다.
③ 유치권신고자에 대하여 인도청구나 점유물반환청구를 한다.
④ 점유를 무시하고 해당 부동산을 자유롭게 출입한다.

정답 ▶ ④

28 임차인을 만나보니 임차인 김대감의 아들이 가수지망생으로 밤낮으로 노래연습과 기타연습을 하기 위해 사비를 들여 방음공사를 하고 그 공사비용에 대한 유치권 신고를 하였다고 한다. 다음 설명 중 바른 것은?
① 임차인 김대감의 거주는 유치권의 성립요건의 점유로 인정받을 수 있다.
② 임차인 김대감이 주장하는 공사비는 유익비로 인정받을 수 있다.
③ 임차인 김대감이 개인의 필요에 의한 인테리어공사로 유치권 성립이 어려울 것으로 보인다.
④ 김대감은 매각대금에서 공사비를 우선변제 받을 수 있다.
⑤ 매수인은 김대감의 유치권신고액 전액을 인수해야한다.

정답 ▶ ③

⟨29~30⟩ 다음은 서울의 한 물건내역이다. 아래의 물음에 답하시오.

건물등기부 – 서울 OO구 OO동			
등기접수일	등기목적	권리자/채권액	
1	2002. 4. 18.	소유권 이전(매매)	홍길동	
2	2002. 4. 18.	근저당	OO은행	100,000,000원
3	2009. 3. 18.	임의경매	OO은행 / 청구:100,000,000원	

법원 참고사항
· 김순돌 2009. 3. 19. 수도관교체 공사비에 대한 유익비·필요비에 대한 유치권 신고 (청구금액 3,000만 원)
· 최진사 2008. 2. 20. 간판 공사대금에 대한 유치권 신고(청구금액 500만 원)

[현황조사보고서]
폐문부재로 점유자 확인 불능, 전입세대 및 등록사항 발견되지 않음.

29 법원 참고사항 칸에 유치권 신고 두 건이 기재되어 있다. 이에 관해 조사하는 방법으로 바람직하지 않은 것은?

① 현황조사보고서상에는 점유확인이 분명치 않으므로 현장에 가서 직접 점유를 하고 있는지, 혹은 간접점유를 하고 있는지 혹은 임의로 임대를 하지는 않았는지 등 꼼꼼히 조사해야 한다.
② 감정평가서상에 나와 있는 사진과 현재를 비교해 보고 차이가 있다면 현재의 사진도 찍어두어 후에 인도명령신청이 필요한 경우 증거자료로 사용한다.
③ 실제 공사한 부분이 어느 곳인지 알아보고 신고된 금액이 적당한지 근처 업체를 방문하여 공사대금을 알아본다.
④ 유치권자들이 거주하고 있다면 그에 따른 수익은 채권변제로 인정될 수도 있으므로 점유가 거주인지 단순점유인지 알아본다.
⑤ 법원에 유치권배제신청서가 제출되었다면 그 유치권은 성립하지 않아 바로 인도명령 대상이 되므로 ○○은행에서 유치권배제신청서를 제출하였는지 알아본다.

정답 ▶ ⑤ ○○은행에서 혹시 유치권배제신청서를 제출하였다면 방문하여 그 이유와 근거에 대하여 자세히 알아본다. (○○은행에서 유치권배제신청서를 제출하였다고 해서 유치권이 성립하지 않는 것은 아니다.)

30 유치권신고자들에 대한 설명 중 가장 바른 것은?

① 김순돌의 공사비는 필요비 혹은 유익비로 인정받을 수 없다.
② 통상적으로 봤을 때 최진사의 간판공사비로 유치권을 인정받을 수 있다.
③ 김순돌은 유치권 신고를 경매개시결정기입등기 후에 하였으므로 유치권을 인정받기가 어렵다.
④ 현황조사에 폐문부재라고 되어 있지만, 실제 임장조사시 김순돌이 문을 폐쇄하고 열쇠를 갖고 관리하고 있다면 김순돌의 점유는 인정될 수 있다.
⑤ 김순돌과 최진사의 유치권이 모두 인정된다면 김순돌과 최진사는 매각대금에서 우선변제 받을 수 있다.

정답 ▶ ④
① 판례 등을 참고할 때 김순돌의 수도관 교체공사는 주택의 유지보존을 위한 통상의 필요비로 인정받을 가능성이 있다(서울고법 1976.7.23. 75나1886판결 참조).
② 보통 분리될 수 있는 간판은 유익비로 인정받지 못한다.
③ 유치권의 성립요건(특히 점유)이 경매개시결정기입등기 이전에 되어야 하고 유치권 신고는 언제라도 할 수 있다.
⑤ 유치권자는 매각대금에 대해 직접 우선변제받을 수 없다. 다만 저당물의 제3취득자는 필요비와 유익비에 대해 경매비용 다음으로 가장 먼저 변제받을 수 있다.

법정지상권
(분묘기지권 포함)

경매로 매각이 되는 물건 중에 토지는 제외되고 건물만 나온 경우나, 지상에 건물이 존재하나 건물은 제외되고 토지만 나온 경우가 있다. 이때 타인의 토지 위에 존재하거나 존재하게 될 건물을 사용·수익하는 데 있어서 어떤 제약이 있을 수 있고 혹은 매각 후 그 건물이 철거되는 상황이 생길 수도 있다. 따라서 이러한 물건에 입찰하고자 하는 사람은 수반되는 여러 가지 문제점들을 파악하고 수익성을 따져보아야 하므로 법정지상권에 대해 제대로 파악하고 있어야 한다.

요약정리

1. 법정지상권이란?
토지소유자와 건물소유자가 동일인이었다가 경매, 공매, 매매 기타 등의 이유로 그 소유권이 각각 달라진 경우, 타인의 토지 위에 존재하게 된 건물이 토지주에 의해 무작위로 철거되지 않도록 하기 위한 취지로 만들어진 권리를 말한다. 하지만 타인 토지위의 건물에 모두 법정지상권을 부여하는 것이 아니라 정해진 요건을 충족하는 건물에 한해서 법정지상권을 가질 수 있도록 하였다.

2. 법정지상권의 성립요건
① 토지와 건물이 동일인의 소유여야 한다.
② 경매, 공매, 매매, 증여 등으로 인해 토지와 건물의 소유자가 달라져야 한다.

3. 종류별 법정지상권의 성립요건
① 민법 제366조의 법정지상권과 그 성립요건: 토지나 건물에 설정된 저당권 실행(임의경매)으로 인해 소유자가 달라진 경우의 법정지상권
- 저당권 설정 당시 건물이 존재해야 한다.
- 저당권 설정 당시 토지와 건물의 소유자가 동일하여야 한다.
- 토지와 건물 중 하나 또는 양쪽에 저당권이 설정되어야 한다.
- 저당권 실행으로 (임의경매) 건물소유자와 토지소유자가 달라져야 한다.

② 관습법상의 법정지상권과 그 성립요건: 강제경매, 공매, 매매 등으로 인하여 건물소유자와 토지소유자가 달라진 경우의 법정지상권
- 토지와 건물이 처분 당시 동일인의 소유에 속하여야 한다.
- 강제경매, 국세체납에 의한 공매, 매매, 증여, 공유물 분할, 귀속재산처리법상의 불하처분 등으로 토지소유자와 건물소유자가 달라진 경우 관습법상의 법정지상권의 성립 여부를 따지게 된다.
- 건물을 철거하겠다는 특약이 없어야 한다(민법 제366조의 법정지상권과의 차

이점).
- 토지임대차계약이 없어야 한다.

③ 민법 제305조 전세권 보호를 위한 법정지상권과 그 성립요건: 전세권 설정 후 토지소유자와 건물소유자가 상이하게 된 경우의 법정지상권을 말하며 전세권 설정 당시 토지소유자와 건물소유자가 동일인이어야 하고 토지의 양도 등으로 소유자가 달라져야 한다.

④ 입목에 관한 법률 제6조에 의한 법정지상권의 성립요건: 입목의 경매, 기타 사유로 인하여 토지와 그 입목이 각각 다른 소유자에게 속하게 되는 경우에 토지소유자는 입목소유자에 대하여 지상권을 설정한 것으로 본다.

⑤ 가등기담보권의 실행에 의한 법정지상권: 건물과 토지가 동일인의 소유에 속해 있는 상태에서 토지나 건물 중 하나에 대하여 가등기가 설정되고 이후에 가등기에 의한 본등기가 경료되어 건물과 토지의 소유자가 달라진 경우나 가등기담보권자가 담보권 실행으로 인해(경매) 소유자가 바뀐 경우 법정지상권이 발생한다. 하지만 나대지 상태에 가등기가 실정되있다면, 그 후 신축된 건물은 그 가등기권자가 본등기를 경료하게 되면 법정지상권이 성립되지 않는다.

⑥ 분묘기지에 관한 관습상의 법정지상권의 성립요건 (분묘기지권)
- 토지소유자의 승낙을 얻어 분묘를 설치한 경우
- 시효취득의 경우(취득시효에 의한 취득)
- 분묘 안에 시신이 안장되어 있어야 한다.
- 자기 소유토지에 분묘설치 후 특약없이 토지만을 타인에게 처분한 경우

법정지상권과 지상권의 비교

1 법정지상권이란?

법정지상권은 토지의 소유자와 건물의 소유자가 동일인에서 경매, 공매, 매매 기타 등의 이유로 그 소유가 각각 상이하게 되었을 경우 건물을 철거하지 않고 그대로 유지시키고자 하는 취지로 만들어진 권리이다. 하지만 타인의 토지위에 존재하는 모든 건물에 법정지상권이 부여되는 것이 아니라 정해진 요건을 충족하는 건물에 한해서 법정지상권을 가질 수 있도록 하였다.

법정지상권을 가진 건물소유자는 토지사용권을 취득하는 것이며 지료는 당사자의 청구에 의하여 법원이 정한다.

2 경매투자자들에게 있어 법정지상권이란?

입찰하고자 하는 매각목적물이 대지가 제외된 건물만인 경우나 대지 위에 건물이 존재하고 있음에도 건물은 매각대상에서 제외되고 대지(토지)만 매각대상인 경우 반드시 건물에 대한 법정지상권 여부를 따져보아야 한다. 건물만 매각이 진행될 경우 대지가 포함되어 있지 않아 유찰이 많이 되어 무척 저렴해 보이지만 만약 법정지상권이 성립되지 않는 건물일 경우 후에 철거될 수도 있으므로 유의해야 한다. 법정지상권이 성립되는 건물이 존재하는 대지만 경락받게 되면 지료를 받는 것 외에는 대지를 사용·수익하는 데 있어 많은 제약이 따를 수 있으므로 수익성을 잘 따져 입찰에 임해야 할 것이다.

반드시 법정지상권이 성립하는 건물만 또는 법정지상권이 성립되지 않는 건물이 있는 대지만 입찰을 해야 하는가?

어떤 사람들은 법정지상권이 성립되지 않는 건물을 경락 받아 수익을 내기도 하며 법정지상권이 성립되는 건물이 있는 대지를 경락 받아 또한 큰 수익을 내기도 한다. 각 물건의 상황에 맞추어 대처하는 방법을 경험으로 익힌 지혜가 있기 때문이다. 하지만 너무 만만히 보고 투자를 하였다가 오히려 재산권을 행사하지도 못한 채 긴긴 소송과 비용을 감당해야 하는 상황이 생길 수 있으니 법정지상권의 법률적인 부분을 반드시 숙지하고 법정지상권과 관련된 부동산에 투자를 해야 할 것이다.

3 지상권과 법정지상권의 비교

❶ 지상권

- 지상권이라 함은 타인의 토지를 이용해서 그 위에 건물, 공작물, 수목을 소유하는 권리를 말한다(민법 제279조).
- 지상권은 당사자 간의 계약이며 등기를 해야 인정을 받을 수 있으며 등기부의 을구에 등기된다.
- 지상권은 토지를 직접 지배하고 배타적으로 이용할 수 있는 용익물권이므로 제3자에 대해 대항력을 가지며 일정기간 동안 토지를 사용할 수 있고 토지소유자의 변동이 있어도 자신의 권리를 계속 주장할 수 있다.

토지임차권이란?
토지임차권은 토지를 임차한 사람이 토지소유자에게 토지사용을 청구하는 채권이므로 제3자에 대하여 대항력을 갖지 못한다. 그래서 제3자에게 자신의 권리를 주장할 수 없다.

❷ **법정지상권**
- 법정지상권은 법률의 규정에 의해 생기는 것이므로 등기를 하지 않아도 되는 권리이다.
- 토지소유자에게 일정액의 지료를 내고 최장 30년 동안 해당 토지를 사용할 수 있다.
- 현실에선 약정에 의한 지상권보다 법률에 의해 성립되는 법정지상권이 대부분이다.

민법 280조
1. 계약으로 지상권의 존속기간을 정하는 경우에는 그 기간은 다음 연한보다 단축하지 못한다.
   ① 석조, 석회조, 연화조 또는 이와 유사한 견고한 건물이나 수목의 소유를 목적으로 하는 때에는 30년
   ② 전호 이외의 건물의 소유를 목적으로 하는 때에는 15년
   ③ 건물 이외의 공작물의 소유를 목적으로 하는 때에는 5년
2. 전 항의 기간보다 단축한 기간을 정한 때에는 전 항의 기간까지 연장한다.

민법 281조
1. 계약으로 지상권의 존속을 정하지 아니한 때에는 그 기간은 280조의 최단 존속기간으로 한다.

2 법정지상권의 구체적 내용

1 건물이 법정지상권을 가지기 위해서는 어떤 요건이 필요한가?

❶ 토지와 건물이 동일한 소유자에 속해야 한다.
❷ 경매, 공매, 매매, 증여 등으로 인해 토지와 건물의 소유자가 달라져야 한다. 소유자가 달라지지 않으면 법정지상권의 여부를 따질 필요가 없다.
❸ 등기 여부는 법정지상권의 성립요건이 아니다.

법정지상권은 그 종류에 따라 성립요건이 조금씩 다르다.

2 법정지상권의 효력이 미치는 범위는 어디까지인가?

법정지상권이 인정되는 범위는 건물과 건물의 유지 및 사용에 필요한 범위 내에서 그 주변의 토지까지도 그 효력이 미친다.

특별한 사정이 없는 한 그 건물의 구조와 평수, 그 건물 본래의 사용목적, 그 건물이 서 있는 곳의 여러 가지 객관적인 사정들을 종합하여 그 건물을 사용하는 데 일반적으로 필요한 범위 내라고 인정할 수 있는 대지에 대하여서만 관습에 의한 법정지상권이 인정될 뿐, 그 이외의 대지부분에 대한 것까지는 인정하지 않는다(대결 1966.12.20선고 66다1884 참조).

3 법정지상권이 인정되는 건물일지라도 지료를 지급해야 한다

❶ 타인의 토지를 사용할 수 있는 권리를 갖게 되는 건물소유자는 지료를 토지소유주에게 지급해야 한다. 지료는 당사자 간의 협의(반드시 법원이 정해야 한다는 견해도 있음)나 당사자의 청구로 법원이 정한다. 보통 시가의 연 5~7%이다.

지료청구권: 지료청구권은 법정지상권이 성립됨과 동시에 발생하므로 법원에 의하여 지료가 결정될 경우 지료는 법정지상권이 성립한 시기로 소급되어 청구된다.

❷ 지료가 결정된다는 것은 지료액과 지료의 지급시기 등이 정해지는 것이다. 그 결정에 따라 지료연체 여부를 따지게 된다. 지료를 정할 때 이미 건물이 세워져 있는 것을 전제로 토지임대료를 기준으로 하여 책정되는 것이 아니라 그러한 제한 없이 토지를 사용함으로써 얻는 이익의 상당한 대가가 되어야 한다(대결 1975.12.23. 75다2066호 참조). 지료가 결정되지 않는다면 법정지상권자가 지료를 지급하지 않았더라도 지료채무를 지체한 것으로 보지 않는다(대결 1994.12.2. 93다52297 참조).

지가의 변동이 있는 경우
약정한 존속기간 이후 지가의 변동이 있는 경우 지료증감청구를 할 수 있다.

❸ 법정지상권을 가지지 않는 권한이 없는 자가 타인의 토지 위에 건물을 소유하는 것이라면 부당한 이익을 얻고 있으므로 토지의 차임에 상당하는 부당이득을 반환할 의무가 있다.

4 지료에 관한 약정을 반드시 등기하여야 하는가?

지료액 또는 그 지급시기 등 지료에 관한 약정은 이를 등기하여야만 제3자에게 대항할 수 있다. 그러므로 지료의 등기를 하지 않은 이상 토지소유자는 구 지상권자의 지료연체 사실을 들어 새로이 지상권을 이전받은 자에게 대항하지 못한다(대결 1996.4.26. 95다52864 참조).

5 지료가 2년 이상 연체된 경우 토지소유자는 법정지상권의 소멸을 청구할 수 있다

법정지상권자가 지료를 2년 이상 연체하였을 경우 토지소유자는 법정지상권의 소멸을 청구할 수 있다. 지료가 연체되어 법정지상권이 소멸하게 된 경우 법정지상권자는 토지소유자에게 건물에 대한 매수청구권의 행사를 할 수 없게 된다. 법정지상권이 만료된 경우는 토지소유자에게 매수청구권을 행사할 수 있다.

매수청구권: 일종의 형성권으로 타인의 부동산을 이용하는 경우에 이용자가 그 부동산에 부속시킨 물건에 대하여 이용관계가 종료함에 즈음하여 타인에 대하여 그 부속물의 매수를 청구할 수 있는 권리

6 법정지상권 조사 시 필요한 서류

다음의 서류를 통해 건물소유자와 토지소유자의 동일성 여부, 변동시기 및 건축물의 건축시기 등을 확인하여 해당 건물의 법정지상권 여부를 파악할 수 있다.

● 토지등기부: 토지의 실제 소유자와 주소, 지목, 면적, 거래가격, 권리관계 등을 알 수 있다. ➡ 등기소(인터넷등기소)에서 발급

❷ **토지대장**: 토지등기부와 비교하여 토지대장의 지목, 면적, 소재지, 지번, 개별공시지가 등을 상세히 알 수 있다. 토지등기부와 토지대장의 면적이 상이한 경우 실제 소유하게 되는 면적은 토지대장상의 면적이다. ➡ 시·군·구 민원실, 온라인(www.ego.go.kr)에서 발급

❸ **건물등기부**: 건물의 실제 소유자와 건물의 주소, 권리관계와 대지권 등기현황 등을 알 수 있다. 집합건물일 경우 집합건물등기부를, 건물 보존등기가 되어 있지 않으면 건축물관리대장을 참조한다.
➡ 등기소(인터넷등기소)에서 발급

❹ **건축물(관리)대장(가옥대장)**: 소유자에 관한 내용을 확인하기 위해서 등기부를 보아야 한다면 등기부의 건물의 면적, 층수, 용도 등에 관한 내용의 기준이 되는 것은 건축물관리대장이다.
➡ 시·군·구 민원실, 온라인(www.ego.go.kr)에서 발급

❺ **무허가(건물)관리대장**: 무허가 주택은 허가를 받지 않고 무단으로 사유지나 시유지 등에 건축한 건축물을 말하며 서울시에서는 1982년 이전의 무허가 주택에 대해 각 구청의 무허가건축물대장에 등재하게 하고 무허가 주택을 양성화하여 재산권을 인정하게 되었다. 누락된 무허가 건물이 항공사진으로 촬영된 건물인 경우 소유자가 등재 신청을 원하면 무허가건축물대장에 등재를 하여 무허가 주택으로 인정받게 된다. 이외의 무허가 건물은 재산권으로 인정받지 못하여 철거될 수도 있다. ➡ 구청 단속계

서울특별시 도시재개발사업조례 제2조 (무허가 건물의 정의)

① '기존 무허가 건축물'이라 함은 다음 각 목의 1에 해당하는 무허가 건축물을 말하며, 그 외의 무허가 건축물은 '신발생 무허가 건축물'이라 한다.
　가. 1981. 12. 31. 현재 무허가건축대장에 등재된 건물.
　나. 1981. 제2차 촬영 항공사진에 수록되어 있는 무허가 건축물.
　다. 재산세 납부 등으로 공부상 1981. 12. 31. 이전에 존립하였다는 확증 있는 무허가 건물.
　라. 1982. 4. 8. 이전에 사실상 건립된 연면적 85m^2 이하의 주거용 건물로서 1982. 제1차 촬영 항공사진에 수록되어 있거나 또는 재산세 납부 등 공부상 1982. 4. 8. 이전에 건립하였다는 확증이 있는 무허가 건물

3 법정지상권에는 여러 가지 종류가 있다

1 | 민법 제366조의 법정지상권

토지나 건물에 설정된 (근)저당권 실행(임의경매)으로 인하여 토지와 건물의 소유자가 달라지는 경우의 법정지상권

1 민법 제366조의 법정지상권의 성립요건

❶ 저당권 설정 당시 건물이 존재해야 한다.

- 저당권 설정 당시 건물이 존재하지 않은 경우 법정지상권의 성립 여부: 나대지 상태에서 저당권이 설정되고 건물이 신축되었다면 그 건물은 법정지상권을 가지지 않는다. 왜냐하면 나대지 상태의 토지가격과 건물이 있는 상태의 토지가격에는 현격한 차이가 있기 때문이다. 보통 건물이 있는 경우보다 나대지 상태의 토지가 더 높이 책정되는 편이며 저당권 설정 시 나대지는 그 만큼의 가격이 인정되지만 건물이 있을 경우 그 차이만큼 저당금액이 차감된다. 그래서 토지에

저당권이 설정된 후 신축된 건물이 법정지상권을 가진다면 토지의 저당권자는 그 만큼 피해를 보게 되므로 저당권설정 당시 나대지였다가 후에 건물이 신축되었다면 그 건물은 법정지상권이 성립되지 않는다.

- 저당권 설정 당시 건물이 존재한 경우 법정지상권 성립 여부:
저당권 설정 시 이미 건물이 존재하고 있었다면 그 건물은 법정지상권을 가진다.

- 저당권 설정 당시 건축 중인 건물 또는 미등기 건물이 존재한 경우 법정지상권 성립 여부:
건물은 건축 중이라도 무관하며 등기가 되지 않은 상태라 하더라도 건물의 규모, 종류를 외형상 예상할 수 있는 정도까지 건축이 진전되어 있는 정도의 건물이 존재하면 된다. 즉 미등기 건물이라도 법정지상권을 가질 수 있다. 왜냐하면 저당권자가 이미 그 토지 위에 건물이 존재함을 충분히 파악할 수 있기 때문이다. 건물이라는 일정한 요건을 갖추면 미등기 건물뿐만 아니라 무허가 건물, 크기가 아주 작을지라도 건물로 인식되어지는 건물도 무방하며 저당권 설정 시 건축 중이던 건물도 건물을 예상할 수 있는 정도이면 법정지상권이 인정된다(대판 1987.4.28. 86다카2856 참조).

건물로 인식할 수 있는 정도란?
매수인이 매각대금을 납부할 당시 최소한 기둥과 지붕 그리고 주벽이 이루어져 있으면 건물로 인식한다(대판 2003.5.30. 2002다21592 참조).

- 저당권자가 지상권을 설정한 경우 법정지상권 성립 여부:
저당권자가 토지에 저당권을 설정하면서 동시에 저당권자를 위한 지상권까지 설정하는 경우가 있는데, 보통 나대지 상태에서 저당권을 설정하면서 지상권을 설정한다. 하지만 저당권 설정과 동시에 지상권이 설정되었더라도 당시 건물이 존재했다면 지상권 설정과는 무관하게 그 건물은 법정지상권을 가질 수 있다.

- 저당권자가 건물의 건축에 동의한 경우나 건물에 대한 법정지상권을 배제한다는 약정이 있는 경우:
저당권자가 건물이 없는 토지에 저당권을 설정하면서 토지소유자에게 건물의 건축에 동의하였다 하더라도 이후에 건축된 그 건물은 법정지상권을 가지지 않는다. 이와 반대로 건물에 대한 법정지상권을 포기한다는 약정을 하였어도 저당권설정자의 의사와 관계없이 객관적 요건으로 성립하게 되므로 저당권설정 당시 건물이 존재하였다면 그 건물은 법정지상권을 가진다.

관습법상의 법정지상권에서는 법정지상권을 포기한다는 약정을 하였다면 그 건물은 법정지상권을 가지지 않는다.

- 건물이 개축·증축 또는 재축·신축 된 경우 법정지상권 성립 여부:
저당권 설정 당시 건물이 존재하였다면 그 건물이 개축·증축 또는 재축·신축 되어도 법정지상권을 가진다. 다만 법정지상권의 존속기간과 범위는 구 건물을 기준으로 한다. 건물과 토지에 공동저당권이 설정된 후 그 건물을 철거하고 신축한 경우 토지의 저당권과 동일한 순위의 공동저당권을 설정하지 않은 한 그 신축건물은 법정지상권을 가지지 아니한다(대판 2003.12.18. 98다43601 참조).

확인 방법: 건축물대장과 토지대장 그리고 토지등기부를 비교해보면 저당권 설정 시 건물의 존재 유무를 확인해 볼 수 있다.

❷ 저당권 설정 당시 토지와 건물의 소유자가 동일하여야 한다.
- 저당권 설정 당시 토지와 건물의 소유자가 동일하여야 한다. 저당권 설정 당시 이미 토지소유자와 건물소유자가 다르다면 법정지상권은 성립되지 않는다.
- 등기부상의 명의자와 실제 소유자가 다른 경우: 소유자가 동일하다는 것은 등기부상의 명의자가 동일해야 한다는 것을 의미하며 실질상의 소유자를 의미하지는 않는다. 실질적으로는 동일한 소유자이지만 건물 혹은 토지가 등기부상 다른 이의 명의로 되어 있다면 법정지상권은 인정되지 않는다.
- 토지와 건물이 동일인에 속해 있다가 토지와 건물 모두를 타인이 소유하게 되었는데 토지에 대해서만 소유권이전등기가 경료되고 건물은 이전 소유자의 명의로 남아 있다면 이는 동일한 소유자로 보지 않는다.
- 토지가 경매로 매각되기 전에 건물이 제3자에게 소유권이 이전된 경우: 저당권 설정 당시 건물과 토지가 동일인에 속해 있다가 토지가 경매로 매각되기 전에 제3자에게 건물이 양도되어 경매 실행 당시 소유자가 다르더라도 그 건물은 법정지상권을 가진다.

확인 방법: 건물등기부와 토지등기부를 참조하여 소유자가 동일한지 파악해볼 수 있다.

❸ 토지와 건물 중 하나 또는 양쪽에 저당권이 설정되어야 한다.

민법 제366조의 법정지상권은 저당권 실행으로 인한 법정지상권이므로 토지나 건물 중 하나에, 또는 양쪽 모두에 저당권이 설정되어 있어야 한다.

확인 방법: 저당권이 설정되어 있는지의 여부는 각각의 등기부에서 파악해 볼 수 있다.

❹ 저당권 실행으로 (임의 경매) 건물소유자와 토지소유자가 달라져야 한다.

저당권 실행으로 인한 임의경매로 소유자가 달라지는 경우 민법 제366조의 법정지상권이 적용된다. 저당권 실행이 아닌 강제경매, 공매, 매매 등으로 인해 건물소유자와 토지소유자가 달라지는 경우는 관습법상의 법정지상권이 적용된다.

관습법상의 지상권: 토지와 지상건물이 동일인의 소유에 속해 있다가 각각 그 소유자를 달리하게 되는 경우에 성립하는 관습법상의 지상권은 그 경우 당사자의 사이에 건물을 철거하기로 하는 등의 특별조건이 없다면 토지소유자는 건물소유자에게 그 건물소유를 위한 지상권을 설정하여 주기로 한 의사가 있었던 것이라고 해석하여 인정되는 권리이다(대판 1986.5.27. 86다카62 참조).

2 법정지상권의 존속기간

❶ 존속기간: 민법 제366조의 법정지상권에서는 존속기간에 관한 규정이 따로 없다.

❷ 존속기간의 협의: 존속기간에 대해 당사자 간에 협의가 있을 경우 그 협의에 의하며 만약 존속기간에 대해 아무런 협의가 없을 경우는 민법 제281조의 존속기간을 약정하지 아니한 지상권의 경우처럼 민법 280조의 최단존속기간으로 정해진다.

❸ 민법 280조의 최단존속기간: 설정기간을 정하지 않으면 민법상의 최단기간으로 본다. 견고한 건물이나 수목은 최소 30년, 보통의 건물은 15년, 공작물인 경우는 5년이다.

견고한 건물이란?
건물이 갖고 있는 물리적·화학적 외력 또는 화재에 대한 저항력 및 건물 해체의 난이도 등을 종합하여 판단하여야 한다. 따라서 건물이 목재기둥으로 세워졌다 하더라도 벽체가 벽돌과 시멘트블록으로, 지붕이 슬레이트로 이루어져 있어 상당기간 내구력을 지니고 있고 용이하게 해체할 수 없는 것이면 견고한 건물에 해당하여 그 법정지상권의 존속기간은 30년인 것이다(대판 2003.10.10. 2003다33165 참조).

❹ 존속기간이 만료된 경우: 존속기간이 만료되면 법정지상권은 소멸되지만 법정지상권자는 법정지상권의 갱신을 청구할 수 있다.

지상권이 소멸한 경우에 건물 기타 공작물이나 수목이 현존할 때에는 지상권자는 계약의 갱신을 청구할 수 있다(민법 제283조 1항 참조).

3 법정지상권의 성립시기

민법 제366조의 법정지상권의 성립시기는 경매로 인해 해당 부동산이 매각되어 최고가매수신고인이 대금납부를 한 때부터이다.

4 민법 제366조의 법정지상권의 기타 내용들

❶ 건물이 이미 존재하고 있는 토지에 관하여만 저당권이 설정되고 이후에 건물이 멸실되어 신축된 경우: 저당권 설정 당시 이미 지상에 동일 소유자의 건물이 존재하고 있었다면 건물이 개축·증축 되거나 또는 건물이 멸실 되거나 철거하여 신축·재축된 경우에도 법정지상권은 성립된다.

❷ 건물과 토지에 공동저당권이 설정되었다가 구 건물이 철거되고 신축된 경우: 신축된 건물의 소유자와 토지의 소유자가 동일하고 그 신축된 건물에 토지의 저당권과 동일한 순위의 공동저당권을 설정하였다면 그 건물은 법정지상권을 가지지만 그런 특별한 사정이 없는 한 저당권 실행으로 인하여 건물소유자와 토지소유자가 달라진 경우 건물은 법정지상권이 성립되지 않는다.

❸ 공유관계에 있는 토지 또는 건물이 경매로 나왔을 경우 법정지상권의 성립 여부
- A의 토지 위에 A와 B의 공유건물이 있는 경우
① A의 토지에 저당권이 설정되고 후에 저당권 실행으로 토지의 소유자가 바뀐 경우: A와 B의 공유건물은 법정지상권이 인정된다.
② A의 건물지분권에 저당권이 설정되고 후에 저당권 실행으로 A의 건물 지분권소유자가 바뀐 경우: 법정지상권이 인정된다.
- A와 B의 공유토지 위에 A가 건물을 소유하고 있거나 또는 B가 건물을 소유하고 있는 경우
① 토지지분에 저당권이 설정되고 그 후 저당권 실행으로 토지지분소유자가 바뀌거나 건물에 저당권이 설정되어 저당권 실행으로 건물소유자가 바뀐 경우에는 다른 공유자의 권리를 침해한다는 이유로 법정지상권이 성립되지 않는다.
② 구분소유적 공유관계에 있는 경우, 구분소유 된 토지 위에 각자의 단독소유의 건물을 가지고 있고 그 건물 또는 토지지분에 대하여 저당권이 설정되고 이후 저당권의 실행으로 소유자가 달라진 경우라면 그 건물은 법정지상권이 인정된다. 또한 저당권 설정이 토지

전체에 설정이 된 후 저당권 실행으로 건물과 토지의 소유자가 달라진 경우에도 법정지상권이 인정이 된다.

- A와 B의 공유토지 위에, A와 B의 공유건물이 존재하고 있는 상태(공유자 전원이 동일한 채권자에 대하여 공동으로 각자의 지분 전부에 저당권을 설정한 경우)

  ① 토지 전체에 저당권이 설정되어 저당권의 실행으로 토지소유자가 바뀐 경우 법정지상권이 인정이 된다.

  ② 건물 전부에 저당권이 설정되어 저당권의 실행으로 건물소유자가 바뀐 경우에도 법정지상권이 인정이 된다.

❹ 법정지상권자가 토지소유자와 임대차계약을 맺었을 경우: 법정지상권의 포기로 간주된다.

5 민법 제366조 법정지상권 성립의 여러 가지 경우들

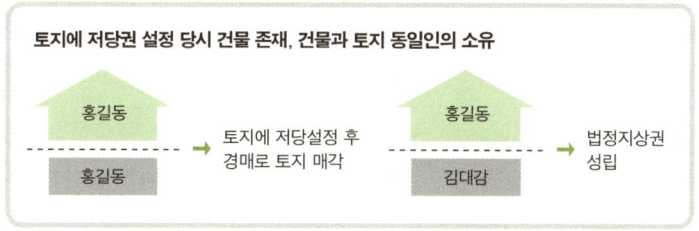

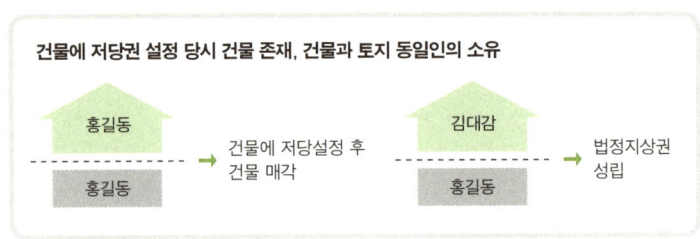

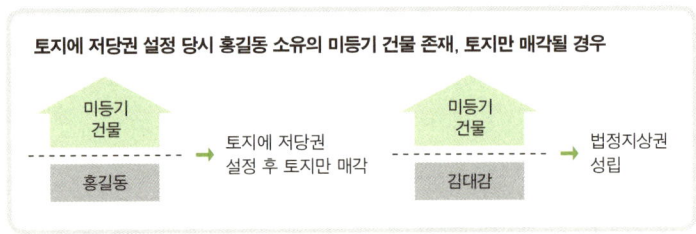

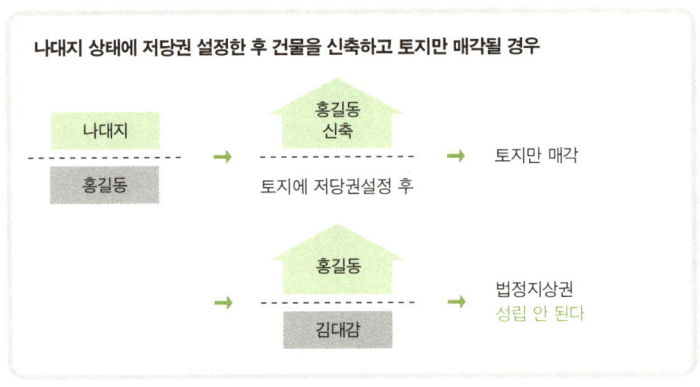

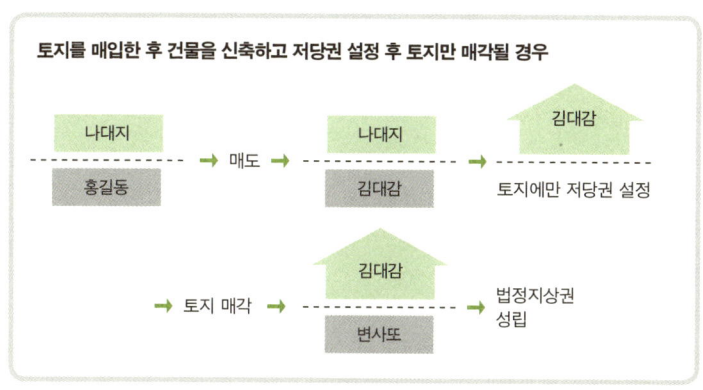

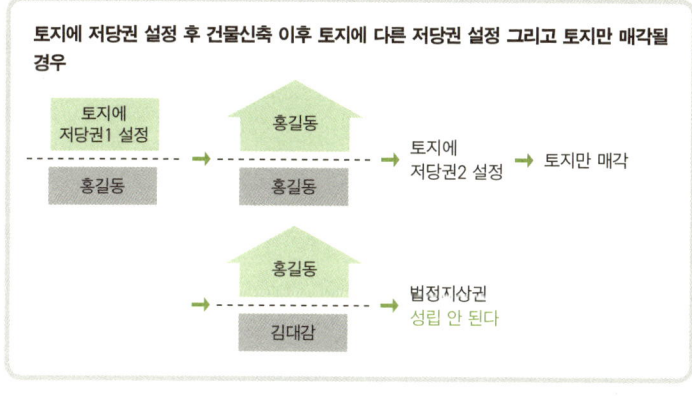

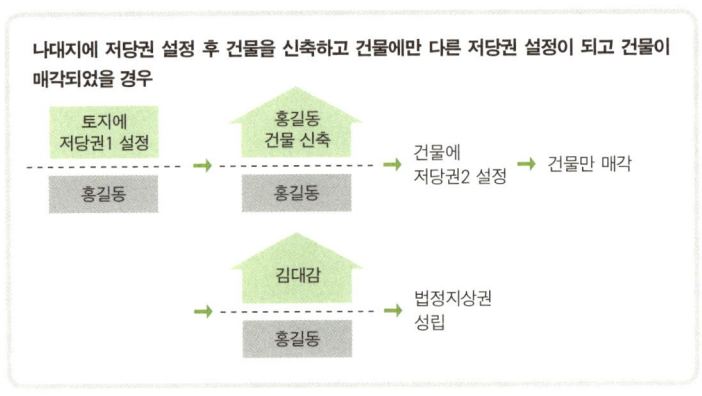

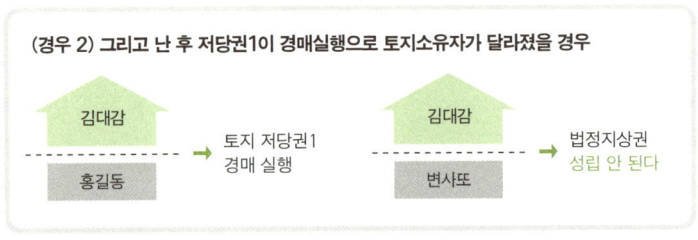

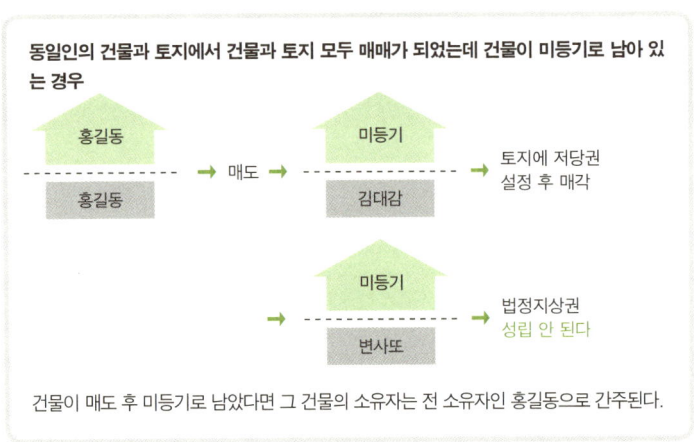

건물이 매도 후 미등기로 남았다면 그 건물의 소유자는 전 소유자인 홍길동으로 간주된다.

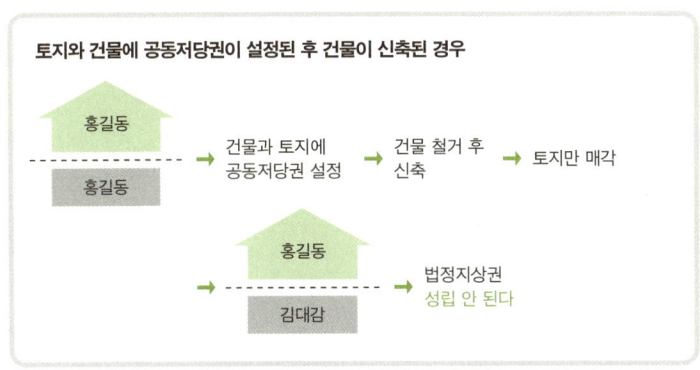

2 관습법상의 법정지상권

강제경매, 공매, 매매 등으로 인하여 건물소유자와 토지소유자가 달라진 경우의 법정지상권

1 관습법상의 법정지상권이란?

저당권의 실행으로 인해 건물과 토지소유자가 달라지는 것이 아닌 강제경매, 국세체납에 의한 공매, 매매, 증여, 공유물 분할 등으로 소유자가 달라지는 경우, 민법 제366조에 의한 법정지상권은 인정되지 않지만 일정한 요건이 충족되면 관습법상의 법정지상권이 인정된다.

2 관습법상의 법정지상권의 성립요건은?

❶ 토지와 건물이 동일인의 소유에 속하여야 한다.
- 토지나 건물이 처분될 당시 동일인에 속하였다가 소유자가 달라진

경우여야 한다.
- 동일인의 소유였지만 그 소유가 원인무효인 것이 밝혀지고 소유자가 달라진 경우라면 관습법상의 법정지상권이 인정되지 않는다.
- 토지를 명의신탁을 하고 건물을 신축한 경우, 비록 실질적으로 소유자는 동일하다 할지라도 법정지상권은 인정되지 않는다.
- 무허가 건물이나 미등기 건물이 있는 경우: 건물의 요건을 갖추고 있다면 무허가 건물이나 미등기건물도 법정지상권이 인정이 된다.

무허가 건물이나 미등기 건물의 관습법상의 법정지상권 유무에 대한 주의사항
건물을 토지소유자가 축조하여 원시취득 한 경우만이다. 무허가 건물이나 미등기건물이 있는 토지를 양도받은 사람은 건물의 소유권이전등기를 하지 않은 이상 토지가 매도되었을 경우 이 건물은 관습법상의 법정지상권을 인정받지 못한다.

- 토지를 매수하였지만 아직 소유권이전등기를 마치지 않은 자가 건물을 신축하였을 경우 동일한 소유자로 보지 않아 이 건물은 법정지상권이 인정되지 않는다.

❷ 강제경매, 국세체납에 의한 공매, 매매, 증여, 공유물 분할, 귀속재산 처리법상의 불하처분 등으로 토지소유자와 건물소유자가 달라진 경우 관습법상의 법정지상권의 성립 여부를 따지게 된다.

불하처분: 국가 또는 공공단체의 재산을 개인에게 처분하는 것

❸ 건물을 철거하겠다는 특약이 없어야 한다(민법 제366조의 법정지상권과의 차이점).
건물을 철거하겠다는 특약이 있는 경우, 관습법상의 법정지상권은 인정되지 않는다. 하지만 건물철거 특약에 있어서 건물을 철거하고 그

지상에 동일인 소유의 새로운 건물을 신축하기로 합의한 경우에는 관습법상 법정지상권 발생을 배제한 것으로 보지 않는다.

❹ 토지임대차계약이 없어야 한다.
관습법상의 법정지상권이 성립되는 건물소유자가 토지소유자와 토지임대차계약을 체결한 경우라면 관습법상의 법정지상권을 포기한 것으로 간주한다.

3 관습법상의 법정지상권의 성립시기와 대항력의 판단기준은 언제부터인가?

❶ 관습법상의 법정지상권은 소유권이전등기가 경료됨과 동시에 성립된다. 하지만 등기를 요하지 아니하는 부동산물권 취득(경매나 공매)의 경우에는 대금을 완납한 시점에 법정지상권이 발생하는 것으로 본다.

❷ 관습법상의 법정지상권도 민법 제366조의 법정지상권과 같이 등기 없이 법정지상권을 주장할 수 있다. 하지만 등기 없이 처분할 수는 없다.

4 관습법상의 법정지상권의 존속기간과 지료

❶ 존속기간: 관습법상의 법정지상권의 존속기간은 약정되는 것이 아니므로 민법 제280조가 정하는 최단존속기간을 따른다. 즉 견고한 건물이나 수목은 최소 30년, 보통의 건물은 15년, 공작물인 경우는 5년이다.

❷ 지료: 관습법상의 법정지상권이 성립되는 경우에도 지료를 지급하

여야 한다. 지료는 협의가 되지 않는 경우 당사자의 청구에 의하여 법원이 정하게 된다.

3. 민법 제305조 전세권 보호를 위한 법정지상권

전세권 설정한 후 토지소유자와 건물소유자가 상이하게 된 경우의 법정지상권

1 민법 제305조 전세권 보호를 위한 법정지상권의 성립요건

전세권 보호를 위한 법정지상권은 전세권설정 당시 토지소유자와 건물소유자가 동일인이어야 하고 토지의 양도 등으로 소유자가 달라져야 한다. 지료는 민법 제366조의 규정을 따른다.

대지와 건물이 동일한 소유자에게 속하고 그 건물에 전세권을 설정한 때에는 그 대지소유권의 특별 승계인은 전세권설정자(건물소유자)에 대하여 지상권을 설정한 것으로 본다(민법 제305조 1항 참조).

2 민법 제305조 전세권 보호를 위한 법정지상권의 성립 여부

❶ 건물과 토지의 소유자가 바뀐 경우는 관습법상의 법정지상권 성립 여부를 따지게 되고 전세권에 의해 경매가 진행될 경우는 민법 제366조에 의한 법정지상권 성립 여부를 따지게 된다.

❷ 건물과 토지의 소유자가 동일인인 상태에서 건물에만 전세권을 설정하고 토지는 다른 사람에게 양도된 경우라면 토지소유자는 건물소

유자에 대하여 지상권을 설정한 것으로 간주한다. 이 같은 경우 법정지상권은 전세권자가 아닌 건물소유자가 갖게 된다.

❸ 비록 건물소유자가 토지소유자에게 건물철거약정을 하였더라도 전세권의 존속기간이 만료되기 전에는 건물을 철거할 수 없으며 법정지상권은 존속된다.

❹ 만약 전세권자가 건물철거에 합의한 경우라면 법정지상권은 성립되지 않는다.

4 | 입목에 관한 법률 제6조에 의한 법정지상권

1 입목에 관한 법률 제6조

입목의 경매나 그 밖의 사유로 토지와 그 입목이 각각 다른 소유자에게 속하게 되는 경우에는 토지소유자는 입목소유자에 대하여 지상권을 설정한 것으로 본다. 입목은 부동산으로 간주되며 지료에 관하여는 당사자의 약정에 따른다.

> **입목에 관한 법률 제3조 (입목의 독립성)**
> ① 입목은 부동산으로 본다.
> ② 입목의 소유자는 토지와 분리하여 입목을 양도하거나 저당권의 목적으로 할 수 있다.
> ③ 토지소유권 또는 지상권 처분의 효력은 입목에 미치지 아니한다.

2 입목의 계약 갱신청구권

❶ 지상권자 또는 토지의 임차인에게 속하는 입목이 저당권의 목적이 되어 있는 경우에는 지상권자 또는 임차인은 저당권자의 승낙 없이 그 권리를 포기하거나 계약을 해지할 수 없다(입목에 관한 법률 제7조).
❷ 수목의 지상권이 소멸된 이후에도 지상권자는 계약의 갱신청구권 또는 지상물매수청구권을 행사할 수 있고, 2년 이상 지료가 연체되었을 경우 지상권설정자(토지소유자)는 지상권의 소멸을 청구할 수 있다.

5 | 가등기담보권의 실행에 의한 법정지상권

1 가등기담보권의 실행에 의한 법정지상권 성립 여부

❶ 가등기에서 본등기가 된 경우: 건물과 토지가 동일인의 소유에 속해 있는 상태에서 토지나 건물 중 하나에 대하여 가등기가 설정되고 이후에 가등기에 의한 본등기가 되어 건물과 토지소유자가 달라진 경우 가등기로 인한 법정지상권이 성립한다.

❷ 가등기담보권 실행인 경우: ❶ 과 같은 상황에서 가등기에 의한 본등기로 소유자가 바뀐 것이 아니라 가등기담보권자가 저당권자와 같은 방법으로 이 담보권을 실행하여 소유자가 바뀐 경우도 법정지상권이 성립한다.

❸ 나대지 상태에서 가등기가 설정된 경우: 건물이 없는 나대지상에 채권을 담보하기 위한 가등기를 설정하고 난 뒤 토지소유자가 건물을 신

축하였다면 이후에 가등기권자가 본등기를 하게 되면 이 건물은 법정지상권이 성립되지 않는다.

2 가등기담보권의 실행에 의한 법정지상권의 취득시기

가등기담보권의 실행에 의한 법정지상권의 취득시기는 매수인이 매각대금을 완납한 시점이며, 토지 또는 건물이 가등기에 기하여 본등기가 된 경우에는 본등기가 된 시점에서 그 건물을 위한 관습법상의 법정지상권을 취득하는 것으로 본다.

6 분묘기지에 관한 관습상의 법정지상권

1 분묘기지권이란?

❶ 분묘기지권이란 분묘를 수호하고 봉제사하는 데 필요한 범위 내에서 타인의 토지를 사용할 수 있는 권리를 말한다. 하지만 법으로 규정된 것은 아니며 등기 없이 취득하는 권리이다(대판 1995.2.28. 94다37912 참조).
❷ 관습법상 인정되는 지상권과 유사한 일종의 물권이다.
❸ 모든 분묘가 분묘기지권을 가지는 것이 아니라 봉분 등 외부에서 분묘의 존재를 인식할 수 있는 형태를 갖추고 있고 분묘 안에 시신이 안장되어 있는 경우에 한하여 인정된다.

2 경매투자자들에게 있어 분묘기지권이란?

임야나 농지를 매수하려고 하는데 간혹 분묘가 있는 경우가 있다. 분묘가 있는 경우 토지이용에 제약이 있을 수 있으므로 분묘의 이장은 가능한지, 연고자가 없는 분묘일 경우 어떻게 처리하는지 등을 알아야 한다. 여기서 기본적으로 파악이 되어야 하는 것이 분묘기지권의 성립 여부가 될 것이다.

3 분묘기지권의 성립요건

❶ 토지소유자의 승낙을 얻어 분묘를 설치한 경우: 토지소유자의 승낙을 얻어 분묘를 설치하게 되면 이는 토지에 대하여 분묘기지권을 갖게 된다. 토지소유자가 타인에게 분묘의 설치를 허용한다는 것은 분묘 이외에 분묘의 수호·관리에 필요한 상당한 범위의 토지에 대해서도 분묘기지권을 허용한다는 것이다.

❷ 시효취득의 경우(취득시효에 의한 취득)
- 토지소유자의 승낙 없이 분묘를 설치하고 난 후 20년간 평온·공연하게 그 분묘의 기지를 점유한 경우라면 시효에 의하여 지상권 유사의 물권을 취득하게 된다(대판 1995.2.28. 94다37912 참조). 20년간이라는 것은 분묘의 설치 시부터 20년간이다.

평온·공연한 점유: 평온한 점유란 점유자가 점유를 취득 또는 보유하는 데 있어 법률상 용인될 수 없는 강포행위를 쓰지 않는 점유이고, 공연한 점유란 은비의 점유가 아닌 점유를 말한다(대판 1996.6.14. 96다14036 참조).

은비의 점유: 점유사실을 타인에게 발각되지 않게 하기 위해 은밀하게 가지는 점유

- 분묘기지권이 시효취득 된 경우 그 권리는 종손이 가진다. 분묘에 대한 관리는 분묘의 종손에 의하여 하고 다른 사람들에 의해 관리가 된 경우는 시효취득이 인정되지 않으며 관리가 되고 있다는 흔적도 있어야 한다.

분묘는 장남, 장손의 소유에 속하며 타인의 토지에 설치된 분묘기지권의 시효취득은 그 장남, 장손이 취득할 수 있는 것이며, 4대조를 넘었다고 하여 그 종중이 그것을 취득하는 관습이나 그 종중에게 사용권이 있다는 관습은 없다(광주고법 1962.6.27. 62나97 참조).

❸ 분묘 안에 시신이 안장되어 있어야 한다.
- 분묘는 누가 보더라도 분묘라고 인식할 수 있는 봉분이 있어야 한다. 그리고 무엇보다도 분묘 내부에 시신이 안장되어 있어야 한다.
- 가묘의 경우 분묘기지권이 성립되지 않는다.
- 외형이 갖추어져야 한다는 것은 외부에서 분묘의 존재를 인식할 수 있는 정도의 봉분 형태이어야 하고 평장 또는 암장된 경우에는 외부에서 인식할 수 없어 분묘의 형태로 인정하지 않는다(대판 1995.2.28. 94다37912 참조).

4 분묘가 있는 자신의 토지가 타인에게 매도되거나 경매된 경우

- 자신의 토지에 분묘를 설치하고 난 후 타인에게 분묘를 이전한다는 특약 없이 매도한 경우 분묘기지권을 가진다.
- 자신의 토지에 분묘를 설치하고 난 후 그 토지가 강제경매 되어 소유자가 달라진 경우 그 분묘를 이장한다는 등의 조건이 없으면 분묘기지권이 인정된다.

자기 소유의 토지에 분묘를 설치한 자가 분묘기지에 대한 소유권을 보유하지 않고 분묘를 이전한다는 약정 없이 토지를 처분한 경우에도 그 후 20년간 평온·공연히 분묘의 기지를 점유한 때에 분묘기지권의 권리를 취득하는 것으로 본다(대판 1955.9.29. 4288민상210 참조).

5 집단 분묘의 경우

동일 종손이 소유·관리 하는 여러 개의 분묘가 집단 설치된 집단 분묘의 경우, 집단된 전 분묘의 보전수호를 위한 것이므로 그 분묘기지권에 기하여 보전되어 오던 분묘들 가운데 일부가 그 분묘기지권이 미치는 범위 내에서 이장되었다면, 그 이장된 분묘를 위하여서도 그 분묘기지권의 효력이 그대로 유지된다고 보아야 한다. 하지만 그 이장으로 인하여 더 이상 분묘수호와 봉제사에 필요 없게 된 부분이 생겨났다면 그 부분에 대한 만큼은 분묘기지권이 소멸한다고 보아야 한다(대판 1994.12.23. 94다15530 참조).

6 분묘기지권의 특징

❶ 분묘기지권은 토지의 사용권(분묘의 기지를 사용하기 위한 권리)이지 소유권은 아니며, 분묘를 설치한 자가 타인의 분묘의 기지 부분을 사용할 수 있는 권리로 지상권과 유사한 용익물권이다.

❷ 분묘기지권이 지상권과 유사하지만 내용은 많이 다르며, 물권이지만 양도되지 않는다. 단 분묘소유권은 종손에 속하고 제사상속으로 인해 호주에 승계되는데 분묘기지권도 이때 함께 승계된다.

❸ 토지소유자가 바뀌어도 분묘기지권자는 새로운 소유자에게 대항할

수 있지만 묘를 신설하거나 다른 목적으로 사용할 수는 없다.

분묘는 이미 설치되어 있는 것이어야 한다.

❹ 분묘기지권은 등기를 요하지 않는다. 분묘기지권의 성립요건만 갖추면 등기 없이도 토지의 제3취득권자에 대하여 대항할 수 있다.

분묘기지권의 등기 여부

타인 소유의 토지에 소유자의 승낙 없이 분묘를 설치한 경우에는 20년간 평온·공연하게 그 분묘의 기지를 점유하면 지상권 유사의 관습상의 물권인 분묘기지권을 시효로 취득하는데, 이러한 분묘기지권은 봉분 등 외부에서 분묘의 존재를 인식할 수 있는 형태를 갖추고 있는 경우에 한하여 인정되고, 평장되어 있거나 암장되어 있어 객관적으로 인식할 수 있는 외형을 갖추고 있지 아니한 경우에는 인정되지 않으므로, 이러한 특성상 분묘기지권은 등기 없이 취득한다(대판 1996.6.14. 96다14036 참조).

7 분묘기지권의 범위

❶ 분묘기지권은 분묘가 있는 곳뿐만 아니라 분묘의 수호 및 제사에 필요한 범위 내에서 분묘의 기지 주위의 지역까지 그 권리가 미친다.

분묘수호자가 그 분묘에 대하여 가지는 관습에 의한 지상권 유사의 물권은 비단 그 분묘의 기지뿐만 아니라 그 분묘의 설치 목적인 분묘의 수호 및 제사에 필요한 범위 내에서 분묘기지 주위의 공지를 포함한 지역까지 미친다(대판 1986.3.25 85다카2496 참조).

❷ 〈장사 등에 관한 법률〉 제18조 2항의 규정에 의하면 분묘의 점유면적을 개인묘지는 1기당 $30m^2$로 정하고 있지만 이것은 분묘의 점유면적이지 분묘의 수호 및 제사에 필요한 분묘기지 면적을 포함한 것은 아니다. 그래서 그 범위는 개별적으로 다를 수밖에 없다.

❸ 분묘기지권의 효력이 미치는 범위는 기존의 분묘에 의해서 결정이 되며, 새로 신설되는 분묘에는 효력이 미치지 않는다. 그리고 이미 부부 중 한 명의 분묘가 설치되고 이후 다른 일방의 합장을 위한 범위에 대해서도 효력이 미치지 않는다. 다만 토지소유자의 승낙이 있는 경우에는 그 범위가 인정이 된다.

❹ 합장의 경우, 단분, 쌍분 형태의 분묘 모두 허용되지 않는다.
분묘기지권은 분묘를 수호하고 봉제사하는 목적을 달성하는 데 필요한 범위 내에서 타인의 토지를 사용할 수 있는 권리를 의미하는 것으로서, 이 분묘기지권에는 그 효력이 미치는 지역의 범위 내라고 할지라도 기존의 분묘 외에 새로운 분묘를 신설할 권능은 포함되지 아니하는 것이므로, 부부 중 일방이 먼저 사망하여 이미 그 분묘가 설치되고 그 분묘기지권이 미치는 범위 내에서 그 후에 사망한 다른 일방을 단분 형태로 합장하여 분묘를 설치하는 것도 허용되지 않는다(대판 2001.8.21. 2001다28367 참조).

사성: 사성이란 무덤 뒤를 반달형으로 둘러쌓은 둔덕을 말한다. 사성이 조성되어 있다 하여 반드시 그 사성 부분을 포함한 지역에까지 분묘기지권이 미치는 것은 아니다.

8 분묘기지권의 존속기간

❶ 분묘기지권은 특별한 약정이 없는 한 분묘의 수호와 봉사가 지속되고 분묘가 존속하고 있는 동안은 분묘기지권이 계속 존속하며 약정이 있는 경우 그에 따른다.
❷ 2001. 1. 13.부터 시행된 〈장사 등에 관한 법률〉 제27조에 3항에 의하면 토지소유자의 승낙 없이 토지에 설치한 분묘, 묘지 설치자 또는

연고자의 승낙 없이 묘지를 설치한 경우는 토지사용권과 분묘의 보존을 위한 권리를 주장할 수 없다고 하고 있다. 제19조에 의하면 공설묘지·사설묘지에 설치된 분묘의 존속기간은 15년이며 그 기간이 지나면 시·도지사, 시장·군수·구청장에게 연장신청을 하여야 한다.

이 법은 2001. 1. 13. 이후에 설치된 분묘에만 적용된다.

9 분묘기지권의 소멸

❶ 분묘기기지권은 분묘가 존재하는 토지의 멸실, 분묘의 이장, 폐장 등으로 소멸된다.
❷ 분묘기지권을 포기한다는 의사표시가 있는 경우 분묘기지권은 소멸된다.

10 분묘기지권의 지료

❶ 지상권은 따로 지료의 약정이 없으면 지료를 구할 수 없다.
❷ 지료에 관하여 지료액과 그 지급시기의 약정은 등기하여야 제3자에게 대항할 수 있다.
❸ 분묘기지권이 시효취득에 의한 것이라면 보통 지료는 없는 것으로 간주한다.
❹ 지료가 등기되지 않으면 무상의 지상권으로 간주한다. 이와 같은 경우는 지료청구나 지료증액청구권 행사를 할 수 없다.

11 설치기간이 지난 분묘의 처리방법

❶ 분묘의 연고자를 알 수 없는 경우: 연고자를 알 수 없는 분묘는 토지매수자 또는 관리인이 시·도지사의 허가를 받아 일정기간 공고 후

이를 개장할 수 있다. 공고방법은 해당 분묘에 설치된 시설물을 철거하고 매장된 유골을 화장하여 봉안하기 2개월 전에 중앙 일간신문이나 다른 일간 신문을 포함한 둘 이상의 일간신문 또는 관할 시·도 및 시·군·구의 인터넷 홈페이지와 하나 이상의 일간신문에 연락처, 열람 등 개장에 필요한 사항을 적은 내용을 2회 이상 공고하되 두 번째 공고는 첫 번째 공고일로부터 1개월이 지난 다음에 해야 한다(〈장사 등에 관한 법률시행 규칙〉 제14조 참조).

> **연고자란?**
> **장사 등에 관한 법률 제2조 16호 (연고자의 권리 및 의무)**
> 사망한 자와 다음 각 목의 관계에 있던 자를 말하며, 연고자의 권리·의무는 다음 각 목의 순서로 행사한다. 다만, 순위가 같은 자녀 또는 직계비속이 2명 이상이면 최근친의 연장자가 우선순위를 갖는다.
> 가. 배우자
> 나. 자녀
> 다. 부모
> 라. 자녀 외의 직계비속
> 마. 부모 외의 직계존속
> 바. 형제·자매
> 사. 사망하기 전에 치료·보호 또는 관리하고 있었던 행정기관 또는 치료·보호기관의 장
> 아. 가목부터 사목까지에 해당하지 아니하는 자로서 시체나 유골을 사실상 관리하는 자

❷ 분묘의 연고자를 알고 있는 경우: 법 제20조 제2항에 따른 조치를 하기 3개월 전에 묘지 또는 분묘의 위치 및 장소, 개장사유, 개장 후 안치장소 및 기간, 공설묘지 또는 사설묘지 설치자의 성명·주소 및 연락방

법, 그 밖에 개장에 필요한 사항을 문서로 표시하여 해당 분묘의 연고자에게 알려야 한다(〈장사 등에 관한 법률시행 규칙〉 제14조 1항 참조).

> **장사 등에 관한 법률 제20조 (설치기간이 종료된 분묘의 처리)**
> ① 제19조에 따른 설치기간이 끝난 분묘의 연고자는 설치기간이 끝난 날부터 1년 이내에 해당 분묘에 설치된 시설물을 철거하고 매장된 유골을 화장하거나 봉안하여야 한다.
> ② 공설묘지 또는 사설묘지의 설치자는 연고자가 제1항에 따른 철거 및 화장·봉안을 하지 아니한 때에는 해당 분묘에 설치된 시설물을 철거하고 매장된 유골을 화장하여 일정 기간 봉안할 수 있다.
> ③ 공설묘지 또는 사설묘지의 설치자는 제2항에 따른 조치를 하려면 미리 기간을 정하여 해당 분묘의 연고자에게 알려야 한다. 다만, 연고자를 알 수 없으면 그 뜻을 공고하여야 한다.
> ④ 제3항에 따른 통보 및 공고의 기간·방법·절차 등에 관하여 필요한 사항은 보건복지부령으로 정한다.
> ⑤ 제2항에 따른 봉안에 관하여는 제12조 제3항을 준용한다.

> **장사 등에 관한 법률 제27조 (타인의 토지 등에 설치된 분묘 등의 처리 등)**
> ① 토지소유자(점유자나 그 밖의 관리인을 포함한다. 이하 이 조에서 같다), 묘지 설치자 또는 연고자는 다음 각 호의 어느 하나에 해당하는 분묘에 대하여 보건복지부령으로 정하는 바에 따라 그 분묘를 관할하는 시장 등의 허가를 받아 분묘에 매장된 시체 또는 유골을 개장할 수 있다.
> 1. 토지소유자의 승낙 없이 해당 토지에 설치한 분묘
> 2. 묘지 설치자 또는 연고자의 승낙 없이 해당 묘지에 설치한 분묘
> ② 토지소유자, 묘지 설치자 또는 연고자는 제1항에 따른 개장을 하려면 미리 3개월 이상의 기간을 정하여 그 뜻을 해당 분묘의 설치자 또는 연고자에게 알려야 한다. 다만, 해당 분묘의 연고자를 알 수 없으면 그 뜻을 공고하여야 한다.

③ 제1항 각 호의 어느 하나에 해당하는 분묘의 연고자는 해당 토지소유자, 묘지 설치자 또는 연고자에게 토지사용권이나 그 밖에 분묘의 보존을 위한 권리를 주장할 수 없다.
④ 토지소유자 또는 자연장지 조성자의 승낙 없이 다른 사람 소유의 토지 또는 자연장지에 자연장을 한 자 또는 그 연고자는 당해 토지소유자 또는 자연장지 조성자에 대하여 토지사용권이나 그 밖에 자연장의 보존을 위한 권리를 주장할 수 없다.
⑤ 제2항에 따른 통보 및 공고에 관하여 필요한 사항은 보건복지부령으로 정한다.

12 분묘를 개장하려는 경우

토지소유자 또는 묘지 설치자, 연고자는 매장된 시체나 유골을 개장하려는 경우에는 개장허가신청서와 함께 다음의 서류를 첨부하여 관할 시장 등에게 신청하여야 한다.

❶ 기존 분묘의 사진
❷ 분묘의 연고자를 알지 못하는 사유
❸ 묘지 또는 토지가 개장 허가신청인의 소유임을 증명하는 서류
❹ 부동산등기법 등 관계 법령에 따라 해당 토지 등의 사용에 관하여 해당 분묘 연고자의 권리가 없음을 증명하는 서류

13 공부상 지목은 농지이나 분묘 등이 있어 농지로 볼 수 없다는 뜻이 기재된 면장의 확인서가 첨부된 경우 농지취득자격증명을 제출하여야 하는가?

공부상 지목이 농지이나 그 지상에 수기의 분묘가 설치되어 있고 일부는 도로로 사용되고 있어서 실제로는 그 토지가 농지가 아니라면, 그

토지에 대한 소유권이전등기신청 시 농지취득자격증명을 첨부할 필요가 없다. 그러나 그러한 사실이 관할 행정관청이 발급하는 서면에 의하여 증명이 되어야 하는바, 해당 토지에 대해 "실제로 수기의 묘와 현행 도로로 편입되어 있어 실제의 토지현상이 농작물을 경작하거나 다년생식물 재배지로 이용할 수 있는 농지로 볼 수 없어 농지취득자격증명을 발급할 수 없다."는 취지의 관할 면장의 확인서를 첨부하였다면, 그 토지에 대한 소유권이전등기신청 시 농지취득자격증명을 첨부할 필요는 없을 것이다(1998. 6. 29. 등기 3402-586 질의회답)(등기예규 제1236호 참조).

제9장 — 알쏭달쏭 OX 문제

01 법정지상권과 분묘기지권은 등기를 하지 않아도 되는 권리이다. (   )

02 건축물로 일정한 요건을 갖춘 건물이라면 미등기 건물이나 무허가 건물이라도 법정지상권은 성립할 수 있다. (   )

03 분묘기지권은 분묘를 소유하기 위한 소유권이다. (   )

04 연고자가 없는 분묘일 경우, 토지 매수자 또는 관리인은 시·도지사의 허가를 받아 일정기간 공고 후 이를 개장할 수 있다. (   )

05 강제경매, 국세체납에 의한 공매, 매매, 증여, 공유물 분할 등으로 소유자가 달라지는 경우, 민법 제366조에 의한 법정지상권은 인정되지 않지만 일정한 요건이 충족이 되면 관습법상의 법정지상권이 인정된다. (   )

06 법정지상권이 인정되는 건물은 지료를 지급하지 않아도 된다. (   )

정답 및 해설

01 ○
02 ○
03 X 분묘기지권은 토지의 사용권이지 소유권은 아니다.
04 ○
05 ○
06 X 법정지상권이 인정되는 건물일지라도 지료를 지급해야 한다.

제9장 — 주관식 문제

01 토지에만 저당권이 설정되고 난 후 건물이 신축된 경우 신축된 건물은 민법 제366조의 법정지상권을 가질 수 있는가?

02 저당권 실행으로 인한 법정지상권(민법 제366조의 법정지상권)의 성립시기는 언제부터로 보는가?

03 관습법상의 법정지상권의 성립요건은?

04 공설묘지·사설묘지에 설치된 분묘의 존속기간은 몇 년인가?

05 법원에 의하여 지료가 결정될 경우 그 지료는 언제부터 청구되는가?

정답 및 해설

01 법정지상권을 가지지 못한다.
02 경매로 인해 해당 부동산이 매각이 되고 최고가매수신고인이 대금납부를 한 때부터이다.
03 ① 토지와 건물이 동일인의 소유에 속하여야 한다. ② 강제경매, 국세체납에 의한 공매, 매매, 증여, 공유물 분할, 귀속재산처리법상의 불하처분 등으로 토지소유자와 건물소유자가 달라져야 한다. ③ 건물을 철거하겠다는 특약이 없어야 한다. ④ 토지임대차계약이 없어야 한다.
04 15년
05 지료청구권은 법정지상권이 성립됨과 동시에 발생하므로 법원에 의하여 지료가 결정될 경우 지료는 법정지상권이 성립한 시기로 소급되어 청구된다.

제9장 — 객관식 문제

01 다음 중 민법 제366조 저당물에 의한 법정지상권의 성립요건이 아닌 것은?

① 저당권 설정 당시 건물이 존재해야 한다.
② 저당권 설정 당시 토지와 건물의 소유자가 동일하여야 한다.
③ 토지와 건물 중 한쪽 또는 양쪽에 저당권이 설정되어야 한다.
④ 저당권 실행으로 (임의경매) 건물소유자와 토지소유자가 달라져야 한다.
⑤ 법정지상권을 배제한다는 특약이 있을 경우, 그 건물은 법정지상권을 가지지 않는다.

정답 ▶ ⑤ 관습법상의 법정지상권의 성립요건 여부에 해당된다. 민법 제366조에 의한 법정지상권은 특약에 관계없이 성립 여부를 따진다.

02 다음 중 관습법상의 법정지상권의 성립요건이 아닌 것은?

① 토지와 건물이 동일인의 소유에 속하여야 한다.
② 강제경매, 국세체납에 의한 공매, 매매, 증여, 공유물 분할, 귀속재산처리법상의 불하처분 등으로 소유자가 달라져야 한다.
③ 토지임대차계약이 없어야 한다.
④ 건물을 철거하겠다는 특약이 없어야 한다.
⑤ 저당권 설정 당시 토지와 건물의 소유자가 달라야 한다.

정답 ▶ ⑤ 민법 제366조의 법정지상권 성립요건으로 저당권 설정 당시 토지와 건물의 소유자가 같아야 한다.

03 전세권과 법정지상권에 관한 설명으로 옳지 않은 것은?

① 전세권보호를 위한 법정지상권은 전세권 설정 당시 토지소유자와 건물소유자가 동일인이었으나 토지의 양도 등으로 소유자가 달라져야 한다.
② 건물과 토지의 소유자가 동일인인 상태에서 건물에만 전세권을 설정하고 토지는 다른 사람에게 양도된 경우 토지소유자는 전세권자에 대하여 지상권을 설정한 것으로 간주한다.
③ 건물과 토지의 소유자가 바뀐 경우는 관습법상의 법정지상권 성립 여부를 따지게 되고 전세권에 의해 경매가 진행될 경우는 민법 제366조에 의한 법정지상권 성립 여부를 따지게 된다.
④ 건물소유자가 토지소유자에게 건물철거약정을 하였더라도 전세권의 존속기간이 만료되기 전에는 건물을 철거할 수 없으며 법정지상권은 존속된다.
⑤ 만약 전세권자가 건물철거에 합의한 경우라면 법정지상권은 성립되지 않는다.

정답 ▶ ② 대지와 건물을 동시에 소유한 자가 건물에 대해서만 전세권을 설정하고 토지는 다른사람에게 처분한 경우 토지소유자는 건물소유자에 대하여 지상권을 설정한 것으로 본다. 이때 법정지상권의 취득자는 전세권자가 아닌 건물소유자다.

04 전세권과 법정지상권에 관한 설명 중 바르지 않은 것은?

① 대지와 건물이 동일한 소유자에게 속한 경우에 전세권을 설정한 때에는 그 대지 소유권의 특별 승계인은 전세권설정자에 대하여 지상권을 설정한 것으로 본다.
② 토지소유자와 건물소유자가 토지에 관해 임대차계약을 체결하였고 그 존속기간이 전세권의 존속기간보다 길거나 같은 경우에 임차권은 전세권자의 동의에 관계없이 성립하고 법정지상권은 성립하지 않는다.
③ 미등기건물에 성립될 수 있다.
④ 전세권이 설정된 후 소유자가 달라지고 건물을 철거하겠다는 약정을 하였다고 하더라도 전세권자를 보호한다는 이유로 철거하지 않는다.
⑤ 민법 제366조에 의한 법정지상권과 달리 토지소유권의 변동원인으로 매매, 증여, 경매 등을 모두 포함한다.

정답 ▶ ③ 미등기건물에는 전세권을 설정할 수 없다.

05 입목에 관한 법정지상권의 내용으로 옳지 않은 것은?

① 토지에 부착된 소유권보존등기가 된 수목의 집단을 입목이라 하며 부동산으로 취급된다.
② 소유권보존등기를 한 입목은 토지와 분리하여 양도하거나 이를 저당권의 목적으로 할 수 있다.
③ 지상권자에게 속하는 입목이 저당권의 목적이 되어 있는 경우에는 지상권자는 저당권자의 승낙 없이 그 권리를 포기하거나 계약을 해지할 수 없다.
④ 수목의 지상권 소멸 이후에도 지상권자는 계약의 갱신청구권 또는 지상물매수청구권을 행사할 수 있고, 2년 이상 지료를 연체하였더라도 지상권설정자는 소멸을 청구할 수 없다.

정답 ▶ ④ 수목의 지상권 소멸 이후에도 지상권자는 계약의 갱신청구권 또는 지상물매수청구권을 행사할 수 있다. 하지만 2년 이상 지료를 연체하였을 경우 지상권설정자는 소멸을 청구할 수 있다.

06 가등기담보법에 의한 법정지상권에 대한 설명으로 바르지 않은 것은?

① 건물과 토지가 동일인의 소유에 속해 있는 상태에서 토지나 건물 중 하나에 대하여 가등기가 설정되고, 이후 가등기에 의한 본등기가 되어 건물과 토지의 소유자가 달라진 경우 법정지상권이 발생한다.
② 건물과 토지가 동일인의 소유에 속해 있는 상태에서 토지나 건물 중 하나에 대하여 가등기가 설정되고 이후 가등기담보권자가 담보권의 실행으로 소유자가 바뀐 경우 법정지상권이 발생한다.
③ 건물이 없는 나대지상에 채권담보를 위한 가등기설정 후 토지소유자가 건물을 신축하고 이후에 가등기권자가 본등기를 하게 되면 이 건물은 법정지상권이 성립된다.
④ 가등기담보권 실행에 의한 법정지상권의 취득시기는 매수인이 매각대금을 완납한 시점이다.

정답 ▶ ③ 건물이 없는 나대지상에 채권을 담보하기 위한 가등기를 설정하고 난 뒤 토지소유자가 건물을 신축하였다면 이후에 가등기권자가 본등기를 하게 되면 이 건물은 법정지상권이 성립되지 않는다.

07 법정지상권에 있어서 지료에 대한 설명으로 옳지 않은 것은?

① 당사자 간의 협의로 지료를 결정하면 그 협의에 따르고 협의가 이루어지지 않으면 당사자가 지료청구소송을 하면 법원이 정하게 된다.
② 보통 시가의 연 5~7%이다.
③ 법원에서 지료액과 지료의 지급시기 등이 정해지면 그 결정에 따라 지료 연체 여부를 따지게 된다.
④ 지료가 결정되지 않았다면 법정지상권자가 지료를 지급하지 않았더라도 지료채무를 지체한 것으로 보지 않는다.
⑤ 지료를 정할 때는 이미 건물이 세워져 있다는 전제하에 토지임대료를 기준으로 하여 책정된다.

정답 ▶ ⑤ 지료를 정할 때 이미 건물이 세워져 있는 것을 전제로 토지임대료를 기준으로 하여 책정되는 것이 아니라 그러한 제한 없이 토지를 사용함으로써 얻는 이익의 상당한 대가가 되어야 한다.

08 지료에 대한 설명이 바른 것을 고르시오.
① 법정지상권자가 지료를 2년 이상 연체하였을 경우 토지소유자는 법정지상권의 소멸을 청구할 수 있다.
② 지료의 연체로 법정지상권이 소멸하게 된 경우 법정지상권자는 토지소유자에게 매수청구권의 행사를 할 수 있다.
③ 법원에 의하여 지료가 결정될 경우 지료는 지료결정판결일 시점부터 청구된다.
④ 약정한 존속기간 이후 지가의 변동이 있더라도 지료증감청구를 할 수 없다.
⑤ 지료를 지급하지 않기로 하는 무상의 지상권은 인정되지 않는다.

정답 ▶ ①
② 지료가 연체되어 법정지상권이 소멸하게 된 경우 법정지상권자는 토지소유자에게 매수청구권의 행사를 할 수 없게 된다.
③ 지료청구권은 법정지상권이 성립함과 동시에 발생하므로 법원에 의하여 지료가 결정될 경우 지료는 법정지상권이 성립한 시기로 소급되어 청구된다.
④ 약정한 존속기간 이후 지가의 변동이 있는 경우 지료증감청구를 할 수 있다.
⑤ 지료는 지상권의 요소는 아니므로 지료를 지급하지 않기로 하는 무상의 지상권도 인정된다.

09 다음 중 지료에 관하여 옳게 설명한 것을 모두 고르시오.
① 지료는 반드시 금전이어야 하며 정기급으로 한다.
② 지료의 등기가 되었다면 구지상권자가 1년의 지료연체를 하고 또 새로운 지상권자가 1년의 지료 연체를 하였다면 토지소유자는 2년분의 지료연체를 이유로 지상권소멸을 청구할 수 없다.
③ 법정지상권을 가지지 않는 권한이 없는 자가 타인의 토지 위에 건물을 소유한 경우에는 부당한 이익을 얻고 있으므로 토지의 차임에 상당하는 부당이득을 반환할 의무가 있다.
④ 지료액 또는 그 지급시기 등 지료에 관한 약정은 이를 등기하여야만 제3자에게 대항할 수 있다.

⑤ 토지소유권의 이전등기가 있으면 새로운 토지소유자는 지상권자에게 지료를 청구할 수 없다.

정답 ▶ ③ ④
① 지료는 정기급이든 일시급이든 무방하며 반드시 금전이 아니어도 된다.
② 지료의 등기가 되었다면 토지소유자는 구 지상권자의 지료연체를 이유로 지상권을 이전 받은 자에게 대항할 수 있으므로, 신·구 지상권자의 2년분의 지료연체를 이유로 지상권 소멸을 청구할 수 있다.
⑤ 토지소유권의 이전등기가 있으면 지료채권도 이에 수반하여 이전하므로 새로운 토지소 유자는 지상권자에게 지료를 청구할 수 있다.

10 법정지상권 조사 시 필요한 서류를 발급받을 수 있는 곳이 잘못된 것은?

① 토지등기부, 폐쇄등기부, 전산등기부, 구등기부 – 등기소
② 건축물관리대장 – 시·군·구 민원실
③ 무허가관리대장 – 주민센터
④ 가옥세과세대장 – 구청 세무과
⑤ 가옥대장 – 시·군·구 민원실

정답 ▶ ③ 무허가관리대장 – 구청 단속계

11 법정지상권의 종류 중 강제경매, 공매, 매매 등으로 건물과 토지의 소유자가 달라지는 경우 적용하는 법정지상권은?

① 민법 제366조의 저당실행으로 인한 법정지상권
② 민법 제305조 전세권 보호를 위한 법정지상권
③ 가등기담보권의 실행에 의한 법정지상권
④ 관습법상의 법정지상권
⑤ 분묘기지에 관한 관습상의 법정지상권

정답 ▶ ④

12 저당권 실행으로 인한 법정지상권에 대한 설명으로 옳지 않은 것은?

① 건물이 있는 경우보다 나대지 상태의 토지를 더 높이 책정하는 편이다.
② 저당권 설정 시 이미 건물이 존재하고 있다면 그 건물은 법정지상권을 가진다.
③ 건물의 일정한 요건을 갖추면 미등기 건물, 무허가 건물, 저당권 설정 시 건축 중이던 건물도 건물로 예상할 수 있는 정도이면 법정지상권이 인정될 수 있다.
④ 저당권 설정과 동시에 지상권이 설정되었다고 해서 무조건 당시 건물이 없던 것으로 간주할 수 없으며, 건물이 존재했다면 지상권 설정과는 무관하게 그 건물은 법정지상권을 가진다.
⑤ 저당권자가 건물이 없는 토지에 저당권을 설정하면서 토지소유자에게 건물의 건축에 동의하였다면 법정지상권이 성립한다.

정답 ▶ ⑤ 저당권자가 건물이 없는 토지에 저당권을 설정하면서 토지소유자에게 건물의 건축에 동의하였다 하더라도 그 건물은 법정지상권을 가지지 아니한다.

13 다음 중 토지소유자가 아닌 사람이 토지 위에 건물, 공작물, 수목 등을 소유하거나 토지를 이용하기 위한 방법이 아닌 것은?

① 토지소유자와 전세권설정계약을 한다.
② 토지소유자와 임대차계약을 맺고 임차권을 설정한다.
③ 일단 토지에 건물 건축을 위한 기둥을 설치한다.
④ 토지소유자에게 사전에 토지사용에 대한 승낙을 받는다.
⑤ 토지소유자와 지상권설정계약을 맺고 토지에 지상권을 설정한다.

정답 ▶ ③

14 다음은 공유지분의 여러 가지 유형이다. 법정지상권의 유무를 잘못 판단한 것은?

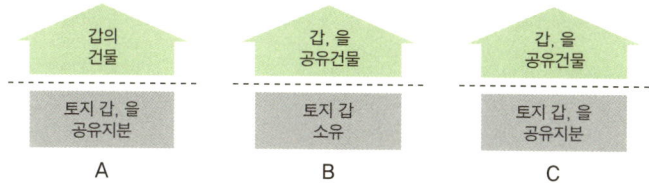

① A의 경우, 토지지분에 저당권이 설정되고 그 저당권 실행으로 토지지분소유자가 바뀐 경우는 법정지상권이 성립되지 않는다.
② A의 경우, 건물에 저당권이 설정되고 그 저당권 실행으로 건물소유자가 바뀐 경우에는 법정지상권이 성립되지 않는다.
③ B의 경우, 갑의 토지에 저당권이 설정되고 후에 저당권 실행으로 토지의 소유자가 바뀐 경우 갑과 을의 공유건물은 법정지상권이 인정된다.
④ B의 경우, 갑의 건물지분권에 저당권이 설정되고 후에 저당권 실행으로 갑의 지분권소유자가 바뀐 경우에 법정지상권이 인정된다.
⑤ C의 경우, 토지 전체에 저당권이 설정이 되어 저당권의 실행으로 토지소유자가 바뀐 경우 법정지상권이 인정되지 않는다.

정답 ▶ ⑤
A와 B의 공유토지 위에, A와 B의 공유건물이 존재하고 있는 상태(공유자 전원이 동일한 채권자에 대하여 공동으로 각자의 지분 전부에 저당권을 설정한 경우) - 토지 전체에 저당권이 설정이 되어 저당권의 실행으로 토지소유자가 바뀐 경우 법정지상권이 인정되며 건물 전부에 저당권이 설정되어 저당권의 실행으로 건물소유자가 바뀐 경우에도 법정지상권이 인정된다.

15 저당권에 의한 법정지상권에서 소유자에 대한 내용 중 옳지 않은 것은?

① 저당권 설정 당시 이미 토지소유자와 건물소유자가 상이하면 법정지상권은 인정되지 않는다.
② 건물의 소유자 명의를 타인에게 신탁한 경우 토지와 건물의 소유자는 동일인으로 간주된다.
③ 저당권 설정 당시 건물과 토지가 동일인에 속해 있다가 토지가 경매로 매각되기 전에 제3자에게 건물이 양도된 경우 비록 경매실행 당시 소유자가 상이하였다고 하더라도 그 건물은 법정지상권을 가진다.
④ 실질적으로는 소유자가 동일하나 건물이나 토지 중에 등기부상에 다른 이의 명의로 되어 있다면 법정지상권은 인정되지 않는다.

정답 ▶ ② 건물의 소유자 명의를 타인에게 신탁한 경우 토지와 건물의 소유자를 동일인으로 간주하지 않는다.

16 다음 중 법정지상권의 존속기간에 대한 설명이 옳지 않은 것은?

① 민법 제366조에서는 법정지상권의 존속기간에 대해 따로 규정해둔 것이 없다.
② 존속기간에 대해 당사자 간에 협의가 있을 경우 그 협의에 의하며, 만약 존속기간에 대해 아무런 협의가 없을 경우는 민법 제281조의 존속기간을 약정하지 아니한 지상권의 경우처럼 존속기간이 정해진다.
③ 지상권이 소멸한 경우에 건물, 기타 공작물이나 수목이 현존한 때에는 지상권자는 계약의 갱신을 청구할 수 있다.
④ 견고한 건물이나 수목은 최소 30년, 보통의 건물은 15년, 공작물인 경우는 5년이다.
⑤ 존속기간이 만료되면 법정지상권은 소멸되므로 법정지상권자는 법정지상권의 갱신을 청구할 수 없다.

정답 ▶ ⑤ 존속기간이 만료되면 법정지상권은 소멸되지만 법정지상권자는 법정지상권의 갱신을 청구할 수 있다.

17 다음 중 법정지상권이 성립하지 않는 경우를 고르시오.

① 저당권 설정 당시 이미 지상에 동일 소유자의 건물이 존재한 상태에서 건물이 개축·증축 된 경우
② 나대지에 저당권을 설정할 당시 토지소유자에 의한 건물의 건축에 대하여 저당권자가 동의한 경우
③ 나대지에 근저당권 설정 후 건물을 신축하고 건물에만 다른 근저당권 설정이 되고 건물만 근저당권에 의해 매각되었을 경우
④ 토지와 동일 소유자의 건물이 저당권 설정 당시 지상에 존재하고 있었으나 그 건물이 멸실되거나 철거되어 다시 건물을 신축 또는 재축한 경우
⑤ 토지에 관하여 저당권이 설정될 당시 토지소유자에 의해 그 지상의 건물이 외형상 건물의 규모, 종류를 예상할 수 있을 정도로 건축이 진척은 되었으나 아직 미등기상태인 경우

정답 ▶ ② 저당권자가 동의하였더라도 그것은 주관적인 사항일 뿐 매수자는 알 수 없는 사항이므로 저당권 설정 당시 건물이 없는 상태였으므로 법정지상권은 성립되지 않는다.

18 다음 중 법정지상권이 성립하는 경우를 고르시오.

① 토지에만 저당권이 설정되고 건물이 신축된 경우
② 건물과 토지에 공동지당권이 설정되었다가 기존 건물 철거 후 건물이 신축된 후, 저당권 실행으로 인하여 건물소유자와 토지소유자가 달라졌을 경우
③ 공유토지의 공유자 1인이 건물을 소유한 경우, 토지지분에 저당권이 설정되어 저당권 실행으로 토지지분의 소유자가 바뀌거나 건물에 저당권이 설정되어 저당권 실행으로 건물소유자가 바뀐 경우
④ 법정지상권자가 토지소유자와 임대차계약을 맺었을 경우
⑤ 건물과 토지에 공동저당권이 설정되었다가 구 건물 철거 후 건물이 신축된 경우, 신축된 건물의 소유자와 토지소유자가 동일하고 그 신축된 건물에 토지의 저당권과 동일한 순위의 공동저당권을 설정한 경우

정답 ▶ ⑤

19 구분소유적 공유관계의 법정지상권에 대한 설명이 바르지 않은 것은?
① 구분소유적 공유관계에 있어서는 각자가 특정 매수한 부분은 각자의 단독소유로 본다.
② 구분소유적 공유관계에 있는 공유자가 자기 몫의 대지부분 위에 건물을 신축하고 있다가 대지와 건물의 소유관계가 바뀐 경우 관습법상의 법정지상권이 성립한다.
③ 자기 몫의 대지부분 이외 부분에 건물을 신축하고 있는 경우는 법정지상권이 성립하지 않는다.
④ 구분소유적 공유관계에 있는 경우, 구분소유 된 토지 위에 각자 단독소유의 건물을 가지고 있고, 그 건물 또는 토지지분에 대하여 저당권이 설정이 되고 이후에 저당권의 실행으로 소유자가 달라진 경우라면 그 건물은 법정지상권이 인정된다.
⑤ ④와 같은 상황에 저당권 설정이 토지 전체에 설정이 된 경우 나중에 저당권 실행으로 건물과 토지의 소유자가 달라진 경우에 법정지상권이 인정되지 않는다.

정답 ▶ ⑤ 저당권 설정이 토지 전체에 설정이 된 경우 나중에 저당권 실행으로 건물과 토지의 소유자가 달라진 경우에 법정지상권이 인정된다.

20 다음 중 관습법상의 법정지상권이 성립하지 않는 경우는?
① 관습법상의 법정지상권이 성립하였으나, 건물소유자가 토지소유자와 건물의 소유를 목적으로 하는 토지임대차계약을 체결한 경우
② 갑과 을이 대지와 그 지상건물을 함께 소유하고 있었는데 을이 건물의 소유권 일부에 관하여 공사대금채권의 담보를 위한 가등기를 경료하고 그 대물변제로 건물 부분의 소유권을 양도받은 경우
③ 대지소유자 갑이 그 지상건물을 을과 함께 공유하면서 자기 단독소유의 대지만을 건물철거의 조건 없이 제3자에게 매도한 경우

④ 귀속재산처리법상의 불하처분에 의하여 동일소유자에 속한 토지와 건물의 소유자가 다르게 된 경우
⑤ 아파트 시공회사가 토지를 매수하여 소유권이전등기를 마친 후 아파트 수위실을 축조하고 이를 아파트 소유자들에게 미등기상태로 양도함과 동시에 그 토지 부분에 대한 영구사용권을 준 다음 토지를 제3자에게 처분한 경우

정답 ▶ ① 임대차계약을 한 경우 법정지상권 포기로 간주한다.

21 다음 중 법정지상권이 성립하는 경우는?

① 토지의 소유자가 건물을 건축할 당시 이미 토지를 제3자에게 매도하여 소유권을 이전해줄 의무를 지니고 있었던 경우
② 토지를 매수하고 토지에 관한 소유권이전등기는 하지 않았으나 사실상 처분권한을 가지는 자가 지상에 건물을 신축한 후 그 건물이 강제경매 된 경우
③ 공유토지의 공유자 중 한 사람이 다른 공유자들 지분의 과반수 동의를 얻어 건물을 건축한 후 토지와 건물의 소유자가 달라진 경우
④ 토지와 건물이 동일한 소유자에게 속하였다가 매매 등 기타 원인으로 인하여 토지와 건물의 소유자가 다르게 되었으나 당사자 간에 건물철거 합의가 있었던 경우
⑤ 토지와 건물이 둘 다 국가 소유에 속해 있다가 토지만 개인에게 불하 매도된 경우

정답 ▶ ⑤ 단, 건물에 철거약정이 없어야 한다.

22 저당권실행으로 인한 법정지상권(민법 제366조의 성립요건)에 대한 내용 중 옳지 않은 것은?

① 토지나 건물 중 하나 또는 양쪽 모두에 저당권이 설정되어 있어야 한다.
② 저당권이 설정되어 있는지의 여부는 각각의 등기부로 파악한다.
③ 저당권 실행으로 건물소유자와 토지소유자가 달라져야 한다.
④ 법정지상권을 배제한다는 특약이 있어도 저당권설정자의 의사와 관계없이 객관적 요건으로 성립한다.
⑤ 저당권 설정 당시 토지소유자의 건물이 존재하였고 법정지상권을 배제한다는 특약이 있다면 건물은 법정지상권을 가지지 않는다.

정답 ▶ ⑤ 저당권 설정 당시 토지소유자와 동일 소유자의 건물이 존재하였다면 법정지상권을 배제한다는 특약이 있었더라도 건물은 법정지상권을 갖는다.

23 다음 중 법정지상권의 성립 여부의 판단이 옳지 않은 것은?

① 법정지상권이 성립한 후 토지와 건물의 소유자가 달라진 상태에서 법정지상권의 등기 없이 법정지상권자로부터 건물만 승계받은 자가 제3자에게 지상권의 효력을 주장할 수 있다.
② 지상건물을 갑순이와 함께 1/2씩 공유하고 있는 토지소유자 갑돌이가 갑돌이 단독소유의 토지만을 건물 철거약정 없이 꽃분이에게 매도한 경우는 갑돌이와 갑순이는 건물에 대해 법정지상권을 취득한다.
③ 나대지에 저당권이 설정된 후 저당권설정자가 그 위에 건물을 건축하였다가 임의경매절차에서 경매로 인하여 대지와 지상건물이 소유자를 달리하였을 경우에 법정지상권이 성립되지 않는다.
④ 전세권 설정 당시 이미 건물과 토지소유자가 달라진 경우 전세권보호를 위한 법정지상권은 성립하지 않는다.

정답 ▶ ① 처분을 위해서는 등기를 해야 하는데 이를 이행하지 않는 상태에서 건물 양수인에게까지 법정지상권 취득을 인정한다면 등기부 공시 없이 건물 양수인이 여러 차례 변경된 경우, 건물 또는 대지를 취득하고자 하는 일반인인 제3자로서는 법정지상권의 성립 여부를 판단한다는 것이 용이한 일이 아니므로, 이는 법정지상권자의 권리를 필요 이상으로 확장시키는 것이다. 따라서 신의성실의 원칙에 반한다(대판 1985.4.9. 84다카1131, 1132 참조).

24 다음 중 법정지상권이 성립하는 경우는?

① 나대지에 근저당 설정 후 건물을 신축하고 건물에만 다른 근저당 설정이 되고 건물만 매각되었을 경우
② 건물을 철거하기로 하고, 그 철거시기를 앞으로 3, 4년 동안 유예하기로 합의한 경우
③ 구분소유적 공유관계가 있는 자가 자신의 특정소유가 아닌 부분에 건물을 신축한 경우
④ 공유토지 위에 건물을 소유하고 있는 토지공유자 중 1인이 그 토지지분만을 전매한 경우

정답 ▶ ① 단, 후에 나대지의 근저당권자에 의해 경매가 진행되는 경우에는 성립하지 않는다.

25 다음 관습법상 법정지상권의 성립시기와 대항력에 대한 설명으로 옳지 않은 것은?

① 관습법상의 법정지상권의 성립은 소유권이전등기가 경료됨과 동시에 성립된다.
② 등기를 요하지 아니하는 부동산 물권취득인 경매에서는 대금을 완납한 시점에 법정지상권이 발생한다고 본다.
③ 법적 물권이므로 등기하시 잃더라도 취득의 효력이 생긴다.
④ 제3자에게 처분하기 위해서는 등기를 하여야 한다.
⑤ 등기 없이 건물을 처분하였더라도 그 건물을 취득한 제3자는 토지소유자에게 지상권을 가지고 대항할 수 있다.

정답 ▶ ⑤ 관습상 법정지상권이 붙은 건물의 소유자가 건물을 제3자에게 처분한 경우에는 법정지상권에 관한 등기를 경료하지 아니한 자로서는 건물의 소유권을 취득한 사실만 가지고는 법정지상권을 취득하였다고 할 수 없어 대지소유자에게 지상권을 주장할 수 없고, 그 법정지상권은 여전히 당초의 법정지상권자에게 유보되어 있다고 보아야 한다(대결 1995.4.11. 94다39925 참조).

⟨26~27⟩ 다음은 경기도 OO동 갑순이 소유의 토지와 건물 권리사항이다. 다음 물음에 답하시오.

소재지 - 경기도 OO 동 OO-OO 대지 150.6㎡ 건물 90.5㎡			
토지등기부 - 경기도 OO 동 OO-OO			
등기접수일	권리 종류	권리자	비고
1	1995. 1. 15.	소유권	갑순이	
2	1996. 9. 11.	근저당권	순돌이	
3	2003. 9. 5.	저당권	김진사	
4	2004.10. 20.	가압류	갑돌이	
건물등기부 - 경기도 OO 동 OO-OO			
등기접수일	권리 종류	권리자/채권액	비고
1	2003. 2. 5.	소유권	갑순이	
2	2003. 9. 5.	저당권	김진사	
3	2004. 10. 20.	가압류	갑돌이	
건축물대장상 건물 허가일자: 2002. 9. 2. 사용 승인일자: 2002. 12. 5.			

26 위의 상황에 대한 설명 중 옳지 않은 것은?

① 김진사는 건물과 토지에 대하여 경매를 신청할 수 있다.
② 경매가 진행될 경우 갑돌이는 순위에 따라 건물과 토지의 환가대금에서 배당받을 수 있다.
③ 건물의 경우 말소기준권리는 김진사의 저당권이다.
④ 순돌이의 근저당권 설정 당시 지상에 건물이 존재하지 않았을 것으로 추측된다. 하지만 구건물이 존재했을 수도 있으므로 확인해본다.
⑤ 순돌이에 의해 경매가 진행되어도 위의 건물은 민법 제366조의 법정지상권이 성립한다.

정답 ▶ ⑤ 건물이 나대지상에 지어진 것이라면 위의 건물은 만일 근저당권자 순돌이에 의해 토지만 임의경매가 진행된다면 민법 제366조의 법정지상권이 성립되지 않는다.

27 위의 상황에 대하여 설명한 것 중 옳지 않은 것은?

① 순돌이는 건물철거로 인한 사회, 경제적 손실의 방지와 토지저당권의 환가의 편의를 위해 토지와 건물을 일괄매각 시킬 수 있다.
② 순돌이는 토지의 매각대금에서 경매비용 등을 제외하고 1순위로 배당 받을 수 있다.
③ 순돌이는 일괄경매를 신청할 경우, 건물에 대한 매각대금에서도 우선 변제 받을 수 있다.
④ 순돌이의 근저당권 설정 당시 건물이 존재하지 않았다면 법정지상권이 성립하지 않는다.
⑤ ④의 경우 순돌이가 토지만 따로 경매신 청할 경우, 매수인은 건물철거를 청구할 수 있다.

정답 ▶ ③ 토지에만 설정된 근저당권은 건물의 매각대금에서 우선변제 받을 수 없다.

〈28~29〉 다음은 서울 OO 토지만 경매에 나온 물건이다. 아래 물음에 답하시오.

토지등기부 – 서울시 OO 동 OO-OO				
	등기접수일	권리 종류	권리자/채권액	비고
1	1972. 1. 15.	소유권	갑순이	
2	2005. 9. 11.	저당권	갑돌이/50,000,000	
3	2007. 6. 3.	저당권	갑돌이/20,000,000	
4	2008. 2. 12.	가압류	OO유동화회사/ 30,000,000	
5	2008. 5. 26.	임의경매	갑돌이	

임차인	서울 OO동		배당요구의 종기 2008. 7. 3.			
	용도	점유기간	보증금	전입일	확정일자	배당요구일
순돌이	방한칸 주거용	2006. 12. 26. ~	보 5,000,000	2006. 12. 28.	-	2008. 6. 25.

법원 참고사항
본건 지상에 미등기 상태의 단독주택 1동이 소재하며 소유자는 갑순이라 함.

28 다음 중 옳지 않은 것은?

① 토지등기부상 말소기준권리는 갑돌이의 저당권이다.
② 임차인 순돌이는 임차보증금이 소액임차인에 속한다.
③ 임차인 순돌이는 미등기 건물의 임차인이므로 토지의 환가대금에서는 배당받지 못한다.
④ ○○유동화회사는 배당에 참여할 수 있다.

정답 ▶ ③ 토지에 저당권 설정 당시 건물이 존재하고 있었다면 임차인은 토지의 환가대금에 대해서도 우선변제 받을 수 있다.

29 경매공부를 막 시작한 홍길동은 법정지상권 성립 유무를 따져보고 있다. 홍길동이 잘못 생각한 것은?

① 갑돌이가 저당권 설정 당시 건물이 존재하고 있었는지 건축물대장 등을 통해 확인해 보아야 한다.
② 건물과 토지 모두 갑순이 소유이다.
③ 건물은 건물의 조건을 갖췄다.
④ 임의경매로 인하여 건물과 토지의 소유자가 달라질 것이다.
⑤ 미등기 건물이므로 법정지상권이 성립하지 않는다.

정답 ▶ ⑤ 무허가·미등기 건물도 법정지상권이 성립할 수 있다.

30 다음 중 분묘의 설치가 제한되는 지역을 모두 고르시오.

> 가. 국토의 계획 및 이용에 관한 법률에 따른 주거지역, 상업지역, 공업지역
> 나. 수도법 제7조 제1항에 따른 상수원보호구역(기존의 사원 경내에 설치하는 봉안시설 또는 대통령령으로 정하는 지역주민이 설치하거나 조성하는 일정 규모 미만의 개인, 가족 및 종중·문중의 봉안시설 또는 자연장지인 경우 제외)
> 다. 문화재보호법 제9조 및 제71조에 따른 문화재보호구역(대통령령으로 정하는 규모 미만의 자연 장지로서 문화재청장의 허가를 받은 경우 제외)
> 라. 농지법에 따른 농업진흥지역

① 가, 나, 라   ② 가, 나
③ 가, 나, 다   ④ 가, 나, 다, 라

정답 ▶ ④

31 다음 중 분묘기지권에 대한 설명으로 바르지 않은 것은?

① 분묘기지권은 분묘의 기지를 사용하기 위한 권리이지 소유권은 아니다.
② 토지소유자가 바뀌어도 새로운 소유자에게 대항할 수 있다.
③ 분묘기지권은 지상권 유사의 용익물권이다.
④ 분묘기지권은 물권이므로 양도가 가능하다.
⑤ 분묘기지권의 성립요건만 갖추면 등기 없이도 토지의 제3취득자에 대하여 대항할 수 있다.

정답 ▶ ④ 분묘기지권이 지상권과 유사하지만 내용은 매우 다르며, 물권이지만 양도되지 않는다(단, 분묘소유권은 종손에 속하고 제사상속으로 인해 호주에 승계되는데 분묘기지권도 이때 함께 승계된다.).

32 다음 중 분묘기지권의 범위에 대한 설명으로 바르지 않은 것은?

① 분묘기지권은 분묘가 있는 곳뿐만 아니라 분묘의 수호 및 제사에 필요한 범위 내에서 분묘의 기지 주위의 지역까지 그 권리가 미친다.
② 개인묘지는 1기당 30㎡로 정하고 있다.
③ 분묘기지권의 효력이 미치는 범위는 기존의 분묘에 의해서 결정이 되며, 새로 신설되는 분묘에는 효력이 미치지 않는다.
④ 토지소유자의 승낙 없이도 이미 부부 중 한 명의 분묘가 설치되었다면, 이후 다른 일방의 합장을 위한 범위에 대해서도 효력이 미친다.

정답 ▶ ④ 이미 부부 중 한 명의 분묘가 설치되고 이후 다른 일방의 합장을 위한 범위에 대해서는 효력이 미치지 않는다. 토지소유자의 승낙이 있는 경우에는 그 범위가 인정이 된다.

33 다음 중 분묘기지권에 대한 설명으로 가장 바르지 않은 것은?

① 토지소유자에게 승낙을 얻어 분묘를 설치하게 되면 이는 토지에 대하여 지상권과 유사한 물권을 갖게 된다.
② 토지소유자의 승낙을 받은 경우 토지소유자가 타인에게 분묘의 설치를 허용하게 되면 분묘 이외에 분묘의 수호·관리에 필요한 상당한 범위의 토지에 대해서도 분묘기지권을 허용하는 것이다.
③ 토지소유자의 승낙이 없이 분묘를 설치하고 난후 20년간 평온·공연하게 그 분묘의 기지를 점유한 경우라면 시효에 의하여 지상권 유사의 물권을 취득하게 된다.
④ 가묘의 경우도 20년 이상 잘 관리하고 있었다면 분묘기지권이 성립된다.

정답 ▶ ④ 가묘의 경우는 분묘기지권이 성립되지 않는다.
기묘란? 시신이 안장되어 있지 않은 예장

34 꽃분이는 2001년 2월에 어머니가 돌아가시자 집 근처 뒷산 김대감 소유의 토지에 분묘를 설치하였다. 다음 설명 중 바른 것을 고르시오.

① 꽃분이는 김대감의 승낙 여부와 관계없이 분묘를 계속 관리하고 수호한다면 분묘가 존속하고 있는 동안에는 분묘기지권을 계속 가진다.
② 꽃분이가 김대감의 승낙을 받지 않았다면 분묘의 존속기간은 15년이다.
③ 사전에 김대감의 승낙을 받고 분묘를 설치한 경우라도 꽃분이는 15년이 지나면 시·도지사, 시장·군수·구청장에게 연장신청을 하여야 한다.
④ 꽃분이는 이후, 아버지가 돌아가실 경우 김대감의 승낙 없이도 합장할 수 있다.
⑤ 꽃분이가 김대감의 승낙을 받고 분묘를 설치한 경우, 분묘를 계속 관리하고 수호한다면 분묘가 존속하고 있는 동안 꽃분이의 분묘기지권은 계속 존속한다.

정답 ▶ ③ 2001. 1. 13.부터 시행된 장사 등에 관한 법률 제23조 3항(현행 제27조 3항)에 의하면 토지소유자의 승낙 없이 토지에 설치한 분묘, 묘지설치자 또는 연고자의 승낙 없이 묘지를 설치한 경우는 토지사용권과 분묘의 보존을 위한 권리를 주장할 수 없다고 하고 있다. 이외에 여러 가지 경우가 존속기간에 대해 제한을 받고 있으므로 이 법률에 관해 공부해둘 필요가 있다. 제17조(현행 제19조)에 의하면 공설묘지·사설묘지에 설치된 분묘의 존속기간은 15년이며, 그 기간이 지나면 시·도지사, 시장·군수·구청장에게 연장신청을 하여야 한다. 이 법은 2001. 1. 13. 이후에 설치된 분묘에 적용된다.

35 다음 중 분묘기지권의 지료에 대한 설명으로 옳지 않은 것은?

① 지상권은 따로 지료의 약정이 없으면 지료를 구할 수 없다.
② 지료에 관하여 지료액과 그 지급시기의 약정은 등기하여야 제3자에게 대항할 수 있다.
③ 분묘기지권이 시효취득에 의한 것이라면 보통 지료는 없는 것으로 간주한다.
④ 지료가 등기되지 않으면 무상의 지상권으로 간주한다.
⑤ 지료가 등기되지 않은 경우도 지료청구나 지료증액청구권 행사는 할 수 있다.

정답 ▶ ⑤ 지료가 등기되지 않으면 지료청구나 지료증액청구권 행사를 할 수 없다.

36 분묘기지권에 대한 설명으로 옳지 않은 것은?

① 분묘기지권이 시효취득 된 경우, 분묘에 대한 관리는 분묘의 종손에 속하여야 하나 다른 사람들에 의해 관리가 된 경우라도 시효취득이 인정된다.
② 평장 또는 암장된 경우에는 통상적으로 분묘의 형태로 인정하지 않는다.
③ 분묘기지권이 시효취득 된 경우 그 권리는 종손이 가진다.
④ 분묘 내부에 시신이 안장되어 있어야 한다.
⑤ 분묘는 누가 보더라도 분묘라고 인식할 수 있는 봉분이 있어야 한다.

정답 ▶ ① 분묘에 대한 관리는 분묘의 종손에 속하여야 하고 다른 사람들에 의해 관리가 된 경우는 시효취득이 인정되지 않으며 관리가 되고 있다는 흔적도 있어야 한다.

37 다음 중 분묘기지권에 대한 설명 중 바르지 않은 것은?

① 자기 소유의 토지에 분묘를 설치한 자가 분묘기지에 대한 소유권을 보유하지 않고 분묘를 이전한다는 약정 없이 토지를 처분한 경우, 그 후 20년간 평온·공연히 분묘의 기지를 점유한 때에는 분묘기지권의 권리를 취득하는 것이 관습적으로 인정된다.
② 자신의 토지에 분묘를 설치하고 난 후 그 토지가 강제경매 되어 소유자가 달라진 경우는 분묘기지권이 인정되지 않는다.
③ 설치기간이 끝난 분묘에 설치된 시설물을 철거하지 않거나 화장 또는 봉안하지 아니한 자는 1년 이하의 징역 또는 500만 원 이하의 벌금에 처한다.
④ 자신의 토지에 분묘를 설치하고 난 후 타인에게 분묘를 이전한다는 특약을 한 경우는 분묘기지권을 가지지 않는다.

정답 ▶ ② 자신의 토지에 분묘를 설치하고 난 후 그 토지가 강제경매 되어 소유자가 달라진 경우 그 분묘를 이장한다는 등의 조건이 없으므로 분묘기지권이 인정된다.

제10장
토지경매
(농지경매와 임야경매)

입찰을 하기 위해 여러 가지 권리분석 공부를 하고 난 후 실제 물건분석을 하다 보면 턱 하고 막히는 경우가 있다. 그 이유는 생소한 용어들이 많이 등장하기 때문이다. 다음은 한 경매 유료 사이트에 올라온 토지만 매각된 물건의 토지현황에 대한 내용이다.

> **토지현황**
>
> OO마을(북측 인근에 위치) / 주위는 전원주택 및 임야, 농경지 등이 혼재 / 차량접근 불가(기호1~3, 5), 가능(기호4, 6), 대중교통사정은 버스정류장까지의 거리 및 운행빈도 등으로 보아 불편 / 기호1~3, 5) 대체로 부정형의 임야, 남동하향 완경사의 자연림, 기호4) 대체로 세장형의 임야, 남동하향 급경사, 기호6) 부정형 완경사지의 토지 / 기호1~3, 5, 6) 지적상 맹지임, 기호4) 북서측, 로폭 약 3~4미터 정도의 도로와 접함 / 배출시설설치제한지역 / 수질보전특별대책지역(1권역)

위 토지현황을 보면 지목은 임야(맹지포함)이며 도로와 접하며 배출시설설치제한지역과 수질보전특별대책지역이라고 나와 있다. 따라서 이런 지역의 대지를 매수하게 되면 어떤 제약이 있으며 어떤 건물을 지을 수 있는지 알고 입찰을 해야 한다. 토지투자를 하려면 공법, 농지법 그리고 산지관리법 등 반드시 공부를 해두어야 하는 범위가 광범위하다. 하지만 토지를 경매로 매수하고자 한다면 우선 제10장에 나오는 공법에 관련된 내용과 농지법과 산지관리법 규정에 대해 알아둔다면 많은 도움이 될 것이다. 내용이 다소 지루하고 광범위하다고 생각이 든다면 물건분석을 할 때마다 찾아보며 익히는 것도 좋은 방법이다.

요약정리

1. 토지경매 시 알아두어야 할 사항들
① 지목(대장상의 지목과 실제로 이용되고 있는 지목)
② 용도
③ 지형과 모양 그리고 방향
④ 면적(평가서의 공부상 면적, 등기부상의 면적, 대장상의 면적, 도상 면적 등)
⑤ 지세(경사도, 토양의 질)
⑥ 경계(도상의 경계와 실제상의 경계)
⑦ 도로계획
⑧ 도시계획
⑨ 도로(도로폭, 포장 여부, 도로의 종류)
⑩ 농지취득 여부
⑪ 혐오시설 등이 있는지의 여부
⑫ 농지전용과 산림 형질변경의 여부
⑬ 분묘기지권, 법정지상권, 인접토지사용권 등의 관련 여부
⑭ 국토의 계획 및 이용에 관한 법률
⑮ 도시개발법
⑯ 도시 및 주거환경정비법
⑰ 농지법 등

2. 농지경매
① 농지란?
전·답, 과수원, 그 밖에 법적 지목(地目)을 불문하고 실제로 농작물 경작지 또는 다년생식물 재배지로 이용되는 토지를 말한다.

요약정리

② 농지를 경매로 매수하고자 할 때 유의사항
- 농지취득자격증명의 발급 여부: 농지취득자격증명이 필요한 경우는 매각결정기일까지 법원에 제출해야 하며 증명을 제출하지 못하면 보증금이 몰수될 수도 있다.
- 농지 취득 면적: 농지취득자격증명을 받으려면 농지의 면적이 1,000m^2, 즉 약 303평 이상이어야 한다.

3. 임야경매

① 임야란?

산림과 원야(原野)를 합한 것 또는 산림과 산림 이외의 초생지를 합한 것을 말한다.

② 임야투자 시 확인해야 할 공부들
- 토지대장
- 지적도
- 임야대장
- 임야도

③ 임야경매 시 유의사항들
- 공법상 규제와 경사도
- 해당 임야의 경계확인
- 임야에 진입로가 없는 맹지인지의 여부

④ 분묘 존재의 여부 등

토지경매 시 알아두어야 할 사항들

1 | 지목

1 지목이란?

토지의 주된 용도에 따라 토지의 종류를 구분한 것이다. 이 지목에 따라 건축가능 여부와 건물의 종류가 결정된다.

2 측량·수로 조사 및 지적에 관한 법률 시행령 제58조의 28개 지목

28가지 지목 중 임야도에 표시되는 임야만 제외하고 27가지 지목이 지적도에 표시된다. 임야는 지적도상에 공백으로 나온다.

1	전	물을 상시적으로 이용하지 아니하고 곡물·원예작물(과수류를 제외한다)·약초·뽕나무·닥나무·묘목·관상수 등의 식물을 주로 재배하는 토지와 식용을 위하여 죽순을 재배하는 토지
2	답	물을 상시적으로 직접 이용하여 벼·연·미나리·왕골 등의 식물을 주로 재배하는 토지
3	과수원	사과·배·밤·호두·귤나무 등 과수류를 집단적으로 재배하는 토지와 이에 접속된 저장고 등 부속시설물의 부지 다만, 주거용 건축물의 부지는 "대"로 한다.
4	목장용지	다음 각 목의 토지. 다만, 주거용 건축물의 부지는 "대"로 한다. 가. 축산업 및 낙농업을 하기 위하여 초지를 조성한 토지 나. '축산법' 제2조 제1호의 규정에 의한 가축을 사육하는 축사 등의 부지 다. 가목 및 나목의 토지와 접속된 부속시설물의 부지
5	임야	산림 및 원야(原野)를 이루고 있는 수림지·죽림지·암석지·자갈땅·모래땅·습지·황무지 등의 토지
6	광천지	지하에서 온수·약수·석유류 등이 용출되는 용출구와 그 유지(維持)에 사용되는 부지 다만, 온수·약수·석유류 등을 일정한 장소로 운송하는 송수관·송유관 및 저장시설의 부지는 제외한다.
7	염전	바닷물을 끌어들여 소금을 채취하기 위하여 조성된 토지와 이에 접속된 제염장 등 부속시설물의 부지 다만, 천일제염 방식에 의하지 아니하고 동력으로 바닷물을 끌어들여 소금을 제조하는 공장시설물의 부지는 제외한다.
8	대	가. 영구적 건축물 중 주거·사무실·점포와 박물관·극장·미술관 등 문화시설과 이에 접속된 정원 및 부속시설물의 부지 나. '국토의 계획 및 이용에 관한 법률' 등 관계 법령에 따른 택지조성공사가 준공된 토지
9	공장용지	다음 각 목의 토지 가. 제조업을 하고 있는 공장시설물의 부지 나. '산업 직접 활성화 및 공장설립에 관한 법률' 등 관계 법령에 따른 공장부지 조성공사가 준공된 토지 다. 가목 및 나목의 토지와 같은 구역에 있는 의료시설 등 부속시설물의 부지

10	학교용지	학교의 교사와 이에 접속된 체육장 등 부속시설물의 부지
11	주차장	자동차 등의 주차에 필요한 독립적인 시설을 갖춘 부지와 주차 전용 건축물 및 이에 접속된 부속시설물의 부지. 다만, 다음 각 목 어느 하나에 에 해당하는 시설의 부지는 제외한다. 가. '주차장법' 제2조 제1호 가목 및 다목의 규정에 따른 노상주차장 및 부설주차장 나. 자동차 등의 판매목적으로 설치된 물류장 및 야외전시장
12	주유소 용지	다음 각 목의 토지. 다만, 자동차·선박·기차 등의 제작 또는 정비공장 안에 설치된 급유·송유 시설 등의 부지는 제외한다. 가. 석유·석유제품 또는 액화석유가스 등의 판매를 위하여 일정한 설비를 갖춘 시설물의 부지 나. 주유소 및 원유저장소의 부지와 이에 접속된 부속시설물의 부지
13	창고용지	물건 등을 보관하거나 저장하기 위하여 독립적으로 설치된 보관시설물의 부지와 이에 접속된 부속시설물의 부지
14	도로	다음 각 목의 토지. 다만, 아파트·공장 등 단일 용도의 일정한 단지 안에 설치된 통로 등은 제외한다. 가. 일반·공중의 교통운수를 위하여 보행 또는 차량운행에 필요한 일정한 설비 또는 형태를 갖추어 이용되는 토지 나. '도로법' 등 관계 법령에 의하여 도로로 개설된 토지 다. 고속도로의 휴게소 부지 라. 2필지 이상에 진입하는 통로로 이용되는 토지
15	철도용지	교통운수를 위하여 일정한 궤도 등의 설비와 형태를 갖추어 이용되는 토지와 이에 접속된 역사·차고·발전 시설 및 공작창 등 부속시설물의 부지
16	제방	조수·자연유수·모래·바람 등을 막기 위하여 설치된 방조제·방수제·방사제·방파제 등의 부지
17	하천	자연의 유수(流水)가 있거나 있을 것으로 예상되는 토지
18	구거	용수 또는 배수를 위하여 일정한 형태를 갖춘 인공적인 수로·둑 및 그 부속시설물의 부지와 자연의 유수(流水)가 있거나 있을 것으로 예상되는 소규모 수로부지

19	유지	물이 고이거나 상시적으로 물을 저장하고 있는 댐·저수지·소류지·호수·연못 등의 토지와 연·왕골 등이 자생하는 배수가 잘되지 아니하는 토지
20	양어장	육상에 인공으로 조성된 수산생물의 번식 또는 양식을 위한 시설을 갖춘 부지와 이에 접속된 부속시설물의 부지
21	수도용지	물을 정수하여 공급하기 위한 취수·저수·도수(導水)·정수·송수 및 배수 시설의 부지 및 이에 접속된 부속시설물의 부지
22	공원	일반 공중의 보건·휴양 및 정서생활에 이용하기 위한 시설을 갖춘 토지로서 '국토의 계획 및 이용에 관한 법률'에 따라 공원 또는 녹지로 결정·고시된 토지
23	체육용지	국민의 건강증진 등을 위한 체육활동에 적합한 시설과 형태를 갖춘 종합운동장·실내체육관·야구장·골프장·스키장·승마장·경륜장 등 체육시설의 토지와 이에 접속된 부속시설물의 부지. 다만, 체육시설로서의 영속성과 독립성이 미흡한 정구장·골프연습장·실내수영장 및 체육도장, 유수(流水)를 이용한 요트장 및 카누장, 산림 안의 야영장 등의 토지는 제외한다.
24	유원지	일반 공중의 위락·휴양 등에 적합한 시설물을 종합적으로 갖춘 수영장·유선장·낚시터·어린이놀이터·동물원·식물원·민속촌·경마장 등의 토지와 이에 접속된 부속시설물의 부지. 다만, 이들 시설과의 거리 등으로 보아 독립적인 것으로 인정되는 숙식시설 및 유기장의 부지와 하천·구거 또는 유지[공유(公有)인 것으로 한정한다.]로 분류되는 것은 제외한다.
25	종교용지	일반 공중의 종교의식을 위하여 예배·법요·설교·제사 등을 하기 위한 교회·사찰·향교 등 건축물의 부지와 이에 접속된 부속시설물의 부지
26	사적지	문화재로 지정된 역사적인 유적·고적·기념물 등을 보존하기 위하여 구획된 토지. 다만, 학교용지·공원·종교용지 등 다른 지목으로 된 토지에 있는 유적·고적·기념물 등을 보호하기 위하여 구획된 토지는 제외한다.

27	묘지	사람의 시체나 유골이 매장된 토지, '도시 공원 및 녹지 등에 관한 법률'에 의한 묘지공원으로 결정·고시 된 토지 및 '장사 등에 관한 법률' 제2조 제9호의 규정에 의한 봉안시설과 이에 접속된 부속시설물의 부지. 다만, 묘지의 관리를 위한 건축물의 부지는 "대"로 한다.
28	잡종지	다음 각 목의 토지. 다만, 원상회복을 조건으로 돌을 캐내는 곳 또는 흙을 파내는 곳으로 허가된 토지를 제외한다. 가. 갈대밭, 실외에 물건을 쌓아두는 곳, 돌을 캐내는 곳, 흙을 파내는 곳, 야외시장, 비행장, 공동우물 나. 영구적 건축물 중 변전소, 송신소, 수신소, 송유시설, 도축장, 자동차운전학원, 쓰레기 및 오물처리장 등의 부지 다. 다른 지목에 속하지 않는 토지

3 토지모양

❶ 정방형: 정사각형 토지

❷ 장방형: 직사각형 모양이며 가로나 세로로 한쪽이 긴 토지

❸ 세장형: 가늘고 길게 늘어진 모양의 토지

❹ 부정형 토지: 직사각형이나 사다리꼴 모양으로 어느 한쪽이 길쭉한 모양의 토지, 또는 삼각형 모양의 토지

❺ 등고평탄지: 경사가 없는 평평한 땅

2 | 용도

■1 용도지역이란?

용도지역을 분류하여 정하는 것은 용도에 맞는 건축물만을 짓도록 하고 도시기반시설의 용량에 따라 용적률과 건폐율을 정함으로써 삶의 질을 높이고 땅을 효율적으로 사용하기 위함이다.

용도지역은 '국토의 계획 및 이용에 관한 법률'에 따라 건축물의 종류, 건폐율, 용적률, 층수의 제한을 정하고 세부적인 사항은 각 지자체 도시계획 조례로 정한다.

용적률: 용적률은 대지면적에 대한 건축물의 지상층 연면적 비율, 즉 용적률에 따라 건물의 층이 정해지며 이때 연면적은 각 층의 바닥면적을 합친 면적을 말한다.

건폐율: 건폐율은 대지면적에 대한 건축면적의 비율, 즉 대지에 건축물의 바닥면적이 얼마만큼 차지할 수 있는지를 결정하는 비율을 말한다.

■2 국토의 계획 및 이용에 관한 법률 제6조의 용도지역

국토를 토지의 이용실태 및 특성, 장래의 토지이용방향 등을 고려하여 네 종류의 용도지역으로 구분한다. 이 용도지역에 따라 건축물 용도가 결정된다.

❶ 도시지역: 인구와 산업이 밀집되어 있거나 밀집이 예상되어 그 지역에 대하여 체계적인 개발·정비·관리·보전 등이 필요한 지역을 말하며 주거지역, 상업지역, 공업지역, 녹지지역으로 나뉜다.

❷ 관리지역: 도시지역의 인구와 산업을 수용하기 위해 도시지역에 준하여 체계적으로 관리하거나 농림업의 진흥과 자연환경 또는 산림의 보전을 위하여 농림지역 또는 자연환경보전지역에 준하여 관리가 필

요한 지역을 말하며 보전관리지역, 생산관리지역, 계획관리지역으로 구분된다.

❸ **농림지역**: 도시지역에 속하지 아니하는 농지법에 따른 농업진흥지역 또는 산지관리법에 따른 보전산지 등으로서 농림업을 진흥시키고 산림을 보전하기 위하여 필요한 지역을 말한다.

❹ **자연환경보전지역**: 자연환경·수자원·해안·생태계·상수원 및 문화재의 보전과 수산자원의 보호·육성 등을 위하여 필요한 지역을 말한다.

3 용도지역의 분류 (도시지역/관리지역/농림지역/자연환경보전지역)

❶ **도시지역**: 도시지역은 주거지역, 상업지역, 공업지역, 녹지지역으로 나뉜다.

- 주거지역: 거주의 안정과 건전한 생활환경의 보호를 위해 필요한 지역으로서 전용주거지역, 일반주거지역과 준주거지역으로 나뉜다.

  ㉠ 전용주거지역: 양호한 주거환경을 보호하기 위해 필요한 지역을 말하며 단독주택 중심의 양호한 주거환경의 보호를 위한 제1종 전용주거지역과 공동주택 중심의 양호한 주거환경의 보호를 위한 제2종 전용주거지역으로 나뉜다.

  ㉡ 일반주거지역: 편리한 주거환경을 조성하기 위해 필요한 지역을 말하며 저층 주택을 중심으로 편리한 주거환경의 조성을 위한 제1종 일반주거지역과 중층주택을 중심으로 편리한 주거환경의 조성을 위한 제2종 일반 주거지역, 그리고 중고층 주택을 중심으로 편리한 주거환경의 조성을 위한 제3종 일반주거지역으로 나뉜다.

ⓒ 준주거지역: 도시계획법에 따라 주로 주거기능이 많은 지역이지만 상업적 기능이 보완된 지역을 말한다. 그래서 전용·일반주거지역에 비해 용적률이 매우 높다.

- 상업지역: 상업 그 밖의 업무편익의 증진을 위해 필요한 지역으로서 중심상업지역, 일반상업지역, 근린상업지역, 유통상업지역으로 나뉜다.

  ㉠ 중심상업지역은 도심·부도심의 상업기능 및 업무기능의 확충을 위한 지역이다.
  ㉡ 일반상업지역은 일반적인 상업기능 및 업무기능 담당을 위한 지역이다.
  ㉢ 근린상업지역은 근린지역에서의 일용품 및 서비스의 공급을 위한 지역이다.
  ㉣ 유통상업지역은 도시 안 및 지역 간 유통기능의 증진을 위한 지역이다.

- 공업지역: 공업의 편익증진을 위해 필요한 지역으로서 전용공업지역과 일반공업지역, 그리고 준공업지역으로 나뉜다.

  ㉠ 전용공업지역은 주로 중화학공업 및 공해성 공업 등을 수용하기 위한 지역이다.
  ㉡ 일반공업지역은 환경을 저해하지 않는 공업의 배치를 위한 지역이다.
  ㉢ 준공업지역은 경공업 그 밖의 공업을 수용하되, 주거기능·상업기능 및 업무기능의 보완을 위한 지역이다.

- 녹지지역: 자연환경·농지 및 산림의 보호, 보건위생, 보안과 도시의 무질서한 확산을 방지하기 위해 녹지의 보전이 필요한 지역을 말하며 보전녹지지역, 생산녹지지역 그리고 자연녹지지역으로 나

된다.

㉠ 보전녹지지역은 도시의 환경·경관·산림 및 녹지공간의 보전을 위한 지역이다.
㉡ 생산녹지지역은 주로 농업적 생산을 위한 개발을 유보할 필요가 있는 지역을 말한다.
㉢ 자연녹지지역은 도시의 녹지공간의 확보, 도시 확산의 방지, 장래 도시 용지의 공급 등을 위해 보전을 할 필요가 있는 지역이며 불가피한 경우에 한해 제한적인 개발만을 허용하는 지역이다.

도시지역의 건폐율과 용적율

주거지역	건폐율	용적률
1. 제1종 전용주거지역	50% 이하	50~100% 이하
2. 제2종 전용주거지역	50% 이하	100~150% 이하
3. 제1종 일반주거지역	60% 이하	100~200% 이하
4. 제2종 일반주거지역	60% 이하	150~250% 이하
5. 제3종 일반주거지역	50% 이하	200~300% 이하
6. 준주거지역	70% 이하	200~500% 이하
상업지역	**건폐율**	**용적률**
7. 중심상업지역	90% 이하	400~1,500% 이하
8. 일반상업지역	80% 이하	300~1,300% 이하
9. 근린상업지역	70% 이하	200~900% 이하
10. 유통상업지역	80% 이하	200~1,100% 이하
공업지역	**건폐율**	**용적률**
11. 전용공업지역	70% 이하	150~300% 이하
12. 일반공업지역	70% 이하	200~350% 이하
13. 준공업지역	70% 이하	200~400% 이하
녹지지역	**건폐율**	**용적률**
14. 보전녹지지역	20% 이하	50~80% 이하
15. 생산녹지지역	20% 이하	50~100% 이하
16. 자연녹지지역	20% 이하	50~100% 이하

❷ 관리지역
- 보전관리지역: 자연환경 보호, 산림보호, 수질오염 방지, 녹지공간 확보, 생태계 보전 등을 위해 보전이 필요하나, 주변의 용도지역과 관계 등을 고려할 때 자연환경보전지역으로 지정해서 관리하기가 곤란한 지역을 말한다.
- 생산관리지역: 농업·임업·어업생산 등을 위해 관리가 필요하나, 주변의 용도지역과의 관계 등을 고려할 때 농림지역으로 지정해서 관리하기가 곤란한 지역을 말한다.
- 계획관리지역: 도시지역으로의 편입이 예상되는 지역 또는 자연환경을 고려해서 제한적으로 이용·개발하려는 지역으로서 계획적·체계적인 관리가 필요한 지역을 말한다.

관리지역의 건폐율과 용적율

관리지역	건폐율	용적률
보전관리지역	20% 이하	50~80% 이하
생산관리지역	20% 이하	50~80% 이하
계획관리지역	40% 이하	50~100% 이하

관리지역은 기존의 준농림지역과 준도시지역을 하나로 묶은 지역을 말한다. 보다 체계적으로 준농림지역과 준도시지역을 관리하기 위하여 인구 규모, 토지의 이용실태, 도시지역과의 인접 등을 고려하여 2007년까지 보전관리지역, 생산관리지역, 계획관리지역으로 나누어지게 되었다. 하지만 아직 세분화작업이 이루어지지 않은 지역은 관리지역으로만 표시되며 용적률, 건폐율, 건축물의 건축제한 등은 보전관리지역에 관한 규정을 따른다.

연접개발제한: 산지나 농지를 개발할 때 개발허용면적을 정해놓고 그 정해진 면적만큼만 개발하도록 하여 난개발을 막기 위한 제도이다. 이런 지역은 보전관리지역, 생산관리지역 그리고 계획관리지역에 따라 개발을 할 수 있는 범위가 다르므로 토지를 매입하기 전에 해당 시·구·군청의 도시계획과에 문의하는 것이 좋다.

❸ 농림지역

농림지역은 도시지역에 속하지 않는 농지법에 의한 농업진흥지역 또는 산지관리법에 의한 보전산지지역 등을 말하며 농림업의 진흥과 산림을 보전하기 위해 지정된 지역을 말한다(세부사항은 352쪽 '2. 농지경매' 부분 참조).

농림지역의 건폐율과 용적율

	건폐율	용적률
농림지역	20% 이하	50~80% 이하

❹ 자연환경보전지역

자연환경·수자원·해안·생태계·상수원 및 문화재의 보전과 수산자원의 보호·육성 등을 위해 필요한 지역을 말한다.

자연환경보전지역의 건폐율과 용적율

	건폐율	용적률
자연환경보전지역	20% 이하	50~80% 이하

4 용도지구

도시계획구역 안에서 공공의 안녕질서와 도시기능의 증진을 위해 필요한 경우 국토해양부장관이 도시계획으로 지정할 수 있는 지구이다. 용도지역을 보완하는 역할로서 용도지역의 미관이나 안정 등을 보다 구체적으로 활용하기 위하여 지정하는 것이다. 용도지구는 각 항목에 따라 행위제한이 있는데 이는 '국토의 계획 및 이용에 관한 법률 시행령'의 범위 안에서 지자체 도시계획조례로 정해지기 때문에 각 지역의 도시계획조례를 참조하여 건물의 높이 제한과 건폐율 등 용도의 제한에 대해 확인해 보아야 한다.

❶ **경관지구**: 경관을 보호하고 형성하기 위해 필요한 지구를 말하며 자연경관지구, 수변경관지구, 시가지경관지구가 있다.
- 자연경관지구: 산지·구릉지 등 자연경관의 보호 또는 도시의 자연풍치를 유지하기 위해 필요한 지구를 말한다.
- 수변경관지구: 지역 내 주요 수계의 수변자연경관을 보호하고 유지하기 위해 필요한 지구를 말한다.
- 시가지경관지구: 주거지역의 양호한 환경조성과 시가지의 도시경관을 보호하기 위해 필요한 지구를 말한다.

❷ **미관지구**: 미관을 유지하기 위해 필요한 지구를 말하며 중심지미관지구, 역사문화미관지구, 일반미관지구가 있다.
- 중심지미관지구: 토지의 이용도가 높은 지역의 미관을 유지하고 관리하기 위해 필요한 지구를 말한다.
- 역사문화미관지구: 문화재와 문화적으로 보존가치가 큰 건축물 등의 미관을 유지하기 위해 필요한 지구를 말한다.
- 일반미관지구: 중심지미관지구 및 역사문화미관지구 외의 지역으로서 미관을 유지하고 관리하기 위해 필요한 지구를 말한다.

❸ **고도지구**: 쾌적한 환경조성 및 토지의 고도이용과 그 증진을 위해 건축물 높이의 최저한도 또는 최고한도를 규제할 필요가 있는 지구를 말한다.

- 최고고도지구: 환경과 경관을 보호하고 과밀을 방지하기 위해 건축물 높이의 최고한도를 정할 필요가 있는 지구를 말한다.
- 최저고도지구: 토지이용을 고도화하고 경관을 보호하기 위해 건축물 높이의 최저한도를 정할 필요가 있는 지구를 말한다.

❹ 방화지구: 화재의 위험을 예방하기 위해 필요한 지구를 말한다(방화지구 안에서는 예외적인 경우를 제외하고 건축물의 주요구조부와 외벽을 내화구조로 해야 한다).

❺ 방재지구: 풍수해, 산사태나 지반의 붕괴 그 밖의 재해를 예방하기 위해 필요한 지구를 말한다.

❻ 보존지구: 문화재, 중요시설물 및 문화적 또는 생태적으로 보존가치가 큰 지역의 보존과 보호를 위해 필요한 지구를 말하며 문화자원보존지구, 중요시설물보존지구 및 생태계보존지구가 있다.
- 문화자원보존지구: 문화재·전통사찰 등 역사·문화적으로 보존가치가 큰 시설 및 지역의 보호와 보존을 위해 필요한 지구를 말한다.
- 중요시설물보존지구: 국방상 또는 안보상 중요한 시설물의 보호와 보존을 위해 필요한 지구를 말한다.
- 생태계보존지구: 야생동물 또는 식물의 서식처 등 생태적으로 보존가치가 큰 지역의 보호와 보존을 위해 필요한 지구를 말한다.

❼ 시설보호지구: 학교시설·공용시설 및 항만 또는 공항의 보호 그리고 업무기능의 효율화, 항공기의 안정운항 등을 위해 필요한 지구를

말한다.
- 학교시설보호지구: 학교의 교육환경을 보호·유지 하기 위해 필요한 지구를 말한다.
- 공용시설보호지구: 공용시설을 보호하고 공공업무기능을 효율화하기 위해 필요한 지구를 말한다.
- 항만시설보호지구: 항만기능을 효율화하고 항만시설의 관리 및 운영을 위해 필요한 지구를 말한다.
- 공항시설보호지구: 공항시설의 보호와 항공기의 안전운항을 위해 필요한 지구를 말한다.

❽ 취락지구: 녹지지역·관리지역·농림지역·자연환경보전지역·개발제한구역 또는 도시자연공원구역의 취락을 정비하기 위한 지구를 말한다.
- 자연취락지구: 녹지지역·관리지역·농림지역·자연환경보전지역의 취락을 정비하기 위해 필요한 지구를 말한다.
- 집단취락지구: 개발제한구역 또는 도시자연공원구역 내의 취락을 정비하기 위해 필요한 지구를 말한다.

❾ 개발진흥지구: 주거기능·상업기능·공업기능·유통물류기능·관광기능·휴양기능 등을 집중적으로 개발·정비 할 필요가 있는 지구를 말하며 주거개발진흥지구, 산업개발진흥지구, 유통개발진흥지구, 관광휴양개발진흥지구, 복합개발진흥지구, 특정개발진흥지구가 있다.
- 주거개발진흥지구: 주거기능을 중심으로 개발·정비할 필요가 있는 지구를 말한다.

- 산업개발진흥지구: 공업기능을 중심으로 개발·정비할 필요가 있는 지구를 말한다.
- 유통개발진흥지구: 유통·물류기능을 중심으로 개발·정비할 필요가 있는 지구를 말한다.
- 관광휴양개발진흥지구: 관광·휴양 기능을 중심으로 개발·정비가 필요한 지구를 말한다.
- 복합개발진흥지구: 주거기능, 공업기능, 유통·물류 기능 및 관광·휴양 기능 중 둘 이상의 기능을 중심으로 개발·정비할 필요가 있는 지구를 말한다.
- 특정개발진흥지구: 주거기능, 공업기능, 유통·물류 기능 및 관광·휴양 기능 외의 기능을 중심으로 특정한 목적을 위해 개발·정비할 필요가 있는 지구를 말한다.

⑩ **특정용도제한지구**: 주거기능보호·청소년보호 등의 목적으로 청소년유해시설 등 특정시설의 입지를 제한할 필요가 있는 지구를 말한다.

5 용도구역

용도구역은 토지이용이 매우 제한된다. 도시의 무질서한 확산을 방지하기 위해 개발제한구역, 도시의 자연환경 및 경관을 보호하고, 도시민에게 건전한 여가·휴식 공간을 제공하기 위한 도시자연공원구역, 일정기간 시가화를 유보하기 위한 시가화조정구역, 그리고 수산자원을 보호·육성 하기 위한 수산자원보호구역이 있다.

❶ **개발제한구역**: 도시의 무질서한 확산을 방지하고 도시 주변의 자연

환경을 보전하여 도시민의 건전한 생활환경을 확보하기 위해 도시의 개발을 제한할 필요가 있다고 인정되는 경우나 국방부장관의 요청으로 보안상 도시의 개발을 제한할 필요가 있다고 인정되는 경우 국토해양부장관은 개발제한구역의 지정 또는 변경을 도시관리계획으로 결정할 수 있다.

❷ 시가화조정구역: 도시지역과 그 주변지역의 무질서한 시가화를 방지하고 계획적·단계적인 개발을 도모하기 위해 일정기간 시가화를 유보할 필요가 인정되는 경우 국토해양부장관은 직접 또는 관계 행정기관의 장의 요청을 받아 시가화조정구역의 지정 또는 변경을 도시관리계획으로 결정할 수 있다.

시가화조정구역과 시가화예정용지의 차이
① 시가화조정구역: 주변지역의 무질서한 개발을 방지하기 위하여 일정한 기간 동안 시가화를 유보하는 구역이다. 이런 구역은 시가화를 유보하는 기간(5년에서 20년)까지 법에서 정하는 특별한 사유를 제외하고는 토지를 1차적으로만 이용 가능하다.
② 시가화예정용지: 개발이 필요한 지역에 대해 도시기본계획에서 시가화예정용지로 먼저 지정하고 세부계획을 수립하는 용지를 시가화예정용지라고 한다. 주로 자연녹지지역이나 계획관리지역이 그 대상이다.

❸ 수산자원보호구역: 수산자원의 보호·육성을 위해 필요한 공유수면이나 그에 인접된 토지에 대해 농림수산식품부장관은 직접 또는 관계 행정기관의 장의 요청을 받아 수산자원보호구역의 지정 또는 변경을 도시관리계획으로 결정하게 된다.

❹ 도시자연공원구역: 도시의 자연환경 및 경관을 보호하고, 도시민에게 건전한 여가·휴식공간을 제공하기 위해 도시지역의 식생이 양호

한 산지의 개발을 제한할 필요가 있다고 인정하는 경우 특별시장·광역시장·도지사 또는 특별자치도지사나 대도시의 시장은 도시자연공원구역의 지정 또는 변경을 도시관리계획으로 결정할 수 있다.

6 정비구역

토지의 합리적이고 효율적인 이용과 불량한 지역의 계획적 정비기반시설의 정비에 관한 사업과 이에 부대되는 사업의 구체적 기준과 시설의 종류, 규모 및 위치를 정하여 사업시행계획의 기준이 되는 계획이 수립된 정비구역 안에서 도시주거환경정비법으로 지정·고시된 구역을 말한다.

❶ 주거환경개선사업: 정비기반시설이 열악하고 저소득 주민이 집단으로 거주하는 지역으로서 주거환경을 개선하기 위하여 시행하는 사업
❷ 주택재개발사업: 정비기반시설이 열악하고 주거환경이 열악하여 개선이 시급한 지역에 주거환경을 개선하기 위하여 시행하는 사업
❸ 주택재건축사업: 노후·불량 건축물이 밀집한 지역에서 정비기반시설은 양호하나 주거환경을 개선하기 위하여 시행하는 사업
❹ 도시환경정비사업: 토지의 효율적 이용과 도심 또는 부도심 등 도시기능이 떨어지는 지역에 도시환경을 개선하기 위하여 시행하는 사업

7 도시계획시설

도시관리계획에 의해 결정된 도시기반시설을 도시계획시설이라고 한다. 수도·전기, 학교나 공원 그리고 하수도·폐기물처리시설 등이 기반시설인데 도시계획시설로 지정된 토지는 국가나 지자체에 의해 수용되므로 도시계획시설 이외의 건물을 건축하거나 설치할 수 없다.

도시관리계획: 특별시·광역시·시 또는 군의 개발·정비 및 보전을 위하여 수립하는 토지이용, 교통, 환경, 경관, 안전, 산업, 정보통신, 보건, 후생, 안보, 문화 등에 관한 계획을 말한다.

8 도시개발구역

❶ 새로운 시가지나 단지를 조성하기 위하여 도시개발법의 규정에 의하여 지정·고시된 구역을 말하며 도시개발사업은 도시개발구역에서 주거·상업·산업·유통·정보통신·생태·문화·보건·복지 등의 기능이 있는 단지 또는 시가지를 조성하기 위해 시행하는 사업을 말한다.

> **도시개발법 제1장 제1조**
> 도시개발에 필요한 사항을 규정하여 계획적이고 체계적인 도시개발을 도모하고 쾌적한 도시환경의 조성과 공공복리의 증진에 이바지함을 목적으로 한다

❷ 도시개발구역의 지정·고시가 있은 날부터 당해 도시개발구역은 '국토의 계획 및 이용에 관한 법률'의 도시지역과 제1종 지구단위계획구역으로 결정·고시 된 것으로 보며, 도시개발구역 안에서 건축물의 건축, 공작물의 설치, 토지형질의 변경, 토석채취, 토지의 분할, 물건을 쌓아놓는 행위를 하고자 하는 사람은 특별시장·광역시장·시장·군수의 허가를 받아야 하기 때문에 당해 토지가 소재하는 시청·군청·구청의 도시계획과에 자세한 건축제한 내용을 문의해 보는 것이 좋다.

❸ 시행방식에는 환지방식, 수용 또는 사용방식, 혼용방식이 있다.
- 환지방식: 대지로서의 효용증진과 공공시설의 정비를 위해 토지의 교환·분합, 그 밖의 구획변경, 지목 또는 형질의 변경이나 공공시

설의 설치·변경이 필요한 경우나 도시개발사업을 시행하는 지역의 지가가 인근의 다른 지역에 비해 현저히 높아 수용 또는 사용방식으로 시행하는 것이 어려운 경우 환지방식을 적용한다.

환지: 환지란 소유권이 바뀐 토지를 말하며 도시개발사업 또는 주택재개발사업에 의해 이전에 소유하던 토지 대신에 사업이 완료된 후에 새로이 소유하게 된 토지를 환지라고 한다.

- 수용 또는 사용방식: 계획적이고 체계적인 도시개발 등의 집단적인 조성 또는 공급이 필요한 경우 수용 또는 사용방식을 적용한다.
- 혼용방식: 도시개발구역으로 지정하고자 하는 지역이 부분적으로 환지방식요건과 수용 또는 사용방식요건에 해당하는 경우 혼용방식을 적용한다.

9 지구단위계획구역

❶ 지구단위계획

효율적인 토지 이용과 기능을 증진시키며 양호한 환경을 위해 미관을 개선하고 토지이용을 체계적, 계획적으로 관리하기 위한 계획을 지구단위계획이라고 하는데 도시계획에서 정할 수 없는 개별 필지들에 대해 각각 차등을 주어 건폐율, 용적률, 건축물 용도 등을 상세하게 정할 수 있는 계획을 지구단위계획이라고 한다.

❷ 지구단위계획의 종류

- 제1종 지구단위계획구역: 기존 시가지의 정비와 신시가지의 관리를 위해 지정된 구역을 말한다. 지역에 규정된 허용용도의 범위 내에서

만 용도가 부여된다.
- 제2종 지구단위계획구역: 체계적으로 도시화가 예상되는 지역을 개발·관리 하기 위해 지정된 구역을 말한다. 허용용도의 범위를 넘어서는 위락시설, 아파트, 공장 등이 계획에 의하여 허용된다.

❸ 지구단위계획 결정도면을 열람할 수 있는 곳: 각 시·군·구청의 도시계획과

❹ 지구단위계획의 내용: 기반시설의 배치와 규모, 건축물의 색채, 건축선, 교통계획 등이 포함된다.

10 수도권정비계획

수도권은 수도권정비계획에 의해 과밀억제권역, 성장관리권역 및 자연보전권역으로 구분되며 권역별로 행위제한이 있다.

❶ 과밀억제권역: 서울특별시 및 인천광역시와 그 주변지역이며 인구와 산업이 지나치게 밀집되었거나 집중될 우려가 있어 이전하거나 정비할 필요가 있는 지역을 말한다.

❷ 성장관리권역: 경기도 서부, 남부, 북부지역이며 과밀억제권역으로부터 이전하는 인구와 산업을 계획적으로 유치하고 산업의 입지와 도시의 개발을 적정하게 관리할 필요가 있는 지역을 말한다.

❸ 자연보전권역: 경기도 동부의 한강수계지역이며 한강수계의 수질과 녹지 등 자연환경을 보전할 필요가 있는 지역을 말한다.

3 | 토지이용계획

1 토지이용계획확인원

❶ 해당 토지의 용도지역 및 행위제한 그리고 토지에 대한 개발계획 수립에 관한 내용을 토지이용계획확인원을 통해 확인할 수 있다.

❷ 국토해양부는 자연재해위험지구, 붕괴위험지역, 방재지구 등 재해 관련 지역·지구를 토지이용계획확인서를 통해 확인할 수 있도록 할 계획이다. 토지이용계획 확인서의 표기내용도 상세화하여 자연재해위험지구의 경우 침수위험·고립위험·붕괴위험 등 구체적인 위험원인과 위험 등급도 알 수 있도록 할 예정이다. 방재지구 인근의 건축물 안전 기준이 강화되는 토지에 대한 정보도 토지이용계획확인서를 통해 알 수 있게 된다.

❸ 토지이용계획확인신청서
토지이용계획확인서는 온라인상으로 조회할 수 있다.

참고 사이트
- LURIS 토지이용규제정보서비스
  http://luris.mltm.go.kr
- KLIS 한국토지정보시스템
  http://klis.gg.go.kr (경기도)
  http://klis.seoul.go.kr (서울)

토지이용계획확인서 서식

별지 제21호서식] (앞쪽)

토 지 이 용 계 획 확 인 (신 청) 서

※ 굵은 선안에만 기재하기 바랍니다.

처리기간: 1일

신청인	성 명		주 소		우 (전화:)		
대상지	토 지 소 재 지			지 번	지 목	면 적(㎡)	
	시·군·구	읍·면	리·동				

확인내용				
1	도시관리계획	용도지역	(제1종전용·제2종전용·제1종일반·제2종일반·제3종일반·준)주거지역 (중심·일반·근린·유통)상업지역 (전용·일반·준)공업지역 (보전·생산·자연)녹지지역 (보전·생산·계획)관리지역 농림지역 자연환경보전지역	
		용도지구	(자연·수변·시가지)경관지구 (중심지·역사문화·일반)미관지구 고도지구(m 이상·이하 또는 층 이상·이하) 방화지구·방재지구 (문화자원·중요시설물·생태계)보존지구 (학교·공용·항만·공항)시설보호지구 (자연·집단)취락지구 (주거·산업·유통·관광휴양·복합)개발진흥지구 특정용도제한지구 아파트지구, 위락지구, 리모델링지구 기타( )	
		용도구역	개발제한구역, 시가화조정구역, 수산자원보호구역	
		도시계획시설	도로·공원·기타( )	
		지구단위계획구역	(제1종, 제2종)지구단위계획구역 건폐율( ), 용적률( ), 층수( ), 건축물용도( ) (자세한 사항 별도 확인: 과)	
		기타	개발밀도관리구역, 기반시설부담구역, 개발행위허가제한지역, 도시개발구역, 재개발구역, 도시계획입안사항	
2	군사시설		군사시설보호구역·해군기지구역·군용항공기지구역(비행안전구역, 기지보호구역)	해당 없음
3	농 지		농업(진흥·보호)구역	해당 없음
4	산 림		보전임지(생산·공익)	해당 없음
5	자연공원		공원구역·공원보호구역	해당 없음
6	수 도		상수원보호구역·수질보전특별대책지역·수변구역	해당 없음
7	하 천		하천구역·하천예정지·연안구역·댐건설예정지역	해당 없음
8	문 화 재		문화재·문화재보호구역	해당 없음
9	전원개발		전원개발사업구역(발전소·변전소)·전원개발사업예정구역	해당 없음
10	토지거래		허가구역	해당 없음
11	개발사업		택지개발예정지구, (국가·지방·농공)산업단지	해당 없음
12	기 타			해당 없음

국토의계획및이용에관한법률 제132조제1항의 규정에 의하여 귀하의 신청토지에 대한 현재의 토지이용계획사항을 위와 같이 확인합니다.

년   월   일

시장·군수·구청장

수 수 료: 지방자치단체의조례로 정함

210×297(보존용지(2종)70g/㎡)

(뒤 쪽)

※ 유의사항
1. 이 확인서는 1필지에 대한 앞쪽의 1내지 12의 토지이용계획사항에 대한 확인입니다.
2. 이 확인서는 부동산에 관한 주요 제한사항을 기재하였으나, 이 기재사항이 모든 법령의 제한사항을 망라한 것이 아님을 유의하시기 바랍니다.
3. 당해 지역이 용도지역 등의 경계부근에 위치하여 국토의 계획 및 이용에 관한 법률 제32조의 규정에 의한 지형도면상 그 경계가 확실하지 아니한 경우를 제외하고는 필요한 경우 도시관리계획확인도면을 발급하여 드립니다.
4. 군사시설 칸 중 군용항공기지구역에 대하여는 확인원의 발급이 불가능한 경우가 있습니다. 이 경우 군용항공기지구역에 해당되는지의 여부에 대하여는 별도로 확인하셔야 합니다.
5. 전원개발 칸 중 전원개발사업구역은 발전소 및 변전소에 한하여 확인이 가능합니다.
6. 지구단위계획구역에 해당하는 경우에는 담당과를 방문하여 토지이용과 관련한 계획내용을 별도로 확인하셔야 합니다.

도시관리계획확인도면

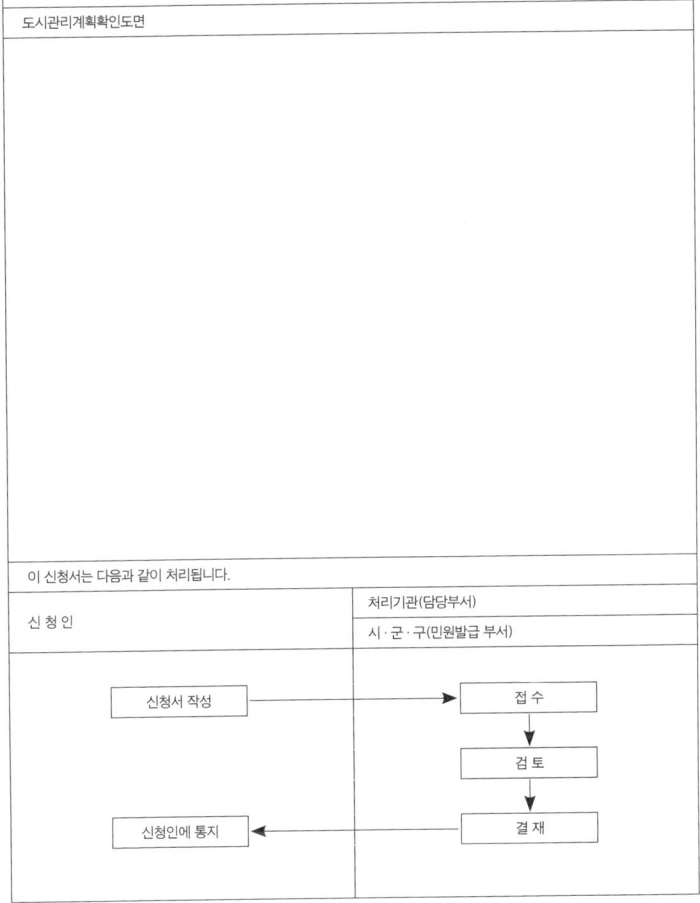

❷ 토지이용계획확인원의 예

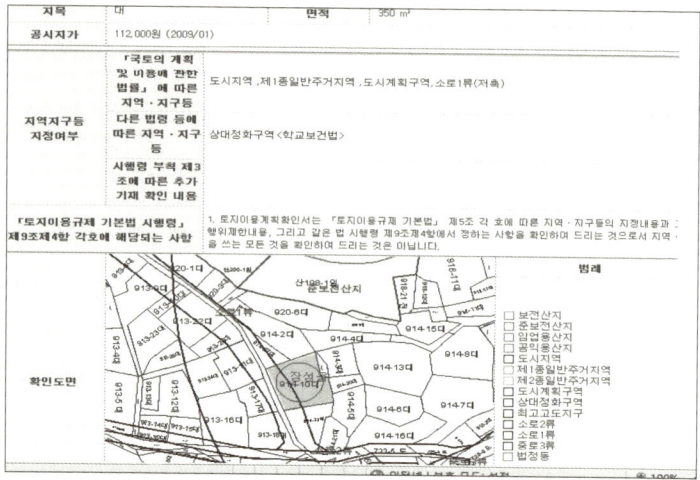

2 토지이용계획확인원에서 기타 주의해야 할 내용

❶ 수도 (수도법 제7조 참조)
- 상수도보호구역: 환경부장관은 상수원의 확보와 수질보전을 위하여 필요하다고 인정되는 지역을 상수원보호를 위한 구역(이하 "상수원보호구역"이라 한다)으로 지정하거나 변경할 수 있다. 상수원보호구역에서 다음 각 호의 어느 하나에 해당하는 행위를 하려는 자는 관할 특별자치도지사·시장·군수·구청장의 허가를 받아야 한다. 다만, 대통령령으로 정하는 경미한 행위인 경우에는 신고하여야 한다.
  1. 건축물, 그 밖의 공작물의 신축·증축·개축·재축(再築)·이전·변경 또는 제거
  2. 입목(立木) 및 대나무의 재배 또는 벌채

3. 토지의 굴착 · 성토(盛土), 그 밖에 토지의 형질변경
- 수질보전특별대책 1권역 및 2권역: 수질보전특별대책지역은 팔당호의 수질을 개선 · 유지하게 위해 토지의 이용을 제한하는 지역이며 1권역과 2권역으로 나뉘며 권역별로 규제가 다르다. 수질보전특별대책 1권역은 서종면/양서면/옥천면/양평읍/강상면/강하면/개군면/광주시 전역(방도그리를 제외한 전역)으로 건축허가를 받기 위해서는 세대주 및 세대전원 거주요건이며, 2권역은 용문면/지제면일부/단월면일부/청운면일부이며 거주요건 없이 본인명의로 건축허가를 받는 것이 가능하다.
- 수변구역: 수변구역은 한강수계상수원의 수질오염을 막고 녹지대를 조성하여 오염물질을 정화시키는 완충지대로서의 기능을 높이기 위해 지정된 지역을 말한다.

수변구역의 지정 · 고시에 관한 법률

수도법 제4조 1항
환경부장관은 한강수계의 수질보전을 위하여 팔당호, 남한강(팔당댐부터 충주조정지댐까지의 구간에 한한다), 북한강(팔당댐부터 의암댐까지의 구간에 한한다) 및 경안천(하천법에 의하여 지정된 구간에 한한다)의 양안 중 당해 하천 · 호소의 경계로부터 500m 이내(특별대책지역은 1km 이내)의 지역으로서 필요하다고 인정하는 지역을 수변구역으로 지정 · 고시한다.

수도법 제5조
수변구역의 행위제한: 누구든지 수변구역 안에서는 폐수나 가축분뇨배출시설, 숙박업, 목욕장업, 관광숙박업 시설, 공동주택 등 시설을 새로이 설치하거나 용도변경 하여서는 아니 된다.

수도법 제7조
일정한 경우 국가에서 수계관리기금으로 토지 등을 매수하기도 한다.

❷ 도로
- 접도구역: 도로의 파손을 방지하고 교통사고에 대한 위험을 방지하기 위해 도로의 양쪽 경계선으로부터 20m 이내로 지정한 구역
- 도로 접함: 토지와 도로가 서로 나란히 붙어 있는 경우
- 도로 저촉: 앞으로 토지의 일부 중 도로로 수용될 예정인 경우

❸ 완충녹지
대기의 오염, 소음, 진동, 악취 등 광범한 공해발생원인 지역 또는 가스폭발, 유출 등 재해가 생겨날 우려가 있는 지역과 주거지역이나 상업지역 등의 환경을 분리시킬 것을 목적으로 설치되는 녹지지역을 말하며 건축행위가 허용되지 않는다.

❹ 군사시설보호구역
군사시설을 보호하기 위해 토지이용이 제한되는 지역이며 토지를 이용하기 위해서는 관할 군부대의 허락을 받아야 한다. 건축행위에 대한 자세한 내용에 대해서는 국방부 군사시설재배치과 군사시설보호구역 담당자에게 문의를 하는 것이 좋다.

4 | 기타 사항들

1 토지대장
토지의 소재지, 지번, 축척, 지목, 면적 그리고 소유권의 변동사항 등을 확인할 수 있다.

2 지적도와 임야도

❶ 지적도와 임야도: 위치와 면적, 경계 그리고 주위환경 등을 파악할 수 있다.

- 지적도: 토지의 지번과 지적도의 지번이 일치하는지의 여부, 토지의 모양과 인접 도로상황, 토지의 경계와 지적도 경계의 일치 여부 등을 확인한다.
- 임야도: 토지가 임야(산)일 경우 지적도 대신 임야도를 발급받아 확인해 보아야 한다. 확인해야 하는 사항은 지적도와 같다. 임야일 경우 임야도의 등고선의 모양을 통해 경사도를 확인해 볼 수 있다. 경사도가 심한 경우 개발행위가 제한되므로 유의해야 한다.

❷ 기본축척: 지적도의 기본축척은 1/1,200, 임야도의 기본축척 1/6,000 경지가 정리된 농지는 1/1,000 축척을 사용, 주거지역은 1/500축척을 사용한다.

지적도 축척단위: 1/500, 1/600, 1/1,000, 1/1,200, 1/2,400, 1/3,000, 1/6,000
임야도의 축척단위: 1/3,000, 1/6,000

❸ 축척과 실제거리 환산하는 법: 1/1,000 ⇒ 1cm = 10m

3 토지등기부

토지등기부를 통해 소유권을 행사하는 데 제약이 있을 수 있는 권리 등이 있는지 확인할 수 있다.

4 국토종합계획

국토종합계획은 헌법 제121조 2항과 지난 1963년에 제정된 국토건설종합계획법에 따라 수립되는 국가의 최상위 국토계획이며 이전에는 경제개발 5개년 계획과 함께 국토개발이 이루어졌으나 1972년부터 10년을 주기로 국토종합개발계획이 수립, 시행되고 있다.

국토종합개발계획이란 용어는 3차까지 사용되었는데, 개발을 너무 강조하여 환경문제가 대두되자 4차 계획부터 환경과의 조화를 중시하여 개발을 빼고 국토종합계획이란 용어를 쓰고 있다. 현재 4차 계획기간이 진행 중이며 기간은 2000년부터 2020년까지이다.

5 도시기본계획

국토해양부장관이 필요하다고 인정하는 구역과 관계군수의 신청에 의해 국토해양부장관이 승인하는 도시계획구역을 관할하는 시장·군수가 도시계획구역에 대하여 20년을 단위로 장기도시개발의 방향 및 도시계획의 입안지침이 되는 계획이다. 상위계획인 국토계획의 지침을 수용, 발전시키기 위한 계획으로서 도시의 인구증가 및 경제·산업의 변화를 예측하여 장기적인 발전 방향과 미래상을 제시하고 도시개발의 방향과 지침을 제시하고자 수립한 계획이다.

도시기본계획 사항들
① 도시의 성격 ② 도시지표 ③ 도시기본구상 ④ 인구배분계획 ⑤ 토지이용계획
⑥ 교통계획 ⑦ 통신계획 ⑧ 공공시설계획 ⑨ 산업개발계획 ⑩ 생활환경계획
⑪ 공원녹지계획 ⑫ 사회개발계획 ⑬ 도시방재계획 ⑭ 재정계획 ⑮ 기타

6 건축법

❶ 건축법은 1962년에 제정되었으며 건축물의 대지·구조·설비 기준 및 용도 등을 정해 건축물의 안전·기능·환경 및 미관을 향상시킴으로써 공공복리의 증진에 이바지하는 것을 목적으로 한다(건축법 제1조 참조). 경매투자 시 의외로 많이 접하게 되는 것이 이 건축법이다. 특히 위반건축물일 경우의 조치와 거기에 따른 이행강제금에 대해 알아두면 좋을 것이다.

❷ 건축물의 용도: 다음과 같이 구분하되, 각 용도에 속하는 건축물의 세부용도는 대통령령으로 정한다(건축법 제2조 참조).

1. 단독주택 2. 공동주택 3. 제1종 근린생활시설 4. 제2종 근린생활시설 5. 문화 및 집회시설 6. 종교시설 7. 판매시설 8. 운수시설 9. 의료시설 10. 교육연구시설 11. 노유자(노유자: 노인 및 어린이)시설 12. 수련시설 13. 운동시설 14. 업무시설 15. 숙박시설 16. 위락시설 17. 공장 18. 창고시설 19. 위험물 저장 및 처리 시설 20. 자동차 관련 시설 21. 동물 및 식물 관련 시설 22. 분뇨 및 쓰레기 처리시설 23. 교정 및 군사 시설 24. 방송통신시설 25. 발전시설 26. 묘지 관련 시설 27. 관광 휴게 시설 28. 그 밖에 대통령령으로 정하는 시설

건축법 제79조 (위반 건축물 등에 대한 조치 등)

① 허가권자는 대지나 건축물이 이 법 또는 이 법에 따른 명령이나 처분에 위반되면 이 법에 따른 허가 또는 승인을 취소하거나 그 건축물의 건축주·공사시공자·현장관리인·소유자·관리자 또는 점유자(이하 "건축주 등"이라 한다)에게 공사의 중지를 명하거나 상당한 기간을 정하여 그 건축물의 철거·개축·증축·수선·용도변경·사용금지·사용제한, 그 밖에 필요한 조치를 명할 수 있다.

② 허가권자는 제1항에 따라 허가나 승인이 취소된 건축물 또는 제1항에 따른 시정명령을 받고 이행하지 아니한 건축물에 대하여는 다른 법령에 따른 영업이나 그 밖의 행위를 허가하지 아니하도록 요청할 수 있다. 다만, 허가권자가 기간을 정하여 그 사용 또는 영업, 그 밖의 행위를 허용한 주택과 대통령령으로 정하는 경우에는 그러하지 아니하다.
③ 제2항에 따른 요청을 받은 자는 특별한 이유가 없으면 요청에 따라야 한다.
④ 허가권자는 제1항에 따른 시정명령을 하는 경우 국토해양부령으로 정하는 표지를 그 위반 건축물이나 그 대지에 설치하여야 하며, 국토해양부령으로 정하는 바에 따라 건축물대장에 위반내용을 적어야 한다.
⑤ 누구든지 제4항의 표지 설치를 거부 또는 방해하거나 훼손하여서는 아니 된다.

건축법 제80조 (이행강제금)

① 허가권자는 제79조 제1항에 따라 시정명령을 받은 후 시정기간 내에 시정명령을 이행하지 아니한 건축주 등에 대하여는 그 시정명령의 이행에 필요한 상당한 이행기한을 정하여 그 기한까지 시정명령을 이행하지 아니하면 다음 각 호의 이행강제금을 부과한다. 다만, 연면적이 85제곱미터 이하인 주거용 건축물과 제2호 중 주거용 건축물로서 대통령령으로 정하는 경우에는 다음 각 호의 어느 하나에 해당하는 금액의 2분의 1의 범위에서 해당 지방자치단체의 조례로 정하는 금액을 부과한다.
1. 건축물이 제55조와 제56조에 따른 건폐율이나 용적률을 초과하여 건축된 경우 또는 허가를 받지 아니하거나 신고를 하지 아니하고 건축된 경우에는 지방세법에 따라 해당 건축물에 적용되는 1제곱미터의 시가표준액의 100분의 50에 해당하는 금액에 위반 면적을 곱한 금액 이하
2. 건축물이 제1호 외의 위반 건축물에 해당하는 경우에는 지방세법에 따라 그 건축물에 적용되는 시가표준액에 해당하는 금액의 100분의 10의 범위에서 위반내용에 따라 대통령령으로 정하는 금액

② 허가권자는 제1항에 따른 이행강제금을 부과하기 전에 제1항에 따른 이행강제금을 부과·징수한다는 뜻을 미리 문서로써 계고하여야 한다.

③ 허가권자는 제1항에 따른 이행강제금을 부과하는 경우 금액, 부과사유, 납부기한, 수납기관, 이의제기 방법 및 이의제기 기관 등을 구체적으로 밝힌 문서로 하여야 한다.

④ 허가권자는 최초의 시정명령이 있었던 날을 기준으로 하여 1년에 2회 이내의 범위에서 그 시정명령이 이행될 때까지 반복하여 제1항에 따른 이행강제금을 부과·징수할 수 있다. 다만, 제1항 각 호 외의 부분 단서에 해당하면 총 부과 횟수가 5회를 넘지 아니하는 범위에서 해당 지방자치단체의 조례로 부과 횟수를 따로 정할 수 있다.

⑤ 허가권자는 제79조 제1항에 따라 시정명령을 받은 자가 이를 이행하면 새로운 이행강제금의 부과를 즉시 중지하되, 이미 부과된 이행강제금은 징수하여야 한다.

⑥ 허가권자는 제3항에 따라 이행강제금 부과처분을 받은 자가 이행강제금을 납부기한까지 내지 아니하면 지방세 체납처분의 예에 따라 징수한다.

2 농지경매

1 농지경매

농지경매를 하기 위해선 우선 농지법과 그에 따른 행위제한에 대해서 알아두어야 한다.

1 농지

농지란 다음 각 목의 어느 하나에 해당하는 토지를 말한다(농지법 제2조 참조).

가. 전, 답, 과수원, 그 밖에 법적 지목(地目)을 불문하고 실제로 농작물 경작지 또는 다년생식물 재배지로 이용되는 토지. 다만, '초지법'에 따라 조성된 초지 등 대통령령으로 정하는 토지는 제외한다.

나. 가목의 토지의 개량시설과 가목의 토지에 설치하는 농축산물 생산 시설로서 대통령령으로 정하는 시설의 부지

2 농지의 범위 (농지법 시행령 제2조 참조)

농지법 제2조 제1호 가목 본문에 따른 다년생식물 재배지는 다음 각 호의 어느 하나에 해당하는 식물의 재배지로 한다.

❶ 목초·종묘·인삼·약초·잔디 및 조림용 묘목
❷ 과수·뽕나무·유실수 그 밖의 생육기간이 2년 이상인 식물
❸ 조경 또는 관상용 수목과 그 묘목(조경목적으로 식재한 것은 제외)

3 농지의 제외

다음의 토지는 농지에서 제외된다(농지법 시행령 제2조 2항 참조).

❶ '측량·수로조사 및 지적에 관한 법률'에 따른 지목이 전·답, 과수원이 아닌 토지로서 농작물 경작지 또는 제1항 각 호에 따른 다년생식물 재배지로 계속하여 이용되는 기간이 3년 미만인 토지
❷ '측량·수로조사 및 지적에 관한 법률'에 따른 지목이 임야인 토지(제1호에 해당하는 토지를 제외한다)로서 그 형질을 변경하지 아니하고 제1항 2호 또는 3호에 따른 다년생식품의 재배에 이용되는 토지
❸ 초지법에 따라 조성된 초지

초지: 다년생개량목조의 재배에 이용되는 토지 및 사료작물재배지와 목도·진입도로·축사 및 농림수산식품부령이 정하는 부대시설을 위한 토지를 말한다(초지법 제2조 제1항 참조).

2 | 농지를 경매로 매수하고자 할 때 유의사항

■1 농지취득자격증명의 발급 여부

농지를 매수할 때 농지취득자격증명을 발급받아야 하는 경우가 있다. 농지취득자격증명이 필요한 경우는 매각결정기일까지 법원에 제출해야 한다. 보통 행정관청에서 증명을 받는데 3~5일 정도 걸린다. 증명을 제출하지 못하면 보증금이 몰수될 수도 있기 때문에 기간이 오래 걸려 어쩔 수 없는 경우이면 유예신청을 해보는 것도 하나의 방법이 될 수 있다.

매각불허가결정에 대한 항고사건 계속 중에 농지취득 자격증명을 제출하면 미제출의 하자가 치유된다(항고심 종결시까지).

■2 농지취득면적

❶ 농지취득자격증명을 받으려면 농지의 면적이 $1,000m^2$, 즉 약 303평 이상이어야 한다.
❷ 면적의 기준은 세대원이 가지고 있는 모든 농지의 합산으로 따진다. 그러나 주말·체험 영농의 목적으로 농지를 매수할 경우 $1,000m^2$ 미만이어야 한다.
❸ 농민이 아닌 사람이 최초로 농지를 매수하거나 경매로 매수를 하고자 한다면 303평 이상이어야 하고 미만이면 농지취득자격증명을 받을 수 없다. 그러나 농지에 비닐하우스나 버섯재배사가 이미 존재하거나 아니면 설치하고자 할 때는 $330m^2$(100평 이상) 이상이면 농지취득자격증명을 발급받을 수 있다.

◼︎3 도로

도로에 붙어 있지 않는 농지는 농지전용허가를 받기가 어렵다. 농지 대부분은 사도와 붙어 있는데 사도의 소유자에게 사용동의를 받을 수 있는지 미리 알아보고 투자를 하는 것이 좋다.

◼︎4 지형과 지질

지형과 지질을 확인하여 추가공사 유무를 따져 보아야 한다.

◼︎5 공부상의 지역

공부상의 농업진흥지역과 농업보호구역, 농업진흥 외 지역인지를 확인해야 한다. 농업진흥지역과 농업보호구역의 농지는 농지전용이 어렵다. 농지전용은 답보다 전이 유리하다.

◼︎6 농지전용 시 알아두어야 할 농지법의 주요 내용들

❶ 농지의 전용허가 · 협의(농지법 제34조)

① 농지를 전용하려는 자는 다음 각 호의 어느 하나에 해당하는 경우 외에는 대통령령으로 정하는 바에 따라 농림수산식품부장관의 허가를 받아야 한다. 허가받은 농지의 면적 또는 경계 등 대통령령으로 정하는 중요 사항을 변경하려는 경우에도 또한 같다.

1. 다른 법률에 따라 농지전용허가가 의제되는 협의를 거쳐 농지를 전용하는 경우
2. '국토의 계획 및 이용에 관한 법률'에 따른 도시지역 또는 계획관리지역에 있는 농지로서 제2항에 따른 협의를 거친 농지나 제2항 제1호 단서에 따라 협의 대상에서 제외되는 농지를 전용하는 경우

3. 제35조에 따라 농지전용신고를 하고 농지를 전용하는 경우
4. 산지관리법 제14조에 따른 산지전용허가를 받지 아니하거나 같은 법 제15조에 따른 산지전용 신고를 하지 아니하고 불법으로 개간한 농지를 산림으로 복구하는 경우
5. 하천법에 따라 하천관리청의 허가를 받고 농지의 형질을 변경하거나 공작물을 설치하기 위하여 농지를 전용하는 경우

② 주무부 장관이나 지방자치단체의 장은 다음 각 호의 어느 하나에 해당하면 대통령령으로 정하는 바에 따라 농림수산식품부장관과 미리 농지전용에 관한 협의를 하여야 한다.

1. '국토의 계획 및 이용에 관한 법률'에 따른 도시지역에 주거지역·상업지역 또는 공업지역을 지정하거나 도시·군계획시설을 결정할 때에 해당 지역 예정지 또는 시설 예정지에 농지가 포함되어 있는 경우. 다만, 이미 지정된 주거지역·상업지역·공업지역을 다른 지역으로 변경하거나 이미 지정된 주거지역·상업지역·공업지역에 도시계획시설을 결정하는 경우는 제외한다.
1의2. '국토의 계획 및 이용에 관한 법률'에 따른 계획관리지역에 지구단위계획구역을 지정할 때에 해당 구역 예정지에 농지가 포함되어 있는 경우
2. '국토의 계획 및 이용에 관한 법률'에 따른 도시지역의 녹지지역 및 개발제한구역의 농지에 대하여 같은 법 제56조에 따라 개발행위를 허가하거나 '개발제한구역의 지정 및 관리에 관한 특별조치법' 제12조 제1항 각 호 외의 부분 단서에 따라 토지의 형질변경허가를 하는 경우

❷ 농지전용신고(농지법 제35조)

① 농지를 다음 각 호의 어느 하나에 해당하는 시설의 부지로 전용하려는 자는 대통령령으로 정하는 바에 따라 시장·군수 또는 자치구 구청장에게 신고하여야 한다. 신고한 사항을 변경하려는 경우에도 또한

같다.

1. 농업인 주택, 농축산업용 시설(제2조 제1호 나목에 따른 개량시설과 농축산물 생산시설은 제외한다), 농수산물 유통·가공 시설
2. 어린이놀이터·마을회관 등 농업인의 공동생활 편의시설
3. 농수산 관련 연구시설과 양어장·양식장 등 어업용시설

② 제1항에 따른 신고 대상 시설의 범위와 규모, 농업진흥지역에서의 설치제한, 설치자의 범위 등에 관한 사항은 대통령령으로 정한다.

❸ 농지전용허가 등의 제한(농지법 제37조)

① 농림수산식품부장관은 제34조 제1항에 따른 농지전용허가를 결정할 경우 다음 각 호의 어느 하나에 해당하는 시설의 부지로 사용하려는 농지는 전용을 허가할 수 없다. 다만, '국토의 계획 및 이용에 관한 법률'에 따른 도시지역·계획관리지역 및 개발진흥지구에 있는 농지는 다음 각 호의 어느 하나에 해당하는 시설의 부지로 사용하더라도 전용을 허가할 수 있다.

1. 대기환경보전법 제2조 제9호에 따른 대기오염배출시설로서 대통령령으로 정하는 시설
2. '수질 및 수생태계 보전에 관한 법률' 제2조 제10호에 따른 폐수배출시설로서 대통령령으로 정하는 시설
3. 농업의 진흥이나 농지의 보전을 해칠 우려가 있는 시설로서 대통령령으로 정하는 시설

② 농림수산식품부장관, 시장·군수 또는 자치구 구청장은 제34조에 따른 농지전용허가 및 협의(다른 법률에 따라 농지전용허가가 의제되는 협의를 포함한다)를 하거나 제36조에 따른 농지의 타용도 일시사용허가 및 협의를 할 때 그 농지가 다음 각 호의 어느 하나에 해당하면 전용을

제한하거나 타용도 일시사용을 제한할 수 있다.

1. 전용하려는 농지가 농업생산기반이 정비되어 있거나 농업생산기반정비 사업 시행예정지역으로 편입되어 우량농지로 보전할 필요가 있는 경우
2. 해당 농지를 전용하거나 다른 용도로 일시사용하면 일조·통풍·통작(通作)에 매우 크게 지장을 주거나 농지개량시설의 폐지를 수반하여 인근 농지의 농업경영에 매우 큰 영향을 미치는 경우
3. 해당 농지를 전용하거나 타용도로 일시사용하면 토사가 유출되는 등 인근 농지 또는 농지개량시설을 훼손할 우려가 있는 경우
4. 전용목적을 실현하기 위한 사업계획 및 자금조달계획이 불확실한 경우
5. 전용하려는 농지의 면적이 전용목적 실현에 필요한 면적보다 지나치게 넓은 경우

토지거래허가구역

국토해양부장관은 국토의 이용 및 관리에 관한 계획의 원활한 수립과 집행, 합리적인 토지 이용 등을 위하여 토지의 투기적인 거래가 성행하거나 지가(地價)가 급격히 상승하는 지역과 그러한 우려가 있는 지역으로서 대통령령으로 정하는 지역에 대하여는 5년 이내의 기간을 정하여 제118조 제1항에 따른 토지거래계약에 관한 허가구역으로 지정할 수 있다(국토의 계획 및 이용에 관한 법률 제117조 1항 참조).

토지거래허가구역으로 지정된 도시지역 안의 주거지역은 180m^2, 상업지역은 200m^2, 공업지역은 660m^2, 녹지지역은 100m^2, 지정이 없는 지역은 90m^2, 도시지역 밖의 농지는 500m^2, 임야는 1,000m^2, 기타는 250m^2 초과하는 면적은 거래 시 허가를 받아야 한다. 허가를 받지 않은 계약은 무효가 되며 허가받은 당시의 목적대로 사용하여야 한다. 그렇지 않으면 토지취득가액의 100분의 10에 상당하는 금액의 이행강제금이 부과될 수 있다. 하지만 경매로 토지거래허가구역 내의 토지를 매수하는 경우 허가를 받지 않아도 된다.

7 알아두어야 할 농업진흥지역

❶ 농업진흥지역(농지법 제28조 참조)
농지를 효율적으로 이용하고 보전하기 위하여 시·도지사에 의해 농업진흥지역이 지정된다. 농업진흥지역은 용도구역으로 구분하여 지정될 수 있다.

- 농업진흥구역: 농업의 진흥을 도모하여야 하는 다음 각 목의 하나에 해당하는 지역으로서 농림수산식품부장관이 정하는 규모로 농지가 집단화되어 농업목적으로 이용할 필요가 있는 지역
  가. 농지조성사업 또는 농업기반정비사업이 시행되었거나 시행중인 지역으로서 농업용으로 이용하고 있거나 이용할 토지가 집단화되어 있는 지역.
  나. 가목에 해당하는 지역 외의 지역으로서 농업용으로 이용하고 있는 토지가 집단화되어 있는 지역
- 농업보호구역: 농업진흥구역의 용수원 확보, 수질보전 등 농업환경을 보호하기 위하여 필요한 지역

❷ 농업진흥지역의 지정대상(농지법 제29조 참조)
농업진흥지역의 지정은 '국토의 계획 및 이용에 관한 법률'에 의한 녹지지역·관리지역·농림지역 및 자연환경보전지역을 대상으로 한다. 다만, 특별시의 녹지지역은 제외한다.

❸ 농업진흥지역 안에서의 행위제한(농지법 제32조 참조)
① 농업진흥구역에서는 농업생산 또는 농지개량과 직접적으로 관련되지 아니한 토지이용 행위를 할 수 없다. 다만, 다음 각 호의 토지이

용 행위는 그러하지 아니하다.
　㉠ 대통령령으로 정하는 농수산물(농산물·임산물·축산물·수산물을 말한다)의 가공·처리 시설의 설치 및 농수산업 관련 시험·연구 시설의 설치
　㉡ 어린이놀이터, 마을회관, 그 밖에 대통령령으로 정하는 농업인의 공동생활에 필요한 편의시설 및 이용시설의 설치
　㉢ 농업인 주택이나 그 밖에 대통령령으로 정하는 농업용 또는 축산업용 시설의 설치
　㉣ 국방·군사 시설의 설치
　㉤ 하천, 제방, 그 밖에 이에 준하는 국토보존시설의 설치
　㉥ 문화재의 보수·복원·이전, 매장 문화재의 발굴, 비석이나 기념탑, 그 밖에 이와 비슷한 공작물의 설치
　㉦ 도로, 철도, 그 밖에 대통령령으로 정하는 공공시설의 설치
　㉧ 지하자원 개발을 위한 탐사 또는 지하광물 채광(採鑛)과 광석의 선별 및 적치(積置)를 위한 장소로 사용하는 행위
　㉨ 농어촌 소득원 개발 등 농어촌 발전에 필요한 시설로서 대통령령으로 정하는 시설의 설치

② 농업보호구역에서는 다음 각 호 외의 토지이용행위를 할 수 없다.
　㉠ 제1항 각 호에 따른 토지이용행위
　㉡ 농업인 소득 증대에 필요한 시설로서 대통령령으로 정하는 건축물·공작물, 그 밖의 시설의 설치
　㉢ 농업인의 생활여건을 개선하기 위하여 필요한 시설로서 대통령령으로 정하는 건축물·공작물, 그 밖의 시설의 설치

③ 농업진흥지역 지정 당시 관계 법령에 따라 인가·허가 또는 승인 등을 받거나 신고하고 설치한 기존의 건축물·공작물과 그 밖의 시설에 대하여는 제1항과 제2항의 행위제한규정을 적용하지 아니한다.

④ 농업진흥지역 지정 당시 관계 법령에 따라 다음 각 호의 행위에 대하여 인가·허가·승인 등을 받거나 신고하고 공사 또는 사업을 시행 중인 자(관계 법령에 따라 인가·허가·승인 등을 받거나 신고할 필요가 없는 경우에는 시행 중인 공사 또는 사업에 착수한 자를 말한다)는 그 공사 또는 사업에 대하여만 제1항과 제2항의 행위 제한규정을 적용하지 아니한다.
  ㉠ 건축물의 건축
  ㉡ 공작물이나 그 밖의 시설의 설치
  ㉢ 토지의 형질변경
  ㉣ 그 밖에 제1호부터 제3호까지의 행위에 준하는 행위

❹ 농업진흥지역에 대한 개발투자 확대 및 우선 지원(농지법 제33조 참조)
① 국가와 지방자치단체는 농업진흥지역에 대하여 대통령령으로 정하는 바에 따라 농지 및 농업 시설의 개량·정비, 농어촌 도로·농산물 유통시설의 확충, 그 밖에 농업발전을 위한 사업에 우선적으로 투자하여야 한다.
② 국가와 지방자치단체는 농업진흥지역의 농지에 농작물을 경작하거나 다년생식물을 재배하는 농업인 또는 농업법인에게 자금 지원이나 조세특례제한법에 따른 조세경감 등 필요한 지원을 우선적으로 실시하여야 한다.

3 임야경매

1 | 임야와 산림

1 임야란?

산림과 원야(原野)를 합한 것 또는 산림과 산림 이외의 초생지를 합한 것을 말한다. 산림지, 암석지, 자갈땅, 모래땅, 습지, 황무지와 간석지 등이 임야에 속한다.

2 산림이란?

임목과 임지를 합하여 산림이라고 한다.

3 임야투자 시 확인해야 할 공부

❶ 토지대장: 토지에 관한 장부를 말한다. 토지의 소재, 지번(地番), 지목(地目), 면적, 소유자의 주소와 성명, 지상권자의 주소와 성명 등이 기재되어 있다.

❷ 지적도: 토지의 소재(所在), 지번(地番), 지목(地目), 경계(境界) 등을 확인할 수 있다.

❸ 임야대장: 지적법(地籍法)에 의거하여 정부가 비치하고 있는 임야에 관한 서류 중 하나이다. 토지대장과 지적도에 등록되어 있지 않은 임야와 정부가 등록할 필요가 있다고 인정한 토지가 등록되어 있다.

❹ 임야도: 지적법에 의거하여 정부가 비치하고 있는 임야에 관한 지도이다. 토지의 소재, 지번, 지목, 경계 등이 등록되어 있다.

4 산지관리법에 의한 산지의 정의 (산지관리법 제2조 참조)

❶ 산지

산지란 다음 각 목의 어느 하나에 해당하는 토지를 말한다. 다만 농지, 초지, 주택지, 도로 및 그 밖에 대통령령으로 정하는 토지는 제외한다.

가. 입목·죽이 집단적으로 생육하고 있는 토지
나. 집단적으로 생육한 입목·죽이 일시 상실된 토지
다. 입목·죽의 집단적 생육에 사용하게 된 토지
라. 임도(林道), 작업로 등 산길
마. 가목부터 다목까지의 토지에 있는 암석지 및 소택지(沼澤地)

❷ 보전산지
- 임업용 산지: 산림자원의 조성과 임업경영 기반의 구축 등 임업생산기능의 증진을 위하여 필요한 산지지역. 법에서 정한 예외사유를 제외하고 토지를 1차적 목적으로만 이용가능, 농어가주택 신축이 가능하다.
- 산지전용 제한지역: 공공의 이익증진을 위하여 보전이 필요하다고

인정되는 산지지역. 법에서 정한 예외적인 사항을 제외하고 토지의 1차적 이용도 제한을 받는다.
- 공익용 산지: 임업생산과 함께 재해방지·수원보호·자연생태계 보전·자연경관 보전·국민보건 휴양증진 등의 공익기능을 위하여 필요한 산지로서 정한 예외사항을 제외하고는 1차적 목적으로만 이용 가능하다. 농어가주택 신축은 불가능하다

❸ 준보전산지
보전산지 이외의 산지. 보전이 원칙이지만 제한적 개발은 허용되는 곳을 말하며 산지관리법에 적용받지 않아도 된다.

5 산지전용제한지역의 행위제한(산지관리법 제10조)

산지전용·일시사용제한지역에서는 다음 각 호의 어느 하나에 해당하는 행위를 하기 위하여 산지전용 또는 산지일시사용을 하는 경우를 제외하고는 산지전용 또는 산지일시사용을 할 수 없다.

1. 국방·군사시설의 설치
2. 사방시설, 하천, 제방, 저수지, 그 밖에 이에 준하는 국토보전시설의 설치
3. 도로, 철도, 석유 및 가스의 공급시설, 그 밖에 대통령령으로 정하는 공용·공공용 시설의 설치
4. 산림보호, 산림자원의 보전 및 증식을 위한 시설로서 대통령령으로 정하는 시설의 설치
5. 임업시험연구를 위한 시설로서 대통령령으로 정하는 시설의 설치
6. 매장문화재의 발굴(지표조사를 포함한다), 문화재와 전통사찰의 복원·보수·이전 및 그 보존관리를 위한 시설의 설치, 문화재·전통사찰과 관련된 비석, 기념탑, 그 밖에 이와 유사한 시설의 설치

7. 다음 각 목의 어느 하나에 해당하는 시설 중 대통령령으로 정하는 시설의 설치
   가. 발전·송전시설 등 전력시설
   나. 〈신에너지 및 재생에너지 개발·이용·보급 촉진법〉에 따른 신·재생에너지의 이용·보급을 위한 시설
8. 〈광업법〉에 따른 광물의 탐사·시추 시설의 설치 및 대통령령으로 정하는 갱 내의 채굴
9. 〈광산피해의 방지 및 복구에 관한 법률〉에 따른 광해방지시설의 설치
10. 제1호부터 제9호까지의 규정에 따른 시설을 설치하기 위하여 대통령령으로 정하는 기간 동안 임시로 설치하는 다음 각 목의 어느 하나에 해당하는 부대시설의 설치
    가. 진입로
    나. 현장사무소
    다. 지질·토양의 조사·탐사시설
    라. 그 밖에 주차장 등 농림수산식품부령으로 정하는 부대시설
11. 제1호부터 제9호까지의 시설 중 〈건축법〉에 따른 건축물과 도로(건축법 제2조 제1항 제11호의 도로를 말한다)를 연결하기 위한 대통령령으로 정하는 규모 이하의 진입로의 설치

6 보전산지에서의 행위제한(산지관리법 제12조)

❶ 임업용 산지에서는 다음 각 호의 어느 하나에 해당하는 행위를 하기 위하여 산지전용 또는 산지일시사용을 하는 경우를 제외하고는 산지전용 또는 산지일시사용을 할 수 없다.

1. 제10조 제1호부터 제9호까지의 시설의 설치 등
2. 임도·산림경영관리사 등 산림경영과 관련된 시설 및 산촌산업개발시설 등 산촌개발사업과 관련된 시설로서 대통령령으로 정하는 시설의 설치
3. 수목원, 산림생태원, 자연휴양림, 수목장림(樹木葬林), 그 밖에 대통령으

로 정하는 산림공익시설의 설치
4. 농림어업인의 주택 및 그 부대시설로서 대통령령으로 정하는 주택 및 시설의 설치
5. 농림어업용 생산·이용·가공시설 및 농어촌휴양시설로서 대통령령으로 정하는 시설의 설치
6. 광물, 지하수, 그 밖에 대통령령으로 정하는 지하자원 또는 석재의 탐사·시추 및 개발과 이를 위한 시설의 설치
7. 산사태 예방을 위한 지질·토양의 조사와 이에 따른 시설의 설치
8. 석유비축 및 저장시설·전기통신설비, 그 밖에 대통령령으로 정하는 공용·공공용 시설의 설치
9. 〈장사 등에 관한 법률〉에 따라 허가를 받거나 신고를 한 묘지·화장시설·봉안시설·자연장지 시설의 설치
10. 대통령령으로 정하는 종교시설의 설치
11. 병원, 사회복지시설, 청소년수련시설, 근로자복지시설, 공공직업훈련시설 등 공익시설로서 대통령령으로 정하는 시설의 설치
12. 교육·연구 및 기술개발과 관련된 시설로서 대통령령으로 정하는 시설의 설치
13. 제1호부터 제12호까지의 시설을 제외한 시설로서 대통령령으로 정하는 지역사회개발 및 산업발전에 필요한 시설의 설치
14. 제1호부터 제13호까지의 규정에 따른 시설을 설치하기 위하여 대통령령으로 정하는 기간 동안 임시로 설치하는 다음 각 목의 어느 하나에 해당하는 부대시설의 설치
  가. 진입로
  나. 현장사무소
  다. 지질·토양의 조사·탐사시설
  라. 그 밖에 주차장 등 농림수산식품부령으로 정하는 부대시설
15. 제1호부터 제13호까지의 시설 중 〈건축법〉에 따른 건축물과 도로(〈건축법〉 제2조 제1항 제11호의 도로를 말한다)를 연결하기 위한 대통령령으로 정하는

규모 이하의 진입로의 설치
16. 그 밖에 가축의 방목, 산나물·야생화·관상수의 재배, 물건의 적치(積置), 농로의 설치 등 임업용산지의 목적 달성에 지장을 주지 아니하는 범위에서 대통령령으로 정하는 행위

❷ 공익용산지(산지전용·일시사용제한지역은 제외한다)에서는 다음 각 호의 어느 하나에 해당하는 행위를 하기 위하여 산지전용 또는 산지일시사용을 하는 경우를 제외하고는 산지전용 또는 산지일시사용을 할 수 없다.
1. 제10조 제1호부터 제9호까지의 시설의 설치 등
2. 제1항 제2호, 제3호, 제6호 및 제7호의 시설의 설치
3. 제1항 제12호의 시설 중 대통령령으로 정하는 시설의 설치
4. 대통령령으로 정하는 규모 이하로서 다음 각 목의 어느 하나에 해당하는 행위
  가. 농림어업인 주택의 신축, 증축 또는 개축. 다만, 신축의 경우에는 대통령령으로 정하는 주택 및 시설에 한정한다.
  나. 종교시설의 증축 또는 개축
  다. 제4조 제1항 제1호 나목2)에 해당하는 사유로 공익용산지로 지정된 사찰림의 산지에서의 사찰신축
5. 제1호부터 제4호까지의 시설을 제외한 시설로서 대통령령으로 정하는 공용·공공용 사업을 위하여 필요한 시설의 설치
6. 제1호부터 제5호까지에 따른 시설을 설치하기 위하여 대통령령으로 정하는 기간 동안 임시로 설치하는 다음 각 목의 어느 하나에 해당하는 부대시설의 설치
  가. 진입로
  나. 현장사무소
  다. 지질·토양의 조사·탐사시설

라. 그 밖에 주차장 등 농림수산식품부령으로 정하는 부대시설
7. 제1호부터 제5호까지의 시설 중 〈건축법〉에 따른 건축물과 도로(〈건축법〉 제2조 제1항 제11호의 도로를 말한다)를 연결하기 위한 대통령령으로 정하는 규모 이하의 진입로의 설치
8. 그 밖에 산나물·야생화·관상수의 재배, 농로의 설치 등 공익용산지의 목적달성에 지장을 주지 아니하는 범위에서 대통령령으로 정하는 행위

❸ 제2항에도 불구하고 공익용산지(산지전용·일시사용제한지역은 제외한다) 중 다음 각 호의 어느 하나에 해당하는 산지에서의 행위제한에 대하여는 해당 법률을 각각 적용한다.

1. 제4조 제1항 제1호 나목4)부터 14)까지의 산지
2. '국토의 계획 및 이용에 관한 법률'에 따른 수산자원보호구역의 산지

2 | 임야경매

1 공법상 규제 체크하기

❶ 공법상규제: 임야를 매입하여 개발을 할 목적이라면 공법상 규제가 적은 곳이 좋으며, 개발제한구역, 보전산지, 상수원보호구역, 문화재보호구역, 군사시설보호구역, 자연환경보전지역, 보전녹지 등은 건축제한이 있을 수 있으므로 이런 지역의 임야투자 시 주의해야 한다.

❷ 경사도: 경사도가 21도 이상이면 개발이 어려울 수 있다.

지형도를 통한 경사도
등고선의 간격이 넓으면 경사가 완만하며 간격이 촘촘할수록 경사도가 심한 편이다.

❸ 임야대장, 지적도, 토지이용계획확인원을 발급받아 임야매입의 용도와 맞는지 확인해야 한다.

2 해당 임야의 경계확인

❶ 지형도(1/25,000, 1/50,000)와 임야도(등본)과 비교하여 등고선의 모양으로 경사도와 위치 등을 파악한다.
❷ 주위에 계곡, 강, 하천, 구거 등을 기준으로 위치를 파악할 수 있고 분묘나 과수원, 송전탑, 사찰 등을 기준으로 위치를 파악해 볼 수 있다.
❸ 경계측량을 해보는 것이 가장 좋지만 비용이 들고 시간이 소요되므로 해당 지역을 잘 알고 있는 주민이나 부동산중개인에게 물어보는 것도 하나의 방법이다.

3 임야가 진입로가 없는 맹지인 경우

임야가 맹지일 경우 진입로 부지를 사용 또는 매입할 수 있는 여부를 진입로 부지의 소유자에게 문의하여 알아두는 것이 좋다.

4 분묘의 존재 여부

임야에 투자할 경우 분묘의 존재 여부와 이장가능 여부 그리고 무연고 분묘 존재 등을 파악해보아야 한다. 분묘존재 여부는 읍·면·동사무소의 해당 임야의 묘적부를 통해 알아볼 수 있다.

5 입목지상권 성립 여부

❶ 입목지상권이 성립되는 입목일 경우 관할 등기소에서 입목등기부를 열람하여 확인할 수 있다.

❷ 토지매수자는 임야명도를 구할 수 있다. 하지만 지상권과 관계없는 수목과 농산물 등은 경작자의 소유가 된다.

6 종중소유의 임야일 경우

명의신탁을 해둔 종중소유의 임야를 매입하게 되는 경우 소유권에 대한 분쟁이 있을 수 있으므로 소유권관계를 잘 파악해두는 것이 좋다.

7 임야가 지분일 경우

임야가 공유지분일 경우 공유자우선매수신청권이 있는지, 소유권행사를 하는 데 제약이 따르는지, 공유물분할청구를 할 경우 추가비용이 소요되는지 등을 확인하고 투자를 해야 할 것이다.

8 산지전용 시 알아두어야 할 산지관리법

❶ 산지전용: 산지의 형질을 변경하는 것

> **산지관리법 제2조 제2호**
> 산지전용이란 산지를 다음 각 목의 어느 하나에 해당하는 용도 외로 사용하거나 이를 위하여 산지의 형질을 변경하는 것을 말한다.
>   가. 조림(造林), 숲 가꾸기, 벌채
>   나. 토석 등 임산물의 채취
>   다. 산지일시사용

❷ 산지전용허가(산지관리법 제14조)
① 산지전용을 하려는 자는 대통령령으로 정하는 바에 따라 그 용도를 정하여 산림청장의 허가를 받아야 하며, 허가받은 사항을 변경하려는

경우에도 같다. 다만, 농림수산식품부령으로 정하는 사항으로서 경미한 사항을 변경하려는 경우에는 산림청장에게 신고로 갈음할 수 있다.
② 관계 행정기관의 장이 다른 법률에 따라 산지전용허가가 의제되는 행정처분을 하기 위하여 산림청장에게 협의를 요청하는 경우에는 대통령령으로 정하는 바에 따라 제18조에 따른 산지전용허가기준에 맞는지를 검토하는 데에 필요한 서류를 산림청장에게 제출하여야 한다.
③ 관계 행정기관의 장은 제2항에 따른 협의를 한 후 산지전용허가가 의제되는 행정처분을 하였을 때에는 지체 없이 산림청장에게 통보하여야 한다.

❸ 산지전용허가기준(산지관리법 제18조)
① 제14조에 따라 산지전용허가 신청을 받은 산림청장은 그 신청내용이 다음 각 호의 기준에 맞는 경우에만 산지전용허가를 하여야 한다.

1. 제10조와 제12조에 따른 행위제한사항에 해당하지 아니할 것
2. 인근 산림의 경영·관리에 큰 지장을 주지 아니할 것
3. 집단적인 조림 성공지 등 우량한 산림이 많이 포함되지 아니할 것
4. 희귀 야생 동·식물의 보전 등 산림의 자연생태적 기능유지에 현저한 장애가 발생하지 아니할 것
5. 토사의 유출·붕괴 등 재해가 발생할 우려가 없을 것
6. 산림의 수원 함양 및 수질보전 기능을 크게 해치지 아니할 것
7. 산지의 형태 및 임목의 구성 등의 특성으로 인하여 보호할 가치가 있는 산림에 해당되지 아니할 것
8. 사업계획 및 산지전용면적이 적정하고 산지전용방법이 자연경관 및 산림훼손을 최소화하며 산지전용 후의 복구에 지장을 줄 우려가 없을 것

② 제1항에도 불구하고 준보전산지의 경우 또는 다음 각 호의 요건을 모두 충족하는 경우에는 제1항 제1호부터 제4호까지의 기준을 적용하지 아니한다.

1. 전용하려는 산지 중 임업용산지의 비율이 100분의 20 미만으로서 대통령령으로 정하는 비율 이내일 것
2. 전용하려는 산지에 대통령령으로 정하는 집단화된 임업용 산지가 포함되지 아니할 것
3. 전용하려는 산지 중 제1호의 임업용 산지를 제외한 나머지가 준보전산지일 것

③ 산림청장은 제1항에 따라 산지전용허가를 할 때 산림기능의 유지, 재해방지, 경관보전 등을 위하여 필요할 때에는 대통령령으로 정하는 바에 따라 재해방지시설의 설치 등 필요한 조건을 붙일 수 있다.

④ 산림청장은 제1항에 따른 산지전용허가 중 대통령령으로 정하는 면적 이상의 산지(보전산지가 대통령령으로 정하는 비율이나 면적 이상으로 포함되는 경우로 한정한다)에 대한 산지전용허가를 할 때에는 미리 그 산지전용 타당성에 관하여 제22조 제1항에 따른 중앙산지관리위원회의 심의를 거쳐야 한다.

⑤ 제1항에 따른 산지전용허가기준의 적용범위와 산지의 면적에 관한 허가기준, 그 밖의 사업별·규모별 세부기준 등에 관한 사항은 대통령령으로 정한다. 다만, 지역여건상 산지의 보전을 위하여 필요하다고 인정되면 대통령령으로 정하는 범위에서 산지의 면적에 관한 허가기준을 해당 지방자치단체의 조례로 정할 수 있다.

❹ **산지전용타당성조사(산지관리법 제18조의2)**

① 대통령령으로 정하는 규모 이상으로 제8조 제1항 전단에 따른 협의를 신청하거나 제14조 또는 제15조의2에 따른 산지전용허가 또는 산지일시사용허가(다른 법률에 따라 산지전용허가·산지일시사용허가가 의제되는 행정처분을 포함한다)를 받으려는 자는 미리 대통령령으로 정하는 산지전문기관으로부터 산지전용 또는 산지일시사용의 필요성·적합성·환경성 등을 종합적으로 고려한 타당성에 관한 조사(이하 "산지전용타당성조사"라 한다)를 받아야 한다. 다만, 산지전용 또는 산지일시사용을 하려는 용도가 농림어업용인 경우 등 대통령령으로 정하는 경우에는 그러하지 아니하다.

② 제1항에 따른 산지전용타당성조사에 필요한 수수료는 산지전용타당성조사를 신청한 자가 산지전문기관에 납부하여야 한다.

③ 제1항에 따른 산지전용타당성조사의 신청을 받은 산지전문기관은 산지전용타당성조사를 실시한 후 그 결과를 산림청장과 산지전용타당성조사를 신청한 자에게 통보하여야 한다.

④ 제1항부터 제3항까지에 따른 산지전용타당성조사의 절차·기준·방법 등과 수수료의 산정 등에 관한 사항은 대통령령으로 정한다.

❺ **대체산림자원조성비(산지관리법 제19조)**

① 다음 각 호의 어느 하나에 해당하는 자는 산지전용과 산지일시사용에 따른 대체산림자원 조성에 드는 비용(이하 "대체산림자원조성비"라 한다)을 미리 내야 한다.

1. 제14조에 따라 산지전용허가를 받으려는 자
2. 제15조의2 제1항에 따라 산지일시사용허가를 받으려는 자(《광산피해의 방지

및 복구에 관한 법률〉에 따른 광해방지사업을 하려는 자는 제외한다.)
3. 다른 법률에 따라 산지전용허가 또는 산지일시사용허가가 의제되거나 배제되는 행정처분을 받으려는 자

② 제1항에 따라 대체산림자원조성비를 내야 하는 자가 다음 각 호의 어느 하나에 해당하는 경우에는 제1항 각 호에 따른 산지전용허가, 산지일시사용허가 또는 행정처분을 받은 후에 대체산림자원조성비를 낼 수 있다.

1. 대통령령으로 정하는 바에 따라 일정한 기한까지 대체산림자원조성비를 낼 것을 조건으로 하는 경우. 이 경우 대체산림자원조성비를 내지 아니하면 산지전용 또는 산지일시사용을 할 수 없다.
2. 대통령령으로 정하는 바에 따라 일정한 기한까지 대체산림자원조성비를 분할하여 납부할 것을 조건으로 하는 경우. 이 경우 분할 납부하려는 자는 농림수산식품부령으로 정하는 바에 따라 그 이행을 담보할 수 있는 이행보증금을 예치하여야 한다.

③ 대체산림자원조성비는 산림청장이 부과·징수하며, 이를 '농어촌구조개선특별회계법'에 따른 임업진흥사업계정의 세입으로 한다.

④ 삭제〈2007.1.26.〉

⑤ 산림청장은 다음 각 호의 어느 하나에 해당하는 경우에는 대통령령으로 정하는 바에 따라 대체산림자원조성비를 감면할 수 있다.

1. 국가나 지방자치단체가 공용 또는 공공용의 목적으로 산지전용 또는 산지일시사용을 하는 경우
2. 대통령령으로 정하는 중요 산업시설을 설치하기 위하여 산지전용 또는 산지일시사용을 하는 경우
3. 광물의 채굴 또는 그 밖에 대통령령으로 정하는 시설을 설치하거나 대통령령으로 정하는 용도로 사용하기 위하여 산지전용 또는 산지일시사용을 하는 경우

⑥ 제1항에 따른 대체산림자원조성비는 산지전용 또는 산지일시사용되는 산지의 면적에 단위면적당 금액을 곱한 금액으로 하되, 단위면적당 금액은 산림청장이 결정·고시한다. 이 경우 산림청장은 제4조에 따라 구분된 산지별 또는 지역별로 단위면적당 금액을 달리할 수 있다.

⑦ 산림청장은 시·도지사 또는 시장·군수·구청장에게 대체산림자원조성비의 부과·징수 업무를 위임하였을 때에는 대통령령으로 정하는 바에 따라 취급수수료나 그 밖에 필요한 경비를 지급할 수 있다.

⑧ 대체산림자원조성비를 내야 하는 자가 납부기한까지 내지 아니하면 국세 체납처분 또는 지방세 체납처분의 예에 따라 징수할 수 있다.

⑨ 대체산림자원조성비의 납부기한, 납부방법, 대체산림자원조성비의 단위면적당 금액의 세부산정기준 등에 관한 사항은 대통령령으로 정한다.

제10장 — 알쏭달쏭 OX문제

01 용적률은 대지면적에 대한 건축물의 지상층 연면적 비율을 말하며 이 비율에 따라 건물의 층이 정해진다. 이때 연면적은 각 층의 바닥면적을 합친 면적을 말한다. (   )

02 용도지역·용도지구에서의 도시계획시설에 대하여는 건축제한에 대한 규정이 적용된다. (   )

03 존치지역은 존치정비구역과 존치관리구역으로 나뉜다.(   )

04 도로에 붙어 있지 않는 농지는 농지전용허가를 받기가 어렵다. (   )

05 임야의 경사도가 15도 이상이면 개발이 어려울 수 있다. (   )

정답 및 해설

01 O
02 X 용도지역·용도지구에서의 도시계획시설에 대하여는 건축제한에 대한 규정이 적용되지 않는다.
03 O
04 O
05 X 지역에 따라 다를 수 있으며 보통 21도 이상이면 개발이 어려울 수 있으며 15도는 낮은 경사도에 속한다.

제10장 — 주관식 문제

01 토지의 주된 용도에 따라 토지의 종류를 구분한 것으로, 이것에 따라 건물을 지을 수 있는지 여부와 건물의 종류가 결정된다. 이것은 무엇일까?

02 대지면적에 대한 건축면적의 비율을 뜻하는 용어는 무엇일까?

03 소유권이 바뀐 토지를 말하며 도시개발사업 또는 주택재개발사업에 의해 이전에 소유하던 토지 대신 사업이 완료된 후에 새로이 소유하게 된 토지를 무엇이라고 할까?

04 도시계획수립 대상지역의 일부에 대하여 토지이용을 합리화하고, 그 기능을 증진시키며 미관을 개선하고 양호한 환경을 확보하며, 그 지역을 체계적·계획적으로 관리하기 위하여 수립하는 도시관리계획을 무엇이라고 할까?

05 개발이 필요한 지역에 대해 도시기본계획에서 이 용지로 먼저 지정하고 세부계획을 수립하는 용지를 말하는 것으로 주로 자연녹지지역이나 계획관리지역이 그 대상이 되는 이것을 무엇이라고 할까?

정답 및 해설

01 지목
02 건폐율
03 환지
04 지구단위계획
05 시가화예정용지

제10장 — 객관식 문제

01 토지의 소재지, 지번, 축척 등과 지목과 면적, 그리고 소유권의 변동사항을 모두 확인할 수 있는 것은?

① 지적도 ② 토지이용계획확인서
③ 토지대장 ④ 토지등기부

정답 ▶ ③ 토지의 소재지, 지번, 축척 등과 지목과 면적, 그리고 소유권의 변동사항은 토지대장을 통해 확인한다.

02 해당 부동산의 토지소유권을 행사하는 데 제약이 있을 수 있는 권리 등이 있는지 확인하기 위해 보면 좋은 것은?

① 지적도 ② 임야도
③ 토지대장 ④ 토지등기부

정답 ▶ ④ 토지의 소유관계와 기타 권리관계 등은 토지등기부에서 확인할 수 있다.

03 해당 토지의 용도지역 및 행위제한 그리고 토지에 대한 개발계획수립에 관한 내용을 확인할 수 있는 것은?

① 지적도 ② 토지등기부
③ 토지대장 ④ 토지이용계획확인서

정답 ▶ ④ 해당 토지의 용도지역 및 행위제한 그리고 토지에 대한 개발계획수립에 관한 내용은 토지이용계획확인서를 통해서 확인한다.

04 주거지역 중에서 건폐율과 용적률이 가장 높은 지역은?

① 준주거지역 ② 제2종 전용주거지역
③ 제3종 일반주거지역 ④ 제1종 일반주거지역

정답 ▶ ① 준주거지역

주거지역	건폐율	용적률
제1종 전용주거지역	50%	50~100%
제2종 전용주거지역	50%	100~150%
제1종 일반주거지역	60%	100~200%
제2종 일반주거지역	60%	150~250%
제3종 일반주거지역	50%	200~300%
준주거지역	70%	200~500%

용적률과 건폐율이란?
용적률은 대지면적에 대한 건축물의 지상층 연면적(각 층의 바닥면적을 합친 면적) 비율을 말한다. 즉 용적률에 따라 건물의 층이 정해진다. 건폐율은 대지면적에 대한 건축면적의 비율, 즉 대지에 건축물의 바닥면적이 얼마만큼 차지할 수 있는지를 결정하는 비율을 말한다.

05 물을 상시적으로 이용하지 아니하고 곡물·원예작물과 약초·뽕나무·닥나무·묘목·관상수 등의 식물을 주로 재배하는 토지와 식용을 위하여 죽순을 재배하는 토지를 지목상 무엇이라고 하는가?

① 전 ② 답
③ 임야 ④ 과수원

정답 ▶ ①

② 답 – 물을 상시적으로 직접 이용하여 벼·연·미나리·왕골 등의 식물을 주로 재배하는 토지
③ 임야 – 산림 및 원야(原野)를 이루고 있는 수림지·죽림지·암석지·자갈땅·모래땅·습지·황무지 등의 토지
④ 과수원 – 사과·배·밤·호두·귤나무 등 과수류를 집단적으로 재배하는 토지와 이에 접속된 저장고 등 부속시설물의 부지
⑤ 구거 – 용수 또는 배수를 위하여 일정한 형태를 갖춘 인공적인 수로·둑 및 그 부속시설물의 부지와 자연의 유수(流水)가 있거나 있을 것으로 예상되는 소규모 수로부지

06 다음 중 지목을 도로로 볼 수 없는 토지는?
① 아파트·공장 등 단일 용도의 일정한 단지 안에 설치된 통로
② 일반 공중의 교통운수를 위하여 보행 또는 차량운행에 필요한 일정한 설비 또는 형태를 갖추어 이용되는 토지
③ 도로법 등 관계법령에 의하여 도로로 개설된 토지
④ 고속도로 안의 휴게소 부지
⑤ 2필지 이상에 진입하는 통로로 이용되는 토지

정답 ▶ ① 아파트·공장 등 단일 용도의 일정한 단지 안에 설치된 통로 등은 제외된다.

07 지목에 대한 설명으로 바르지 않은 것을 고르면?
① 토지의 주된 용도에 따라 토지의 종류를 구분한 것이다.
② 지목에 따라 건축가능 여부가 결정된다.
③ 지적법 시행령에 따라 28개의 지목이 있다.
④ 28개의 지목은 모두 지적도에 표시된다.
⑤ 지목에 따라 건물의 종류가 결정된다.

정답 ▶ ④ 측량·수로공사 및 지적에 관한 법률 제67조의 28개의 지목 중 임야도에 표시되는 임야만 제외하고 27가지 지목이 지적도에 표시된다. 임야는 지적도상에 공백으로 나온다.

08 다음 중 측량·수로공사 및 지적에 관한 법률 제67조에 따라 구분된 28개의 지목에 해당하는 것으로만 되어 있는 것을 고르시오.
① 전, 도로, 과수원, 저수지, 목장용지, 임야
② 공장용지, 주택용지, 답, 주차장, 광천지
③ 철도용지, 제방, 하천, 구거, 답, 학교용지
④ 유지, 양어장, 수도용지, 공원, 온천지, 묘지
⑤ 염전, 대, 체육용지, 창고용지, 갯벌, 사적지

정답 ▶ ③ 28개의 지목 - 전, 답, 과수원, 목장용지, 임야, 광천지, 염전, 대, 공장용지, 학교용지, 주차장, 주유소용지, 창고용지, 도로, 철도용지, 제방, 하천, 구거, 유지, 양어장, 수도용지, 공원, 체육용지, 유원지, 종교용지, 사적지, 묘지, 잡종지

09 아래에 설명한 토지는 지목상 무엇일까?

> 가. 갈대밭, 실외에 물건을 쌓아두는 곳, 돌을 캐내는 곳, 흙을 파내는 곳, 야외시장, 비행장, 공동우물. (단, 원상회복을 조건으로 돌을 캐내는 곳, 흙을 파내는 곳으로 허가된 토지는 제외)
> 나. 영구적 건축물 중 변전소, 송신소, 수신소, 송유시설, 도축장, 자동차운전학원, 쓰레기 및 오물처리장 등의 부지
> 다. 다른 지목에 속하지 아니하는 토지

① 대 ② 잡종지
③ 공장용지 ④ 창고용지

정답 ▶ ② 잡종지에 대한 설명이다(측량·수로공사 및 지적에 관한 법률 시행령 제58조 28호).

10 국토를 토지의 이용실태 및 특성, 장래의 토지이용방향 등을 고려하여 4종류의 용도지역으로 구분한다. 그 4개의 구분된 용도지역이 아닌 것은?

① 산림지역 ② 관리지역
③ 농림지역 ④ 자연환경보전지역
⑤ 도시지역

정답 ▶ ① 용도지역은 도시지역·관리지역·농림지역 및 자연환경보전지역으로 구분한다.

11 다음 중 도시지역에 대한 설명을 둘 고르시오.

① 인구와 산업이 밀집되어 있거나 밀집이 예상되는 지역에 대해 체계적인 개발 및 정비·관리·보전 등이 필요한 지역을 말한다.
② 주거지역, 상업지역, 공업지역, 녹지지역으로 나뉜다.
③ 보전관리지역, 생산관리지역, 계획관리지역으로 구분된다.
④ 기존의 준농림지역과 준도시지역을 하나로 묶은 지역을 말한다.
⑤ 자연환경·수자원·해안·생태계·상수원 및 문화재의 보전과 수산자원의 보호·육성 등을 위해 필요한 지역을 말한다.

정답 ▶ ①, ②
③, ④는 관리지역에 대한 설명이며, ⑤는 자연환경보전지역에 대한 설명이다.

12 다음 중 도시지역의 세분이 바르게 된 것은?

① 주거지역 - 전용주거지역, 일반주거지역
② 상업지역 - 중심상업지역, 일반상업지역, 근린상업지역
③ 공업지역 - 일반공업지역, 준공업지역
④ 녹지지역 - 보전녹지지역, 생산녹지지역, 자연녹지지역
⑤ 관리지역 - 보전관리지역, 생산관리지역, 계획관리지역

정답 ▶ ④
① 주거지역 - 전용주거지역, 일반주거지역, 준주거지역
② 상업지역 - 중심상업지역, 일반상업지역, 근린상업지역, 유통상업지역
③ 공업지역 - 일반공업지역, 준공업지역, 전용공업지역
⑤ 관리지역은 도시지역이 아니다.

13 다음 상업지역에 대한 설명으로 바르지 않은 것을 고르시오.
① 용적률이 가장 높은 지역은 중심상업지역이다.
② 중심상업지역은 도심·부도심의 상업기능 및 업무기능의 확충을 위한 지역이다.
③ 일반상업지역은 근린지역에서의 일용품 및 서비스의 공급을 위한 지역이다.
④ 근린상업지역은 건폐율과 용적률이 상업지역 중 가장 낮다.
⑤ 유통상업지역은 도시 안 및 지역 간 유통기능의 증진을 위한 지역이다.

정답 ▶ ③ 근린상업지역에 대한 설명이며 일반상업지역은 일반적인 상업기능 및 업무기능을 담당하기 위한 지역이다.

14 용도지역 중 도시의 녹지공간의 확보, 도시확산의 방지, 장래도시용지의 공급 등을 위해 보전을 할 필요가 있는 지역이며 불가피한 경우에 한해 제한적인 개발만을 허용하는 지역은?
① 자연녹지지역 ② 보전녹지지역
③ 개발제한구역 ④ 생산녹지지역

정답 ▶ ①
② 보전녹지지역은 도시의 환경·경관·산림 및 녹지공간의 보전을 위한 지역이다.
③ 개발제한구역은 도시의 경관을 정비하고, 환경을 보전하기 위해서 설정된 녹지대로, 생산녹지와 차단녹지로 구분되며, 건축물의 신축·증축, 용도변경, 토지의 형질변경 및 토지분할 등의 행위가 제한된다.
④ 생산녹지지역은 주로 농업적 생산을 위한 개발을 유보한 지역을 말한다.

15 다음 중 시가화 조정구역에서 허가를 받아 할 수 있는 행위가 아닌 것은?
① 축사의 건축 ② 입목의 벌채
③ 토지의 합병 및 분할 ④ 주택의 신축
⑤ 창고의 건축

정답 ▶ ④ 주택의 신축은 금지된다.

16 다음 용도지역 중 관리지역에 대한 설명이 바르지 않은 것을 고르시오.

① 기존의 준농림지역과 준도시지역을 하나로 묶은 지역을 말한다.
② 준농림지역과 준도시지역을 관리하기 위하여 인구규모, 토지의 이용실태, 도지지역과의 인접 등을 고려하여 보전관리지역, 생산관리지역, 계획관리지역으로 나누어져 있다.
③ 아직 세부용도지역으로 지정되지 않은 지역은 관리지역으로만 표시되며, 용적률은 계획관리지역에 관한 규정을 적용한다.
④ 관리지역 중 도시지역으로의 편입이 예상되는 지역 또는 자연환경을 고려해서 제한적으로 이용·개발 하려는 지역으로서 계획적·체계적인 관리가 필요한 지역을 계획관리지역이라고 한다.
⑤ 생산관리지역이 계획관리지역보다 건폐율이 낮다.

정답 ▶ ③ 아직 세분화작업이 되지 않은 지역은 관리지역으로 표시되며 용적률에 대하여는 보전관리지역에 관한 규정을 적용한다.

17 다음은 무엇에 대한 설명인가?

> · 도시계획구역 안에서 공공의 안녕과 질서, 도시기능의 증진을 위해 필요한 경우 국토해양부장관이 도시계획으로 지정할 수 있는 지구이다.
> · 경관지구, 미관지구, 고도지구, 방화지구, 방재지구, 보존지구, 시설보호지구, 취락지구, 개발진흥지구, 특정용도제한지구 등이 있다.
> · 국토계획법 시행령의 범위 안에서 지자체 도시계획조례로 정해진다.

① 용도지역   ② 용도지구   ③ 용도구역   ④ 정비구역

정답 ▶ ② 용도지구에 대한 설명이다. 용도지구는 각 항목에 따라 행위제한이 있는데 이는 국토계획법 시행령의 범위 안에서 지자체 도시계획조례로 정해지기 때문에 각 지역의 도시계획조례를 참조하여 건물의 높이제한과 건폐율 등 용도의 제한에 대해 확인해 보아야 한다.

18 용도지구 중 녹지지역·관리지역·농림지역·자연환경보전지역·개발제한구역 또는 도시자연공원구역의 취락을 정비하기 위한 지구를 무엇이라고 하는가?

① 미관지구 ② 취락지구 ③ 보존지구 ④ 경관지구

정답 ▶ ② 취락지구에 대한 설명이며, 녹지지역·관리지역·농림지역·자연환경보전지역의 취락을 정비하기 위해 필요한 지구는 자연취락지구, 개발제한구역의 취락을 정비하기 위해 필요한 지구는 집단취락지구라고 한다.

19 다음 중 산지관리법상 산지에 해당하는 토지라고 볼 수 없는 것은?

① 농지, 초지, 주택지, 도로
② 입목·죽이 집단적으로 생육하고 있는 토지
③ 집단적으로 생육한 입목·죽이 일시 상실된 토지
④ 입목·죽의 집단적 생육에 사용하게 된 토지
⑤ 임도, 작업로 등 산길

정답 ▶ ①

20 다음 중 건축할 수 있는 건축물의 층수가 4층 이하로 제한되는 지역을 모두 고르시오.

가. 제1종 일반주거지역	나. 녹지지역
다. 제2종 일반주거지역	라. 관리지역
마. 일반상업지역	

① 가, 다, 라 ② 가, 나, 마 ③ 가, 나, 라 ④ 다, 라, 마

정답 ▶ ③ 제1종 일반주거지역과 녹지지역, 관리지역은 건축물의 층수는 4층 이하(4층 이하의 범위에서 도시계획조례로 따로 층수를 정하는 경우는 그 층수 이하)로 제한하며, 제2종 일반주거지역은 건축할 수 있는 건축물의 층수는 18층 이하(도시계획조례로 18층 이하 범위에서 따로 층수를 정한 경우나 구역별로 층수를 세분한 경우는 그 층수 이하)이다.

21 다음 중 제1종 일반주거지역에 건축할 수 없는 것은?

① 5층 이하인 단지형 다세대주택 ② 아파트
③ 초·중·고등학교 ④ 단독주택

정답 ▶ ② 제1종 일반주거지역은 건축물의 층수가 4층 이하로 제한되며, 여기서 단지형 다세대주택의 경우 5층 이하를 말하며, 1층 바닥면적의 2분의1 이상을 필로티 구조로 주차장으로 이용하고, 나머지 부분을 주택 이외의 용도로 이용하는 경우는 해당 층을 층수에서 제외한다. 제1종 일반주거지역에 지을 수 있는 공동주택에서 아파트는 제외된다.

22 다음의 용도지역을 건폐율이 낮은 것부터 높은 순으로 바르게 나열한 것은?

| 가. 제2종 전용주거지역 | 나. 제2종 일반주거지역 |
| 다. 근린상업지역 | 라. 계획관리지역 |

① 가-나-다-라 ② 가-라-나-다 ③ 라-다-나-가 ④ 라-가-나-다

정답 ▶ ④
가. 제2종 전용주거지역 - 50% 이하 나. 제2종 일반주거지역 - 60% 이하
다. 근린상업지역 - 70% 이하 라. 계획관리지역 - 40% 이하

23 농지를 경매로 매수하고자 할 때 농지취득자격증명을 발급받아야 하는 경우가 있다. 다음 설명 중 옳지 않은 것은?

① 농지취득자격증명이 필요한 경우는 매각결정기일까지 법원에 제출해야 한다.
② 보통 행정관청에서 증명을 받는데 3~5일 정도 걸린다.
③ 농지취득자격 증명을 받으려면 농지의 면적이 $1,000m^2$ 이상이어야 한다.
④ 주말·체험 영농의 목적으로 농지를 매수할 경우 $1,000m^2$ 미만이어야 한다.
⑤ 농민이 아닌 사람은 최초로 농지를 매수하거나 경매로 매수를 하고자 할 때 농지취득자격증명을 받을 수 없다.

정답 ▶ ⑤ 농민이 아닌 사람이 최초로 농지를 매수하거나 경매로 매수를 하고자 한다면 1,000m^2(약303평) 이상이어야 하고 미만이면 농지취득자격 증명을 받을 수 없다. 그러나 농지에 비닐하우스나 버섯재배사가 이미 존재하거나 아니면 설치하고자 할 때는 약 330m^2(100평) 이상이면 농지취득자격 증명을 발급받을 수 있다.

24 다음 중 시가화조정구역에 대한 설명으로 바르지 않은 것은?

① 주변 지역의 무질서한 개발을 방지하기 위하여 일정한 기간 동안 시가화를 유보하는 구역이다.
② 시가화를 유보하는 기간(5년에서 20년)까지 법에서 정하는 특별한 사유를 제외하고는 토지를 1차적으로만 이용 가능하다.
③ 진행 중인 공사 또는 사업은 시가화조정구역의 지정에 관계없이 계속할 수 있다.
④ 시가화조정구역의 지정에 관한 도시관리계획의 결정은 시가화 유보기간이 끝난 날의 다음날부터 그 효력을 잃는다.
⑤ 개발이 필요한 지역에 대해 도시기본계획에서 먼저 지정하고 세부계획을 수립하는 용지로 주로 자연녹지지역이나 계획관리지역이 그 대상이다.

정답 ▶ ⑤ 시가화 예정용지에 대한 설명이나.

25 다음 설명 중 옳지 않은 것은?

① 대지면적이란 건축할 수 있는 대지의 면적이다.
② 건축면적은 대지에서 건축물이 차지하는 면적으로 건축물의 중심선으로 둘러싸인 부분의 수평투영면적이다.
③ 연면적이란 건물의 면적이 가장 넓은 1개층의 면적이다.
④ 건폐율이란 대지면적에 대한 건축면적의 비율을 말한다.
⑤ 용적률이란 대지면적에 대한 건축물의 연면적의 비율을 말한다.

정답 ▶ ③ 연면적이란 건물의 각 층의 바닥면적의 합계이다(단, 지하층과 지상의 주차장용으로 사용되는 면적은 연면적에서 제외된다.).

26 토지의 이용 및 건축물의 용도·건폐율·용적률·높이 등에 대한 용도지역 및 용도지구의 제한을 강화하거나 완화하여 따로 정함으로써 시가지의 무질서한 확산 방지, 계획적이고 단계적인 토지이용의 도모, 토지이용의 종합적 조정·관리 등을 위하여 도시관리계획으로 결정하는 지역을 무엇이라고 하나?

① 용도지역
② 용도지구
③ 용도구역
④ 지구단위계획구역

정답 ▶ ③

① 용도지역이란 토지의 이용 및 건축물의 용도, 건폐율(건축법 제55조의 건폐율을 말한다. 이하 같다.), 용적률(건축법 제56조의 용적률을 말한다. 이하 같다.), 높이 등을 제한함으로써 토지를 경제적·효율적으로 이용하고 공공복리의 증진을 도모하기 위하여 서로 중복되지 아니하게 도시관리계획으로 결정하는 지역을 말한다(출처: 국토의 계획 및 이용에 관한 법률 제2조).
② 용도지구란 토지의 이용 및 건축물의 용도·건폐율·용적률·높이 등에 대한 용도지역의 제한을 강화하거나 완화하여 적용함으로써 용도지역의 기능을 증진시키고 미관·경관·안전 등을 도모하기 위하여 도시관리계획으로 결정하는 지역을 말한다(출처: 국토의 계획 및 이용에 관한 법률 제2조).

27 다음 중 농지에 해당하는 것을 모두 고른 것은?

> 가. 농작물의 경작에 이용되는 토지
> 나. 농로
> 다. 과수원
> 라. 측량·수로 조사 및 지적에 관한 법률에 의한 지목이 전·답·과수원이 아닌 토지로서 농작물의 경작이나 다년생식물의 재배지로 계속하여 이용되는 기간이 3년 미만인 토지
> 마. 초지법에 의하여 조성된 초지

① 가, 나, 다
② 나, 다, 라
③ 다, 라, 마
④ 가, 다, 마

정답 ▶ ① 라, 마는 농지에서 제외된다.

28 다음 중 건축물의 용도변경시 허가를 받아야 하는 경우는?

① 위락시설을 숙박시설로 변경하는 경우
② 주택을 제1종 근린생활시설로 변경하는 경우
③ 숙박시설을 종교시설로 변경시
④ 단독주택을 축사로 변경하는 경우
⑤ 종교시설을 운동시설로 변경하는 경우

정답 ▶ ② 나머지는 신고대상이다.

29 도시의 무질서한 확산을 방지하고 도시 주변의 자연환경을 보전하여 도시민의 건전한 생활환경을 확보하기 위해 도시의 개발을 제한할 필요가 있다고 인정되는 경우나 국방부장관의 요청으로 보안상 도시의 개발을 제한할 필요가 있다고 인정되는 경우, 국토해양부장관이 도시관리계획으로 지정 또는 변경을 결정할 수 있는 지역을 무엇이라고 하는가?

① 개발제한구역   ② 시가화조정구역
③ 수산자원보호구역   ④ 도시개발구역

정답 ▶ ①

30 정비기반시설이 열악하고 저소득 주민이 집단으로 거주하는 지역으로서 주거환경을 개선하기 위하여 시행하는 사업을 무엇이라고 하는가?

① 주거환경개선사업   ② 주택재개발사업
③ 주택재건축사업   ④ 도시환경정비사업

정답 ▶ ① 정비기반시설이 열악하고 저소득 주민이 집단으로 거주하는 지역으로서 주거환경을 개선하기 위하여 시행하는 사업을 주거환경개선사업이라고 한다.

31 정비기간시설과 주거환경이 열악하여 개선이 시급한 지역의 주거환경을 개선하기 위하여 시행하는 사업을 무엇이라고 하나?

① 도시환경정비사업　　② 주택재개발사업
③ 주택재건축사업　　　④ 주거환경정비사업

정답 ▶ ② 정비기간시설이 열악하고 주거환경이 열악하여 개선이 시급한 지역의 주거환경을 개선하기 위하여 시행하는 사업을 주택재개발사업이라고 한다.

32 노후·불량 건축물이 밀집한 지역에서 정비기반시설은 양호하나 주거환경을 개선하기 위하여 시행하는 사업을 무엇이라고 하나?

① 도시계획시설사업　　② 주택재개발사업
③ 주택재건축사업　　　④ 도시환경정비사업

정답 ▶ ③ 노후·불량 건축물이 밀집한 지역에서 정비기반시설은 양호하나 주거환경을 개선하기 위하여 시행하는 사업을 주택재건축사업이라고 한다.

33 토지의 효율적 이용과 도심 또는 부도심 등 도시기능이 떨어지는 지역에 도시환경을 개선하기 위하여 시행하는 사업을 무엇이라고 하나?

① 도시계획시설사업　　② 도시개발사업
③ 주택재건축사업　　　④ 도시환경정비사업

정답 ▶ ④ 토지의 효율적 이용과 도심 또는 부도심 등 도시기능이 떨어지는 지역에 도시환경을 개선하기 위하여 시행하는 사업을 도시환경정비사업이라고 한다.

34 도시개발사업의 시행방식 중 대지로서의 효용증진과 공공시설의 정비를 위해 토지의 교환·분합, 그 밖의 구획변경, 지목 또는 형질의 변경, 공공시설의 설치·변경이 필요한 경우나 도시개발사업을 시행하는 지역의 지가가 인근의 다른 지역에 비해 현저히 높아 수용 또는 사용방식으로 시행하는 것이 어려운 경우 적용하는 방식은?

① 환지방식　② 수용　③ 사용방식　④ 혼용방식

정답 ▶ ①

35 도시개발구역으로 지정하고자 하는 지역이 부분적으로 환지방식요건과 수용 또는 사용방식요건에 해당하는 경우 적용하는 시행방식은?

① 교환방식 ② 수용방식
③ 사용방식 ④ 혼용방식

정답 ▶ ④ 도시개발구역으로 지정하고자 하는 지역이 부분적으로 환지방식요건과 수용 또는 사용방식요건에 해당하는 경우 혼용방식을 적용하고, 계획적이고 체계적인 도시개발 등의 집단적인 조성 또는 공급이 필요한 경우 수용 또는 사용방식을 적용한다.

36 다음 지구단위계획에 대한 설명으로 옳지 않은 것은?

① 지구단위계획은 제1종 지구단위계획구역과 제2종 지구단위계획구역으로 구분한다.
② 제1종 지구단위계획은 기존 시가지의 정비와 신시가지의 관리를 위해 지정된 구역을 말하며, 지역에 규정된 허용용도의 범위 내에서만 용도가 부여된다.
③ 지구단위계획 결정 도면을 열람하려면 각 시·군·구청의 도시계획과로 가면 된다.
④ 효율적인 토지이용과 기능을 증진시키며 양호한 환경을 위해 미관을 개선하고 토지이용을 체계적, 계획적으로 관리하기 위한 구역을 지구단위계획구역이라고 하며 지구단위계획에 적합하게 건축해야 한다.
⑤ 체계적으로 도시화가 예상되는 지역을 개발·관리 하기 위해 지정된 구역으로 허용용도의 범위를 넘어서는 위락시설, 아파트, 공장 등이 계획에 의하여 허용되는 구역은 제1종 지구단위계획구역이다.

정답 ▶ ⑤ 체계적으로 도시화가 예상되는 지역을 개발·관리 하기 위해 지정된 구역으로 허용용도의 범위를 넘어서는 위락시설, 아파트, 공장 등이 계획에 의하여 허용되는 구역은 제2종 지구단위계획구역이다.

37 다음 중 지구단위계획의 내용에 포함된다고 볼 수 없는 것은?

① 기반시설의 배치와 규모 ② 광역교통계획
③ 교통처리계획 ④ 건축물의 배치 · 형태 · 색채

정답 ▶ ② 광역교통 · 광역환경 등의 광역도시 문제를 해결하기 위한 계획은 광역도시계획의 내용에 포함된다.

38 다음 중 수도권정비계획에 대한 내용으로 바르지 않은 것은?

① 수도권은 수도권정비계획에 의해 과밀억제권역, 성장관리권역 및 자연보전권역으로 구분되며 권역별로 행위제한이 있다.
② 서울특별시 및 인천광역시와 그 주변지역이며 인구와 산업이 지나치게 밀집되었거나 집중될 우려가 있어 이전하거나 정비할 필요가 있는 지역을 과밀억제권역이라고 한다.
③ 성장관리권역은 경기도 서부, 남부, 북부 지역이 이에 해당된다.
④ 과밀억제권역으로부터 이전하는 인구와 산업을 계획적으로 유치하고 산업의 입지와 도시의 개발을 적정하게 관리할 필요가 있는 지역을 자연보전권역이라고 한다.
⑤ 경기도 동부의 한강수계지역이며 한강수계의 수질과 녹지 등 자연환경을 보전할 필요가 있는 지역을 자연보전권역이라고 한다.

정답 ▶ ④ 과밀억제권역으로부터 이전하는 인구와 산업을 계획적으로 유치하고 산업의 입지와 도시의 개발을 적정하게 관리할 필요가 있는 지역은 성장관리권역이다.

39 경매로 토지를 매수하려고 할 때 꼭 봐야 할 위치와 면적, 경계, 주위환경 등을 파악하려면 지적도와 임야도를 보면 도움이 된다. 다음 설명 중 옳지 않은 것은?

① 토지의 지번과 지적도의 지번이 일치하는지의 여부, 토지의 모양과 인접 도로상황, 토지의 경계와 지적도 경계의 일치 여부 등을 확인한다.
② 토지가 임야일 경우 지적도 대신 임야도를 발급받아 확인해보아야 한다.

③ 임야도의 등고선의 모양을 통해 경사도를 확인해 볼 수 있으며 경사도가 심한 경우 개발행위가 제한되므로 유의해야 한다.
④ 기본축척으로 지적도는 1/1,200 임야도는 1/6,000, 경지정리 된 농지는 1/1,000, 주거지역은 1/500 축척을 사용한다.
⑤ 1/1,000 축척의 경우, 축척과 실제거리 환산하는 방법은 지적도상 1cm를 실제거리 100m로 보면 된다.

정답 ▶ ⑤ 축척과 실제거리 환산하는 법, 1/1,000 ⇒ 1cm = 10m

40. 다음 설명 중 옳지 않은 것을 고르시오.

① 도시관리계획에 의해 결정된 도시기반시설을 도시계획시설이라고 한다.
② 도시개발구역은 새로운 시가지나 단지를 조성하기 위하여 도시개발법의 규정에 의하여 지정·고시 된 구역을 말한다.
③ 도시개발사업은 도시개발구역에서 주거·상업·산업·유통·정보통신·생태·문화·보건·복지 등의 기능이 있는 단지 또는 시가지를 조성하기 위해 시행하는 사업을 말한다.
④ 도시계획시설로 시설된 토지라해도 도시계획시설 이외의 건물을 건축하거나 설치할 수 있다.
⑤ 도시개발구역의 지정·고시가 있는 날부터 당해 도시개발구역은 국토계획법의 도시지역과 제1종 지구단위계획구역으로 결정·고시 된 것으로 보며, 도시개발구역 안에서 건축물의 건축, 공작물의 설치, 토지형질의 변경, 토성채취, 토지의 분할, 물건을 쌓아놓는 행위를 하고자 하는 사람은 특별시장·광역시장·시장·군수의 허가를 받아야 한다.

정답 ▶ ④ 도시계획시설로 지정된 토지는 국가나 지자체에 의해 수용되므로 도시계획시설 이외의 건물을 건축하거나 설치할 수 없다.

제11장
기타

대지권미등기 · 대지권 없음/토지별도등기/ 제시 외 건물 /
명의신탁 종중재산/ 학교법인 기본재산/ 공장경매/지분경매

이번 장은 물건분석 시 자주 등장하는 내용들이다. 간단해 보이지만 의외로 잘못 분석하였다가 큰 낭패를 볼 수도 있고, 반대로 다른 사람들이 간파하지 못한 부분을 잘 활용해 큰 수익을 낼 수 있는 내용들이기도 하다.

이렇게 제11장까지 여러분들이 경매투자를 하면서 접하게 되는 대부분의 것들이 포함되었다. 필자가 지금까지 접한 투자들에서 의문 나고 답답했던 것들의 대부분을 다루고자 하였으므로 마지막 장까지 여러분들의 집중력을 발휘해 보았으면 한다.

요약정리

1. 대지권미등기·대지권 없음

① 대지권이란?
건물의 구분소유자가 전유부분(건물부분)을 소유하기 위하여 건물의 대지에 대하여 가지는 권리를 말한다.

② 대지권미등기: 대지권미등기는 소유권이전등기만 하고 대지지분에 대한 소유권이전등기가 아직 되어 있지 않은 상태를 말한다.

③ 대지권 없음: 구분소유자의 대지지분이 없다는 것을 뜻한다.

2. 토지별도등기

① 토지별도등기란?
집합건물의 토지부분에 관하여 별도의 등기가 있을 경우, 집합건물등기부의 〈대지권의 목적인 토지의 표시〉란에 '토지에 관한 별도의 등기가 있음'이라고 기재된다. 이를 토지별도등기라고 한다.

② 토지별도등기가 있는 경우의 유의사항
집행법원은 토지별도등기권자에게 최고서를 보내 채권신고를 하게 하여 경매대상이 되는 구분건물의 대지권 비율만큼 배당해 주고 소멸시킨다. 이런 경우라면 매수인은 토지에 별도로 등기된 권리를 인수할 필요는 없지만 토지에 대한 저당권을 인수한다는 특별매각조건이 있는 경우가 있으므로 유의해야 한다.

3. 제시 외 건물

① 제시 외 건물이란?
경매목적물 부동산에 부동산등기부상의 표시와 다른 건물이나 물건 또는 증축된 부분이 매각대상이 되는 경우가 있는데 이를 '제시 외 건물'이라고 한다.

② 제시 외 건물의 종류
❶ 경매신청 대상 목적물에서는 제외되었지만 부동산의 부합물 또는 종물로 경매목적물 대상에 포함되는 경우의 제시 외 건물
❷ 제시 외 미등기 건물
❸ 제3자 소유의 제시 외 건물

③ 부합물: 부합물은 해당 부동산(주물)에 부가되어 거래상 독립성을 잃고 주물과 일체된 물건을 말한다. 부합물은 경매평가의 대상이 되며 매수인은 주물과 함께 부합물에 대해서도 소유권을 취득할 수 있다.

④ 종물: 주된 부동산의 경제적 효용에 이바지하기 위하여 부속된 동일인 소유의 독립된 건물을 말하며 주된 부동산을 매수하게 되면 종물에 대한 소유권도 함께 취득하게 된다.

4. 명의신탁 종중재산
종중 구성원들 중에 한 사람을 대표로 해서 소유권을 이전해 놓았을 뿐 실제 소유권은 종중 전체에 있는 재산을 명의신탁 종중재산이라고 한다.

5. 학교법인 기본재산
사립학교법에 따라 사립학교에 필요한 시설·설비와 학교의 경영에 필요한 재산을 갖추어야 하는데, 부동산 그리고 정관에 의한 재산과 이사회의 결의에 의해 기본재산으로 정해진 재산을 기본재산이라고 하며 매도·증여·교환·용도변경·담보제공 등을 할 때는 관할청의 허가를 받아야 하며 허가를 받지 못하면 소유권 행사를 할 수 없게 된다.

요약정리

6. 공장경매
공장경매는 공장을 신설하기 위한 까다로운 인·허가 절차를 밟을 필요가 없고 새로 공장을 짓는 것보다 싼 가격으로 공장을 매입할 수 있는 장점이 있지만 대출금 문제와 공장의 기계설비가 감정에 포함되었는지에 대한 여부, 업종, 용도변경 가능성 등을 미리 조사하고 입찰해야 한다.

7. 지분경매
공유지분으로 된 부동산의 일부 지분만 경매로 나온 경우를 지분경매라고 한다. 공유지분경매로 진행될 경우 다른 공유자는 우선매수신고를 할 수 있으며 취득한 공유지분에 대해 독자적인 권리행사를 위해서는 공유물분할청구를 할 수 있다. 단 건물에 대한 공유지분의 분할일 경우는 분할이 용이하지 않으므로 보통 경매를 통해 현금화하게 된다.

1 | 대지권미등기 · 대지권 없음

물건검색을 하다 보면 '대지권미등기' 또는 '대지권 없음'이라고 기재되어 있는 집합건물을 볼 수 있다. 대지권미등기를 이해하기 위해서는 먼저 대지권에 대한 정의를 알고 있어야 한다.

1 대지권이란?

❶ 대지권이란?
부동산등기법에서 사용하는 용어로 건물의 구분소유자가 전유부분(건물부분)을 소유하기 위하여 건물의 대지에 대하여 가지는 권리를 말하며 〈집합건물의 소유 및 관리에 관한 법률〉(이하 집합건물법)에서의 대지사용권과 같은 개념으로 사용된다.

❷ 종된 권리
- 압류 및 저당권의 효력이 해당 부동산의 종된 권리에도 미치므로 매수인은 종된 권리도 당연히 함께 취득하게 되는 것이다.
- 종된 권리에는 건물에 관한 지상권, 토지에 관한 지역권(토지가 요역지인 경우), 대지권 등이 있다.

종된 권리
① 압류 및 저당권의 효력은 매각부동산의 종된 권리에도 미치고 매수인은 종된 권리도 취득한다. 부동산의 종된 권리에는 토지에 관하여는 지역권(경매목적토지가 요역지인 경우, 민법 제292조), 건물에 관하여는 지상권이 있다.
② 건물에 대한 저당권의 효력은 그 건물의 소유를 목적으로 한 지상권, 건물의 소유를 목적으로 한 토지의 임차권에도 미친다.
③ 평가 당시 종된 권리로서 존재하고 있는 것은 아니지만 매각허가로 인하여 건물의

매수인이 법정지상권을 취득하게 되어 있는 경우, 그 장래의 법정지상권도 종된 권리로서 평가의 대상이 된다.

④ 건물을 경매할 경우 부지의 임차권은 매수인에게 양도되는 것으로 보아야 하나, 이 경우 부지의 임차권에 관하여 임대인이 사전에 그 양도에 대한 동의를 한 경우 그 임차권도 양도성이 있는 임차권이 되어 종된 권리로서 평가의 대상이 되지만, 임대인의 동의가 없으면 양도되지 아니하므로(민법 제629조) 이를 평가에서 제외하여야 한다(《법원실무제요Ⅱ》, 150쪽 참조).

2 대지권에서 대해 알아두어야 할 관련 용어

- 대지사용권

  구분소유자가 집합건물의 전유부분과 공용부분을 소유하기 위해서는 그 대지에 관하여 어떠한 종류이든 사용권을 가져야 할 것인데 이때 구분소유자가 대지에 대하여 가지는 권리를 대지사용권이라고 한다(집합건물법 제2조 6호 참조).

- 구분건물

  하나의 동이 집합건물이고, 각각의 독립한 소유권의 객체가 되는 것이 구분건물이다.

- 전유부분

  아파트와 같은 공동주택에 자신만이 사용하는 부분을 말한다.

- 공용부분

  한 동의 집합건물 중 전유부분을 제외한 부분(복도, 엘리베이터, 계단 등)을 말하며 전유부분의 보조적 역할을 하는 부분으로 전유부분의 처분에 따른다. 즉, 구분소유자는 전유부분과 공용부분을 분리하여 처분할 수 없다. 구분소유자의 공용부분에 대한 지분비율은 전유부분의 면적비율에 따른다.

3 대지권은 어떻게 표시되는가?

구분건물의 표제부에 전유부분의 표시와 함께 구분소유자가 갖는 대지사용권의 종류와 지분비율을 표시하게 된다.

4 경매신청서에 대지사용권에 대한 표시가 없는 경우는?

법원(집행법원)은 대지사용권의 유무를 조사하게 된다. 만약 대지사용권이 있는 것으로 확인되면 경매목적물의 평가에 포함시켜 감정가격을 정하고 매각물건명세서에 표시하게 된다. 하지만 법원의 대지사용권 유무에 대한 조사에 한계가 있으므로 보통 매각물건명세서에 '대지권미등기이며, 대지권 유무는 알 수 없음'이라고 기재하기도 한다.

대지권 취득 여부를 소명할 수 있는 자료: 일반적으로 분양계약서 사본과 분양대금납부내역서 또는 전유부분과 분리처분이 가능한 규약이나 공정증서에 대한 자료

5 대지권(대지사용권)은 분리처분이 가능한가?

대지사용권은 건물과 분리하여 처분할 수가 없으며, 구분소유자가 가지는 전유부분의 처분에 따른다. 단 분리처분의 예외를 정한 규약이나 공정증서가 있는 경우에는 예외적으로 분리처분이 가능하다.

6 대지사용권이 있음에도 매각목적물에 포함되지 않은 경우

경매개시결정이 무효가 되지 않아도 이해관계인은 경매개시결정에 대한 이의로써 그 취소를 구할 수 있다. 그러나 경매개시결정이 취소가 되지 않는 경우 전유부분과 공용부분에 대한 경매개시결정의 효력은 대지사용권에도 미치므로, 매수인은 대지사용권에 대한 권리도 유효하게 취득할 수 있다.

2 | 대지권미등기

1 대지권미등기란?

대지권미등기는 소유권이전등기만 하고 대지지분에 대한 소유권이전등기가 아직 되어 있지 않은 상태를 말한다. 대지권이 없는 것이 아니라 대지사용권은 취득하고 있으나 대지권등기를 마치지 않은 상태이다.

2 대지권미등기의 세 가지 유형

❶ 첫 번째 유형: 택지개발이나 재개발된 아파트가 완공되고 나서 입주는 완료되었으나 대지부분의 환지절차가 종료되지 않아 미등기로 남아 있는 경우이다. 미등기상태이지만 실제 대지권은 가지고 있는 것이므로 매수인은 대지권을 취득할 수 있다.

❷ 두 번째 유형: 대지권등기절차를 마쳤지만 대지권등기를 하지 않은 경우이다. 대지권에 대한 지분이전등기를 해주기로 하였는데, 수분양자에게 전유부분에 대한 소유권이전등기는 되었으나 대지에 대한 소유권이전등기가 되지 않은 상태를 말한다. 이런 경우에도 전유부분의 매수인은 대지사용권을 가질 수 있다.

❸ 세 번째 유형: 국유지, 시유지 등에 지어진 집합건물로 대지권등기가 없고 실제 건물의 소유자가 대지에 관한 권리를 가지고 있지 않는 경우이다. 이 경우는 대지권을 취득한 것으로 보지 않아 매도청구를 당할 수도 있다.

3 대지권미등기 건물에 대한 경매 시 대지사용권의 포함 여부

❶ 구분건물의 전유부분에만 저당권이 설정된 경우

- 구분건물의 전유부분에만 저당권설정등기가 되었다고 하더라도 저당권 설정 당시 구분건물의 소유자가 대지사용권은 이미 취득하고 있었고 단지 대지권등기만을 경료하지 못하고 있었다면 저당권의 효력은 대지사용권에도 미친다.
- 구분소유자가 저당권 설정 후 대지사용권을 취득하였더라도 전유부분과 대지권이 동일 소유자에게 속한 경우 저당권의 효력은 대지사용권에도 미치게 된다.
- 집행법원은 구분건물에 대한 경매신청이 있으면 저당권 설정 당시 이미 구분소유자가 대지사용권을 취득하고 있었는지를 조사하게 된다. 이미 대지사용권을 취득하고 있었다면 대지사용권은 경매목적물의 감정평가액에 포함되어 최저매각가격이 정해지게 된다.
- 구분건물의 전유부분에만 저당권이나 전세권이 설정되었어도 그 효력은 구분건물의 종된 권리인 대지사용권에도 미친다. 그러므로 대지사용권의 분리처분에 대한 규약이나 공정증서가 없고 대지권이 동일 소유자의 소유에 속한다면 전유부분에만 저당권 또는 전세권이 설정되었더라도 대지사용권에 대해서도 함께 경매신청이 가능하며 매수인은 대지사용권을 가지게 된다.

❷ 대지지분에 대한 등기가 경료되기 전에 전유부분에 대해서만 가압류 결정이 된 경우

구분건물의 전유부분만 소유권보존등기가 되고 대지지분에 대한 등기는 경료되지 않은 시점에서 구분건물의 전유부분에 대해서만 가압

류결정이 되었어도 특별한 사정(분리처분의 규약이나 공정증서가 있는 경우)이 없는 한 종물 내지 종된 권리인 그 대지권에도 그 효력이 미친다.

❸ **대지사용권이 없는 구분건물만 경락받은 경우**
대지사용권이 없는 구분건물은 권원이 없는 토지점유가 되므로 토지 지분의 소유자가 구분소유권매도청구를 하면 건물의 소유권을 잃을 수도 있다.

구분소유권매도청구권: 대지사용권을 가지지 아니한 구분소유자가 있을 때에는 그 전유부분의 철거를 청구할 권리를 가진 자는 그 구분소유자에 대하여 구분소유권을 시가로 매도할 것을 청구할 수 있다(집합건물의 소유 및 관리에 관한 법률 제7조 참조).

구분건물에 대한 판례

① **건물의 일부분이 구분소유권의 객체가 되기 위한 요건**
【대법원 2010.1.14.자 2009마1449결정 참조】
건물의 일부분이 구분소유권의 객체가 되기 위한 요건 및 구분소유권의 객체로서 적합한 물리적 요건을 갖추지 못한 건물의 일부를 경매절차에서 매수한 매수인의 소유권 취득 여부(소극)

| 결정요지 |
1동의 건물의 일부분이 구분소유권의 객체가 될 수 있으려면 그 부분이 이용상은 물론 구조상으로도 다른 부분과 구분되는 독립성이 있어야 하고, 그 이용상황 내지 이용형태에 따라 구조상의 독립성 판단의 엄격성에 차이가 있을 수 있으나, 구조상의 독립성은 주로 소유권의 목적이 되는 객체에 대한 물적 지배의 범위를 명확히 할 필요성 때문에 요구된다고 할 것이므로, 구조상의 구분에 의하여 구분소유권의 객체 범위를 확정할 수 없는 경우에는 구조상의

독립성이 있다고 할 수 없다. 그리고 구분소유권의 객체로서 적합한 물리적 요건을 갖추지 못한 건물의 일부는 그에 관한 구분소유권이 성립할 수 없는 것이어서, 건축물관리대장상 독립한 별개의 구분건물로 등재되고 등기부상에도 구분소유권의 목적으로 등기되어 있어 이러한 등기에 기초하여 경매절차가 진행되어 매각허가를 받고 매수대금을 납부하였다 하더라도, 그 등기는 그 자체로 무효이므로 매수인은 소유권을 취득할 수 없다.

② 1동 건물의 증축부분이 구분건물로 되기 위한 요건
【대법원 1999.7.27. 98다35020판결 참조】
1동 건물의 증축부분이 구분건물로 되기 위한 요건(=구조상·이용상의 독립성과 소유자의 구분행위) 및 소유자가 기존 건물에 마쳐진 등기를 증축한 건물의 현황과 맞추어 1동의 건물로서 건물표시변경등기를 한 경우, 이를 구분건물로 하려는 의사로 볼 수 있는지 여부(소극)

| 판결요지 |
1동의 건물 중 구분된 각 부분이 구조상, 이용상 독립성을 가지고 있는 경우에 그 각 부분을 1개의 구분건물로 하는 것도 가능하고, 그 1동 전체를 1개의 건물로 하는 것도 가능하기 때문에, 이를 구분건물로 할 것인지 여부는 특별한 사정이 없는 한 소유자의 의사에 의하여 결정된다고 할 것이므로, 구분건물이 되기 위하여는 객관적, 물리적인 측면에서 구분건물이 구조상, 이용상의 독립성을 갖추어야 하고, 그 건물을 구분소유권의 객체로 하려는 의사표시, 즉 구분행위가 있어야 하는 것으로서, 소유자가 기존 건물에 증축을 한 경우에도 증축부분이 구조상, 이용상의 독립성을 갖추었다는 사유만으로 당연히 구분소유권이 성립된다고 할 수는 없고, 소유자의 구분행위가 있어야 비로소 구분소유권이 성립된다고 할 것이며, 이 경우에 소유자가 기존 건물에 마쳐진 등기를 이와 같이 증축한 건물의 현황과 맞추어 1동의 건물로서 증축으로 인한 건물표시변경등기를 경료한 때에는 이를 구분건물로 하지 않고 그 전체를 1동의 건물로 하려는 의사였다고 봄이 상당하다.

❹ 대지권등기 없는 구분소유 건물에 대한 감정인의 평가

감정인은 평가명령서상 평가대상 부동산이 집합건물임에도 대지권의 표시가 없는 경우 저당권 설정 당시에 저당권설정자가 대지사용권을 취득하고 있었는지 여부를 조사하고, 위와 같은 경우는 물론 집합건물의 분양자에게 대지사용권이 있는 수분양자가 대지사용권까지 분양받은 경우 등에는 대지사용권을 평가대상에 포함시켜 평가하고 이를 감정평가액에 포함시키고 이러한 취지를 평가서에 기재하여 제출하여야 한다.

4 대지권미등기의 등기촉탁 여부

❶ 대지권에 대한 표시가 누락된 경우
- 매각허가결정의 부동산 표시에 대지권에 대한 표시가 누락되거나 등기촉탁서에 기재된 등기의무자(경매개시결정등기 당시 전유부분 소유자)의 표시와 토지등기부의 소유자 표시가 일치하지 않는 경우에는 소유권이전등기의 촉탁을 할 수 없다.
- 매각허가결정에 대지권의 목적인 토지부분에 대한 표시가 없는 경우의 소유권이전등기는 전유부분은 경매법원의 촉탁에 의하여, 토지부분은 종전 소유자와 공동신청에 의하여 해야 한다.
- 전유부분에 대하여 매수인 앞으로 소유권이전등기가 경료된 경우 그 건물의 대지사용권을 후일 취득하여 이전하기로 약정한 분양자는 대지사용권의 사후취득에 의한 대지권변경등기신청절차에 따라 토지에 대한 소유권이전등기를 경료하여 줄 수도 있다(등기선례 200705-8).

❷ 등기의무자와 토지소유자가 일치하는 경우
매각허가결정의 부동산 표시에 대지권이 표시되고 등기의무자와 토지등기부상의 토지소유자가 일치하는 경우에는 토지등기부에 경매개시결정의 등기가 되지 않았다 하더라도 집행법원의 촉탁에 의하여 소유권 이전 및 부담등기의 말소등기를 할 수 있다.

❸ 등기의무자와 토지소유자가 일치하지 않는 경우
전유부분에 대한 경매개시결정의 등기가 된 이후에 토지등기부의 등기의무자로부터 제3취득자 앞으로 소유권이전등기가 이루어진 경우에는 집행법원으로부터 소유권이전등기촉탁과 동시에 말소등기촉탁이 있어야 한다. 토지등기부의 소유자가 일치하지 않는 경우에는 이전등기 등을 통하여 등기의무자를 일치시킨 후 경매법원의 촉탁에 의하여 등기할 수 있다.

❹ 대지소유권이 지적정리가 안 된 경우
분양회사가 집합건물에 관한 대지의 소유권 등 대지사용권을 취득하였으나 지적정리 등의 지연으로 대지권등기는 지적정리 후 해주기로 하는 약정하에 우선 집합건물에 관하여 소유권보존등기를 한 후 수분양자에게 소유권이전등기를 하였는데, 그 후 대지권등기가 되지 아니한 상태에서 집합건물에 관한 매각절차가 진행되어 제3자가 집합건물을 매수한 경우 그 매수인은 집합건물의 대지권도 취득하게 된다. 따라서 매각 후 등기촉탁 이전에 대지권등기가 되었다면 집합건물과 아울러 대지권에 대하여도 등기촉탁에 의하여 매수인 앞으로 이전등기가 되고, 만일 등기촉탁 시까지 대지권등기가 되어 있지 않은 경

우에는 매수인은 집합건물에 대하여서만 등기촉탁의 방법으로 소유권이전등기를 할 수 있고 대지권에 대하여는 분양회사가 매수인을 위하여 대지권표시등기를 하거나 매수인이 분양회사로부터 수분양자를 거쳐 순차로 대지의 지분소유권이전등기를 한 후 대지권등기를 하는 방법에 의하여야 했다(등기선례5-791 1997.1.30. 제정). 하지만 현재는 구분건물의 현소유자가 분양자를 상대로 부동산등기법시행규칙 제60조의 2에 의한 대지권변경등기를 직접 청구할 수 있게 되었다(대판 2004.7.8.2002다40210 참조).

❺ 대지권이 가능한 경우
- 분양회사가 전유부분을 수분양자에게 이전등기 하기 이전에 민법 제187조에 따라 등기 없이도 대지의 소유권을 취득한 경우

> **민법 제187조 (등기를 요하지 아니하는 부동산물권 취득)**
> 상속, 공용징수, 판결, 경매 기타 법률의 규정에 의한 부동산에 관한 물권의 취득은 등기를 요하지 아니한다. 그러나 등기를 하지 아니하면 이를 처분하지 못한다.

- 대지의 소유권을 매매 등 민법 제186조 소정의 원인으로 취득하는 것으로 되어 있을 때 분양회사가 대지에 관하여 소유권이전등기를 한 일자가 전유부분을 수분양자 앞으로 이전등기 한 이전인 경우 (지적이 정리되지 않았거나 수분양자가 대지권등기비용을 납부하지 않은 경우)

> **민법 제186조 (부동산물권변동의 효력)**
> 부동산에 관한 법률행위로 인한 물권의 득실변경은 등기하여야 그 효력이 생긴다.

- 대지에 대하여 가압류나 (근)저당권이 존재하는 경우: 가압류나 (근)저당권을 별도등기로 처리하여 그 대지를 대지권화 시키도록 한 후 가압류나 (근)저당권이 실행되면 대지권등기를 말소한 후 매수인에게 대지의 소유권 내지 지분소유권의 이전등기를 한다.
- 전유부분에 대한 소유권보존등기를 재건축조합 명의로 하였다가 조합원에게 소유권이전등기를 해준 경우
- 대지에 대하여 처분금지가처분이나 가등기가 있는 경우: 분양회사나 재건축조합이 대지권을 취득할 가능성이 없는 것으로 판단되었어도 전유부분이 전전양도 되었다면 수분양자나 그 이후 어느 소유자에게라도 동일시점에 전유부분소유권과 대지지분소유권을 함께 취득힌 시점부디는 대지권등기가 가능하다.

❻ 대지권등기가 불가능한 경우

종래소유자였던 조합원이 대지에 대한 지분소유권을 재건축조합에 신탁한 상황에서 수분양자의 재건축조합에 대한 대지소유권 이전등기청구권이 가압류된 경우: 대지에 대한 소유권은 재건축조합에 있고 재건축조합이 신축한 건물의 소유권은 조합원 개인이 원시취득하기 때문에 대지에 대한 소유권과 건물에 대한 소유권이 다르므로 대지권등기가 불가능하다.

구분소유자의 전유부분 및 대지사용권에 대한 경매청구권의 발생요건 및 판단방법

구 집합건물의 소유 및 관리에 관한 법률(2008. 12. 26. 법률 제9172호로 개정되기 전의 것) 제45조에서 정하는 구분소유자의 전유부분 및 대지사용권에 대한 경매청구권이 발생하려면 같은 조 제2항에서 정하는 구분소유자 및 의결권의 4분의 3 이상의 다수에 의한 관리단집회결의가 있는 것만으로는 부족하고, 그에 앞서서 같은 법 제45조 제1항, 제5조 제1항에서 정하는 "구분소유자가 건물의 보존에 해로운 행위 기타 건물의 관리 및 사용에 관하여 구분소유자의 공동의 이익에 반하는 행위를 한 결과 공동생활의 유지가 심히 곤란하게 되었다."고 하는 요건이 충족되어야 한다(대판 2009.12.24. 2009다41779 참조).

3 | 대지권 없음

1 대지권 없음이란?

❶ 대지권 없음은 구분소유자의 대지지분이 없다는 것이다.
❷ '대지권미등기'는 감정평가액에 대지지분의 평가액을 포함하고 있지만 대지권 없음은 대지지분이 없고 감정평가액도 건물부분만 평가되어 있는 상태로 건물만 경매로 나온 경우이다.
❸ '대지권 없음'이라고 기재되어 있더라도 감정평가액에 대지지분의 평가액이 포함되어 경매가 진행되는 경우도 있다.

2 대지사용권이 없는 구분건물만 경락받은 경우

대지사용권이 없는 구분건물은 권원이 없는 토지점유가 되므로 토지지분의 소유자에 의해 구분소유권에 대한 매도청구로 건물의 소유권을 잃을 수 있다.

4 | 토지별도등기

1 토지별도등기란?

아파트와 같은 집합건물은 토지와 건물의 소유권등기를 구분하여 하지 않고 집합건물등기부의 건물 표제부란에 대지권으로 구분소유를 나타낸다. 그런데 이런 집합건물이 토지에 대해서만 별도의 등기가 있을 경우, 집합건물등기부의 '대지권의 목적인 토지의 표시란'에 '토지에 관한 별도의 등기가 있음'이라고 기재된다. 이를 '토지별도등기'라고 한다.

2 토지별도등기가 발생하는 경우는?

토지소유자가 건물을 신축하기 전에 토지에 저당권 설정을 하고는 변제하지 않았거나 채권자가 토지에 가압류등기를 경료한 경우처럼 권리관계가 집합건물의 토지에만 있다는 것을 알리기 위해 토지등기부를 그대로 둔 채 집합건불능기부 표제부에 "토지별도등기 있음"이라고 기재하는 것이다.

3 토지별도등기의 인수 여부는?

❶ 토지에 이미 저당권이 설정되어 있고 나중에 신축된 집합건물의 저당권자에 의해 경매가 신청된 경우 집행법원에선 토지에 대한 저당권을 인수한다는 특별매각조건을 붙인다. 이런 경우에는 토지의 저당권을 인수한 채로 경락받게 되고 이후에 토지의 저당권자가 저당권 실행을 하게 되면 건물이 철거될 수도 있다.

❷ 집합건물의 저당권자와 지분등기 된 토지의 저당권자가 동일한 경우 토지별도등기는 매각 후 소멸된다.

❸ 토지 전체에 저당권이 설정되어 있고 집합건물 중 일부 구분건물에 대한 경매신청채권자가 건물과 그 대지권에 대해 경매신청을 한 경우 구분건물이 경락되어도 전체 집합건물의 토지에 설정된 저당권이 소멸하지 않는다. 이런 경우 토지에 대한 저당권을 인수해야 한다는 특별매각조건을 붙인다.

토지의 저당권이 전체 토지에 관한 것이 아니라 구분건물의 지분에 관한 것이라면 건물 전체를 철거할 수는 없다.

4 토지별도등기에 대한 집행법원의 처리

집행법원은 토지별도등기권자에게 최고서를 보내 채권신고를 하게 하여 경매대상이 되는 구분건물의 대지권 비율만큼 배당해주고 소멸시킨다. 이런 경우라면 매수인은 토지에 별도로 등기된 권리를 인수할 필요가 없다.

토지에 별도로 등기되어 있는 저당권 중 구분건물의 대지권에 해당하는 대지의 공유지분만큼만 소멸되는 경우 저당권의 변경등기를 부기등기 형식으로 하게 된다. 이때 등기부에 '저당권 변경'과 등기원인 칸에는 '지분포기' 등으로 기재된다.

5 토지별도등기의 말소촉탁 여부

❶ 나대지상에 (근)저당권과 지상권이 순차적으로 설정된 경우: 나대지상에 근저당권 및 지상권이 순차적으로 설정되었고, 그 후 집합건물을 신축하였는데 집합건물 중의 일부 호수만 매각된 경우 토지에 관한 근저당권은 지분말소의 방법으로 말소촉탁이 가능하지만, 그 지상권은

지분말소촉탁을 할 수 없다. 따라서 집합건물을 최종적으로 매수한 매수인이 지상권 전부의 말소신청을 하여야 한다.

❷ 나대지 상태에서 설정된 토지등기부상의 (근)저당권이 그 후 신축된 집합건물등기부상의 추가근저당권의 채권과 동일한 채권을 담보하는 것이라면 이는 민사집행법 제144조 1항 2호의 "매수인이 인수하지 아니한 부동산의 부담에 관한 기입"으로서 토지등기부상의 근저당 역시 말소촉탁의 대상이 된다.

❸ 토지에만 가압류등기가 된 후 대지권 취지의 등기가 된 경우: 가압류에 의한 토지에 대한 강제경매신청으로 토지만 매각되어 매수인이 소유권이전등기를 하려면 우선 매각허가결정 및 동 확정증명을 대위원인을 증명하는 서면으로 하여 건물표시변경등기(대지권 말소)신청을 하여야 한다. 그리고 대지권 및 대지권인 취지의 등기의 말소절차를 밟은 후에 이를 법원사무관 등에게 소명자료와 함께 신고하여야 한다(《법원실무제요 Ⅱ》, 393쪽 참조).

6 토지별도등기가 있는 경우 배당 시 유의해야 할 점

❶ 토지에 1순위 저당권이 설정되어 있고, 신축된 집합건물에 후순위 저당권이 설정되었을 경우, 토지의 1순위 저당권자는 건물의 매각대금에 대해서는 우선변제 받을 수 없다. 대지권에 대한 매각대금으로부터 1순위 저당권자와 후순위저당권자는 모두 우선변제 받을 수 있지만 1순위 저당권자가 후순위 저당권자보다 우선하여 토지등기부의 순위에 따라 변제받는다.

❷ 토지 전체에 이미 근저당권이나 가압류가 설정되어 있는 상태에서 신축된 집합건물의 일부 지분만 경매가 진행되었을 경우, 근저당권이나 가압류의 청구금액에 대해 우선적으로 배당한다.

청구금액을 지분에 상응하는 비율로 안분한 금액으로 배당한다는 견해도 있지만 실무에선 위와 같이 진행하는 편이다.

5 | 제시 외 건물(부합물/종물)

경매목적물 부동산에 등기부상의 표시와는 다른 건물이나 물건 또는 증축된 부분이 매각대상이 되는 경우가 있는데 이를 제시 외 건물이라고 한다.

1 제시 외 건물의 종류

❶ 경매신청 대상 목적물에서는 제외되었지만 부동산의 부합물 또는 종물로 경매목적물 대상에 포함되는 경우의 제시 외 건물: 비록 경매신청채권자가 경매신청 대상에서 제외하였다고 할지라도 집행법원은 부합물 또는 종물인 제시 외 건물에 대한 평가액을 감정가에 포함시켜 진행시킨다. 하지만 종물이 평가의 대상으로 된다 하더라도 반드시 매각부동산과 별도로 평가액을 산출할 필요가 있는 것은 아니다. 그러나 고가의 종물은 독립하여 평가하여야 한다.

그 부합물과 종물이 주된 부동산과는 소유자가 다르더라도 그 부동산에 결합하여 거래관념상 그 부동산과 하나의 물건이 되어 주된 부동산의 소유자에 속하게 되는 건물은 부합물이 되고, 주된 부동산의 경제적 효용에 이바지하기 위하여 부속된 동일인 소유의 독립된 건물은 종물로 본다.

❷ 제시 외 미등기건물: 등기가 되지 않은 건물이지만 일괄매각청구권에 의해 미등기 건물도 함께 경매신청의 대상이 된다.
❸ 제3자 소유의 제시 외 건물: 부합물이나 종물이 아닌 제시 외 건물이 제3자 소유의 건물일 경우 감정평가액에 포함되지 않을 뿐만 아니라 소유권도 취득하지 못한다. 이때는 법정지상권 여부도 따져 보아야 한다.
❹ 타인소유인 물건이 종물이 될 수 있는지 여부: 부동산에 부합된 물건이 사실상 분리복구가 불가능하여 거래상 독립한 권리의 객체성을 상실하고 그 부동산과 일체를 이루는 부동산의 구성부분이 된 경우에는 타인이 권원에 의하여 이를 부합시켰더라도 그 물건의 소유권은 부동산의 소유자에게 귀속된다.
하지만 종물은 물건의 소유자가 그 물건의 상용에 공하기 위하여 자기 소유인 다른 물건을 이에 부속하게 한 것을 말하므로(민법 제100조 제1항) 주물과 다른 사람의 소유에 속하는 물건은 종물이 될 수 없다(대판 2008.5.8. 2007다36933, 36940 참조).

2 부합물

❶ 부합물은 해당 부동산(주물)에 부가되어 거래상 독립성을 잃고 주물과 일체된 물건을 일컫는 것이며 수개의 물건이 부동산과는 소유자가 다르지만 거래관념상 해당 부동산에 결합하여 하나의 소유자에 속하게 된 것을 부합물이라고 하고 있다. 수개의 물건이 동일한 소유자에 속한 경우도 마찬가지다. 지상의 수목이나 가옥의 부속물도 여기에 속한다.
❷ 부합물은 평가의 대상이 되며 매수인이 주물과 함께 소유권을 취득

하게 된다. 이와 같은 이유는 분리에 과다한 비용을 요하거나 경제적 가치를 감소시키거나 훼손 없이 분리하기 어려운 경우이기 때문이다.

❸ 저당권의 실행으로 부동산이 경매된 경우에 그 부동산에 부합된 물건은 그것이 부합될 당시에 누구의 소유이었는지를 가릴 것 없이 그 부동산을 낙찰받은 사람이 소유권을 취득하지만, 그 부동산의 상용에 공하여진 물건일지라도 그 물건이 부동산의 소유자가 아닌 다른 사람의 소유인 때에는 이를 종물이라고 할 수 없으므로 부동산에 대한 저당권의 효력에 미칠 수 없어 부동산의 매수인이 당연히 그 소유권을 취득하는 것은 아니며, 부동산의 매수인이 그 물건을 선의취득할 수 있으려면 그 물건이 경매의 목적물로 되었고 매수인이 선의이며 과실 없이 그 물건을 점유하는 등으로 선의취득의 요건을 구비하여야 한다(대판 2008.5.8. 2007다36933, 36940참조).

부합물에 관한 판례 요약

어떠한 동산이 부동산에 부합된 것으로 인정되기 위해서는 그 동산을 훼손하거나 과다한 비용을 지출하지 않고서는 분리할 수 없을 정도로 부착·합체 되었는지 여부 및 그 물리적 구조, 용도와 기능면에서 기존 부동산과는 독립한 경제적 효용을 가지고 거래상 별개의 소유권의 객체가 될 수 있는지 여부 등을 종합하여 판단하여야 할 것이고(대판 2003.5.16. 2003다14959, 14966 등 참조), 부합물에 관한 소유권 귀속의 예외를 규정한 민법 제256조 단서의 규정은 타인이 그 권원에 의하여 부속시킨 물건이라 할지라도 그 부속된 물건이 분리하여 경제적 가치가 있는 경우에 한하여 부속시킨 타인의 권리에 영향이 없다는 취지이지 분리하여도 경제적 가치가 없는 경우에는 원래의 부동산소유자의 소유에 귀속되는 것이고, 경제적 가치의 판단은 부속시킨 물건에 대한 일반 사회통념상의 경제적 효용의 독립성 유무를 그 기준으로 하여야 한다(대판 1975.4.8. 74다1743 등 참조).

3 부합물의 종류

❶ 토지의 부합물

지하구조물, 주유소 땅 밑에 부설된 유류저장탱크, 수목('입목에 관한 법률'에 따라 등기된 입목과 명인방법을 갖춘 수목이 아닌 경우), 정원석, 지하굴착공사에 의한 콘크리트 구조물, 공유수면의 빈지에 옹벽을 쌓고 토사를 다져넣어 축조한 공작물, 도로의 포장, 돌담, 논둑 등

토지의 부합물(《법원실무제요 Ⅱ》, 147쪽~148쪽 참조)
① 정원수, 정원석, 석등 등이 있을 수 있으나 대표적인 부합물로는 수목을 들 수 있다. 수목은 '입목에 관한 법률에 따라 등기된 입목'과 '명인방법을 갖춘 수목'이 아닌 한 부합물로서 평가의 대상이 된다.
② 타인의 토지상에 권원 없이 식재한 수목의 소유권은 토지소유자에게 귀속하고 권원에 의하여 식재한 경우에는 그 소유권이 식재한 자에게 있다.
③ 교량, 도랑, 돌담, 도로의 포장 등도 부합물로서 평가의 대상이 된다. 논둑은 논의 구성부분이므로 평가의 대상이 된다.
④ 지하굴착공사에 의한 콘크리트 구조물은 토지의 구성부분으로서 토지의 일부로 간주될 뿐만 아니라 부동산에 건축공사를 시행할 경우에 이를 활용할 수 있는 것으로서 객관적으로 부동산의 가액을 현저히 증가시키는 것이므로 평가 시 이를 고려하여야 한다.
⑤ 지하구조물이니 주유소 땅 밑에 부설된 유류저장탱크는 토지의 부합물이 되는 경우가 많다.
⑥ 공유수면의 빈지에 옹벽을 쌓고 토사를 다져넣어 축조한 공작물이 사실상 매립지와 같은 형태를 가지게 된 경우 위 공작물만이 독립한 소유권의 객체로 될 수 없다.
⑦ 토지에 대한 매각절차에서 그 지상 건물을 토지의 종물 내지 부합물로 보고 경매를 진행하여 매각허가 되었다 하여도 매수인이 건물에 대한 소유권을 취득할 수 없다.

❷ 건물의 부합물

벽·천장에 부착시킨 석재·합판, 증축·개축된 부분(타인의 소유로 거래될 수 없는 경우): 기존 건물에 부합된 것이라면 경매목적물로 평가되지 않아도 매수인은 소유권을 취득할 수 있다.

건물의 부합물(《법원실무제요Ⅱ》, 148~149쪽 참조)
① 증축 또는 개축이 되는 부분이 독립된 구분소유권의 객체로 거래될 수 없는 것일 때에는 기존 건물에 부합한다. 1동 건물의 증축부분이 구분건물로 되기 위해서는 구조상·이용상의 독립성과 소유자의 구분행위가 필요하다.
② 건물이 증축된 경우에 증축부분의 기존 건물에 부합 여부는 증축부분이 기존 건물에 부착된 물리적 구조뿐만 아니라, 그 용도와 기능면에서 기존 건물과 독립한 경제적 효용을 가지고 거래상 별개의 소유권의 객체가 될 수 있는지의 여부 및 증축하여 이를 소유하는 자의 의사 등을 종합하여 판단하여야 한다. 따라서 증축부분에 대한 평가를 누락한 평가액을 최저매각가격으로 정한 것은 잘못이다.
③ 낡은 가재도구 등의 보관장소로 사용되고 있는 방과 연탄창고 및 공동변소가 본채에서 떨어져 축조되어 있기는 하나 본채의 종물이라고 보며, 건물의 임차인이 그 권원에 의하여 벽, 천장에 부착시킨 석재, 합판 등도 부착과 동시에 건물에 부합된다.
④ 건물의 증축부분이 축조 당시는 본건물의 구성부분이 됨으로써 독립의 권리의 객체성을 상실하여 본건물에 부합되었다고 할지라도 그 후 구조의 변경 등으로 독립한 권리의 객체성을 취득하게 된 때에는 본 건물과 독립하여 거래의 대상이 될 수 있다.
⑤ 기존 건물에 부합된 증축부분이 기존 건물에 대한 매각절차에서 경매목적물로 평가되지 아니한 경우에도 매수인이 증축부분의 소유권을 취득한다.

❸ 저당권이 설정되지 않은 부합물이나 종물이 경매목적물인 부동산과 함께 처분되는 이유

저당권의 효력은 부합된 물건과 종물에도 미치므로 부합물 또는 종물인 제시 외 건물에도 토지 및 주된 건물에 대한 저당권의 효력이 미치는 것이 원칙이고, 이는 제시 외 건물이 저당권 설정 당시부터 있었던 경우는 물론이고 저당권 설정 이후 매각대금이 완납될 때까지 사이에 새로이 부합하거나 종물이 된 경우도 해당한다(대판 1985.11.12 85다카246 참조).

❹ 타인의 권원에 의하여 부합된 경우
부동산에 부합된 물건이 사실상 분리복구가 불가능하여 거래상 독립된 권리의 객체성을 상실하고 그 부동산과 일체를 이루는 부동산의 구성부분이 된 경우에는 타인의 권원에 의하여 이를 부합시킨 경우에도 그 물건의 소유권은 부동산의 소유자에게 귀속된다. 그러나 토지의 지상에 별개의 부동산인 건축물이 건축된 경우, 토지의 지하에 시공된 시설이 토지에 부합되었는지 아니면 지상 건축물의 기초 등을 구성하여 건축물의 일부분이 되었는지 여부는, 그 시설과 토지 및 건축물 사이의 각 결합 정도나 그 물리적 구조뿐만 아니라 당해 시설의 객관적, 사회경제적인 기능과 용도, 일반 거래관념, 토지의 당초 조성상태, 건축물의 종류와 규모 등 제반 사정을 종합하여 합리적으로 판단하여야 한다(대판 2009.8.20. 2008두8727 참조).

4 종물

❶ 주된 부동산의 경제적 효용에 이바지하기 위하여 부속된 동일인 소유의 독립된 건물을 종물이라고 한다. 종물은 주된 부동산(주물)의 처분에 따르게 되므로 주된 부동산을 매수하게 되면 종물에 대한 소유권도 함께 취득하게 된다(민법 제100조 참조).
❷ 주된 부동산의 경제적 효용에 이바지하고 있다 하더라도 종물이 주된 부동산과 관계가 없고 온전히 개별적인 독립성을 가진다면 종물로 보지 않는다.
❸ 임의경매에 있어서는 법률에 특별한 규정이 있는 경우에는 종물이 아닌 경우에도 평가의 대상이 되고, 설정행위에 다른 약정이 있는 경우에는 종물이라도 평가의 대상이 되지 않는다(민법 제358조).

❹ 일정한 건물에 대하여 저당물건과는 별개의 등기부가 존재하고 있다고 하더라도 저당건물의 종물로 볼 수 있을 경우(소유자가 동일한 경우)에는 그 건물도 평가의 대상이 된다.

5 종물의 종류

❶ 부동산인 것은 별동으로 되어 있으되 주물의 경제적 효용을 보조하기 위하여 계속적으로 이바지되는 화장실, 목욕탕, 창고, 정화조(대판 1993.12.10. 93다42399) 등

❷ 부동산의 종물 중 동산인 것: 보일러시설, 지하수 펌프, 주유소의 주유기(대판 1995.6.29. 94다6345), 백화점 건물의 지하 2층 기계실에 설치된 전화교환설비(대판 1993.8.13. 92다43142), 농지에 부속한 양수시설 등

6 명의신탁 종중재산

1 명의신탁이란?

타인의 명의가 등기에 기재된 경우를 말한다. 즉 부동산에 대한 실제 권리자와 등기에 기재된 권리자가 다르다. 원래 명의신탁은 금지되어 있지만 종중재산에 대한 명의신탁은 유효한 것으로 인정하고 있다.

종중(宗中)재산: 선조의 제사와 분묘의 수호, 관리 등을 위해 소유하는 재산

2 명의신탁 종중재산

명의신탁 종중재산은 종중 구성원들 중에 한 사람을 대표로 해서 소유

권을 이전해놓았을 뿐 실제 소유권은 종중 전체에 있다.

3 명의신탁 종중재산에 대해 경매로 소유권을 취득하는 데 제약이 따르는 이유

종중재산을 담보로 근저당권을 설정하기 위해서는 종중 전체 임원의 결의 또는 종회의 결의를 거쳐 뽑힌 종중 대표만을 통해서 할 수 있는데, 이 절차를 걸쳐 근저당권이 설정되는 경우가 거의 없으며 또한 이런 절차 없이 설정된 근저당권 실행으로 인해 경매가 진행된 경우 매수인은 소유권을 상실할 수도 있다.

7 학교법인 기본재산

1 학교법인 기본재산이란?

학교법인에는 기본재산과 보통재산이 있다. 사립학교법에 따라 사립학교에 필요한 시설설비와 학교의 경영에 필요한 재산을 갖추어야 한다. 이 재산에는 부동산 그리고 정관에 의한 재산과 이사회의 결의에 의해 기본재산으로 정해진 재산인 기본재산과 그 외의 재산인 보통재산이 있다.

> **사립학교법 제28조 제1항**
> 사립학교의 기본재산에는 교육용 기본재산과 수익용 기본재산이 있다. 그중 수익용 기본재산은 관할청의 허가를 받아 매도하거나 담보로 제공할 수 있지만 교육용 기본재산은 매도하거나 담보에 제공할 수 없다.

▰▰ 2 관할청의 허가

학교법인 기본재산을 매도·증여·교환·용도변경·담보제공 등을 할 때는 관할청의 허가를 받아야 한다. 학교법인 기본재산을 경매로 매수하게 될 때도 관할청의 허가를 받아야 한다. 관할청의 허가를 받지 못한다면 매각대금을 완납하여도 소유권 행사를 할 수 없게 된다.

▰▰ 3 처분할 수 없는 학교법인 소유의 유치원이 경매로 나오는 이유

유치원 건물이 법인의 소유이면 저당권설정등기를 할 수가 없다. 그런데 우리나라는 등기에 공신력이 부여되지 않기 때문에 저당권 설정을 할 때 등기관의 심사와 관할청의 허가서가 없이도 등기신청이 가능하다. 이렇게 설정된 저당권 설정은 원인무효행위로 보며 근저당권 실행에 의해 경매가 진행된 경우 매수인은 소유권을 행사할 수 없게 된다.

건물이 법인의 소유가 아니라 타인의 것이라면 등기할 수 있으며 소유권을 취득하는 것에도 문제가 되지 않는다. 건축물대장이나 건물등기부에 유치원으로 등록되어 있거나 등기된 건물이라도 그 소유자가 유치원 경영자가 아닌 경우에는 그 소유자는 그 건물을 매도하거나 담보로 제공하는 등 처분의 자유가 있다(등기 예규 제887호, 등기선례 4권 104항 참조).

등기의 공신력: 실제로는 아무런 권리관계가 없으나, 있는 것으로 보이는 외형적 사실을 믿고 거래한 사람을 보호하기 위하여 권리관계가 있는 것과 같은 법률효과를 부여하는 효력

▰▰ 4 사회복지법인 기본재산

사회복지법인 기본재산도 주무 관청의 허가가 필요하다. 사회복지법인 기본재산을 매도·증여·교환·임대·담보제공·용도변경 등을 할 때는 주무 관청인 보건복지부장관의 허가를 받아야 한다.

8 | 공장경매

■1 공장경매의 이점

공장을 신설하기 위해선 까다로운 인·허가 절차를 밟아야 한다. 하지만 경매로 나온 공장에 대해선 이 절차를 밟을 필요가 없고 새로 공장을 짓는 비용보다 적게 공장을 매입할 수 있다. 하지만 공장경매 시 유의해야 할 사항들이 있다.

■2 공장경매 시 유의해야 할 사항

❶ 대출금 문제: 공장투자 시 비용이 다른 투자에 비해 큰 편이고 공장을 재사용하거나 매수자를 찾는 데 시간이 다소 많이 소요되므로 금융권을 통한 대출 여부와 잔금납부에 대한 계획을 미리 하고 투자를 하는 것이 좋다.

❷ 공장의 기계설비: 공장은 토지·건물뿐만 아니라 보통 기계설비도 함께 감정가에 포함된다. 하지만 기계설비가 감정가에 포함되어 있지 않은 경우도 있으므로 감정가에 기계설비에 포함되었는지를 확인해 보아야 한다. 그런데 기계설비에 대한 감정이 함께 포함된 경우 실제의 공장가치보다 높게 책정되기도 하므로 공장 그 자체에 대한 감정 여부도 파악해 보아야 한다.
그리고 기계설비가 방치되어 쓸모없는 경우 처리비용이 더 들 수 있으므로 유의해야 한다. 또한 기계가 공장주의 소유가 아니라 임대해서 쓰고 있다면 비록 감정가에 포함되었다 하더라도 기계에 대한 소유권을 행사할 수 없으므로 사전에 잘 알아보는 것이 좋다.

❸ 업종과 용도변경 여부: 공장은 부지마다 할 수 있는 업종군에 따라 코드가 정해져 있다. 매수 후 운영하고자 하는 업종과 맞는지, 만약 맞지 않다면 변경 여부를 미리 관할 구청에 알아보는 것이 좋다.

3 공장저당

❶ 공장저당이란?
- 공장에 속하는 토지 또는 건물상에 저당권을 설정함으로써 그 저당권의 목적물에 부가되어 일체를 이루는 물건(부가물), 목적물에 설치된 기계·기구(설치물), 그 밖의 공장의 공용물에 그 저당권의 효력을 미치게 하는 제도를 말한다(공장 및 광업재단저당법 제3조, 제4조 참조).
- 공장저당은 전일체로서의 공장을 담보로 제공하는 것이 아니고 개개의 부동산에 대하여 저당권을 설정하는 것이다.

❷ 공장재단저당과의 차이점: 공업소유권 등의 권리나 다른 부동산에 부가된 기계·기구에는 저당권의 효력이 미치지 않는 점에서 공장재단저당과 구별된다.

공장재단저당: 공장에 속하는 기업용 재산을 공장재단등기부에 소유권보존등기를 함으로써 공장재단을 설정하고 공장재단을 1개의 부동산으로 보아 그 재단에 저당권을 설정하는 방법(공장 및 광업재단저당법 제3조, 제11조 이하)

❸ 공장저당의 일괄매각: '공장 및 광업재단저당법'에 의한 저당권의 실행으로 경매가 이루어지는 경우에 공장저당 물건인 토지 또는 건물과 그에 설치된 기계, 기구 그 밖의 공장의 공용물과는 유기적인 일체

성이 있으므로 반드시 일괄하여 경매하여야 한다(대결 1992.8.29. 92마576 참조).

❹ 공장저당의 효력이 미치는 범위: 공장저당법에 의한 공장저당을 설정함에 있어서는 공장의 토지, 건물에 설치된 기계, 기구 등은 동법 제7조 소정의 기계, 기구 목록에 적어야만 공장저당의 효력이 생기고 일반 저당권이 설정되는 경우에는 공장저당법과는 상관이 없으므로 목록의 작성이 없더라도 그 저당권의 효력은 그 공장건물이나 토지의 종물 또는 부합물에까지 미친다(대결 1995.6.29. 94다6345 참조).

❺ 저당권 목적으로 된 목록 중 제3자의 소유인 경우: 목록에 기재되어 있는 동산이라고 하더라도 그것이 저당권설정자가 아닌 제3자의 소유인 경우에는 저당권의 효력이 미칠 수 없다(대결 1992.8.29. 92마576 참조).

❻ 경매신청서에 공장공용물의 표시가 누락된 경우: 경매신청서에 공장공용물을 경매목적물로 명시하지 아니하거나 경매목적물의 감정평가와 물건명세서에 이를 누락한 경우에도 공장공용물은 일괄매각 된다(대결 2000.4.14. 99마2273 참조). 그러므로 압류의 효력은 그 토지 또는 건물의 부가물이나 설치물 등에도 당연히 미치는 것으로 본다.

❼ 소재불명 된 기계기구를 평가하지 않은 경우: 감정평가에서 누락되었다 하더라도 감정인의 총 평가액과 누락부분의 가액, 후순위근저당권자의 배당가능성 등을 고려하여 그 누락부분이 매각을 허가하지

않을 정도로 중대한 경우에만 최저매각가격의 결정에 중대한 하자가 있는 것으로 본다(대결 1997.5.29. 96마1212, 대결 2000.11.2. 2000마3530 참조).

4 공장재단저당권, 광업재단저당권의 일괄경매

❶ 공장재단 광업재단은 1개의 부동산으로 간주된다(공장 및 광업재단저당법 제12조, 제54조).
❷ 그 재단을 구성하는 부동산·유체동산·지상권 및 전세권·임차권·공업소유권 등은 일괄매각 되어야 한다(공장및 광업재단저당법 제13조, 제54조).
❸ 공장재단이 여러 개의 공장으로 구성되어 있는 경우에도 각별로 경매신청을 할 수는 없으나 저당권자의 신청이 있으면 집행법원은 그 공장재단을 구성하는 각 공장을 개별적으로 경매 또는 입찰에 부할 것을 명령할 수 있다(공장 및 광업재단저당법 제23조, 제54조).

9 | 지분경매

공유지분으로 된 부동산의 일부 지분만 경매로 나온 경우가 있는데 이를 지분경매라고 한다.

1 공유지분의 특징

❶ 공유지분은 전체 부동산에 대해 공유자 각각의 지분비율만큼 권리를 가진다. 공유물 전부에 대해 지분의 비율만큼 사용·수익할 수 있다.

❷ 공유물을 처분할 경우 공유자 전원의 동의가 필요하다. 하지만 자신의 지분에만 근저당을 설정하거나 처분할 경우에는 다른 공유자의 동의가 필요한 것은 아니다.
❸ 공유물을 임대할 경우 과반수의 동의가 필요하다. 그 이유는 공유물의 임대행위는 관리행위에 해당하기 때문이다(민법 265조 참조).
❹ 공유물에 대한 관리행위(이용 또는 개량 등)는 공유자지분의 과반수의 동의가 필요하고, 공유물에 대한 보존행위(수선 등)는 동의 없이 공유자 각자가 할 수 있다.
❺ 공유자는 다른 공유지분을 우선매수 할 수 있는 권리가 있다.
❻ 공유자는 공유물 분할을 청구할 수 있고(단 분할하지 않겠다는 약정이 있는 경우 분할하지 못한다) 공유물분할판결로 현금화하기 위해 공유물지분이 전부 경매로 나온 경우는 우선매수권의 행사를 할 수 없다(대결 1991.12.16. 91마239 참조).
❼ 부동산의 공유지분에 대해 경매신청이 있으면 다른 공유자에게 통지해야 한다.
❽ 공유자 여러 명이 우선매수신청을 하면 공유지분의 비율에 따라 채무자의 지분을 매수하게 된다. 단 특별한 협의가 있을 경우는 그 협의에 따른다.

2 공유자의 우선매수청구권이란?

❶ 다른 공유자가 최고가매수신고가격과 동일한 가격으로 채무자의 지분을 우선매수 할 수 있는 권리를 말한다.
❷ 매각기일까지 매수신청금의 10%, 매수신청인이 없을 경우 최저매각가격의 10%에 해당하는 현금이나 법원이 인정하는 유가증권을 보

증으로 제공하여야 한다.

3 공유자우선매수권 행사

❶ 공유자는 매각기일 전에 우선매수권을 행사하겠다고 집행관이나 집행법원에 보증금을 제공하고 최고매수신고가격으로 우선매수 하겠다고 신고를 할 수 있다.

공유자가 우선매수청구권 행사를 하게 되면 최고가매수신고인은 차순위매수신고인이 되고 법원은 최고가매수신고인 대신 우선매수신고를 한 공유자에게 매각허가를 한다.

최고가매수신고인은 우선매수청구를 한 공유자가 있을 경우 자신의 의사와 상관없이 곧바로 차순위매수신고인이 되어 보증금을 돌려받지 못한다. 보증금을 돌려받기 위해선 매각기일 종결을 알리는 고지 전까지 차순위매수신고인의 지위를 포기한다는 의사표시를 하여야 한다.

❷ 공유물분할판결에 기하여 공유물 전부를 경매하여 그 매각대금을 분배하기 위한 현금화의 경우에는 공유자우선매수가 적용되지 않는다(대결 1991.12.16. 91마239 참조).
❸ 우선매수청구권을 행사할 수 있는 시한은 최고가 매수신고인의 이름과 가격을 호창하고 매각의 종결을 알리기 전까지다.
❹ 매각의 종결 후에는 우선매수권을 행사할 수 없다.
❺ 우선매수청구권을 행사한 후 매각의 종결고지 전까지 보증금을 제공하지 못하면 인정되지 않는다.
❻ 다른 입찰자가 없이 공유자가 우선매수청구권을 행사하였을 경우는 최저매각가격으로 우선매수 하는 것으로 본다.

4 공유지분을 취득한 경우

❶ 공유물분할청구: 취득한 공유지분에 대해 독자적인 권리행사를 위해서는 공유물분할청구를 하여야 한다.

❷ 공유물분할소송: 공유물분할청구에 의해 협의가 이루어지지 않으면 소송에 의해 분할을 해야 한다.

❸ 건물에 대한 공유지분의 분할: 토지에 대한 공유지분은 분할하여 권리행사를 하는데 별 무리가 없지만 건물에 대한 공유지분은 분할하기가 쉽지 않다. 그래서 주로 경매로 매각을 해서 현금화하게 된다.

가격배상: 공유물분할의 한 방법으로 한쪽이 전체를 갖는 대신 그 지분비율만큼 다른 쪽에 지급하는 것

5 공유지분의 임차인

❶ 공유주택 임차 시 공유자지분의 과반수로 결정하여야 하여야 하며 임차인은 임대차를 체결할 때 공유자 중 과반수와 계약을 맺어야 대항력을 인정받을 수 있다.

❷ 과반수 지분의 공유자로부터 사용·수익을 허락받은 점유자에 대하여 소수지분의 공유자는 그 점유자가 사용·수익 하는 건물의 철거나 퇴거 등 점유배제를 구할 수 없다.

❸ 과반수 지분의 공유자는 그 공유물의 관리방법으로서 그 공유토지의 특정된 한 부분을 배타적으로 사용·수익 할 수 있으나, 그 특정 부분의 사용·수익을 전혀 하지 못하여 손해를 입고 있는 지분권자에 대하여 그 지분에 상응하는 임료 상당의 부당이득을 취득하는 것으로 보며 이를 반환할 의무가 있다. 하지만 그 과반수 지분의 공유자로부터 다시 그 특정 부분의 사용·수익을 허락받은 제3자의 점유는 다수 지

분권자의 공유물관리권에 터 잡은 적법한 점유이므로 그 제3자는 소수 지분권자에 대하여도 그 점유로 인하여 법률상 원인 없이 이득을 얻고 있다고는 볼 수 없다(대판 2002.5.14. 2002다9738 참조).
❹ 계약이 체결되지 않은 공유자지분에 대해선 임차인은 우선변제 받을 수 없다.
❺ 공동소유자 모두와 계약을 체결하였다면 그 공동소유자 모두에게 보증금 반환을 요구할 수 있다.

6 지분경매의 선순위임차인

선순위임차인이 확정일자까지 갖추고 있어 배당에 참여를 하였다면 공유지분의 경매일지라도 임차인은 자신의 보증금액에 대해 모두 청구할 수 있으며(지분별만큼만 청구하는 것이 아니라), 미배당금액에 대해서는 다른 공유자에게 청구할 수 있으며 낙찰자는 그 금액을 지분비율만큼 인수해야 한다.

7 소액임차인의 여부

소액임차인에 해당하는 여부는 공유지분비율의 금액이 아니라 임차보증금 전액을 기준으로 하여 판단하며 임차보증금 전액을 기준으로 배당절차에 참여하게 된다.

8 매각대상이 일부 지분인 경우 전체에 대한 선순위 부담의 말소

부동산 전체에 대하여 최선순위의 근저당권이나 가압류가 설정되어 있는데 그 근저당권자나 가압류권자가 아닌 다른 채권자의 경매신청에 의하여 경매가 개시된 경우: 근저당권의 채권최고액이나 가압류의 청구금액 중 매각대상인 지분에 상응한 비율로 안분한 금액을 배당해야 한다는 견해와, 선순위의 근저당권자나 가압류권자는 채권최고액이나 청구금액 전액에 대하여 우선적으로 배당받고, 다른 권리자와의 관계는 변제자의 대위문제로 해결하여야 한다는 견해로 나뉘어져 있는데, 후자의 견해가 다수설이다(《법원실무제요Ⅱ》, 392쪽 참조).

후자의 견해에 의하더라도 무잉여가 되는 경우가 많으므로, 실무에서는 위와 같은 견해의 대립과 무잉여의 가능성을 들어 위와 같은 최선순위의 근저당권이나 가압류를 매수인이 인수하도록 특별매각조건을 정하는 경우가 많으므로 인수하는 권리가 생기는지 확인하고 입찰을 하여야 한다.

제11장 — 알쏭달쏭 OX문제

01 대지권의 성립은 대지권등기와는 관련이 없다. (　)

02 집합건물에서 각 공유자의 대지권 지분은 그가 가지는 전유부분의 면적 비율에 따른다. (　)

03 집합건물의 저당권자와 지분등기 된 토지의 저당권자가 동일한 경우 토지별도등기는 매각 후 소멸된다. (　)

04 집합건물과 같은 공동주택도 토지와 건물의 소유권등기를 구분하여 나타낸다. (　)

05 부합물 또는 종물인 제시 외 건물에 대한 평가액을 감정가에 포함하지 않고 진행하였다면 매각불허가사유에 해당될 수도 있다. (　)

06 주된 부동산을 매수하게 되면 종물에 대한 소유권도 함께 취득하게 된다. (　)

07 공유자는 다른 공유지분을 우선매수 할 수 있는 권리가 있다. (　)

08 공유자가 우선매수신청을 하면 최고가매수신고인은 차순위매수신고인이 된다. (　)

정답 및 해설

01 ○
02 ○
03 ○
04 X 집합건물과 같은 공동주택은 토지와 건물의 소유권등기를 구분하지 않고 집합건물등기부의 표제부에 대지권으로 구분소유를 나타낸다.
05 ○
06 ○
07 ○
08 ○

제11장 — 주관식 문제

01 경매목적물 부동산에 부동산등기부상의 표시와 다른 건물이나 물건 또는 증축된 부분이 매각대상이 되는 경우가 있는데 이를 무엇이라고 하는가?

02 전유부분, 공용부분, 대지 및 대지사용권으로 구성되며, 1동의 건물 중 구조상 구분된 수개의 부분이 독립한 건물로써 사용되는 건물을 무엇이라고 하는가?

03 토지별도등기는 집합건물의 등기부의 어디에 어떻게 표기되는가?

04 토지 전체에 이미 근저당권이나 가압류가 경료되어 있는 상태에서 신축된 집합건물에 대하여 일부 지분만 경매가 진행되었을 경우 배당은 어떻게 되는가?

05 해당 부동산(주물)에 부가되어 거래상 독립성을 잃고 주물과 일체된 물건을 무엇이라고 하는가?

06 주된 부동산의 경제적 효용에 이바지하지 위하여 부속된 동일인 소유의 독립된 건물을 무엇이라고 하는가?

07 지분경매일 경우, 다른 공유자가 매각기일까지 최고가입찰신고가격과 동일한 가격으로 매수신청금의 10%에 해당하는 현금이나 법원이 인정하는 유가증권을 보증으로 제공하고 최고매수신고가격과 동일한 가격으로 채무자의 지분을 우선매수 할 수 있는 권리를 무엇이라고 하는가?

08 공유자가 우선매수청구권 행사를 하게 되면 법원에서는 최고가매수신고인과 우선매수청구권 행사를 한 공유자 중에 누구에게 매각허가를 하는가?

정답 및 해설

01 제시 외 건물
02 구분건물
03 집합건물의 등기부 표제부 대지표시 란에 '토지에 관한 별도의 등기가 있음'이라고 기재된다.
04 근저당권이나 가압류의 청구금액에 대해 우선적으로 배당한다. 청구금액을 지분에 상응하는 비율로 안분한 금액으로 배당한다는 견해도 있지만 실무에선 위와 같이 진행하는 편이다.
05 부합물
06 종물
07 공유자우선매수청구권
08 공유자가 우선매수청구권 행사를 하게 되면 최고가 매수신고인은 차순위매수신고인이 되고 법원은 최고가매수신고인 대신 우선매수신고를 한 공유자에게 매각허가를 한다.

제11장 — 객관식 문제

⟨01~03⟩ 다음의 질문을 보고 알맞은 답을 고르시오.

가. 대지권	나. 대지사용권
다. 대지권미등기	라. 대지권 없음
마. 토지별도등기	사. 구분건물

01 소유권이전등기만 하고 대지지분에 대한 소유권이전등기가 아직 되어 있지 않은 상태를 뜻하는 것은?

① 가　　② 나　　③ 다　　④ 라　　⑤ 마

정답 ▶ ③

02 구분건물의 구분소유자가 전유부분을 소유하기 위하여 건물의 대지에 관하여 가지는 권리로 부동산등기법상 건물과 분리하여 처분할 수 없는 대지사용권을 무엇이라고 하는가?

① 가　　② 나　　③ 다　　④ 라　　⑤ 마

정답 ▶ ①

03 하나의 동이 집합건물이며, 각각의 독립한 소유권의 객체가 되는 것은?

① 나　　② 다　　③ 라　　④ 마　　⑤ 사

정답 ▶ ⑤

04 아파트와 같은 공동주택에 자신만이 사용하는 부분을 말하며, 구분소유자의 공유지분이라고도 하는 것은?

① 공용부분　　　　　　② 공동부분
③ 구분부분　　　　　　④ 전유부분

정답 ▶ ④

05 1동의 건물 중 전유부분을 제외한 부분(복도, 엘리베이터, 계단 등)이며 전유부분의 보조적 역할을 하는 부분은?

① 전유부분　　　　　　② 공동부분
③ 공용부분　　　　　　④ 공유부분

정답 ▶ ③

06 다음 중 대지사용권(대지권)에 대한 설명 중 바르지 않은 것은?

① 구분건물의 구분소유자가 전유부분을 소유하기 위하여 그 건물의 대지에 관하여 가지는 권리를 말한다.
② 구분사용자의 대지사용권은 건물과 분리하여 처분할 수가 없고 구분사용자가 가지는 전유부분의 처분에 따른다.
③ 대지사용권은 전유부분과 공용부분에 대하여 종속적 지위에 있지만, 분리처분의 예외를 정한 규약이나 공정증서가 있다면 예외적으로 대지사용권만을 분리하여 처분할 수 있다.
④ 구분건물의 표제부에 전유부분의 표시와 함께 구분소유자가 갖는 대지사용권의 종류와 지분비율이 표시된다.
⑤ 대지사용권이 있어도 대지권에 관한 등기가 되어 있지 않다면 경매목적물의 감정가격평가에 포함하지 않는다.

정답 ▶ ⑤ 대지사용권이 있는 경우 대지권에 관한 등기가 되어 있지 않을지라도 경매목적물의 평가에 포함시켜 감정가격을 정하고 매각물건명세서에 표시를 한다.

7 경매신청서에 대지사용권에 대한 표시가 없는 경우에는 법원(집행법원)은 대지사용권의 유무를 조사하여야 하는데, 이때 법원은 건물소유자가 대지권을 취득하였는지 여부에 대해 소명자료를 제출하게 한다. 그 자료로 적절하지 않은 것은?

① 토지등기부
② 분양대금납부내역서
③ 전유부분과 분리처분이 가능한 규약
④ 전유부분과 분리처분이 가능한 공정증서
⑤ 분양계약서 사본

정답 ▶ ①

8 다음 중 종된 권리로 볼 수 있는 것을 모두 고르시오.

> 가. 건물에 관한 지상권
> 나. 토지에 관한 지역권(토지가 요역지인 경우)
> 다. 전세권
> 라. 대지권
> 마. 건물에 대한 유치권

① 가, 나, 다
② 가, 나, 라
③ 나, 다, 라
④ 다, 라, 마

정답 ▶ ② 압류 및 저당권의 효력이 해당 부동산의 종된 권리에도 미치므로 매수인은 종된 권리도 당연히 함께 취득하게 되며 종된 권리로는 건물에 관한 지상권, 토지에 관한 지역권(토지가 요역지인 경우-), 대지권이 있다.

9 집합건물의 대지에만 저당권이 설정되어 있는 경우, 아래의 내용 중 옳은 것을 모두 고르면?

> 가. 저당권 설정 당시 나대지였던 경우, 저당권자는 집합건물 전체에 대하여 대지와 함께 일괄경매신청이 가능하다.
> 나. 저당권 설정 당시 나대지였던 경우, 저당권자는 구분건물 일부를 특정하여 대지와 함께 일괄경매신청이 가능하다.
> 다. 저당권 설정 당시 건물이 존재하였을 경우에는 저당권자는 일괄경매신청을 할 수 없다.
> 라. 대지 전부가 아닌 지분소유권에 대한 저당권자는 전체대지와 건물에 대해 일괄경매신청이 가능하다.

① 가, 나　　　　　　　② 가, 다, 라
③ 나, 다, 라　　　　　　④ 가, 나, 다

정답 ▶ ④
라: 지분소유권에 대하여만 저당권을 가진 자는 지분권자의 소유에 해당하는 전유부분에 한하여 일괄경매가 가능하다.

⟨10~11⟩ 다음 물음에 답하시오.

가. 대지권에 대한 지분이전등기를 해주기로 하였는데 수분양자에게 전유부분에 대한 소유권이전등기를 경료하였으나, 대지에 대한 소유권이전등기가 되지 않은 경우(분리처분가능규약 없음)
나. 택지개발이나 재개발된 아파트가 완공되고 나서 입주는 완료되었으나 대지부분의 환지절차가 종료되지 않아 미등기로 남아 있는 경우
다. 국유지, 시유지 등의 토지에 지어진 집합건물은 대지권등기가 없고 실제 건물의 소유자가 대지에 관한 권리를 가지고 있지 않는 경우
라. 대지지분이 없고 감정평가액도 건물부분만 되어 있는 상태로 건물만 경매로 나온 경우
마. 수분양자가 대지지분에 대한 매매대금를 지불하지 않아 분양계약이 없고, 분리처분가능규약도 없는 경우

10. 위의 경우 중 매수인이 대지권을 취득할 수 있는 경우를 모두 고르면?
① 가, 나, 마
② 가, 나, 다
③ 나, 다, 마
④ 나, 라, 마

정답 ▶ ①
마: 수분양자가 대지지분에 대한 매매대가를 지불하지 않은 문제는 분양회사와 수분양자 간의 부당이득반환의 문제이다.

11 위의 '가'에서 분리처분가능규약이 있는 경우에 대한 설명 중 옳지 않은 것은?

① 대지권은 불성립하여 매수인은 대지권을 취득하지 못할 수도 있다.
② 대지지분은 특별한 조치가 없는 한 일괄경매 대상에서 제외된다.
③ 강제경매의 경우 대지지분을 경매목적물에 포함시키기 위해서는 채권자가 대지지분에 대한 경매신청을 하게 하여 경매개시결정을 경정하고 일괄매각을 결정해야 한다.
④ 저당권 실행에 의한 임의경매라면 저당권의 효력은 대지지분에 미치지 못한다.

정답 ▶ ② 대지지분은 특별한 조치가 없는 한 일괄경매 대상이다.

12 '대지권 없음'에 대한 설명이 바르지 않은 것은?

① 구분소유자의 대지지분이 없다는 뜻이다.
② 감정평가액에 대지지분의 평가액이 포함되어 있지 않다.
③ 매수인은 대지사용료를 내고 건물을 사용해야 한다.
④ 매수인은 건물철거에 대항할 수 있다.
⑤ 대지권소유자가 시가로 '구분소유권 매도청구권'을 행사하면 건물을 대지권소유자에게 매도해야만 할 수도 있다.

정답 ▶ ④ 경매로 경락받은 후 대지권소유자가 구분소유권매도청구를 하게 되면 매수인은 건물의 소유권을 잃게 되며 건물은 철거될 수도 있다.

13 아래 보기 중 토지별도등기가 발생하게 되는 경우를 모두 고르시오.

> 가. 건설회사가 토지를 담보로 근저당권을 설정하고 자금을 대출받아 공동주택을 건설한 후 근저당권의 피담보채무를 상환하지 못하고 건설회사가 부도가 난 경우
> 나. 전유부분이 등기가 완료된 후에 조합원 개인 채권자들이 대지권에 대하여 가압류한 채권이 있는 경우
> 다. 집합건물이 신축되기 이전에 집합건물의 대지권인 토지에 가압류, 압류등기가 있는 상태에서 대지권의 등기를 할 경우

① 가
② 가, 나
③ 나, 다
④ 가, 다

정답 ▶ ④
나: 전유부분의 등기가 완료되기 전에 대지권에 가압류채권이 있는 경우에 토지별도등기로 기재된다.

14 다음 중 종물이 아닌 것은?

① 정화조
② 보일러실
③ 주유소에 설치된 주유기
④ 주유소 땅밑의 유류저장탱크
⑤ 가옥의 덧문

정답 ▶ ④ 주유소 땅밑의 유류저장탱크는 부합물에 해당된다.

15 토지별도등기가 있는 경우 토지에 대한 저당권 설정 당시 건물이 존재하지 않았다면 토지에 대한 채권자와 건물의 임차인은 토지(대지권)의 매각대금에 대하여 배당순위가 어떻게 되는가?

① 소액임차인이라면, 임차인에게 먼저 배당된다.
② 토지에 대한 채권자가 임차인보다 선순위로 배당된다.
③ 임차인이 무조건 선순위로 배당된다.
④ 배당요구 한 금액비율로 나누어 배당된다.

정답 ▶ ② 토지별도등기가 있는 경우, 토지에 대한 저당권 설정 당시 건물이 존재하지 않았다면 토지에 대한 채권자는 토지의 매각대금에 대해서는 건물의 임차인보다 선순위로 배당됨을 유의해야 한다.

16 공유지분을 취득한 매수자의 공유물 분할과 관련하여 그 설명이 바르지 않은 것은?

① 취득한 공유지분에 대해 공유물분할청구를 해서 독자적인 권리행사를 할 수 있다.
② 공유물분할청구에 관하여 협의를 할 수 있다.
③ 공유물분할청구에 관하여 협의가 이루어지지 않으면 소송에 의해 분할을 할 수 있다.
④ 토지에 대한 공유지분은 분할하여 권리행사 할 수 없다.
⑤ 건물에 대한 공유지분은 분할하기가 쉽지 않으므로 경매로 매각을 해서 현금화하여 공유지분을 분할할 수 있다.

정답 ▶ ④ 토지에 대한 공유지분은 건물보다는 쉽게 분할하여 권리행사를 할 수 있다.

17 다음 중 옳지 않은 것은?

① 토지에 이미 저당권이 설정되어 있고 나중에 신축된 집합건물의 저당권자에 의해 경매가 신청된 경우 집행법원에선 특별매각조건을 붙이게 된다.
② ①의 경우, 매수인은 토지의 저당권을 인수하게 된다.
③ ①의 경우, 매수 후 토지의 저당권자가 토지에 대해서만 저당권실행(경매신청)을 하게 되면 건물이 철거될 수도 있다.
④ 토지별도등기가 있는 부동산에 대해 경매신청이 있으면, 집행법원에서는 토지별도등기권자에게 최고서를 보내 채권신고를 하게 하고, 만약 채권신고를 하게 되면 경매대상이 되는 구분건물의 대지권 비율만큼 배당해주고 소멸시킨다.
⑤ ④의 경우, 매수자는 토지에 별도로 등기된 권리를 인수하여야 한다.

정답 ▶ ⑤ 실무에선 토지별도등기가 있는 부동산에 대해 경매신청이 있으면, 집행법원에서는 토지별도등기권자에게 최고서를 보내 채권신고를 하게 하고, 채권신고가 있으면 경매대상이 되는 구분건물의 대지권 비율만큼 배당해주고 소멸시킨다. 이런 경우라면 매수자는 토지에 별도로 등기된 권리를 인수할 필요가 없다.

18 다음 중 부합물에 해당하는 것으로만 된 것은?

> 가. 주유소 땅 밑에 부설된 유류저장탱크
> 나. 입목에 관한 법률에 따라 등기된 입목과 명인방법을 갖춘 수목
> 다. 지하굴착공사에 의한 콘크리트 구조물
> 라. 돌담, 논둑
> 마. 타인의 소유로 거래될 수 있는 건물의 개축된 부분
> 바. 건물의 천장에 부착시킨 석재 합판

① 가, 나, 다, 라   ② 가, 다, 라, 바   ③ 나, 라, 마, 바   ④ 가, 다, 라, 마

정답 ▶ ②
나: 입목에 관한 법률에 따라 등기된 입목이나 명인방법을 갖춘 수목은 부합물에서 제외된다.
마: 건물의 개축된 부분이 타인의 소유로 거래될 수 있다면 부합물로 인정되지 않는다.

19. 다음 중 토지별도등기에 대한 설명중 옳지 않은 것은?

① 집합건물의 저당권자와 지분등기 된 토지의 저당권자가 동일한 경우 토지별도등기는 매각 후 소멸된다.
② 토지에 별도로 등기되어 있는 저당권 전부가 소멸되는 것이 아니라 구분건물의 대지권에 해당하는 대지의 공유지분만큼 소멸되는 경우 저당권의 변경등기를 부기등기형식으로 하게 된다.
③ 토지의 저당권이 전체 토지에 관한 것이 아니라 구분건물의 지분에 관한 것이라면 건물 전체를 철거할 수 없다.
④ 집합건물 중 일부 구분건물에 대한 경매신청채권자가 건물과 그 대지권에 경매신청을 한 경우 구분건물이 매각되면 전체 집합건물의 토지에 설정된 저당권은 소멸한다.

정답 ▶ ④ 집합건물 중 일부 구분건물에 대한 경매신청채권자가 건물과 그 대지권에 경매신청을 한 경우 구분건물이 경락되어도 전체 집합건물의 토지에 설정된 저당권이 소멸하는 것은 아니다.

20. 다음 중 공유지분의 특징으로 바르지 않은 것은?

① 공유지분은 전체 부동산에 대해 공유자 각각이 가시는 권리의 비율이다.
② 공유물 전체를 처분할 경우 공유자 과반수의 동의가 필요하다.
③ 공유물에 대한 이용과 같은 관리행위는 공유자지분의 과반수의 동의가 필요하다.
④ 공유물에 대한 수선과 같은 보존행위는 동의 없이 공유자 각자가 할 수 있다.

정답 ▶ ② 공유물 전체를 처분할 경우 공유자 전원의 동의가 필요하다. 하지만 자신의 지분에만 근저당권을 설정하거나 처분할 경우에는 다른 공유자의 동의가 필요 없다.

21 다음 중 옳지 않은 것은?
① 대지사용권이 없는 구분건물은 권원이 없는 토지점유가 되므로 토지지분의 소유자에 의해 구분소유권매도청구를 당할 수 있다.
② 구분건물에 대한 경매신청의 경우 집행법원은 저당권 설정 당시 이미 그 구분소유자가 대지사용권을 취득하였는지 조사를 하고, 이미 취득하고 있었다면 대지사용권을 경매목적물의 감정평가액에 포함하여 최저매각가격을 정하게 된다.
③ 구분건물의 전유부분만 소유권보존등기가 되고 대지지분에 대한 등기가 경료되기 전에 구분건물의 전유부분에 대해서만 가압류결정이 된 경우 분리처분의 규약이나 공정증서가 없는 한 종물인 그 가압류는 대지권에까지 효력이 미친다.
④ 전세권의 경우 구분건물의 전유부분에만 설정되었다면 특별한 사정이 없는 한 그 전세권의 효력은 대지사용권에는 미치지 않는다.

정답 ▶ ④ 구분건물의 전유부분에만 전세권이 설정되었어도 대지사용권의 분리처분에 대한 규약이나 공정증서가 없는 경우, 그 효력은 구분건물의 종된 권리인 대지사용권에도 미친다.

22 토지별도등기가 있는 경우, 토지에 1순위 근저당이 설정된 후 신축된 집합건물에 후순위저당권이 설정되었을 경우, 배당에 대한 설명으로 바른 것을 고르시오.
① 토지 1순위 저당권은 건물의 매각대금에 대해서 우선변제 받을 수 있다.
② 건물의 매각대금에 대해서 1순위 저당권과 후순위저당권 모두 우선변제 받을 수 있다.
③ 토지의 매각대금에 대해서 1순위 저당권과 후순위저당권 모두 우선변제 받을 수 있다.
④ 건물의 후순위저당권자는 토지의 매각대금에 대하여는 배당에서 제외된다.
⑤ 토지와 건물의 매각대금을 나누지 않고 총 매각대금에서 순위대로 배당된다.

정답 ▶ ③
① 토지 1순위 저당권은 건물의 매각대금에 대해서 우선변제 받을 수 없다.
② 집합건물의 매각대금에 대해서 후순위저당권자만 우선변제 받을 수 있다.
④ 건물의 후순위저당권자는 토지의 매각대금에 대하여는 우선변제 받을 수 있다. 하지만 1순위저당권자가 후순위저당권자보다 우선하여 변제받는다.
⑤ 전체 매각대금에서 건물과 토지의 감정가격에 비례한 금액으로 나누어 배당한다.

23 다음 중 옳지 않은 것은?

① 경매신청 목적물 대상에는 제외되었지만 부동산의 부합물 또는 종물로 경매목적물 대상에 포함되는 경우에는 부합물 또는 종물인 제시 외 건물에 대한 평가액을 감정가에 포함시켜 진행시킨다.
② 등기가 되지 않은 건물이지만 일괄경매청구권에 의해 대위등기 후 미등기 건물도 함께 경매신청 대상이 될 수 있다.
③ 부합물이나 종물이 아닌 제시 외 건물이 제3자 소유의 건물일 경우 평가액에 포함되지 않을 뿐만 아니라 소유권도 취득하지 못한다.
④ 주된 부동산의 경제적 효용에 이바지하기 위하여 부속된, 소유자가 다른 독립된 건물을 종물이라고 한다.
⑤ 어떠한 동산이 부동산에 부합된 것으로 인정되기 위해서는 그 동산을 훼손하거나 과다한 비용을 지출하지 않고서는 분리할 수 없을 정도로 부착·합체 되었는지 여부 및 그 물리적 구조, 용도와 기능면에서 기존 부동산과는 독립한 경제적 효용을 가지고 거래상 별개의 소유권의 객체가 될 수 있는지 여부 등을 종합하여 판단하여야 한다.

정답 ▶ ④ 종물은 주된 부동산의 경제적 효용에 이바지하기 위하여 부속된 동일인 소유의 독립된 건물이다.

24 부동산의 부합에 대한 설명으로 옳지 않은 것을 고르시오.

① 성숙하여 수확기에 있는 농작물은 언제나 토지에 부합하는 것은 아니다.
② 타인의 토지에 경작, 재배한 농작물의 소유권은 토지소유자에게 있다.
③ 임차인이 증축한 부분이 구조상으로나 이용상으로 기존 건물과 독립성이 있을 때에는 그 증축된 부분은 임차인의 소유가 된다.
④ 토지소유자의 승낙 없이 나무를 심었다면 특별한 사정이 없는 한 그 나무의 소유권은 토지소유자에게 있다.
⑤ 건물의 개축된 부분이 독립성을 가지지 못하는 경우 그 개축된 부분의 소유는 그 건물소유자에게 귀속된다.

정답 ▶ ② 타인의 토지에 경작, 재배한 농작물의 소유권은 그 경작자에게 있다.

25 다음 중 공유자에 대해 바르게 설명한 것을 고르시오.

① 공유자는 특별히 분할하지 않겠다는 약정이 없는 한, 공유물 분할을 청구할 수 있다.
② 부동산의 공유지분에 대해 경매신청이 있을 때 다른 공유자에게 통지할 필요는 없다.
③ 공유자 여러 명이 우선매수신청을 하면 특별한 협의를 하였다 하더라도 공유지분의 비율에 따라 채무자의 지분을 매수하게 된다.
④ 공유자가 우선매수청구권 행사를 하게 되면 공유자는 최고가매수인 다음으로 차순위매수신고인이 된다.
⑤ 공유물분할판결로 현금화하기 위해 공유물 지분이 전부 경매로 나온 경우에도 공유자는 언제든지 우선매수권행사를 할 수 있다.

정답 ▶ ①
② 부동산의 공유지분에 대해 경매신청이 있으면 다른 공유자에게 통지해야 한다.
③ 공유자 여러 명이 우선매수신청을 하면 특별한 협의가 된 경우가 아니면, 공유지분의 비율에 따라 채무자의 지분을 매수하게 된다.
④ 공유자가 우선매수청구권 행사를 하게 되면 최고가매수신고인이 차순위매수신고인이 되고 법원은 최고가매수신고인 대신 우선매수신고를 한 공유자에게 매각허가를 한다.

⑤ 공유물분할판결로 현금화하기 위해 공유물 지분이 전부 경매로 나온 경우는 우선매수권 행사를 할 수 없다.

26 공유자가 우선매수청구권을 행사한 경우 경매진행에 대한 설명으로 옳지 않은 것은?

① 우선매수청구권을 행사하였는데 입찰자가 없는 경우는 다음 매각기일에 우선매수청구권을 행사하게 된다.
② 우선매수청구권을 행사한 후 매각의 종결 고지 전까지 보증금을 제공하지 못하면 인정되지 않는다.
③ 매각의 종결 후에는 우선매수청구권을 행사할 수 없다.
④ 우선매수청구권을 행사할 수 있는 시한은 최고가매수신고인의 이름과 가격을 호창하고 매각의 종결을 알리기 전까지이다.
⑤ 공유자가 우선매수청구권을 행사하여 자동으로 차순위매수신고인이 된 최고가매수신고인은 보증금을 돌려받기 위해선 매각기일 종결을 알리는 고지 전까지 차순위매수신고인의 지위를 포기한다는 표시를 해야 한다.

정답 ▶ ① 입찰자가 없이 우선매수청구권을 행사하였을 경우는 최저매각가격으로 우선매수하는 것으로 본다.

27 공장저당에 관한 설명으로 옳지 않은 것은?

① 공장저당은 전일체로서의 공장을 담보로 제공하는 것이 아니고 개개의 부동산에 대하여 저당권을 설정하는 것이다.
② 공업소유권 등의 권리나 다른 부동산에 부가된 기계·기구에는 저당권의 효력이 미치지 않는 점에서 공장재단저당과 구별된다.
③ 공장저당법에 의한 저당권의 실행으로 경매가 이루어지는 경우에 공장저당 물건인 토지 또는 건물과 그에 설치된 기계, 기구 그 밖의 공장의 공용물과는 유기적인 일체성이 있어 일괄경매하게 된다.
④ 일반 저당권이 설정되는 경우에도 공장의 토지, 건물에 설치된 기계,

기구 등의 목록의 작성이 있어야 한다.

정답 ▶ ④ 공장저당법에 의한 공장저당을 설정함에 있어서는 공장의 토지, 건물에 설치된 기계, 기구 등은 동법 제7조 소정의 기계, 기구 목록에 적어야만 공장저당의 효력이 생기고 일반 저당권이 설정되는 경우에는 공장저당법과는 상관이 없으므로 목록의 작성이 없더라도 그 저당권의 효력은 그 공장건물이나 토지의 종물 또는 부합물에까지 미친다(대판 1988.2.9. 87다카1514,1515, 대결 1993.4.6. 93마116, 대판 1995.6.29. 94다6345 등 참조).

28 다음 공유지분의 임차인에 대한 설명으로 바르지 않은 것은?

① 임차인은 임대차를 체결할 때 공유자 중 과반수 계약을 맺어야 대항력을 인정받을 수 있다.
② 과반수 지분의 공유자로부터 사용·수익을 허락받은 점유자에 대하여 소수지분의 공유자는 그 점유자가 사용·수익 하는 건물의 철거나 퇴거 등을 할 수 없다.
③ 과반수 지분의 공유자는 그 공유물의 관리방법으로서 그 공유토지의 특정된 한 부분을 배타적으로 사용·수익 할 수 있다.
④ 과반수 지분의 공유자로부터 다시 그 특정 부분의 사용·수익을 허락받은 제3자는 소수 지분권자에 대하여 점유하는 대가를 지불해야 한다.
⑤ 지분은 있으나 그 특정 부분의 사용·수익을 전혀 하지 못하여 손해를 입고 있는 지분권자는 그 지분에 상응하는 임료 등에 대해 부당이득반환을 요구할 수 있다.

정답 ▶ ④ 과반수 지분의 공유자로부터 다시 그 특정 부분의 사용·수익을 허락받은 제3자의 점유는 다수 지분권자의 공유물관리권에 터 잡은 적법한 점유이므로 그 제3자는 소수 지분권자에 대하여도 그 점유로 인하여 법률상 원인 없이 이득을 얻고 있다고 볼 수 없다.

29 공유지분의 임차인이 가지는 권리로 옳지 않은 것은?

① 지분경매의 경우 확정일자를 갖춘 선순위임차인은 자신의 보증금액에 대해 지분비율 만큼 배당받을 수 있다.
② ①의 임차인과 같은 경우, 미배당금액만큼은 다른 공유자에게 청구할 수 있으며 매수인은 그 금액을 지분비율만큼 인수해야 한다.
③ 소액임차인에 해당하는지 여부는 공유지분비율의 금액이 아니라 임차보증금 전액을 기준으로 하여 판단하며 또한 임차보증금 전액을 기준으로 배당절차에 참여하게 된다.
④ 계약이 체결되지 않은 공유자지분에 대해선 임차인은 우선변제를 받을 수 없다.
⑤ 공동소유자 모두와 계약을 체결하였다면 그 공동소유자 모두에게 보증금반환을 요구할 수 있다.

정답 ▶ ① 선순위 임차인이 확정일자를 갖추어 배당에 참여를 하였다면 공유지분의 경매일지라도 임차인 자신의 보증금액에 대해 모두 청구할 수 있다.

30 다음 중 학교법인이나 사회법인의 재산에 대하여 옳지 않은 설명은?

① 사회복지법인 기본재산을 매도·증여·교환·임대·담보제공·용도변경 등을 할 때는 주무 관청인 보건복지부장관의 허가를 받아야 한다.
② 학교법인 기본재산을 매도·증여·교환·용도변경·담보제공 등을 할 때는 관할청의 허가를 받아야 한다.
③ 학교법인 기본재산을 경매로 매수하게 될 경우는 관할청의 허가를 받을 필요도 없다.
④ 유치원 건물이 법인의 소유이면 저당권설정등기를 할 수가 없다.
⑤ 건축물대장이나 건물등기부에 유치원으로 등록되어 있거나 등기된 건물이라도 그 소유자가 유치원 경영자가 아닌 경우에는 그 소유자는 그 건물을 매도하거나 담보로 제공하는 등 처분의 자유가 있다.

정답 ▶ ③ 경매로 학교법인 기본재산을 매수하게 될 때도 관할청의 허가를 받아야 한다. 관할청의 허가를 받지 못한다면 매각대금을 완납하여도 소유권 행사를 할 수 없게 된다.

31 다음 중 공장경매에 대한 설명으로 옳지 않은 것은?

① 공장을 신설하기 위해서는 까다로운 인·허가 절차를 밟아야 하지만 경매로 나온 공장에 대해선 이 절차를 밟을 필요가 없고 새로 공장을 짓는 것보다 싼 가격으로 공장을 매입할 수 있는 장점이 있다.

② 공장투자 시 비용이 다른 투자에 비해 큰 편이고 공장을 재사용하거나 매수자를 찾는 데 시간이 다소 많이 소요되므로 금융권을 통한 대출 여부와 잔금납부에 대한 금액에 대해서 미리 준비를 하고 투자를 하는 것이 좋다.

③ 공장은 토지, 건물뿐만 아니라 보통 기계설비도 함께 감정가에 포함된다. 하지만 그렇지 않은 경우도 있으므로 감정가에 기계설비가 포함되었는지를 확인해본다.

④ 공장은 부지마다 할 수 있는 업종군에 따라 코드가 정해져 있다. 매수 후 운영하고자 하는 업종과 맞는지의 여부와 만약 맞지 않다면 변경 여부를 미리 관할 구청에 알아보아야 한다.

⑤ 기계가 공장주의 소유가 아니라 임대해서 쓰고 있다 하더라도 감정가에 포함되어 있다면 매수인은 기계에 대한 소유권을 행사할 수 있다.

정답 ▶ ⑤ 기계가 공장주의 소유가 아니라 임대해서 쓰고 있다면 비록 감정가에 포함되었다 하더라도 기계에 대한 소유권을 행사할 수 없으므로 유의해야 한다.

32 다음 중 공유지분의 경매에서 공유자우선매수청구권에 대한 설명이 바른 것은?

① 공유자는 매각기일까지 감정가격과 동일한 가격으로 감정가의 10%에 해당하는 현금이나 법원이 인정하는 유가증권을 보증으로 제공하면 된다.

② 공유자가 우선매수청구권 행사를 하게 되면 법원은 우선 최고가매수신고인에 대하여 매각허가를 한 후, 최고가매수인에게 양해를 구한다.

③ 최고가매수신고인은 우선매수청구를 한 공유자가 있을 경우 자신의 의사와 상관없이 차순위매수신고인이 되어 곧바로 보증금을 돌려받지 못한다.

④ 다른 공유자가 매수신고인의 유무와 관계없이 최저매각가격으로 채무자의 지분을 우선매수 할 수 있는 권리를 말한다.

정답 ▶ ③
① 우선매수청구권이라 하는 것은 다른 공유자가 매각기일까지 최고매수신고가격과 동일한 가격으로 매수신청금의 10%에 해당하는 현금이나 법원이 인정하는 유가증권을 보증으로 제공하여야 한다.
② 공유자가 우선매수청구권 행사를 하게 되면 최고가매수신고인은 차순위매수신고인이 되고 법원은 최고가매수신고인 대신 우선매수신고를 한 공유자에게 매각허가를 한다.
④ 다른 공유자가 최고매수신고가격과 동일한 가격으로 채무자의 지분을 우선매수 할 수 있는 권리를 말한다.

33. 공장저당에 대한 설명이 바르지 않은 것은?

① 공장재단, 광업재단은 1개의 부동산으로 간주된다.
② 경매신청서에 공장공용물을 경매목적물로 명시하지 아니하거나 경매목적물의 감정평가와 물건명세서에 이를 누락한 경우에도 공장공용물은 일괄매각 된다.
③ 목록에 기재되어 있는 동산이라면 그것이 저당권설정자가 아닌 제3자의 소유인 경우에도 그 저당권의 효력이 미칠 수 있다.
④ 공장재단, 광업재단의 경우 그 재단을 구성하는 부동산·유체동산·지상권 및 전세권·임차권·공업소유권 등은 일괄매각 되어야 한다.
⑤ 감정평가에서 누락되었다 하더라도 감정인의 총 평가액과 누락 부분의 가액, 후순위근저당권자의 배당가능성 등을 고려하여 그 누락 부분이 매각불허가 할 정도로 중대한 경우에만 최저매각가격의 결정에 중대한 하자가 있는 것으로 본다.

정답 ▶ ③ 목록에 기재되어 있는 동산이라고 하더라도 그것이 저당권설정자가 아닌 제3자의 소유인 경우에는 저당권의 효력이 미칠 수 없다.

본서는 최대한 법률적 근거를 바탕으로 최근개정안과 판례를 참조하여 보다 나은 이해를 돕고자 나름의 해석을 하였습니다. 그래도 법 개정과 신설 조항 등이 있을 수 있고 상황에 따라 해석이 달라질 수도 있습니다. 따라서 본서의 모든 내용이 법적기준을 가지는 것은 아니므로 투자시 유의하시길 바랍니다.

배당연습문제

모든 문제의 배당금은 매각대금에서 경매비용을 제외한 금액으로 간주한다.

(참고) 주택 소액임차인의 범위와 배당액표 (단위: 만 원)

담보물권설정일	지역구분	계약금액 범위	최우선변제액
1984. 6. 14. ~ 1987. 11. 30.	특별시, 광역시 기타 지역	300 이하 200 이하	300 까지 200 까지
1987. 12. 1. ~ 1990. 2. 18.	특별시, 광역시 기타 지역	500 이하 400 이하	500 까지 400 까지
1990. 2. 19. ~ 1995. 10. 18.	특별시, 광역시 기타 지역	2,000 이하 1,500 이하	700 까지 500 까지
1995. 10. 19. ~ 2001. 9. 14.	특별시, 광역시 기타 지역	3,000 이하 2,000 이하	1,200 까지 800 까지
2001. 9. 15. ~	수도권과밀억제권역 광역시 (인천광역시제외) 기타 지역	4,000 이하 3,500 이하 3,000 이하	1,600 까지 1,400 까지 1,200 까지
2008. 8. 21. ~	수도권과밀억제권역 광역시(인천광역시 제외) 기타 지역	6,000 이하 5,000 이하 4,000 이하	2,000 까지 1,700 까지 1,400 까지
2010. 7. 26. ~	서울특별시 수도권 정비계획법에 따른 과밀억제권역(서울시 제외) 광역시(과밀억제권역 포함지역, 군 지역 제외), 안산시, 용인시, 김포시, 광주시 그 밖의 지역	7,500 이하 6,500 이하 5,500 이하 4,000 이하	2,500 까지 2,200 까지 1,900 까지 1,400 까지

① 수도권: 서울특별시와 대통령령으로 정하는 그 주변 지역 즉 인천광역시와 경기도
② 수도권정비계획법에 따른 수도권과밀억제권역
  서울특별시
  인천광역시(강화군, 옹진군, 서구 대곡동/불로동/마전동/금곡동/오류동/왕길동/당하동/원당동, 인천경제자유구역 및 남동국가산업단지 제외), 의정부시, 구리시, 남양주시(호평동, 평내동, 금곡동, 일패동, 이패동, 삼패동, 가운동, 수석동, 지금동 및 도농동만 해당), 하남시, 고양시, 수원시, 성남시, 안양시, 부천시, 광명시, 과천시, 의왕시, 군포시, 시흥시(반월 특수지역 제외), 수도권정비계획법 시행령

1. 배당금: 1억 원

대구광역시 OO동 주택				
	등기접수일	권리 종류	권리자/채권액	비고
1	2005. 5. 15.	소유권	홍길동	
2	2007. 5. 15.	소유권 이전	김대감	
3	2007. 5. 16.	근저당권	OO금고/6,000만 원	
4	2008. 11. 23.	임의경매	OO금고/6,000만 원	

임차인	용도 점유기간	배당요구의 종기 2009. 1. 13.			
		보증금	전입	확정일자	배당요구일
홍길동	2005. 5. 15. ~	6,000만 원	2005. 5. 15.	2007. 5. 16.	2009. 1. 10.

1. 말소기준권리:

2. 인수하는 등기부상의 권리:

3. 배당금액:

4. 임차인의 경우, 매수인이 인수해야 하는 보증금액:

정답 및 해설

01 말소기준권리: 3번 OO금고의 근저당권
02 인수하는 권리: 없음
03 배당순위와 배당금액
  1) 홍길동: 50,000,000원(우선변제금)
  1) OO금고: 50,000,000원
04 임차인의 보증금 중 매수인이 인수하는 금액: 홍길동 10,000,000원

point 홍길동의 대항력 발생시점은 2005. 5. 16. 0시부터이고, 확정일자와 근저당권 날짜가 같으므로 안분배당 후 남은 금액은 매수인이 인수한다.

2. 배당금: 5,000만 원

서울 OO동 아파트 201호				
	등기접수일	권리 종류	권리자/채권액	비고
1	2001. 5. 15.	근저당권	OO은행/7,000만 원	
2	2003. 8. 2.	전세권	홍길동/5,000만 원	
3	2005. 5. 15.	임의경매	OO은행/3,000만 원	

임차인	용도 점유기간	배당요구의 종기 2005. 7. 13.			
		보증금	전입	확정일자	배당요구일
홍길동	건물에 대한 전세권 2003. 8. 2.	5,000만 원	2003. 8. 2.	·	2005. 7. 10.
토지감정 4,000만 원 건물감정 6,000만 원					

1. 말소기준권리:

2. 인수하는 등기부상의 권리:

3. 배당금액:

4. 임차인의 경우, 매수인이 인수해야 하는 보증금액:

정답 및 해설

01 말소기준권리: 1번 OO은행의 근저당권
02 인수하는 권리: 없음
03 배당순위와 배당금액
    1) OO은행: 30,000,000원
    2) 홍길동: 20,000,000원
04 임차인의 보증금 중 매수인이 인수하는 금액: 없음

point 집합건물의 경우 임차인은 물론 건물에만 전세권을 설정한 전세권자도 건물의 매각대금뿐만 아니라 토지의 매각대금에서도 배당을 받을 수 있다.

3. 배당금: 1억 5천만 원

		서울 OO동 OOO-OO		
	등기접수일	권리 종류	권리자/채권액	비고
1	2002. 5. 15.	근저당권	OO은행/1억 원	
2	2002. 5. 15.	저당권	홍길동/6,000만 원	
3	2004. 6. 3.	임의경매	OO은행/1억 원	

| 임차인 | 용도
점유기간 | 배당요구의 종기 2004. 9. 13. | | | |
		보증금	전입	확정일자	배당요구일
김대감	주거용, 방 한 칸 2002. 5. 14. ~	6,000만 원	2002. 5. 14.	2002. 5. 14.	2004. 9. 10.

1. 말소기준권리:

2. 인수하는 등기부상의 권리:

3. 배당금액:

4. 임차인의 경우, 매수인이 인수해야 하는 보증금액:

정답 및 해설

01 말소기준권리: 1번 OO은행의 근저당권
02 인수하는 권리: 없음
03 배당순위와 배당금액
    1) 김대감: 60,000,000원(우선변제금)
    2) OO은행: 90,000,000원
04 임차인의 보증금 중 매수인이 인수하는 금액: 없음

point 김대감의 우선변제권 발생일시는 2002. 5.15. 0시 부터이며 1번 근저당권, 2번근저당권은 2002. 5.15. 9시 이후부터 효력이 발생하므로 김대감이 우선하게 된다.

4. 배당금: 1억 원

	강원도 ○○동			
	등기접수일	권리 종류	권리자/채권액	비고
1	2001. 6. 21.	소유권 이전(매각)	김대성	
2	2005. 9. 22.	근저당권	○○저축은행/6,500만 원	
3	2009. 2. 26.	임의경매	○○저축은행/청구: 5,000만 원	
4	2009. 5. 24.	압류	춘천세무서(법정기일: 2004. 11. 22.)	1,000만 원

임차현황	강원도 ○○ 동		배당요구의 종기 2009. 7. 8.			
	용도	점유기간	보증금	전입일	확정일자	배당요구일
갑	2층 방 두 칸		보 25,000,000 월 800,000	2001. 11. 27.	2001. 11. 27.	2009. 7. 10.
	주거용	2001. 11. 27. ~				
을	삼천리		보 30,000,000 월 500,000	사업자등록일 2005. 2. 1.	2005. 2. 1.	2009. 6. 30.
	점포	2005. 2. 1. ~				
병	주민등록전입자			2004. 8. 24.		
정	주민등록전입자			1983. 4. 13.		

1. 말소기준권리:

2. 인수하는 등기부상의 권리:

3. 배당금액:

4. 임차인의 경우, 매수인이 인수해야 하는 보증금액:

정답 및 해설

01 말소기준권리: 2번 ○○저축은행의 근저당권
02 인수하는 권리: 없음
03 배당금액 1) 춘천세무서: 10,000,000원   2) 을: 30,000,000원(우선변제금)
       3) ○○저축은행: 50,000,000원   4) 김대성: 10,000,000원(잉여금)
04 임차인의 보증금 중 매수인이 인수하는 금액: 갑의 보증금 25,000,000원

point 갑은 확정일자를 갖춘 소액임차인이나 배당요구를 늦게 함으로써 배당에서 제외된다. 그러나 선순위이므로 매수인이 그 보증금을 인수한다. 병 및 정의 전입일자가 말소기준권리보다 앞서므로 대항력의 유무 확인이 필요하다.

5. 배당금: 1억 5천만 원

		서울OO동 OO-OO		
	등기접수일	권리 종류	권리자/채권액	비고
1	2007. 5. 15.	근저당권	OO은행/1억 원	
2	2007. 5. 15.	근저당권	OO금고/5,000만 원	
3	2007. 5. 15.	저당권	김대감/2,000만 원	
5	2008. 11. 23.	임의경매	OO금고/5,000만 원	

임차인	용도 점유기간	배당요구의 종기 2009. 1. 13.			
		보증금	전입	확정일자	배당요구일
홍길동	주거용 2007. 5. 14. ~	7,000만 원	2007. 5. 14.	2007. 5. 15.	2009. 1. 10.

1. 말소기준권리:

2. 인수하는 등기부상의 권리:

3. 배당금액:

4. 임차인의 경우, 매수인이 인수해야 하는 보증금액:

정답 및 해설

1. 말소기준권리: 1번 OO은행의 근저당권
2. 인수하는 권리: 없음
3. 배당순위와 배당금액
 1) 홍길동: 43,750,000원(우선변제금)
 1) OO은행: 100,000,000원
 2) OO금고: 6,250,000원
4. 임차인의 보증금 중 매수인이 인수하는 금액: 홍길동의 보증금 중 26,250,000원

point 홍길동과 1,2번 각 근저당권 3번 저당권은 동순위이나, 위 근저당권과 저당권 간의 순위를 그 등기의 접수번호순에 따라 순위가 정하여진다. 따라서 1차로 전체 권리자 간 안분배당을 한 후 위 근저당권과 저당권 간에는 그 순위에 따라 흡수배당을 한다. 길동의 대항력 발생일시는 2007. 5. 15. 0시이므로 말소기준권리보다 선순위. 보증금 중 배당받지 못한 금액은 매수인이 인수한다.(홍길동의 우선변제권의 발생일시는 2007. 5.15. 9시부터)

6. 배당금: 1억 원

1/2 지분경매 / 서울 OO동 빌라 202호			
	등기접수일	권리 종류	권리자/채권액	비고
1	2002. 5. 15.	근저당권	OO은행/1억 원	
2	2003. 8. 2.	가압류	홍길동/4,000만 원	
3	2008. 9. 15.	임의경매	OO은행/6,000만 원	

주택 임차인	점유기간	배당요구의 종기 2008. 11. 13.			
		보증금	전입	확정일자	배당요구일
홍길동	2001. 9. 18.	4,000만 원	2001. 9. 18.	2001. 9. 18.	2008. 10. 28.
김대감	2002. 3. 10.~	3,000만 원	2002. 3. 10.	2002. 3. 10.	2008. 10. 28.

1. 말소기준권리:

2. 인수하는 등기부상의 권리:

3. 배당금액:

4. 임차인의 경우, 매수인이 인수해야 하는 보증금액:

정답 및 해설

01 말소기준권리: 1번 OO은행의 근저당권
02 인수하는 권리: 없음
03 배당순위와 배당금액
    1) 홍길동 및 김대감: 각각 16,000,000원(최우선변제금)
    2) 홍길동: 24,000,000원(우선변제금)
    3) 김대감: 14,000,000원(우선변제금)
    4) OO은행: 30,000,000원
04 임차인의 보증금 중 매수인이 인수하는 금액: 없음

7. 배당금: 1억 원

서울 OO동				
	등기접수일	권리 종류	권리자/채권액	비고
1	2002. 5. 15.	근저당권	OO은행/3,000만 원	
2	2003. 3. 11.	가압류	홍길동/3,000만 원	
3	2004. 6. 3.	임의경매	OO은행/3,000만 원	

임차인	용도 점유기간	배당요구의 종기 2004. 9. 13.			
		보증금	전입	확정일자	배당요구일
김순돌	주거용 2003. 12. 26. ~	5,000만 원	2003. 12. 26.	2004. 2. 28.	2004. 9. 10.

1. 말소기준권리:

2. 인수하는 등기부상의 권리:

3. 배당금액:

4. 임차인의 경우, 매수인이 인수해야 하는 보증금액:

정답 및 해설

01 말소기준권리: 1번 OO은행의 근저당권
02 인수하는 권리: 없음
03 배당순위와 배당금액
    1) OO은행: 30,000,000원
    2) 홍길동: 26,250,000원
    2) 김순돌: 43,750,000원
04 임차인의 보증금 중 매수인이 인수하는 금액: 없음

point 홍길동과 김순돌은 동순위이므로 안분배당

8. 배당금: 1억 원

서울 OO동				
	등기접수일	권리 종류	권리자/채권액	비고
1	2002. 5. 15.	근저당권	OO은행/3,000만 원	
2	2003. 3. 11.	가압류	홍길동/3,000만 원	
3	2004. 3. 23.	가압류	김대감/2,000만 원	
4	2004. 6. 3.	임의경매	OO은행/3,000만 원	

임차인	용도 점유기간	배당요구의 종기 2004. 9. 13.			
		보증금	전입	확정일자	배당요구일
김순돌	주거용 2003. 12. 26. ~	5,000만 원	2003. 12. 26.	2004. 2. 28.	2004. 9. 10.

1. 말소기준권리:

2. 인수하는 등기부상의 권리:

3. 배당금액:

4. 임차인의 경우, 매수인이 인수해야 하는 보증금액:

정답 및 해설

01 말소기준권리: 1번 OO은행의 근저당권
02 인수하는 권리: 없음
03 배당금액
    1) OO은행: 30,000,000원
    2) 홍길동: 21,000,000원
    2) 김순돌: 49,000,000원
    4) 김대감: 0원
04 임차인의 보증금 중 매수인이 인수하는 금액: 없음

point 홍길동과 김순돌은 동순위, 홍길동과 김대감은 동순위, 김순돌이 김대감보다 선순위이므로, 위 3명은 안분배당 후 김순돌이 후순위 김대감의 배당액을 흡수배당 받는다.

9. 배당금: 5,000만 원

등기부 서울 OO동				
	등기접수일	권리 종류	권리자/채권액	비고
1	2002. 5. 15.	가압류	홍길동/3,000만 원	
2	2003. 3. 11.	근저당권	OO은행/3,000만 원	
3	2004. 6. 3.	압류	OO구청/1,000만 원	일반 세금
4	2004. 7. 5.	가압류	갑돌이/1,000만 원	
5	2004. 11. 15.	임의경매	OO은행/3,000만 원	

1. 말소기준권리:

2. 인수하는 등기부상의 권리:

3. 배당금액:

4. 임차인의 경우, 매수인이 인수해야 하는 보증금액:

정답 및 해설

01 말소기준권리: 1번 홍길동의 가압류
02 인수하는 권리: 없음
03 배당순위와 배당금액
   1) 홍길동: 15,000,000원　1) OO은행: 30,000,000원　1) OO구청: 5,000,000원

point 홍길동과 OO은행은 동순위, 홍길동과 갑돌이도 동순위이나, OO은행은 OO구청 및 갑돌이보다 선순위이고, OO구청은 홍길동 및 갑돌이보다 선순위이므로 안분 후 흡수배당을 한다.
먼저 안분을 하게 되면, 홍길동에게 18,750,000원, OO은행에게 18,750,000원, OO구청에게 6,250,000원, 갑돌이에게 6,250,000원이 배당된다. 다음으로 저당권자 OO은행은 청구채권에 미치지 못하는 11,250,000원을 OO구청 및 갑돌이로부터 흡수할 수 있으나, OO구청과 갑돌이 사이에서는 OO구청이 우선하므로 우선적으로 열후한 갑돌이로부터 6,250,000원을 흡수한 다음 그 나머지인 5,000,000원을 OO구청으로부터 흡수하여 합계 11,250,000원을 흡수한다. 그리하면 OO구청은 안분액 중 1,250,000원이 남고, 갑돌이는 안분배당 된 6,250,000원을 모두 뺏기게 된다. 다음으로 OO구청은 가압류권자인 홍길동과 갑돌이로부터 안분이 청구채권에 미치지 못하는 3,750,000원을 흡수할 수 있는데, 갑돌이는 이미 OO은행에게 모두 뺏기어 흡수할 돈이 없으므로 홍길동으로부터만 그 안분액 중 3,750,000원을 흡수한다. 이때 흡수하는 측에서 흡수할 수 있는 액수는 안분비례한 금액이 자신의 채권액에 못 미치는 금액만 흡수한다.

10. 배당금 1억 원

	건물 등기부 서울 OO동			
	등기접수일	권리 종류	권리자/채권액	비고
1	2003. 3. 11.	소유권보존	나소유	
2	2003. 3. 11.	근저당권	OO은행/6,000만 원	
3	2005. 5. 16.	임차권	나전세/4,000만 원	
4	2006. 8. 12.	임의경매	OO은행/6,000만 원	

	토지 등기부 서울 OO동			
	등기접수일	권리 종류	권리자/채권액	비고
1	2002. 5. 15.	근저당권	OO은행/3,000만 원	근저당설정 당시 지상건물 無
2	2003. 3. 11.	대지권등기		

임차인	용도 점유기간	배당요구의 종기 2006. 10. 13.			
		보증금	전입	확정일자	배당요구일
나전세	주거용 2003. 5. 15. ~	4,000만 원	2003. 5. 15.	2003. 5. 15.	2006. 9. 28.

참고사항
건물감정: 2억 원
토지감정: 1억 원

1. 말소기준권리:

2. 인수하는 등기부상의 권리:

3. 배당금액:

4. 임차인의 경우, 매수인이 인수해야 하는 보증금액:

정답 및 해설

01 말소기준권리: 건물 2번, 토지 1번 각 ○○은행의 근저당권
02 인수하는 권리: 없음
03 배당금액
    토지 1) ○○은행: 토지 30,000,000원
        2) 나전세: 3,333,333원(최우선변제금)
    건물 1) 나전세: 12,666,667원(최우선변제금)
        2) ○○은행: 54,000,000원
04 임차인의 보증금 중 매수인이 인수하는 금액: 없음

point 토지별도등기가 있는 주택의 임차인에 대한 배당문제이다.
  토지에 ○○은행의 근저당권 설정 당시 지상 건물이 없었고, 토지와 건물의 이해관계인이 다르므로 배당액 100,000,000원을 토지 및 건물의 감정가격비율에 따라 구별하면 토지 33,333,333원, 건물 66,666,667원이다. 토지 33,333,333원은 그 1번 근저당권자 ○○은행에 30,000,000원을 배당하고 남는 3,333,333원은 나전세의 최우선변제금으로 배당(대지에 관한 저당권 설정 후 지상에 건물이 신축된 경우 건물의 소액임차인은 대지의 환가대금에서 우선변제를 받을 수 없으나, 다만 대지에 관한 저당권자 등의 권리자가 전액 배당을 받고도 남는 금액이 있다면 소액임차인에게 배당)한다.
  건물 66,666,667원은 나전세의 최우선변제금으로 12,666,667원을 배당하고 남는 54,000,000원은 2번 근저당권자 ○○은행에게 배당한다.

11. 배당금: 2,500만 원

서울 OO동				
	등기접수일	권리 종류	권리자/채권액	비고
1	2003. 3. 11.	저당권	김대감/5,000만 원	
2	2004. 5. 11.	가등기	홍길동	매매예약
3	2006. 3. 16.	가처분	최진사	처분금지 가처분
4	2006. 8. 12.	압류	OO구청/500만 원	당해세
5	2009. 3. 23.	임의경매	김대감/5,000만 원	

1. 말소기준권리:

2. 인수하는 등기부상의 권리:

3. 배당금액:

정답 및 해설

01 말소기준권리: 1번 김대감의 저당권
02 인수하는 권리: 없음(단, 3번 가처분의 피보전권리가 지상건물소유자에 대한 토지소유자의 건물철거 및 토지인도청구권인 경우는 인수)
03 배당금액
   1) OO구청: 5,000,000원(당해세)
   2) 김대감: 20,000,000원

point 2번 가등기, 3번 가처분 모두 말소기준권리보다 후순위이므로 매각으로 인하여 소멸한다. 단 가처분의 경우 토지소유자가 그 지상 건물소유자에 대한 건물철거. 토지인도청구권을 보전하기 위하여 건물에 대한 처분금지가처분을 한 때에는 가처분등기가 말소기준권리(등기) 이후에 이루어졌어도 매각으로 인하여 말소되지 않는다.

12. 배당금: 1억 원

서울 용산구 ○○동				
	등기접수일	권리 종류	권리자/채권액	비고
1	2004. 3. 11.	근저당권	○○은행/4,000만 원	
2	2006. 3. 11.	압류	관악세무서/2,000만 원	법정기일: 2002. 11. 28.
3	2006. 3. 16.	압류	용산구/1,000만 원	당해세
4	2006. 8. 12.	압류	국민연금/500만 원	
5	2009. 3. 23.	임의경매	○○은행/4,000만 원	

임차인	용도 점유기간	배당요구의 종기 2009. 5. 13.			
		보증금	전입	확정일자	배당요구일
나전세	주거용 2004. 2. 11. ~	3,000만 원	2004. 2. 11.	2004. 2. 16.	2009. 4. 28.

1. 말소기준권리:

2. 인수하는 등기부상의 권리:

3. 배당금액:

4. 임차인의 경우, 매수인이 인수해야 하는 보증금액:

정답 및 해설

01 말소기준권리: 1번 ○○은행의 근저당권 **02** 인수하는 권리: 없음
03 배당금액 1) 나전세: 16,000,000원(최우선변제금) 2) 용산구: 10,000,000원(당해세)
        3) 관악세무서: 20,000,000원 4) 나전세: 14,000,000원(우선변제금)
        5) ○○은행: 40,000,000원
04 임차인의 보증금 중 매수인이 인수하는 금액: 없음

point 당해세 외의 조세와 저당권, 전세권의 피담보채권(확정일자를 갖춘 임차인의 임차보증금 반환채권 포함) 사이의 우선순위는 조세의 법정기일과 설정등기일(확정일자를 갖춘 임차인 또는 등기된 임차인의 우선변제권발생일 포함)의 선후를 따져 정한다. 당해세 외의 조세 사이의 우선순위에 관하여, 원칙적으로 교부청구의 선후에 관계없이 동순위로 그 사이에는 우선관계가 없다고 할 것이지만, 1개의 부동산에 대하여 체납처분의 일환으로 압류가 행하여졌을 때 그 압류에 관계되는 조세는 국세나 지방세를 막론하고 교부청구 한 다른 조세보다 우선한다. 이를 압류선착주의라고 한다. 그러나 국민연금보험료 등 공과금에는 압류선착주의가 적용되지 않는다.

13. 배당금: 1억 원

서울 용산구 OO동

	등기접수일	권리 종류	권리자/채권액	비고
1	2004. 3. 11.	가압류	홍길동/4,000만 원	
2	2006. 3. 11.	압류	관악세무서/2,000만 원	법정기일: 2003. 11. 28.
3	2006. 3. 16.	압류	용산구/교부청구:1,000만 원	당해세
4	2006. 8. 12.	압류	국민연금/500만 원	
5	2009. 3. 23.	강제경매	홍길동/4,000만 원	

임차인	용도 점유기간	배당요구의 종기 2009. 5. 13.			
		보증금	전입	확정일자	배당요구일
나전세	주거용 2004. 2. 11. ~	3,000만 원	2004. 2. 11.	2004. 2. 16.	2009. 4. 28.

1. 말소기준권리:

2. 인수하는 등기부상의 권리:

3. 배당금액:

4. 임차인의 경우, 매수인이 인수해야 하는 보증금액:

정답 및 해설

01 말소기준권리: 1번 홍길동의 가압류
02 인수하는 권리: 없음
03 배당금액
1) 나전세: 16,000,000원(최우선변제금)　　2) 용산구: 10,000,000원(당해세)
3) 관악세무서: 20,000,000원　　　　　　　4) 나전세: 14,000,000원(우선변제금)
5) 홍길동: 35,555,555원　　　　　　　　　6) 국민연금: 4,444,444원
04 임차인의 보증금 중 매수인이 인수하는 금액: 없음

point 본 서에서는 소액임차인 판단기준일을 선순위 담보물권의 설정일로 본다. 이 담보물권에는 확정일자를 갖추고 있는 임차인도 포함된다. 이 외에는 현행법상의 기준일로 보았다.

14. 배당금 1억 원

	부산광역시 OO동			
	등기접수일	권리 종류	권리자/채권액	비고
1	2004. 3. 11.	근저당권	OO은행/4,000만 원	
2	2006. 3. 11.	가압류	신용보증기금/2,000만 원	
3	2006. 3. 16.	압류	한양세무서/1,000만 원	법정기일:2002. 11. 28.
4	2006. 8. 12.	압류	의료보험/500만 원	
5	2009. 3. 23.	임의경매	OO은행/4,000만 원	

주택 임차인	점유기간	배당요구의 종기 2009. 5. 13.			
		보증금	전입	확정일자	배당요구일
갑	2004. 2. 11. ~	3,000만 원	2004. 2. 11.	2004. 5. 16.	2009. 4. 28.
을	2004. 8. 22. ~	6,000만 원	2004. 8. 22.	2004. 8. 22.	2009. 4. 22.
병	2006. 8. 12. ~	1,000만 원	2006. 8. 12.	·	·

1. 말소기준권리:

2. 인수하는 등기부상의 권리:

3. 배당금액:

4. 임차인의 경우, 매수인이 인수해야 하는 보증금액:

정답 및 해설

01 말소기준권리: 1번 OO은행의 근저당권
02 인수하는 권리: 없음
03 배당금액
   1) 갑: 14,000,000원(최우선변제금)   2) 한양세무서: 10,000,000원
   3) OO은행: 40,000,000원   4) 갑: 16,000,000원(우선변제금)
   5) 을: 20,000,000원(우선변제금)
04 임차인의 보증금 중 매수인이 인수하는 금액: 없음

point 병은 소액임차인이나 배당요구를 하지 않아 배당에서 제외된다.

15. 배당금: 1억 원

서울 OO동 다가구 302호				
	등기접수일	권리 종류	권리자/채권액	비고
1	2002. 3. 11.	전세권	나전세/8,000만 원	
2	2004. 3. 16.	임차권	임차옥/5,000만 원	
3	2004. 5. 20.	가압류	홍길동/5,000만 원	
4	2005. 2. 20.	강제경매	홍길동	

주택 임차인	점유기간	배당요구의 종기 2005. 5. 13.			
		보증금	전입	확정일자	배당요구일
갑	2001. 9. 18. ~	3,000만 원	2001. 9. 18.	2001. 9. 18.	2005. 4. 28.
나전세	2002. 2. 22. ~	8,000만 원	2002. 2. 22.	·	2005. 4. 22.
임차옥	2002. 3. 10. ~ 2004. 3. 10.(전출)	5,000만 원	2002. 3. 10.	·	·
을	2003. 4. 12. ~	3,000만 원	2003. 4. 12.	2003. 4. 12.	2005. 4. 12.
병	2004. 5. 23. ~	1,000만 원	2004. 5. 23.	2004. 5. 23.	2005. 4. 22.

1. 말소기준권리:

2. 인수하는 등기부상의 권리:

3. 배당금액:

4. 임차인의 경우, 매수인이 인수해야 하는 보증금액:

정답 및 해설

01 말소기준권리: 3번 홍길동의 가압류
02 인수하는 권리: 없음
03 배당금액 1) 갑: 16,000,000원(최우선변제금)   1) 을: 16,000,000원(최우선변제금)
              1) 병: 10,000,000원(최우선변제금)   2) 갑: 14,000,000원(우선변제금)
              3) 나전세: 44,000,000원(우선변제금)
04 임차인의 보증금 중 매수인이 인수하는 금액: 나전세의 보증금 36,000,000원

point 임차인 임차옥의 경우, 임차권등기가 경료되기 전에 전출을 함으로써 당초 가졌던 대항력을 상실하게 되어 매수인에게 대항할 수 없다.
단독주택의 건물 일부에 설정된 전세권은 말소기준권리가 될 수 없다.

16. 배당금: 8,000만 원

서울 OO구			
	등기접수일	권리 종류	권리자/채권액	비고
1	2000. 5. 15.	근저당권	OO은행/1억 원	
2	2002. 3. 11.	지상권	OO은행	
3	2007. 6. 3.	압류	OO구청/2,000만 원	당해세 해당하는 금액 500만 원 당해세 제외 법정기일: 2000. 5. 3.
4	2008. 5. 26.	임의경매	OO은행/1억 원	

1. 말소기준권리:

2. 인수하는 등기부상의 권리:

3. 배당금액:

정답 및 해설

01 말소기준권리: 1번 OO은행의 근저당권
02 인수하는 권리: 없음
03 배당금액
    1) OO구청: 500만 원(당해세)
    2) OO구청: 1,500만 원(당해세를 제외한 세금)
    3) 은행: 6,000만 원

point OO구청의 당해세를 제외한 1,500만 원의 경우, 그 법정기일이 OO은행 근저당권의 등기일자보다 빠르므로 2순위로 OO구청에 1,500만 원 배당된다. OO은행은 3순위로 6,000만 원을 배당받는다.

17. 배당금 2억 원

안산OO구 주택				
	등기접수일	권리 종류	권리자/채권액	비고
1	2000. 5. 15.	가압류	갑순이/1억 원	
2	2002. 3. 16.	임차권	임차옥/9,000만 원	
3	2007. 6. 3.	저당권	갑돌이/5,000만 원	
4	2008. 5. 26.	임의경매	갑돌이/5,000만 원	

주택임차인	점유기간	배당요구의 종기 2008. 8. 13.			
		보증금	전입	확정일자	배당요구일
갑	2000. 2. 11. ~	3,000만 원	2000. 2. 11	2000. 5. 16.	2008. 6. 28.
임차옥	2000. 3. 10. ~ 2002. 3. 17.(전출)	9,000만 원	2000. 3. 10.	2000. 3. 11.	
을	2003. 4. 12. ~	3,000만 원	2003. 4. 12.	2003. 4. 12.	2008. 6. 12.
병	2007. 7. 23. ~	2,000만 원	2007. 7. 23.	2007. 7. 23.	2008. 6. 22.

1. 말소기준권리:

2. 인수하는 등기부상의 권리:

3. 배당금액:

4. 임차인의 경우, 매수인이 인수해야 하는 보증금액:

정답 및 해설

01 말소기준권리: 1번 갑순이의 가압류
02 인수하는 권리:
03 배당금액   1) 병: 8,000,000원(최우선변제금)   2) 임차옥: 90,000,000원
               3) 갑순이: 45,945,946원   4) 갑: 30,000,000원
               5) 을: 16,000,000원`   6) 병: 8,000,000원
               7) 을: 2,054,054원
04 임차인의 보증금 중 매수인이 인수하는 금액: 없음

point 임의경매를 신청한 저당권자 갑돌이가 배당받을 금액이 없으므로 무잉여경매가 된다.

18. 배당금: 2억 원

	수원OO구 주택			
	등기접수일	권리 종류	권리자/채권액	비고
1	2000. 5. 15.	가압류	갑순이/1억 원	
2	2002. 3. 11.	가등기	갑돌이	채권신고액/5,000만 원
3	2007. 6. 3.	가압류	순돌이/5,000만 원	
4	2008. 5. 26.	압류	OO세무서/5,000만 원	법정기일: 2002. 11. 28.
5	2009. 2. 5.	강제경매	갑순이	

임차인			배당요구의 종기 2009. 5. 3.			
	용도	점유기간	보증금	전입일	확정일자	배당요구일
임차옥	방 한 칸		보 6,000만 원	2006. 12. 28.	2006. 12. 28.	2009. 4. 25.
	주거용	2006. 12. 26. ~				

1. 말소기준권리:

2. 인수하는 등기부상의 권리:

3. 배당금액:

4. 임차인의 경우, 매수인이 인수해야 하는 보증금액:

정답 및 해설

01 말소기준권리: 1번 갑순이의 가압류
02 인수하는 권리: 없음
03 배당금액
  1) 갑순이: 약 54,798,480원　　　2) 갑돌이: 50,000,000원
  3) OO세무서: 50,000,000원　　　4) 임차옥: 약 45,201,520원
04 임차인의 보증금 중 매수인이 인수하는 금액: 없음

point 갑순이, 갑돌이, OO세무서, 임차옥, 순돌이 등에 대하여 1차 안분배당 한다.
갑돌이(가등기) - 후순위 순돌이 배당금 중 약 17,740,000원 흡수배당 한다.
OO세무서 - 차액 17,740,000원을 후순위 갑순이(가압류)(9,721,520원), 임차옥(임차인)(5,831,138원), 순돌이(가압류)(2,187,342원)에 안분하여 흡수배당 한다.
임차옥(임차인) - 후순위 순돌이(가압류) 배당금 잔액 12,332,658원을 흡수배당 한다.

19. 배당금액: 1억 2천만 원

건물 등기부 서울 OO동 주택					
	등기접수일	권리 종류	권리자/채권액	비고	
1	2002. 5. 15.	소유권 보존	나소유	
2	2005. 5. 16.	임차권	나전세/9,000만 원	
3	2006. 8. 12.	강제경매	나전세/9,000만 원	

토지 등기부 서울 OO동				
	등기접수일	권리 종류	권리자/채권액	비고
1	2002. 5. 15.	소유권 이전	나소유	
2	2003. 3. 11.	근저당	OO은행/8,000만 원	근저당설정 당시 지상건물 有
3	2006. 8. 12.	강제경매	나전세/9,000만 원	

임차인	용도 점유기간	배당요구의 종기 2006. 10. 13.			
		보증금	전입	확정일자	배당요구일
나전세	주거용 2003. 5. 15. ~	9,000만 원	2003. 5. 15.	2003. 5. 15.	2006. 9. 28.

건물감정: 2억 원
토지감정: 1억 원

1. 말소기준권리:

2. 인수하는 등기부상의 권리:

3. 배당금액:

4. 임차인의 경우, 매수인이 인수해야 하는 보증금액:

정답 및 해설

01 말소기준권리: 건물-나전세의 강제경매, 토지-OO은행의 근저당권
02 인수하는 권리: 없음
03 배당금액 1) 나전세: 80,000,000원(우선변제금) 2) OO은행: 40,000,000원
04 임차인의 보증금 중 매수인이 인수하는 금액: 나전세의 보증금 중 10,000,000원

point 매각대금을 건물과 토지 감정가격의 비율에 따라 나누면, 건물-80,000,000원, 토지-40,000,000원, 나전세는 건물매각대금에서 우선변제금 80,000,000원, OO은행은 토지매각대금에서 40,000,000원을 배당받는다.

20. 배당금: 1억 8천만 원

	경기도 수원시 상가			
	등기접수일	권리 종류	권리자/채권액	비고
1	2005. 5. 15.	근저당권	한양은행/1억 원	
2	2005. 5. 15.	소유권 이전	갑돌이	
3	2005. 5. 15.	근저당권	한양은행/5,000만 원	
4	2008. 5. 26.	전세권	보습학원/5,000만 원	배당요구 안 함
5	2010. 2. 5.	임의경매	한양은행	

상가 임차인	점유기간	배당요구의 종기 2010. 5. 13.			
		보증금	사업자등록일	확정일자	배당요구일
○○미용실	2001. 2. 11.~	500/50만 원	2002. 3. 11.	·	2010. 5. 28.
○○빵집	2008. 3. 10.~	500/50만 원	2008. 3. 10.	2008. 3. 11.	·
○○철물	2009. 4. 12.~	500/30만 원	2009. 4. 12.	2009. 4. 12.	2010. 5. 12.

1. 말소기준권리:

2. 인수하는 등기부상의 권리:

3. 배당금액:

4. 임차인의 경우, 매수인이 인수해야 하는 보증금액:

정답 및 해설

01 말소기준권리: 1번 한양은행의 근저당권
02 인수하는 권리: 없음
03 배당금액
  1) ○○철물점: 5,000,000원(최우선변제금)   2) 한양은행: 150,000,000원
  3) 보습학원: 25,000,000원
04 임차인의 보증금 중 매수인이 인수하는 금액: ○○미용실의 보증금 5,000,000원

point ○○미용실은 배당요구의 종기 이후에 배당요구를 하였으므로 배당에서 제외, 그러나 대항력을 가지고 있으므로 매수인이 그 보증금 인수. 보습학원은 배당요구를 하지 않았으나 경매개시결정기입등기 이전에 설정한 전세권자이므로 배당이 가능하다. (○○철물점 보증금액 합산액이 35,000,000원이고 2005. 5. 15일 기준으로 수원의 상가임차인의 소액보증금액 한도 39,999,999원 이하에 해당되어 보증금 5,000,000원을 배당받을 수 있다.)

21. 배당금: 2억 3천만 원

	대전광역시 OO동 상가			
	등기접수일	권리 종류	권리자/채권액	비고
1	2002. 5. 15.	근저당권	한양은행/2억 원	
2	2005. 5. 15.	가처분	갑돌이	처분금지가처분
3	2008. 5. 15.	가압류	국민연금공단/5,000만 원	
4	2009. 5. 26.	가압류	김대감/5,000만 원	
5	2010. 9. 5.	임의경매	한양은행	

상가 임차인	점유기간	배당요구의 종기 2010. 11. 13.			
		보증금	사업자등록	확정일자	배당요구일
OO치킨	2001. 2. 11.~	500/30만 원	2002. 3. 11.	·	2010. 10. 28.
OO인테리어	2008. 3. 10.~	2000/50만 원	2008. 3. 10.	2008. 3. 11.	·
OO문구	2010. 8. 12.~	500/25만 원	2009. 4. 12.	2009. 4. 12.	2010. 10. 12.
OO호프	2010. 8. 22.~	500/50만 원	2010. 8. 30.	·	·

1. 말소기준권리:

2. 인수하는 등기부상의 권리:

3. 배당금액:

4. 임차인의 경우, 매수인이 인수해야 하는 보증금액:

정답 및 해설

01 말소기준권리: 한양은행의 근저당권
02 인수하는 권리: 없음(단 2번 처분금지가처분의 피보전권리가 토지소유자의 그 지상 건물소유자에 대한 건물철거, 토지인도청구권인 경우 인수)
03 배당금액
1) 한양은행: 200,000,000원
2) OO문구: 5,000,000원(최우선변제금)
3) 국민연금공단: 25,000,000원
04 임차인의 보증금 중 매수인이 인수하는 금액: 없음

point 2번 처분금지가처분은 말소기준권리보다 후순위이므로 매각으로 인하여 소멸. 단 토지소유자가 그 지상 건물소유자에 대한 건물철거, 토지인도청구권을 보전하기 위하여 건물에 대한 처분금지가처분을 한 때에는 처분금지가처분등기가 말소기준권리(등기) 이후에 이루어졌어도 매각으로 인하여 말소되지 않는다. OO치킨은 상가건물임대차보호법(2002.11.1.) 시행 전의 근저당권에 대항할 수 없으므로 대항력이 없다. 국민연금보험료는 일반 채권에 우선한다.

22. 배당금: 1억 4천만 원

	광주광역시 OO동 빌라 202호			
	등기접수일	권리 종류	권리자/채권액	비고
1	2002. 5. 15.	가등기	갑돌이	
2	2005. 5. 15.	근저당권	OO은행/1억 원	
3	2008. 5. 15.	가압류	OO카드/5,000만 원	
4	2009. 5. 26.	압류	OO구/3,000만 원	당해세
5	2010. 9. 5.	임의경매	갑돌이/4,500만 원	

주택임차인	점유기간	배당요구의 종기 2010. 11. 13.			
		보증금	전입	확정일자	배당요구일
홍길동	2001. 2. 11.~	8,000만 원	2001. 2. 11.	·	2010. 10. 28.
김대감	2008. 3. 10.~	3,000만 원	2008. 3. 10.	2008. 3. 11.	2010. 10. 28.
최진사	2010. 8. 12.~	3,000만 원	2009. 4. 12.	2009. 4. 12.	2010. 10. 28.

1. 말소기준권리:

2. 인수하는 등기부상의 권리:

3. 배당금액:

4. 임차인의 경우, 매수인이 인수해야 하는 보증금액:

정답 및 해설

01 말소기준권리: 갑돌이의 가등기
02 인수하는 권리: 없음
03 배당금액
   1) 김대감 및 최진사: 각 14,000,000원(최우선변제금)   2) OO구: 30,000,000원(당해세)
   3) 갑돌이: 45,000,000원   4) OO은행: 37,000,000원
04 임차인의 보증금액 중 매수인이 인수하는 금액: 홍길동의 80,000,000원

point 선순위가등기는 그 권리자 갑돌이가 임의경매신청을 하였으므로 담보가등기로 본다.

23. 배당금: 1억 6천만 원

		광주광역시 OO동 빌라 202호		
	등기접수일	권리 종류	권리자/채권액	비고
1	2002. 5. 15.	가등기	갑돌이	
2	2005. 5. 15.	근저당권	OO은행/1억 원	청구금액/8,000만 원
3	2008. 5. 15.	가압류	OO카드/5,000만 원	
4	2010. 9. 22.	강제경매	OO카드/3,000만 원	

주택 임차인	점유기간	배당요구의 종기 2010. 11. 13.			
		보증금	전입	확정일자	배당요구일
홍길동	2001. 2. 11.~	8,000만 원	2001. 2. 11.	·	2010. 10. 28.
김대감	2008. 3. 10.~	4,000만 원	2008. 3. 10.	2008. 3. 11.	2010. 10. 28.
최진사	2010. 8. 12.~	3,000만 원	2009. 4. 12.	2009. 4. 12.	2010. 10. 28.

1. 말소기준권리:

2. 인수하는 등기부상의 권리:

3. 배당금액:

4. 임차인의 경우, 매수인이 인수해야 하는 보증금액:

정답 및 해설

01 말소기준권리: 2번 OO은행의 근저당권
02 인수하는 권리: 1번 갑돌이의 가등기
03 배당금액
   1) 최진사: 14,000,000원(최우선변제금)   2) OO은행: 80,000,000원
   3) 김대감: 40,000,000원(우선변제금)   4) OO카드: 16,956,520원
   4) 최진사: 9,043,480원(우선변제금)
04 임차인의 보증금 중 매수인이 인수하는 금액: 홍길동의 80,000,000원

point 1번 가등기는 소유권이전청구권가등기로 보아 매수인이 인수, OO카드와 최진사의 최우선변제금 배당 후 잔액(우선변제금)은 동순위로 안분배당 한다.

24. 배당금: 1억 6천만 원

		강원도 강릉시 OO동 빌라 202호		
	등기접수일	권리 종류	권리자/채권액	비고
1	2002. 5. 15.	가등기	갑돌이	
2	2005. 5. 15.	근저당권	OO은행/1억 원	
3	2008. 5. 15.	가압류	OO카드/5,000만 원	
4	2009. 5. 26.	압류	OO구/3,000만 원	당해세
5	2010. 9. 5.	임의경매	갑돌이/2,500만 원	

주택 임차인	점유기간	배당요구의 종기 2010. 11. 13.			
		보증금	전입	확정일자	배당요구일
홍길동	2001. 2. 11.~	8,000만 원	2001. 2. 11.	·	2010. 10. 28.
김대감	2008. 3. 10.~	5,000만 원	2008. 3. 10.	2008. 3. 11.	2010. 10. 28.
최진사	2010. 8. 12.~	5,000만 원	2009. 4. 12.	2009. 4. 12.	2010. 10. 28.

1. 말소기준권리:

2. 인수하는 등기부상의 권리:

3. 배당금액:

4. 임차인의 경우, 매수인이 인수해야 하는 보증금액:

정답 및 해설

01 말소기준권리: 1번 갑돌이의 가등기
02 인수하는 권리: 없음
03 배당금액
  1) OO구: 30,000,000원(당해세)   2) 갑돌이: 25,000,000원
  3) OO은행: 100,000,000원   4) 김대감: 5,000,000원(우선변제금)
04 임차인의 보증금 중 매수인이 인수하는 금액: 홍길동의 80,000,000원

point 1번 가등기권자 갑돌이가 임의경매신청을 하였으므로 위 가등기는 담보가등기로 본다.

25. 배당금: 2억 원

광주광역시 OO동 빌라 202호				
	등기접수일	권리 종류	권리자/채권액	비고
1	2001. 5. 15.	근저당권	OO은행/1억 원	
2	2003. 8. 2.	임차권	홍길동	
3	2005. 5. 15.	소유권 이전	갑돌이	
4	2008. 5. 15.	임의경매	OO은행/1억 원	
5	2008. 5. 26.	압류	OO구/교부청구 3,000만 원	당해세

주택 임차인	점유기간	배당요구의 종기 2010. 11. 13.			
		보증금	전입	확정일자	배당요구일
홍길동	2001. 8. 1.~	8,000만 원	2001. 8. 1.	2001. 8. 1.	·
김대감	2008. 3. 10.~	5,000만 원	2008. 3. 10.	2008. 3. 11.	2010. 10. 28.
최진사	2008. 5. 12.~	2,000만 원	2009. 4. 12.	·	

1. 말소기준권리:

2. 인수하는 등기부상의 권리:

3. 배당금액:

4. 임차인의 경우, 매수인이 인수해야 하는 보증금액:

정답 및 해설

01 말소기준권리: 1번 OO은행의 근저당권
02 인수하는 권리: 없음
03 배당금액
　　1) OO구: 30,000,000원(당해세)　2) OO은행: 100,000,000원　3) 홍길동: 70,000,000원
04 임차인의 보증금 중 매수인이 인수하는 금액: 없음

point 임차인 홍길동은 배당요구를 하지 않았지만 임차권등기권자로서 배당요구를 하지 않아도 배당에 참여할 수 있다.

참 고 문 헌

《ABC부동산경매》, 안종현, 한빛
《가압류 가처분 지식 쌓기》, 김기웅, 미래와 경영
《가압류·가처분 실무총람》, 정승열, 육법사
《경매야 놀자》, 강은현, 매일경제신문사
《경매유치권과 손자병법》, 노인수, 이선우, 법률정보센타
《경매재테크 상식사전》, 백영록, 길벗
《공매투자 완전정복》, 고종옥, 매일경제신문사
《권리분석만 잘해도 부자 되는 부동산 경매》, 신용철, 청년정신
《근저당권의 이론과 실무》, 오시정, 육법사
《나 홀로 하는 가압류가처분》, 이병일, 진원사
《나는 쇼핑보다 경매투자가 좋다 3》, 박수진, 다산북스
《당신이 몰랐던 경매의 재발견 럭셔리 토지경매》, 전종철, 설춘환, 고려원북스
《돈 버는 부동산 실전경매1,2》, 정희섭, 미래지식
《뭘 해도 돈 버는 반값토지경매》, 이상규, 살림라이프
《민사집행 부동산경매의 실무》, 윤경, 육법사
《민사집행법》, 김지후, 법학사
《민사집행법》, 우금도, 진원사
《박용석의 부동산경매 권리분석 첫걸음》, 박용석, 위즈덤하우스
《법원실무제요》, 법원행정처
《법정지상권》, 임정수저, 진원사
《법정지상권》, 최광석, LTS
《법정지상권과 경매》, 곽용진, 법률서원
《부동산 상식사전》, 백영록, 길벗
《부동산 실무자를 위한 부동산공법 무작정 따라 하기》, 남우현, 길벗
《부동산경매실무 119》, 신창용, 다산북스

《부동산관계법규》, 박한동, 리북스
《부동산등기법》, 유석주, 삼조사
《실전경매 투자자를 위한 부동산 경매 권리분석》, 우형달, 김종덕, 원앤원북스
《실전투자자들이 가장 궁금해 하는 부동산경매》, 강은현, 새로운제안
《알고하자 부동산경매》, 김명채, 미래와경영
《우계장의 특급경매실무 1,2》, 우금도, 진원사
《유치권 법정지상권 공략 119》, 신창용, 다산북스
《지상권의 이론과 실무》, 고선철, 백영사
《판례로 본 물권법》, 곽용진, 법률서원

참 고 사 이 트

대법원종합법률정보　http://glaw.scourt.go.kr
국가법령정보센터　http://law.go.kr
대법원경매사이트　http://www.courtauction.go.kr
법률지식정보시스템　http://likms.assembly.go.kr